中国龙舟协会指定培训教材

# 龙舟运动高级教程

主　编　徐菊生　余汉桥
副主编　邵玉萍　李　豫　李　明　杨　彬　隋文杰
编　写　辛　毅　郑伟涛　王　松　王　梅　何裕林
　　　　邵　云　严　石　梁荣相　王甜甜　李彦新
　　　　张宏伟　何亚斌　李致潇　徐　现
主　审　许志娟

中国电力出版社
CHINA ELECTRIC POWER PRESS

## 内 容 提 要

本书较全面系统地论述了龙舟运动的起源、发展历史和精神文化内涵；把社会学、生物学、力学、教育学、训练学、心理学和艺术学等方面的理论及研究成果与龙舟运动实践相结合，图文并茂地介绍了技术战术教学训练原理与方法、体能训练原理与方法；详细阐述了龙舟文化和训练竞赛活动的管理特点与规律。本书集科学普及与专业指导为一体，为广大龙舟爱好者和龙舟文化、运动从业人员进行龙舟活动提供理论依据和操作方法。

本书是我国龙舟技术和管理人员的培训教材，是从事龙舟教学、训练、竞赛和管理的指导性书籍。本书适用于高等院校、企事业单位、社会团体、俱乐部的龙舟运动学习和从业人员及龙舟运动队伍，对我国和世界各国培养龙舟运动人才工作具有规范作用和科学指导意义。

**图书在版编目（CIP）数据**

龙舟运动高级教程/徐菊生，余汉桥主编. —北京：中国电力出版社，2015.5

ISBN 978-7-5123-7226-9

Ⅰ.①龙⋯ Ⅱ.①徐⋯ ②余⋯ Ⅲ.①龙舟竞赛-教材 Ⅳ.①G852.9

中国版本图书馆 CIP 数据核字（2015）第 031068 号

---

中国电力出版社出版、发行
（北京市东城区北京站西街 19 号　100005　http://www.cepp.sgcc.com.cn）
北京市同江印刷厂印刷
各地新华书店经售

＊

2015 年 5 月第一版　2015 年 5 月北京第一次印刷
787 毫米×1092 毫米　16 开本　18.75 印张　453 千字
定价 38.00 元

**敬 告 读 者**

本书封底贴有防伪标签，刮开涂层可查询真伪
本书如有印装质量问题，我社发行部负责退换

**版权专有　翻印必究**

# 序

在端午赛龙舟以纪念伟大爱国诗人屈原，已成为我国民间的一个传统活动。然而，龙舟作为一种文化与运动的出现却比屈原所处年代要久远得多。

"龙舟竞渡"是我国独有的民族体育文化现象，在历史上起到了振奋民族精神、形成民族风格、保留民族传统文化的重要作用。当代龙舟运动是在传统龙舟竞渡的基础上产生和发展起来的，具有鲜明的民族、竞技、娱乐、文化融合的特性，对推动当代社会的和谐、树立团队精神、提升文化的水平起到了积极的作用。负载深厚历史文化的龙舟运动传承至今，已从中国传播到世界各国各地，成为一项世界性体育休闲运动。

习近平总书记对体育工作多次发表重要讲话，他强调指出："体育是社会发展和人类进步的重要标志，是综合国力和社会文明程度的重要体现。体育在提高人民身体素质和健康水平、促进人的全面发展，丰富人民精神文化生活、推动经济社会发展，激励全国各族人民弘扬追求卓越、突破自我的精神方面，都有着不可替代的重要作用。"习近平总书记的讲话为我国发展体育事业指明了方向，2013年国务院印发的《关于加快发展体育产业 促进体育消费的若干意见》中，首次提出将全民健身上升为国家战略，为群众体育的改革发展注入了强大力量，带来新的机遇。龙舟运动在我国具有广泛深厚的群众基础，应该使这一传统民族运动在新形势下发扬光大，成为中华体育运动走向世界的优势项目，为此目标，徐菊生、余汉桥等教授、专家经过多年努力，编写了《龙舟运动高级教程》一书。

此书是在多年调研和广泛收集材料的基础上，经各方面专家、学者几易其稿编写而成的。此书全面系统地介绍了龙舟运动起源发展的历史，龙舟运动所蕴藉的社会文化内涵，以及龙舟制造的规范、运动力学原理、龙舟竞赛技战术、科学训练方法、比赛规则要求等理论研究成果。此书图文并茂，内容丰富，可读性强，可以帮助广大热心此项运动的读者开拓视野、启迪思维、汲取知识、了解技术。对从事龙舟运动的专业人员，此书提供了教学、训练、竞赛、组织、管理的理论依据和科学方法，是一本集历史文化知识和实用训练教学为一体的书籍。

龙舟运动是中华文化历史最悠久的传统运动之一，是为世界众多国家民族所喜爱的运动，是世界上参与人数最广泛的运动项目之一，是人类文明传承发展至今依然充满生机活力的文化活化石。

希望广大读者能从此书中获得知识，热爱上这一传统体育活动！

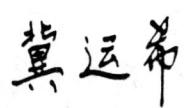

冀运希

（国际龙舟联合会副主席，中国龙舟协会会长）

# 前　言

龙舟运动是一项集众多桨手依靠单片桨叶的划桨作为推进方式，以竞技、健身、娱乐、祭祀为目的，通过鼓手、桨手、舵手等成员同心协力划动具有我国传统特色的舟艇在规定的水域（场地）竞速、竞技的周期性水上活动。龙舟运动是我国历史上最古老的运动项目之一，经过数千年的发展演变，如今已经遍布世界各地，其独特魅力和鲜明文化特征受到全世界人们的喜爱。

编者编写本书的指导思想和目标任务是以科学发展观为指导，以传承与推广龙舟文化、提高龙舟运动竞技水平为目标，研究和总结我国龙舟运动的先进思想及经验，吸收国内外研究成果，运用现代的科学知识、训练理论与方法，结合龙舟运动的发展特点与要求，以教学、训练为主题，建立龙舟运动科学化训练的理论体系和实践操作平台。

本书由龙舟运动概论、龙舟运动的科学基础、龙舟运动员的选材、龙舟技术战术教学与训练、龙舟运动员运动素质训练、龙舟运动员的心理特征与心理训练、损伤防治与恢复训练、疲劳与恢复训练、竞技龙舟的训练原则与训练计划、优秀龙舟运动员赛前竞技状态的调控、龙舟运动的安全指南、龙舟运动队的管理特点与方法、龙舟运动科学研究工作、龙舟赛事的组织与管理十四章组成。本书重点阐明龙舟运动的性质、特征、精神文化内涵和社会价值；具体论述龙舟运动教学、训练、竞赛的原理、内容、方法和手段；理清继承与发展龙舟文化的关系，系统的周期性训练与集中性板块训练的关系，发展技术与体能的关系，专项素质训练与基础能力的关系，技术与划桨感觉的关系，个人能力与团队力量的关系；传授龙舟运动方面的最新信息和研究成果，为龙舟运动从业人员进行教学训练竞赛提供理论依据和有效的方法及手段。

本书由徐菊生教授和余汉桥主任主持编写，本书由编写组成员在调研和广泛收集资料的基础上，经过科学论证、认真总结、精益求精的撰写与编辑完成。其中余汉桥主任负责教程总策划、总设计和统稿工作；徐菊生教授负责总体调研和第一章部分内容及第三、四等章的编写工作；杨彬教授负责编写第一章部分内容、第二章第一节、第十三章部分内容、第十四章部分内容，李明老师负责编写第十一、十二等章，邵玉萍老师负责编写第八章部分内容、第九章、第十章部分内容；李豫老师负责编写第五章、第十章部分内容；王梅老师负责编写第二章第二、四节，第六章部分内容、第七章；王松教授负责编写第二章第三节，隋文杰老师负责编写第九章部分内容、第十四章部分内容；郑伟涛教授负责编写第二章第五节；辛毅老师负责调研、资料收集整理和部分章节编写工作；参与编写的还有何裕林、邵云、严石、梁荣相、王甜甜、李彦新、张宏伟、何亚斌、李致潇、徐现等。

编　者

2014.11.1

# 目 录

序
前言

## 第一章 龙舟运动概论 ………………………………………………… 1
第一节 龙舟起源概述 …………………………………………… 1
第二节 龙舟精神文化的内涵与社会价值 ……………………… 4
第三节 龙舟运动的发展概况与发展趋势 ……………………… 8
第四节 龙舟运动的分类和项目 ………………………………… 10

## 第二章 龙舟运动的科学基础 …………………………………………… 12
第一节 龙舟运动的社会学基础 ………………………………… 12
第二节 龙舟运动的生理学基础 ………………………………… 21
第三节 龙舟运动的解剖学特点 ………………………………… 27
第四节 龙舟运动员的身体机能生化评定 ……………………… 34
第五节 龙舟运动流体力学特征 ………………………………… 41

## 第三章 龙舟运动员的选材 ……………………………………………… 51

## 第四章 龙舟技术战术教学与训练 ……………………………………… 64
第一节 鼓手技术特征 …………………………………………… 64
第二节 舵手技术特征 …………………………………………… 65
第三节 桨手技术特征 …………………………………………… 69
第四节 配合技术特征 …………………………………………… 75
第五节 启航和冲刺技术特征 …………………………………… 77
第六节 龙舟运动员划桨动作要素与感觉 ……………………… 79
第七节 龙舟技术风格与培养 …………………………………… 81
第八节 龙舟运动技术的教学训练方法与指导 ………………… 85
第九节 龙舟的比赛战术特征 …………………………………… 96
第十节 龙舟战术训练方法及方案的制定 ……………………… 101

## 第五章 龙舟运动员运动素质训练 ……………………………………… 105
第一节 优秀龙舟运动员的运动素质特征 ……………………… 105
第二节 龙舟运动员运动素质与训练要求 ……………………… 105

## 第六章　龙舟运动员的心理特征与心理训练 ……… 146
第一节　龙舟运动员的心理特征 ……… 146
第二节　龙舟运动员的心理训练 ……… 147

## 第七章　损伤防治与恢复训练 ……… 154
第一节　运动损伤概论 ……… 154
第二节　常见的运动损伤 ……… 155
第三节　运动损伤的预防方法 ……… 156
第四节　运动损伤的急救 ……… 158
第五节　运动损伤的一般处理方法 ……… 165
第六节　龙舟运动员运动损伤及防护 ……… 166

## 第八章　疲劳与恢复训练 ……… 170

## 第九章　竞技龙舟的训练原则与训练计划 ……… 173
第一节　竞技龙舟的训练原则 ……… 173
第二节　训练计划 ……… 182

## 第十章　优秀龙舟运动员赛前竞技状态的调控 ……… 212

## 第十一章　龙舟运动的安全指南 ……… 227
第一节　龙舟运动的特点与安全风险 ……… 227
第二节　龙舟运动环境的安全评估 ……… 227
第三节　龙舟运动设备的维护与使用的安全常识 ……… 229
第四节　安全登船、停船与龙舟倾覆的应对 ……… 231
第五节　龙舟运动员的水上救护 ……… 232
第六节　龙舟运动参与人员的责任 ……… 236

## 第十二章　龙舟运动队的管理特点与方法 ……… 239
第一节　我国运动队的管理体系与特点 ……… 239
第二节　运动队的管理原则、方法和内容 ……… 243
第三节　龙舟教练员的管理科学与艺术 ……… 252
第四节　龙舟运动队的建设与管理 ……… 260

## 第十三章　龙舟运动科学研究工作 ……… 263
第一节　龙舟运动科学研究概述 ……… 263
第二节　龙舟运动科学研究的基本程序 ……… 263
第三节　龙舟运动科学研究的一般方法 ……… 269

## 第十四章　龙舟赛事的组织与管理 ……… 274
第一节　龙舟赛事的界定与分类 ……… 274
第二节　赛事的申办与筹备 ……… 276
第三节　龙舟竞赛组织与管理 ……… 278

## 参考文献 ……… 288

# 第一章

# 龙舟运动概论

## 第一节 龙舟起源概述

### 一、龙舟起源的历史背景

1. 中华民族，龙的传人

如图 1-1 所示，《本草纲目》中对龙有这样的描述："头似驼，角似鹿，眼似兔，耳似牛，项似蛇，腹似蜃，鳞似鲤，爪似鹰，掌似虎，是也。其背有八十一鳞，具九九阳数。其声如戛铜盘，口旁有须髯，颔下有明珠，喉下有逆鳞。头上有博山。"同时，龙在中国古代的神话传说和民间传说中是一种居于水域、统领水域物类，能在空中飞行，能兴云布雨的神物。龙，作为一种动物在自然界并不存在，它是先民信奉的一种吉祥神物和原始图腾。人类学家指出，这种综合型的动物形象，是中国古代各部族图腾的综合，标志着古代中华民族各部族的融合。当中国先民结束原始时代，进入"天下为家"的阶级社会以后，龙的图腾意义便逐渐消退，而成为一种深受国人尊敬崇拜的神灵之物，成为中华民族的象征。直至当代，中华民族的后代子孙都自称是"龙的传人"，对"龙"的形象及行为保持高度一致的认同感。

图 1-1 龙

2. 中国，龙舟的故乡

根据闻一多先生考证，龙舟起源于原始社会末期的龙图腾部落。龙图腾是一个复合图腾，当时人们十分崇拜图腾神——龙，认为龙是万能的灵物。为了得到图腾神的保护，人们都将自己用于捕鱼和摆渡的独木舟制成图腾神"龙"的形态。于是，龙舟就产生了。这时候的龙舟，端午日用于对图腾神的祭祀，将祭祀的食物从舟上抛入水中献给图腾神；平时则用于捕鱼和摆渡。到了周代，渔舟和渡船已从象龙形的龙舟中分离出来，也不再作祭祀之用，但作为专用于祭祀的龙舟一直延续到战国时期。

由于造船技术的不断提高，原始社会的独木龙舟到商代已部分被木板龙舟所代替，到周代则基本上都是木板龙舟。龙舟走向宫廷后，龙舟的规模便越来越大。《史记·穆天子传》

中记载："天子乘鸟舟、龙卒、浮于大沼。"天子出巡时有大量的扈从人员，一般的祭祀龙舟是容纳不下的。隋炀帝杨广游扬州，造龙舟及杂船数千艘，他自己乘坐的大龙舟，高45尺（1尺=1/3米），长200尺，共有四层。上层有正殿、内殿，东西有朝堂，中间两层有房间120个，全部用金玉装饰。唐敬宗李湛用半年的运输费建造龙舟。宋代的皇家龙舟长30～40丈（1丈=10/3米），宽3～4丈，龙鳞龙角全以金银宝石装饰。江浙一带献于宋朝廷的龙舟长20～30余丈，宽3～4丈，头尾鳞覆，雕镂金狮，两列十阁子，上有层楼台观。明代的皇家龙舟在沈德符的《万历野获编》与吴宽的《端午节皇上宴致语》等书中都有记载。清代乾隆年间（1735—1795年），高宗端午观竞渡的盛况在徐珂的《清稗类抄·时令类》中也做了记述。皇家龙舟如图1-2所示。

图1-2　皇家龙舟

### 二、龙舟运动起源的种类

中国龙文化源远流长，龙舟运动发展至今已有几千年的历史，根据现代考古发掘表明，中国龙文化至少可以上溯至5000～8000年前的新石器时代。与其他的体育项目一样，龙舟运动也来源于人类对自然环境的适应与征服，来源于人类的游戏、战斗、劳动及宗教祭祀。关于龙舟的起源众说纷纭，归纳起来有以下几种。

（一）图腾说

闻一多在《端午考》和《端午的历史教育》中，考证端午节起源于古代南方吴越民族图腾祭祀活动。《端午考》一文指出，古代的越民族以龙为图腾，为了表示自己是"龙种"的身份，他们不仅有断发纹身的风俗，而且在每年农历五月初五这天举行一次盛大的图腾祭，其中便有类似于今天的竞渡游戏，这就是竞渡习俗的由来。近些年来，大量的出土文物和考古研究证实，我国两广、福建、浙江等地，在新石器时代，有一种以几何印纹陶为特征的文化遗存。这种文化遗存的族属，从历史传说和地理结合来看，可能就是一个崇拜龙的图腾的部族，史称百越族。出土陶器上的文饰和历史传说表明他们有断发纹身的习俗，他们自称是龙子龙孙。这既是他们的节日，也可以说是一个龙的节日。在数千年的历史发展中，大部分百越人已经融合到汉民族中，其余部分就演变为少数民族，因此端午节成了中华民族的节日。

（二）概念说

河北省民俗文化协会会长袁学骏认为，早在屈原之前就有了"端午节"的概念。袁学骏认为，"中国人的思维模式中历来就有数字重叠的概念"，如正月正（农历一月初一）是春节，农历二月初二是龙头节，农历三月初三相传是王母娘娘的蟠桃会，此外还有农历七月初七是七夕节、农历九月初九是重阳节等。这些节日都有其自身内涵，和中国几千年来的农业文明紧密相连。农历五月初五被当做节日和上述这些节日形成早晚相当，在七八千年前就已经形成。

（三）"恶日"说

山东省民俗学会副秘书长张勃认为，端午节的形成源于古代的避"恶日"。端午日与夏至日临近，这一时期，阳气最盛，各种蚊虫出现，而且时逢"重五"，五是阳数，重五也有"极阳"之意。中国传统文化讲究阴阳和谐，一般认为这种阳气极盛的日子不吉利，恶疠病疫多泛滥，于是形成"躲午（五）"习俗，后来久经传说，遂成端午。端午的很多节俗都是围绕祛邪避邪展开的，如喝雄黄酒、插艾草、挂菖蒲（菖蒲叶子像剑，取祛邪之意），以及给孩子系五色丝绳、戴祛五毒的肚兜、缝装有香料的荷包等，以达到祛邪、祛虫的目的。据考证，最早的龙舟竞渡也与祛邪有关，人们通过某种仪式把邪气放在龙舟上，开展竞渡。张勃说，端午最早因节令而形成节日，更多和气候变化联系在一起。

（四）纪念屈原说

这是迄今影响最大、老百姓最熟悉的一种说法。华中师范大学楚学研究所教授蔡靖泉认为，先秦时期，五月初五，古人往往通过举行活动祈求丰收、禳除灾害。魏晋南北朝时期，纪念屈原逐渐成了南方端午节活动的主要内容，一些本为祈禳的活动也与屈原联系起来。公元前278年农历五月初五，爱国诗人屈原因政治主张不被采纳，反被小人诬陷，含恨抱石自沉汨罗江。楚人怜之，纷纷驾船争逐江上相救，此后这种说法流传越来越多，越来越广。据《江津县志》引《荆楚岁时记》说："竞渡为屈原。"《金堂县志》记载："近水居民则为龙舟竞渡，相传屈原以是日沉江，故为角黍、龙舟以吊之。"《武阳县志》记载："南河内举行龙舟竞赛。"此俗为纪念爱国诗人屈原，由来已久。此后每年的这一天，当地群众都要举行这样的活动，表达对屈原的崇敬和怀念之情，如图1-3所示。

（五）纪念伍子胥说

苏州人过端午节祭的不是"屈原"而是"伍子胥"。据说苏州市政府曾举行过对伍子胥的公祭，而且还要以伍子胥的端午节去"申遗"。屈原是楚国的"爱国主义诗人"，伍子胥也应是吴国的"爱国主义将领"。春秋战国时期，所谓"爱国"就是"忠君"，并没有地域概念。《左传》中有"良禽择木而栖，良臣择君而事"，说的就是这种状况。伍子胥如此，屈原也是如此。纪念伍子胥的活动如图1-4所示。

图1-3 赛龙舟　　　　　　　　图1-4 纪念伍子胥的活动

以上五种传说，流传最广、影响最大的说法是纪念楚国诗人屈原。同时，我们也可以清楚地看出龙舟竞渡起源与发展的轮廓，先是古代中国人中的"百越"氏族，以龙为图腾，并在劳动之余组织类似后人"竞渡"的游戏，这便是"划龙舟"的原型。这一时期，持续了几千年。后来，人们在生活中发现，每年到了五月，天气逐渐炎热，疾病开始流行泛滥，便以喝雄黄酒、插艾草、挂菖蒲等方式来"躲五"，于是，"躲五"的谐音"端午"成为此节日的正式名字。这段时期也约持续了数千年。到了魏晋时期，人们把"端午"与屈原、伍子胥的故事联系在一起，给这个节日注入了文化内涵，"端午"节的民俗内容也就逐渐丰富起来，形成了如今的端午划龙舟的活动。

### 三、现代龙舟运动

现代龙舟运动是一项集众多桨手依靠单片桨叶的划桨作为推进方式，以竞技、健身、娱乐、祭祀为目的，通过鼓手、舵手、桨手等成员同心协力划动有我国传统特色的舟艇，在规定的水域（场地）竞速、竞技的周期性水上活动。

龙舟运动根据各地区的风俗不同、文化底蕴不同形成了以湖南、湖北长江流域为代表的"长江龙"，以宁夏、甘肃、内蒙古等黄河流域为代表的"黄河龙"，以广东珠江三角洲地区为代表的"珠江龙"，以及以北京、天津、苏杭等为代表的"京杭运河龙"等；出现了南舟北移、从乡村到城市、从社会到学校的状况。无论人们的群体结构还是知识结构都发生了很大的变化，龙舟运动在具有广泛的群众性基础上，体育的竞技性有了进一步的提高。

龙舟竞渡经历了各地域分散独立到有专门的组织机构管理的演变，经历了各地域、各民族特色到规则统一、器材规格统一、竞速竞技方式统一的演变，形成了木制龙舟、玻璃钢龙舟或混合材料制作并存、竞赛方式多样（直道竞速、环绕赛、拉力赛、拔河赛、往返赛等），大众龙舟赛事与竞技龙舟赛事并存的格局。

## 第二节 龙舟精神文化的内涵与社会价值

屈原"爱国、忧民、求索"的精神被注入龙舟运动，"龙的传人"、"年年岁岁成追忆，岁岁年年划龙舟"，几千年的积淀奠定了深厚的龙舟精神文化基础，形成了"团结、协作、拼搏、进取"的中国龙舟运动精神。实际上，龙舟运动精神与奥林匹克运动精神"相互理解、友谊、团结和公平竞争"有着共同的价值。因此，龙舟运动伴随着华人的迁移而传播到世界各地，成为世界人民喜爱的体育项目。

### 一、龙舟精神文化的内涵

古代中国是一个相对发达的农业社会，农民在生产生活中需要解决四大问题：一是"风调雨顺"，这是生存的保障；二是"人丁兴旺，子孙繁衍"，这是家族、种族绵延的保障；三是"祈禳消灾，趋吉避凶"，这是身体健康的保障；四是"孝悌忠信，仁义道德"，这是社会稳定、精神健康的保障。几千年来，农业社会，人们的人生观和宇宙观是所谓"天人合一"或天、地、人的"三才"思想。人与天上的诸神及祖先在精神上是沟通的。龙是司理雨水之神和司理生殖之神，绘画和雕塑之龙是静态的，动态龙的形象化就是龙舟和龙灯。所以，获得龙的欢心可以"风调雨顺，五谷丰登"，获得龙的欢心可以"人丁兴旺，子孙繁衍"。

古代人不知道细菌、病毒等病原物，他们认为，人之所以得病，是由于某种致病的"凶神恶煞"作祟之故，一年之中，五月被视为恶月，是最易得病之月，于是采取了一系列端午节禳灾驱病的措施。现在看来虽然无稽，却不能否认它具有警诫和预防作用。

屈原是一位热爱祖国的诗人，更是人们追求精神自由、社会公正、平等的"偶像"。司马迁说他"疾王听之不聪也，谗谄之蔽明也，邪曲之害公也，方正之不容也。故忧愁幽思而作'离骚'"，称赞屈原是"推此志也，虽与日月争光可也"。屈原之自溺，绝非他个人的不平和忧愤，而是楚国的悲剧，也是后世国家政治腐败屡屡重演的悲剧。屈原是以自溺抗议政治腐败的"变白以为黑兮，倒上以为下"的精神堕落。年年端午划龙舟，也即是人们年年期盼政治清明、相信好人永生的愿望。因此，龙舟竞渡活动不仅是一种娱乐性的民间民俗活动，还包含着中华民族的情感态度、价值取向和传统文化，表现出历代民众对屈原爱国主义精神的赞赏、尊敬和推崇。

现代社会，龙舟运动在继承了其娱乐性和民俗信仰的同时，增加了竞技成分。这样，龙舟运动经过分化变迁，形成了两种不同取向的比赛。一种是娱乐性的龙舟比赛。娱乐性的比赛主要是为纪念诗人屈原和丰富人民群众社会生活而进行的，比赛的名次相对来说不是很重要，重在各单位的参与。另一种是龙舟竞技比赛。竞技比赛主要是为了在比赛中取得好成绩，展现各参赛队伍或各国家的龙舟竞技实力和竞技能力。不论哪种龙舟比赛，竞渡中所蕴含的民族文化得以积淀、储存，并传承、保留到现在。

龙舟文化是包含划龙舟赛、舞龙、玩龙灯和祭祀龙神等民间习俗和文化娱乐活动的一个文化特质丛，是中华民族传统文化的一部分。龙舟文化有多种表现形式，诸如龙舟节、龙舟祭、龙舟景、龙舟诗、龙舟联、龙舟迷、龙舟鞋等。龙舟文化突显了中华民族坚韧不拔、勇于进取的精神风貌，能增强民族认同感和民族内聚力，展现中华民族强大的生命力和凝聚力。随着改革开放的不断深入，龙舟文化逐步进入多元文化的发展阶段，不论是形式还是内容，也不论是参与国家还是参与人数都得到了拓展。龙舟运动和龙舟文化因其独特魅力和鲜明特征受到全世界人们的喜爱。

从时间上看，龙舟运动精神具有历史性与时代性。历史性决定了它具有稳定性与不变性，而时代性决定了它具有调整性和变化性。特别是在竞技体育迅猛发展的今天，龙舟运动融入了竞技性这一特点。

从空间上看，龙舟运动精神具有民族性与社会性，民族性与社会性决定了它在特定范围内的广泛适用性，龙舟运动借助社会和社会活动来实现和传递广大人民群众所共同认可的价值观与信念。

从发展传承过程上看，龙舟运动精神能传承下来，有一个形成、发展和不断完善的过程。根据矛盾的普遍性与特殊性原理可以看到龙舟运动的精神（见图1-5）内涵主要包括"人本精神、英雄主义精神、公平竞争精神、团队精神（见图1-6）"。

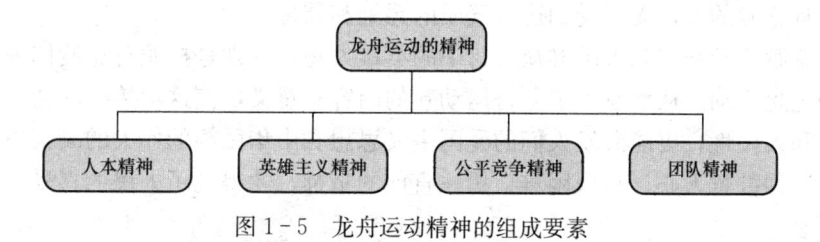

图1-5 龙舟运动精神的组成要素

它们分别反映了龙舟运动在"健康快乐、挑战征服、公平竞争、团结协作"这四个方面的价值标准。

(一)人本精神

人本精神是龙舟运动精神中最基本的精神，以人本主义哲学为其思想和理论基础。龙舟运动的人本精神主要包括：①自信的精神；②重视人的本身价值；③重视人自身的尊严、自由和权利；④理解、友爱、尊重；⑤运动家风范。

图1-6 团队精神

(二)英雄主义精神

龙舟运动英雄主义精神主要包括：①坚毅执着的意志品质；②顽强拼搏的精神；③奉献向上。

(三)公平竞争精神

公平竞争精神主要包括诚信意识、开放参与意识、自由民主意识、竞赛规则意识、协调配合与互动意识（为了实现团队的共同利益和目标，需要团队内部全体队员协调配合与互动）。奥地利著名动物学家、生理学家和社会学家洛伦兹认为，体育比赛是对人类最有益的一种竞争方式，"是唯一一个当某一国国旗升起时不会引起他国敌视的场合"。

(四)团队精神

团队精神主要包括协作互助、共同拼搏。而龙舟运动更加强调的是"团结拼搏，同舟共济"的团队精神，它最能代表中华民族的民族精神。

龙舟运动不论是在远古还是现在，除了是一项良好的健身、竞技项目外，从其本质上看还属于精神文化范畴，而且是中华民族独具特色、凝聚人心、打造精神的优秀传统文化。

这是一种同心协力、激流勇进的精神，是一种吃苦耐劳、奋发向前的精神，是一种遵守纪律、听从指挥的精神，是一种胜者不骄、败者不馁的精神，归结起来就是"龙舟精神"。

龙是中华民族的象征，中华民族自古以来就把自己称为"龙的传人"。龙文化是中华民族古文化的重要渊源和组成部分，对我国文化的发展有很深的影响。在有关龙的诸多传说中，乃至由此衍生的各种以龙为主题的活动中，龙舟竞渡是一项历史久远、流传广泛和深受人民群众喜爱，并形成传统的文化与体育活动项目。它随着社会发展而发展，延续至今，始终保持着浓厚的民族特点和风格。这一活动，不仅根据传说和想象塑造了栩栩如生的龙的形象，而且突出表现了"龙的传人"、同舟共济、奋力拼搏、勇往直前和生机勃勃的豪迈气质，凡是观看龙舟竞渡的人，无不受到这种气质的感染和鼓舞。

以龙舟竞渡活动来纪念人民群众心目中的英雄人物，特别是把龙舟竞渡作为对爱国诗人屈原的一种纪念活动，从而赋予了龙舟运动新的内容和意义，使这项传统的文化体育活动更富有民族性和人民性，更能激发人们的爱国主义思想和中华民族的伟大的凝聚力。正因为龙舟竞渡具有这种鼓舞人心、克服困难、勇往直前的精神，才得到了人民的喜爱，以至广泛流传，历久不衰。

我国是一个发展中的国家，经济水平与发达国家相比还存在着较大的差距，发扬龙舟精神，以凝聚人心、鼓舞士气，能够加快社会主义现代化建设的步伐，壮大综合国力和实现民族振兴。通过开展龙舟竞渡活动，对增强人民体魄，培养勇敢顽强的精神，丰富城乡人民业余文化体育生活，进行集体主义和爱国主义教育，很有现实意义。

## 二、龙舟运动的社会价值

社会价值是指人通过自身和自我实践活动，满足社会或他人物质的、精神的需要所做出的贡献和承担的责任。龙舟运动是融民俗性、大众性、娱乐性、竞技性为一体的运动，由多人集体划桨竞赛，已流传数千年，是老百姓喜闻乐见的一种水上文化娱乐活动，多在喜庆节日间举行。一项运动经过数千年演变之后能保存下来并传之后世，就充分证明了它存在的社会价值。龙舟运动和龙舟文化的社会价值主要表现在以下几点。

### （一）促进身心健康成长的价值

在竞争日益激烈的当今社会中，生活压力、工作压力越来越大，人们需要一定的方式去放松自己，以求得身体和心理上的健康，而较好的方式就是多参加一些体育活动。体育活动是缓解压力、释放感情的较好方式之一，参加龙舟运动是体育活动中消除紧张和减轻压力的一种好方法。因为龙舟运动是一项户外水上运动，人们在参与龙舟竞渡的过程中，可以忘掉生活和工作中的压力、烦恼和不愉快，使全身心都能得到放松，客观现实和种种社会因素对人的心理压力就会降低。因此龙舟竞渡这项运动在减轻人们日常工作、学习和生活中的焦虑情绪方面发挥着一定的作用。在民族传统体育文化的长期影响下，目前群众对龙舟健身、健心价值的认识存在高度的认同。尤其是在当今社会生活水平日益提高的前提下，人们很少参加户外活动，很少主动锻炼身体，很少与大自然亲密接触。在现代生活水平的不断提高、交通工具的不断发展、人们日常生活中的身体活动越来越少的背景下，追求身心健康是现代人的主动选择，具有独特健身和娱乐价值的传统龙舟运动（见图1-7）将会受到广大人民群众的青睐，并且得到大力推广和普及。

图1-7 龙舟运动

### （二）民族认同感价值

龙舟运动起源于民间，是一项集体性项目，是需要参与者齐心协力、团结合作的一个体育项目，需要心灵的默契和配合。参与者之间很容易进行感情交流，从而加深对龙舟精神、民族文化的理解与领悟，对民族精神和民族认同感的培养起到了很大的作用。

### （三）经济价值

龙舟比赛需要专门的服装、器材和设备，比赛时可以吸引大量观众，龙舟竞赛组织者或赞助商可以借助这样的机会进行商业开发，从而带动本地区经济的发展。随着社会的发展，现代社会正步入竞争有序、规范统一的市场经济轨道，人们日益重视发挥传统体育与龙舟文化在市场经济中的作用，将传统体育文化纳入经济活动中，产生了"龙舟搭台，经贸唱戏"的运作模式。在体育竞赛促进情感交流的同时，龙舟竞渡逐渐成为一种可以带来可观经济效益的体育运动项目。在某一特定地区开展龙舟比赛，可吸引大量外地游客前来游玩和观赏，从而拉动当地交通、旅游、餐饮、建筑、邮电、通信、制造等行业的发展，为当地政府刺激消费、搞活经济、吸引投资、扩大就业等多方面带来积极影响。

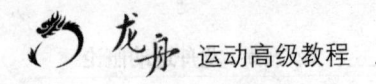

### (四) 交流价值

文化交流在当今社会起到越来越重要的作用，各种文化只有在相互交流、相互借鉴中才能保持旺盛的生命力，得到长足的发展。龙舟运动要想得到更好地开展，使越来越多的人能够参与到比赛中，就必须加大对龙舟运动及龙舟文化的宣传，使龙舟文化在国际上得到很好的传播，借鉴西方竞技体育的"竞技"这一特色，促进龙舟运动技术的改进和提高，增进各国人民和各民族之间的交流。

## 第三节 龙舟运动的发展概况与发展趋势

### 一、我国龙舟运动的发展概况

龙舟运动是中国历史上最古老的运动项目之一，经过数千年的发展演变，如今已经遍布世界各地，这对于纯粹源自中国的体育运动项目来说并不多见。

#### (一) 早期龙舟竞渡时期

龙舟竞渡又称赛龙舟、划龙船、龙船赛会等，是中国历史上一种具有浓郁的汉族民俗文化色彩的群众性娱乐活动，同时也是一种有利于增强人民体质，培养勇往直前、坚毅果敢精神的体育运动。龙舟竞渡，最早有文字记载是西周的历史典籍《穆天子传》；秦之前古籍《大戴礼》记载"颛顼（zhuanxu，传说中上古帝王名）乘龙游四海"；战国时期伟大爱国诗人屈原，在他的诗词中多次描写龙舟：如《九歌·东君》中有"驾龙舟兮乘雷，载云旗兮委蛇"；在《湘君》中有"美要兮宜修，沛吾乘兮桂舟，令沅湘兮无波，使江水兮安流""驾飞龙兮北征，吾道兮洞庭""石濑濑兮浅浅，飞龙兮翩翩"；在《河伯》中有"乘水车兮荷盖，驾两龙兮骖螭"；在《天问》中有"焉有虬龙，负熊以游？"由此可见，当时赛龙舟已经十分盛行了。

#### (二) 停滞与复苏时期

新中国成立后，龙舟的发展在"三年自然灾害"及"文化大革命"期间受到了阻碍。虽然自1976年起我国香港、澳门连续举办过国际龙舟邀请赛，但内地关于龙舟从"牛鬼蛇神"到弘扬民族文化的转变应当是在1978年改革开放后。

改革开放以后，龙舟运动开始受到重视，民间龙舟活动得到恢复和发展。不少乡村把"文化大革命"期间被拆散的龙舟重新安装，有些地方的群众和港澳同胞集资造了一批新龙舟。广东省仅番禺就从2艘发展到1990年的100艘，其中有国际标准龙舟25艘。据1988年调查，广东省已拥有2000多艘龙舟，近15万人参加竞渡，观看比赛人数超过数百万。广东龙舟活动以东莞开展得最为频繁，历时最长，且观者众多。其他省市地区的龙舟运动也得到了相应的发展。这个时期龙舟运动利用竞赛举行盛大集会，其内容越来越充实、丰富，包括丰富多彩的文体活动、相关的学术研讨会、国际国内的经贸活动等。

#### (三) 完善与推广时期

1984年，国家体育运动委员会（现为国家体育总局）决定将龙舟运动列为全国正式比赛项目。1985年6月5日，中国龙舟协会在屈原的故乡——湖北省宜昌市正式成立。中国龙舟协会的成立标志着龙舟运动进入了一个新的发展阶段。中国龙舟协会成立之后，各省区及地区的龙舟协会陆续成立，国内已有30多个省、区、市开展了龙舟运动，中国龙舟协会依靠全国各地方龙舟运动的爱好者、群众、工作者，把中国龙舟运动推向新高潮，使其达到了新水平。

这个时期主要的大事：1984年，龙舟被列为我国正式开展的体育竞赛项目，开始举办"屈原杯"全国龙舟锦标赛；1985年，中国龙舟协会成立；1991年，国际龙舟联合会在香港成立；1992年，亚洲龙舟联合会在北京成立，现有会员61个；1994年，国家体育总局社会体育指导中心成立，全国性龙舟活动朝着规范、规模大型化的方向发展；2005年，成立了中国大学生体育联合会赛艇与龙舟分会，先后多次举办了中国天津国际大学生龙舟邀请赛、大学生全国龙舟锦标赛等重大赛事；2005年，教育部批准了10所高校为龙舟高水平运动队试点校，为大学生龙舟运动的发展起到了巨大的推动作用，大学生成为我国龙舟运动发展过程中的一股新生力量。

1983年、1993年、2003年，我国曾三次修订《龙舟竞赛规则》《龙舟竞赛裁判法》。

至此，龙舟竞赛活动进入一个有组织、有领导、有计划开展的新时期，富有民族性、群众性、竞技性、趣味性，而且具有锻炼身体、增强体魄的作用，它的激流勇进、拼搏向前的气势，振奋了民族精神，培养了人们勇敢顽强、积极进取的精神。

（四）创新与攀高峰时期

自2005年开始，国家体育总局社会体育指导中心、中国龙舟协会与八个省市政府联合开展"全国龙舟月"活动，表现了举国上下龙舟竞渡的气势，使当代龙舟运动展现出无穷的魅力。

2010年，龙舟项目首次列入亚运会（广州），标志着龙舟运动进入了一个新的发展时期。龙舟项目的成功举办标志着龙舟运动的发展日趋成熟。

2011年3月11日，为进一步推动中华民族传统体育龙舟运动的发展、文化的挖掘与传承，研究制订中国龙舟运动今后五年的发展规划，中国龙舟协会在海南省琼海市博鳌镇召开2011年中国（博鳌）龙舟工作会议。会议就建立中国博鳌龙舟基地、中国博鳌龙舟博物馆规划方案、修订中国龙舟竞赛规则和裁判法、制定中国龙舟协会器材标准、制定中国龙舟协会器材管理规定、编撰中国龙舟协会技术手册和中国龙舟五年发展规划等方面进行了探讨研究。

2011年4月20日，中国龙舟协会与中央电视台签订协议共同举办中华龙舟大赛和中国龙舟公开赛。经过中央电视台连续多年的直播，此赛事已经全方位提升，吸引上百万参与者和上亿观众，呈现一派繁荣景象。龙舟运动已经成为一种集竞技、健身、娱乐、休闲、经济和文化为一体的社会活动。

## 二、世界龙舟运动的发展概况

亚洲龙舟联合会秘书处设在中国北京，亚洲龙舟锦标赛每2年举办一届；国际龙舟联合会于1991年在香港成立，到现在已有五大洲62个国家和地区是其会员，国际龙舟联合会的世界龙舟锦标赛逢单数年举行，偶数年举行世界杯俱乐部赛。世界龙舟运动的主要赛事有世界龙舟锦标赛、世界俱乐部龙舟锦标赛、欧洲龙舟锦标赛、东亚运动会、东南亚运动会、亚洲龙舟锦标赛。

2005年，龙舟被列入第四届东亚运动会的正式比赛项目。

2005年，龙舟项目和亚洲龙舟联合会正式被亚洲奥林匹克理事会承认，成为2010年广州亚运会的正式比赛项目。

2007年，龙舟项目正式成为国际奥林匹克委员会单项体育联合会总会的正式成员，这意味着龙舟项目在国际上获得了更广泛的认同和支持，也真正标志着中国古老的龙舟运动走向了国际竞技体育的更大舞台和更高层次。

### 三、龙舟运动的发展趋势

（一）龙舟运动朝着国际化、全球化方向发展

龙舟竞渡已成为人们非常熟悉的民俗活动，它已不囿于中国江南河流之中，而成为一种正规性的体育赛事扩大至国际范围，成为一项世界范围内深受人们喜爱的竞技体育运动。随着龙舟项目成功地进入亚运会，龙舟运动发展的国际化、全球化趋势已经形成。

随着民族传统体育文化的融合与交汇，龙舟运动国际化的趋势越来越明显，龙舟运动只有走开拓型、外向型、与国际体育活动相结合的现代化道路，才能不断丰富龙舟运动现代化的内涵。

（二）龙舟赛事组织的规范化与竞赛活动方式的多元化发展

随着龙舟赛事运作的革新，中华龙舟大赛与中国龙舟公开赛等品牌赛事的推出，以及亚运会、体育大会、农民运动会、水上运动会及少数民族运动会等大型赛事的成功举办，为龙舟赛事组织的规范化、龙舟器材制作的标准等打下了坚实的基础。

另外，根据地域和民俗的不同，龙舟赛事竞赛的方式呈现出多元化，如冰上龙舟、龙舟拔河、龙舟往返赛、沅陵传统龙舟横渡及广东省的五人龙舟等。这些具有浓厚的民族色彩和广泛群众基础的龙舟竞渡，其活动内容已从单一化向多样化转变，当今的龙舟竞渡实际上已经演变成一种以水上的龙舟竞渡为核心的集体育、文化、娱乐、旅游、经贸为一体的综合性活动。

（三）龙舟赛事的商业化、竞技化与大众化并存

随着龙舟品牌赛事的推出、媒体的广泛参与、举办城市的大量经济投入，以往的赛事组织的模式被改变，龙舟赛事跨入社会化、商业化阶段。

随着龙舟运动的发展，各个国家、地区相继成立龙舟协会、龙舟俱乐部，亚运会、国际龙舟锦标赛、亚洲锦标赛、全国龙舟锦标赛等大型赛事的举办，龙舟运动由大众化向竞技化跨入。

从国内来看，许多城市和地区利用端午节、国庆节、山水文化节及各类旅游节举办龙舟邀请赛，还利用自身的场地条件和民俗风情，举办一些大众参与较多的五人龙舟、冰上龙舟和各类传统龙舟赛。

（四）龙舟运动的科学化

随着龙舟运动的发展，科学研究显得越来越重要，主要表现在龙舟制作的工艺与材料的研制；龙舟舟体的各类数据的测算，尤其是12人龙舟；龙舟训练负荷的生物学监控；划桨技术的分析与探索；龙舟赛事组织与管理；龙舟市场的开发与利用等方面。

（五）龙舟运动的产业化

随着龙舟运动的发展，龙舟赛事产品及赛事服务产品随之应运而生，主要有龙舟器材的产业、龙舟纪念品、比赛服装、平面媒体、电视转播、竞技表演等方面。

## 第四节 龙舟运动的分类和项目

龙舟运动经过数千年的发展演变，形成了一项世界性的竞技运动，有了完善的器材和竞

赛规则。从当今龙舟竞赛的角度来划分，可分为标准龙舟比赛和传统龙舟比赛两大类。

## 一、标准龙舟比赛

标准龙舟是当今国际、国内龙舟比赛所规定采用的形式，船只的长、宽、高及重量有严格的要求，划桨的长度、桨叶的长度、宽度、形状都有明确的规定，使得在竞赛中器材标准得以统一。参加人数根据船只的大小有22人制（20名划手，鼓手、舵手各一名）、12人制（10名划手，鼓手、舵手各一名）、5人制（5名划手）等，参赛组别有公开组、男子组、女子组、混合组、青年组、少年组和老将组的比赛，项目上有直道竞速赛、往返赛、绕标赛、拉力赛等。具体项目设置见表1-1。由于船只、水域、季节、风向等多种客观因素的影响，因此龙舟赛不设世界纪录。

表1-1　　　　　　　　龙舟协会审定的标准龙舟比赛项目设置

| 组别＼项目 | 直道竞速赛 200米 | 500米 | 1000米 | 往返赛 600米 | 1000米 | 1400米 | 绕标赛 2000米 | 5000米 | 拉力赛 10 000米以上 | 拔河赛 |
|---|---|---|---|---|---|---|---|---|---|---|
| 公开组 | √ | √ | √ | √ | √ | √ | √ | √ | √ | √ |
| 男子组 | √ | √ | √ | √ | √ | √ | √ | √ | √ | √ |
| 女子组 | √ | √ | √ | √ | √ | √ | √ | √ | √ | √ |
| 混合组 | √ | √ | √ | √ | √ | √ | √ | √ | √ | √ |
| 青年男子组 | √ | √ | √ | √ | √ | √ | √ | √ | | √ |
| 青年女子组 | √ | √ | √ | √ | √ | √ | √ | √ | | √ |
| 青年混合组 | √ | √ | √ | √ | √ | √ | √ | √ | | √ |
| 少年甲组 | √ | √ | √ | √ | √ | √ | | | | √ |
| 少年乙组 | √ | √ | √ | √ | √ | √ | | | | √ |
| 少年丙组 | √ | √ | √ | | | | | | | |
| 老将男子组 | √ | √ | √ | | | | | | | |
| 老将女子组 | √ | √ | √ | | | | | | | |
| 老将混合组 | √ | | √ | | | | | | | |

注　不包括主办单位根据当地赛场条件和比赛规模确定的比赛项目。

## 二、传统龙舟比赛

传统龙舟对船只和划桨的要求不大，其特点是船只和划桨均自带，通常一条龙舟上的参赛人数为40～80人，鼓手在中间，比赛中秉承了许多传统习俗。由于参赛人数众多，划起来场面气势恢弘，更具民族性和历史性，文化气息也更浓厚，颇具感染力。每年的传统龙舟比赛会吸引众多人前来观看，场面热闹非凡。

除了比赛以外，每年还有围绕弘扬龙舟文化和龙舟体育举办的相关的书画、摄影、论坛、出版、文化交流等活动，以及与龙舟相关的其他产业活动等。

# 第二章

# 龙舟运动的科学基础

## 第一节 龙舟运动的社会学基础

### 一、龙舟是一种文化现象

目前，许多学者从不同的角度对人们为什么要进行龙舟竞渡，什么动力促使其发展至今，它的真正价值何在，进行了大量的研究与思索，特别是对"龙舟现象"的出现，进行了多方面、多角度的分析。

"龙舟现象"是我国独有的民族体育文化现象，在历史上起到了振奋民族精神、形成民族风格、保留民族传统文化的重要作用。当代"龙舟现象"是在传统龙舟竞渡的基础上产生和发展起来的，具有鲜明的民族、竞技、娱乐、文化融合的性质，对推动当代社会政治、经济、文化的进步起到了积极的作用。

传统文化对龙舟竞渡具有根基作用。古代社会群体借龙舟竞渡谋取食物的活动，常常就带有祭祀仪式等宗教迷信成分。农耕民族常常在农业生产的开始和结束（收获）时举行各种各样的庆典和祭祀活动，这其中既有对农业丰收的渴望和企求，也有对生活的喜悦，以及对自然环境与生态及人自身的生产方式的调适和平衡。以社群娱乐为主的传统龙舟竞渡活动则与现代龙舟竞渡的文化内涵更为接近，它是求得身心的健康和平衡的一种生活方式。这种轻松愉快的社群娱乐体育活动相沿成习，并且约定俗成，逐渐演变成一种文化现象。因此，无论从起源，还是从发展上讲，龙舟竞渡作为一种文化现象，都不能脱离传统文化，都离不开赖以生存的传统文化根基。

### 二、龙舟是一种宗教现象和行为

宗教是一种群体社会行为，是神秘化的信仰。它包括指导思想（宗教信仰）、组织结构（宗教组织，如教会、宗侣）、行为规范（宗教组织内的活动，如祭祀、礼仪）、文化（宗教建筑、宗教绘画、宗教音乐）等方面的内容。它是人类在具有社会组织结构后，有意识地发展的一种社会行为，其根本目的是培养和维护人的社会性，从而维护人类社会组织的正常运行。

1. 宗教信仰

宗教信仰对龙舟竞渡具有推动作用。在生产力水平低下的原始社会，人们在和自然界做斗争时，感到软弱无力和无法理解自然现象，便产生了想象中的超自然力量。对这种超自然力量的崇拜，就形成了最初的宗教和宗教仪式。龙舟竞渡总体上作为先民们自由精神生产的产品，体现着在实践中发展的人的本质力量，在充满情感体验与神秘、互渗的原始表象等意识活动中，达到内在与外在的平衡和精神上的和谐，应该说，这种宗教性在一个特定时期内对龙舟竞渡的产生和发展起到了积极的推动作用。

宗教是人们把对事物的误解和歪曲幻想作为实际存在的事物本身。由于先民们对客观世界不理解，于是就产生了"神有灵"的观念。也正是这种观念，时常激发起先民们神秘而荒诞的心理反应，并成为他们在功利的行为仪式中发挥主观能动性的巨大想象力和驱动力。在此过程中，先民们的原始宗教思维方式是以直接依靠人的实践活动而得出结论，也是生产力和生产关系发展水平低下的必然结果。而这种结果造就了独具地方风貌的赛龙舟活动，并逐步形成了相对独立于异域风情的地方民俗文化。

古代先民社会生活中的主要矛盾是人与自然的斗争。先民们必须做最大的努力才能保证自己的生存与发展，因而他们的一切活动都是严格地与个人和集体的功利动机相联系的，与热衷于保存和延续个人，以及他所属群体的心理情感混合在一起、纠缠在一起，并受其制约和支配。那些原始观念中与自己的生存和发展密切相关的事物，往往就成了他们的审美对象和依赖对象，人们既崇拜它们又惧怕它们，对它们倾注了自己的全部感情，甚至在自己的精神生活中把它们形象化、具象化和神秘化。在这种适应和改造的过程中，人们并不会仅满足于龙及龙舟的一般人格化，它还必须按照人们的意愿来适应人们追求心理的需要，并且在漫长的历史过程中，又打上了新的宗教烙印，如道教。于是，人们在创造出各具特色的文化的同时，它所具有的宗教色彩也就深厚了。

龙舟竞渡所包含的宗教因素亦如《岳阳风土记》所载："诸庙皆有船。"这种情形使先民们意识中浮现出来的"集体表象"或类化表象，完全沉浸在情感体验的浪潮中，获得一种情感的宣泄而达到心理上的平衡和满足，同时使竞渡的表演始终保持浓烈的原始宗教情绪感染效果，便于世代传承。

人们的精神寄托是"逢庙就烧香，见神就磕头"。有江河王要祭，山神、土地也要祭，火神、水神还是要祭，人们投身于赛龙舟活动尤为积极、虔诚。尽管从表面上看，一条龙舟代表一个自然村或一个社会群体，但在他们眼里，龙舟往往代表一个同姓氏族的宗族或一个婚姻集团。因此他们看重的就是自己的家族名誉，信仰的也是自己厅堂上所供奉的"天、地、君、亲、师"，于是便以本家的字号为自己的龙舟命名。龙舟竞渡是当地百姓对各自的信仰目标的虔诚信奉，具有整体认同前提下的原始宗教文化的心理特征，对沟通集团意识以保持虽因移民迁徙流变造成的割裂，但依然完整的共同"龙舟"文化心态方面起到了决定性的作用。当这些群体的所有成员聚集到一起，并借着共同的观念而成为一个强有力的社会群体，与自然或其他群体相抗衡时，信仰心理本身就具有一种团结的凝聚力，它既是一种宗教式的信仰体系，也是维系整体力量的社会结构。因此，龙舟直接涵盖下的群体，都会特别强调他们与之所信仰的神的密切关系，并深信自己源自所崇拜的神，然后再分享胜利以增强自己与群体的认同性，并借此来表达自己对生活、对未来的美好期盼，表达对精神生活的追求，以满足自己的心理慰藉。

2. 祭祀仪典

祭祀的对象大多是本龙舟的龙神，但也须祭祀本团体平日所信仰的神灵，江西赛龙舟前要按道教的方式举行礼仪。平日里,龙头和龙尾则安放在神庙之中享受香火,因为龙头和龙尾代表的是龙的化身,须把它们迎接至船上与之结合在一起,才能算作真正意义上的龙舟。所以祭祀仪典的第一个仪式就是"朝庙祭"。旧时飨宴酬酒祭神须由尊者或老者一人举酒祭地,遂谓位尊者或年长者为"祭酒",口中说:"本方众信士今天将要请龙归位于龙船,特请求神龙护佑。"行三跪九叩大礼后,接下来再为"龙"披红挂彩,然后在一片鼓乐鞭炮声中由年轻后生将"龙"请出神庙抬至河边,安放在早已准备停当的供桌中央,开始进行"祭龙"仪式。供桌前边摆好香炉,点一对蜡烛,食烹异品,果献时鲜,谓之"请龙饭"。供桌前的地上放有蒲团,划龙船的人都要去磕头敬香。然后宰杀一只白色的大公鸡,宰杀白公鸡祭龙或祭龙船是因为白色代表纯洁、祥瑞。

3. 祈求风调雨顺、五谷丰登

中国是一个以农业文明而著称于世的农业大国,直到今天,中国的许多传统节日依然是以农历为依据的,这是因为这些节日与节俗最初的形成是和农耕生活密不可分的。二十四节气实质就是农事节气,而四时的祭祀活动更是与农业休戚相关。无论是"求雨",还是"课晴",都是随着农事需要和节气而定的,目的只有一个:祈求风调雨顺、五谷丰登。在百姓的心目中,五谷的丰收靠土地、靠水分。龙主水,而水又是龙的故乡。龙王布云施雨的观念已深入人心,对龙的尊崇及祭龙,祈求龙保护一方百姓,是体现以农业治国最基本的生产活动的民事活动。"国以民为本,民以食为天",亦充分说明了食物是百姓与大自然的根本情结。因而民间的一系列祭祀活动可以说都是围绕着"食"这个主题而进行的,赛龙舟也不例外。

农业是靠天吃饭的,传说中风雨雷电都由天神控制,天神支配着人们的一切行动。也就是说,收成的好坏都是由天安排并掌握的,人们的命运则是由天定的。因此先民们也把农事与天事联系在一起,有了收成首先要祭天,要感谢龙王。时逢端午,对于生活在水边的农耕者而言,积极投身于赛龙舟之中,表现了他们对水与土的情感,对丰收的重视和眷恋,亦反映着他们对农业生活的良好愿望。从宗教心理角度看,赛龙舟还包含着祈求丰收的动机。在竞渡活动中,人们企图通过操纵龙神(龙舟),或通过龙神(龙舟)的这种赛力竞游的方式实现农作物丰收的农耕祈愿和生产性欲求,这种仪式曲折地透射出龙可使农业风调雨顺、丰收增产的原始文化信息。

4. 祈求一帆风顺、出行平安

在封建社会,除了儒教、道教、佛教三大宗教外,各行各业也都有其信仰和祭祀的神圣。但最普及、最大众的神圣当首推掌管水的龙神。

这样的宗教行为是由于生存技术的原因,人们受制于自然环境的状态一直没有得到真正的改变。因此,生存与祭祀这两大主题也就持续不断。凡是在水上行船走水讨生活,甚至是靠水而赖以生存的各行业,以及耕田种地、打鱼摆渡的农民都会积极地参与其中。这是生活在"水网"地区的人,在舟楫以通往来的时代,遭受到自然灾害和对许多自然现象无法理解时,为保平安而自然、自发地寻求神灵庇护的精神寄托。这是他们看重并积极投身于竞渡以悦水神的原因。

### 三、龙舟是一种政治现象

政治因素对龙舟竞渡具有主导作用。政治对龙舟竞渡产生有统合作用,它将龙、龙舟、竞渡、端午、纪念屈原这五个文化元素巧妙地糅合在一起,把龙舟运动寄托于历史上的英雄，使龙舟竞渡具有爱国主义精神的文化底蕴，成为一种真正的民族文化。政治对龙舟竞渡产生的激励作用，在于以"团结、爱国、奋进"为主旨的龙舟运动，成为激发人们振兴中华的爱国主义精神，以及培养人们勇敢顽强、积极进取、奋力拼搏的强大动力。

### 四、龙舟是一种社会活动方式

龙舟运动作为一种社会活动方式，是社会的产物。它在满足人们需要的过程中体现了其价值的社会性特点。无论是满足个体、群体还是社会的需要，都在一定程度上反映了人们某种条件下的利益追求。龙舟运动所反映的人际结构，已由现代社会的开放性、社团性逐渐代替了传统社会的封闭性、宗法性。在不同社会文化背景下，龙舟运动参与者的职业结构、参与动机等均有不同。当代龙舟运动参与者的职业结构已趋于多元化、复杂化；参与者的动机是娱乐休息、丰富文化生活。社会互动（竞争、冲突、合作、顺应、领导）的基本特征在龙舟竞赛过程中得到了较为真实的体现，龙舟运动给予人类一个自然的环境，在规定的技术、战术、规则、方法的严格要求下，潜移默化地培养着人们的竞争品格，使之适应社会的发展。面对现实世界中技能和机遇方面的竞争，龙舟运动为社会培植广大社会成员进取心、毅力和大胆创新精神提供了机会。

### 五、龙舟运动的艺术特征

（一）龙舟的造型艺术

龙舟就是将一种饰龙形或龙纹图案，绘在舟船上，而使舟船的形象像龙，故称龙舟。常见的龙舟，船头连接龙头，船体绘画龙鳞，船尾连接龙尾。而古代用作竞渡的龙舟，因其形制依时代的不同和各地各民族对于爱国诗人屈原和端午节有不同的诠释，在龙舟的设计和制造及外观形象上有着迥异的风格特色。

各种龙舟的构造大同小异，有龙头、龙身、龙尾、各种装饰物和锣鼓。

1. 龙头

龙头大多用整木雕成，竞渡前被装上船头。其造型千姿百态，依各地风俗而定。数百年来珠江三角洲地区的龙头分为两类，即鸡公龙头（见图2-1）和大头龙（见图2-2），各具特色。在广州西江、北江两江流域，龙头以鸡公龙头为主；东莞、增城和博罗诸地则均为大头龙，南海、番禺、顺德也有此龙头，但数量较少。鸡公龙头长颈平头，古典风雅；大头龙龙头高高翘起，气势轩昂。

图2-1 鸡公龙头　　　　　　　　　　图2-2 大头龙

2. 龙身

龙身是龙头至龙尾的中间部分，标准龙身长 18.3 米，额定人数为 22 人，其中有一个鼓手、一个舵手。龙舟龙身按外形色彩分为赤龙、青龙、黄龙、白龙、黑龙等。

3. 龙尾

龙尾大多是用整木雕成的，充满鳞甲。

4. 龙舟的大小和长短

龙舟按桨手的人数分为小型龙舟，3 人、5 人、10 人，长 5～7 米；中型龙舟，20～50 人，长 17～23 米；大型龙舟，60～100 人以上，长 30～33 米；特大龙舟，200 多人。

小型龙舟只有桨手和舵手，中型龙舟配鼓手和锣手各一人；大龙舟配鼓手和锣手各两人。珠江三角洲一带因河床比较宽，人民生活水平比较富裕，故易建造大型化龙舟。

5. 各地龙舟造型与艺术表现

湖北、湖南等地的龙舟长 23～32 米，当地人划龙舟时犹如游龙戏水。福建龙舟的船首雕刻龙头，龙口能开合，龙舌能转动。苏州的龙舟外形色彩各异，四角插旌旗，鼓手在中舱，两旁划手为 16 人。篙师执长钩立于船头，称作挡头篙。船头亭上，选面端貌正的儿童，装扮成台阁故事里的人物，称龙头太子。船尾高丈余，牵系彩绳，由擅长嬉水的儿童表演《独占鳌头》《童子拜观音》《指日高升》《杨妃春睡》等节目。

清人范祖述在《杭俗遗风》中对西湖龙舟的描述："西湖有龙舟四五只，其船长约四五丈，头尾均高，彩画如龙形，中舱上下两层，首有龙头太子及秋千架，均以小孩装扮。太子立而不动，秋千上下推移，旁列十八般武艺，各式旗帜，门列各枪，中央高低五色彩伞，尾有蜈蚣旗，中舱下层敲打锣鼓，旁坐水手划船。"古诗亦云："共骇群龙水上游，不知原是木兰舟。"

贵州苗族所划的龙舟形状与其他地区的大异其趣，每艘龙舟以一条完整杉木或大梧桐挖空成槽形，一大二小的龙舟并排成一组，船体很长。大者为母船，苗语称"合迷"，长 21～24 米，宽约 0.7 米，船中心前后共六舱，前部接有雕刻精致的五彩龙头，其中台江施洞的龙舟龙头上都有代表男根、象征祈子重男的鸟形和可能表示实现祈子求嗣、鱼水之欢的鱼形饰物。宛似牛角的龙角上常写有"风调雨顺""国泰民安"等吉祥语。母船翘首水面，两个角尖之间拉一根细绳，挂上小红旗。角后有四根一米多长的野鸡毛立着。船尾也翘出水面，插着用芳草制成的"凤尾"置于正中。两侧较小者为子船，苗语称"嘎呆"，长约 15 米，宽约 0.5 米，专供桡（桨）手乘坐。有人把这种龙舟组合方式称为"子母龙舟"，或"独木龙舟"，每个寨子至少一组。这种"子母船"本是苗家水上劳作和走亲访友的水上交通工具，后来却变成龙首形装饰的"子母龙舟"。一些研究者认为，这是因为"子母船"的竞渡活动受到中原龙文化的影响，到后来除了用龙首装饰以外，还用自己的方式祭龙神祈年。龙舟在平时会存放在专用的"龙船棚"内。有的"龙船棚"写满如"龙船千古事，忠孝一生兴""典祀千年重，绵延百事传""江山千古意，时序百年兴"等楹联。横批则多为"民众团聚""万宝来朝"等。

江西靖安县的龙舟像鹅。明嘉靖四十四年（1565 年）《靖安县志》载："五月五日，插艾饮菖蒲酒。裹米为粽，牲用鹅，赛龙舟。"临安县河西的龙舟像野鹜。清人李绂《金家渡哀竞渡诗》言："红旗闪闪二十舟，伐鼓鸣金驰若鹜。"但其龙头则是多种典型动物的综合（鹿角、马鬣、骡脸、牛鼻、蛇嘴、鸭颈）。高安县龙舟的船首（龙头）饰以既像狮子又像饕饕的兽状"吞口"，船（龙躯）像鸭肚，两侧画有鱼鳞。浙江绍兴有泥鳅龙舟，广州市番禺区和江西余干县还有凤形船。

民间传统龙舟造型尽管风格迥异，但或多或少地保留着图腾的痕迹，无不体现出浓厚的图腾意识。从古至今，人们用属于自己民族的图腾文化，运用视觉冲击的创作手法，制作出各具特色的龙舟造型，通过以民间习俗为传播途径，来传承历史悠久的龙舟文化艺术，表达对于龙舟、赛龙舟、生命的丰富想象力，使得人们在视觉、触觉、心理上产生了愉悦的情感升华。

（二）龙舟竞渡的巫术文化

巫术是企图借助超自然的神秘力量对某些人、事物施加影响或给予控制的方术。巫术通过一定的仪式表演，利用和操纵某种超人的力量来影响人类生活或自然界的事件，以达到一定的目的。巫术的表演仪式常常采取象征性的歌舞形式，并使用某种据认为富有巫术魔力的实物和咒语。"降神仪式"和"咒语"构成巫术的主要内容。

从划龙舟的游江、招魂、竞渡、回舟四个程序，到赛龙舟的造龙、起龙、朝庙、拜龙、请龙、接龙等所有的环节、细节，均贯穿了巫术活动。故可以看出，赛龙舟实际上也有不少巫术仪式的成分。

1. 祭祖神

祭祀是向神灵求福消灾的传统礼俗仪式，被称为吉礼，也意为敬神、求神和祭拜祖先。原始时代，人们认为人的灵魂可以离开躯体而存在，祭祀便是这种灵魂观念的派生物。最初的祭祀活动比较简单，也比较野蛮。人们用泥土塑造龙神偶像，或在岩石、舟船上画出龙神形象，作为崇拜对象的附体。然后在偶像面前陈列献给神灵的食物和其他礼物，并进行祈祷，祭祀者则对着神灵虔诚朝拜、念咒、唱歌、跳舞。随着巫术文化的发展，祭祀礼节越来越复杂，祭品也越来越讲究，并有了一定的规范。古人通过巫术、偶像崇拜以祈福、辟邪、禳灾，进而祭祀祖神、娱乐偶像、自娱自乐。

龙舟，是巫术招魂的产物，在祭祀活动中发挥着重要作用，借偶像、巫术、法术的力量捆绑、巩固人际关系，以此带来"和谐"的社会关系。

2. 保丰收

在农业生产中，最重要的莫过于风调雨顺，为了达到这一目的，人们想了各种办法，其中一种，就是利用赛龙舟来祈求农业丰收。人们在巫风神雨的竞渡仪式中虔诚地祈祷：风停雾破、年丰岁收。贵州清水江畔的苗族人民以前划龙舟时，每个人都身披蓑衣、头戴纸斗笠以示求雨。苗族龙舟节并非为了纪念屈原的汨罗之死，而是重温降龙神话强调巫术求雨。因为他们相信，头戴斗笠的人们在划龙舟时，象征着人"乘龙在天"的巫术力量可以降龙，风调雨顺，保证农业丰收。《农政全书·农事占候》记载："端午日雨，来年大熟。"在颂扬祖先、尊敬天地的同时，也表达了人们对划龙舟与土壤气候变化和五谷丰稔的重视。

苗族人对龙的敬畏——实则是对洪水、干旱的害怕，渐渐演变成对害人恶龙的惩罚，即象征水患。有一个民间传说，说一位老者把龙烧死后，龙的灵魂托梦给老者，把它漂在江面的尸体分割给人们去划龙舟，这样就可以保证风调雨顺、农业丰收。

3. 保健康

《延平府志》记载："端午……舟人竞渡，俗云逐疫也。"人们认为赛龙舟能消除瘟疫。以前在医疗技术落后的农村，一旦发生传染病，是非常可怕的，因为缺医少药，只能相信传统的巫术。《广东通志》载："南人凡病皆谓之瘴，率不服药，唯事祭鬼。"南方气候湿热，农历五月正当春夏之交，季节转换，传染病容易流行，人们生病不服药，只祭鬼，这时南方各处举行赛龙舟。在人们心目中，龙舟的龙也是神，于是病急乱投医，认为划龙舟也能借助龙神的力量驱逐瘟疫。

4. 保平安

还有人认为，龙舟可以消灾保平安，诸如疾病、死亡、歉收等，人们相信赛龙舟可以将这些灾祸消灭。苗族龙舟的龙头上必装戴一对木制的形似水牛角的龙角，上写"风调雨顺，国泰民安"。据苗族老人说，早期是用巫术咒语刻画符号。消灾是变消极为积极的办法，目的是躲避灾难，有的地方在消灾的同时还积极地求福。

沿清水江各寨的彩绘木雕龙头色彩、造型，亦有严格区别。远古神话繁衍成民间神话后，仍然可以看出原始巫术的影子。传说一位老者（渔民保儿）把龙烧死后，龙的灵魂托梦给老者，把它漂在江面的尸体，分割给人们去划龙舟，这样就可以保证风调雨顺，农业丰收。老人醒来把梦告诉江边各寨的人们，于是大家去抢烧死的龙体，他们分别抢得龙头、龙颈、龙身、龙尾，以及龙的肠子，绘出金龙彩甲、黄龙彩甲、绿龙彩甲、红龙彩甲（红龙代表火）。《左传》就记载了古代有"火红黼黻"与水龙对应，也是龙的一种，后来人们忌讳火，才禁止红色龙参加竞渡。因为传说中施洞杨家寨人去的最晚，只得到龙的肠子，如今只能雕造浑身没有彩甲的青龙。这种对龙的分身法，仍然是对龙的一种既敬畏又惩罚的原始巫术观念，也是人们在幻想中企图征服自然、保一方平安的意识表现。

各地赛龙舟要举行祭祀仪式，如龙舟下水前，要备酒肉、香纸敬祭。划舟的清晨，要先由寨中老人立于沙滩上作"地嘎哈"，即面对龙舟念诵族源和龙的来历的咒语，并宰杀一只白雄鸡祭祀山神，念咒语祈祷护佑船只安全。祭毕，锣鼓齐鸣，龙舟才驶入河潭，绕潭三周，然后驶向寨区。

5. 避忌讳

许多地方的赛龙舟都忌讳女人参加活动。江西高安县、浙江余杭蒋村都不准女人划龙舟。在广州黄浦区一带，不但不准女人划龙舟，而且在龙舟从水里起来、未拜神之前的一段时间内，还忌讳女人看。只有拜过神以后，才让妇女看龙舟。正像湖南汨罗市一样，以前汨罗人建新龙舟不让女人看到，认为龙舟沾了阴气，竞渡时就会翻船，并且新龙舟造好后，下水时也不许女人在场观看。

6. 守禁忌

赛龙舟还有各种禁忌。例如，在龙舟上吃饭，不能用筷子，要用手抓；烹饪时饭菜，要挑选被认为有福气的中老年妇女担任主厨；蒸饭时，不准倒掉淘米水，甑口不能加盖，煮肉时不准在锅里翻搅，肉汤也不能洒出锅外，饭蒸熟后，把鸡鸭鱼肉放在甑口，抬到江边置于舟中；留下的甑口，不准搬动，甑脚水也不能倒掉；妇女不能上舟，有女人坐月子或怀孕的家庭，全家人都不能摸龙舟；水手不能挽裤脚，凡与"翻""倒""洒""泼"等词语同音、近义词或者相关的一切行为都在禁忌之列。

7. 娱龙神

赛龙舟是举行娱神的竞技活动，是模拟龙在水上畅游，借以娱神。不过，这里娱的对象，不可能是传说中被渔民保儿烧死的恶龙。通过娱的手段，盼求降雨保丰收的目的，也是符合巫术的原始逻辑的。从竞赛前的祭祀仪式中，念诵族源和龙来历的咒语判断，娱的对象是祖灵和龙神。

娱龙神是原始民族对龙神的最古老的祭祀，人们虔诚地相信龙神的存在，并认为它对自然与社会产生着决定性的神秘作用。当冬去春来、生命复苏、子孙繁衍的时节，人们就举行具有巫术意味的赛龙舟习俗，以实现人丁兴旺、龙神显灵的目的。应该说，龙神信仰是竞渡习俗最核心的信仰要素，它贯穿赛龙舟民俗自起源以来的整个历程，尽管其间也渗透了其他一些俗信内涵，民俗样式也发生了很大的变化，但龙神信仰始终发挥着巨大作用。也正是这一信仰基础，实现了竞渡习俗潜在的与整个中华民族对龙的特殊信仰的统一，"龙，不仅是一种文化实存，也是一种象征——它是一种信念，一种意义，一种精神"[1]。

（三）龙舟竞渡的文学艺术

龙舟竞渡的文学艺术表现形式有诗词歌赋、对联、说唱、号子等方式，但影响最大的属诗歌。在众多的传统节日中，端午节与诗歌、诗人的关系很密切。端午节除了赛龙舟、吃粽子外，一些地方还会公祭屈原、办诗会。屈原的诗歌中关于赛龙舟的内容有许多描写。

此外，一些历代著名的文学家、诗人、文人雅士歌颂、赞美、吟咏赛龙舟，这些饱浸诗骚的古代文人，在他们的五彩笔端和灵魂深处，久久萦绕着竞渡风景、几多情愫，为后人留下了许多脍炙人口的壮丽诗篇，而歌咏赛龙舟广而多的当推唐诗。从《全唐诗》中可查得咏竞渡的诗颇多，以张建封的《竞渡歌》最为生动，令人如身临其境："……鼓声三下红旗开，两龙跃出浮水来……"这首长诗说明参加竞渡的桨手们先要纹身模仿蛟龙，竞渡结束，经过上书的手续才能解除纹身，同时全诗详写了赛龙舟的景象。

歌咏竞渡的还有储光羲的《观竞渡》、白居易的《竞渡》、刘禹锡的《竞渡曲》及李群玉的《竞渡》等。在文人的心中，悼念和祭祀屈原，意味着透过悲喜两重天的翻转和升华，去追慕感同屈原的狷介和崇高，这些诗词不仅翔实描写了赛龙舟的壮美场景，还深刻表达了对屈原的怀念之情。诗词的内容真实地展现了从古至今，人们对于赛龙舟的内心情感和重视程度。诗词歌赋艺术的表现与升华，是缅怀先人的情愫，也是学习传统文学与艺术的途径，更是中国传统文化与民俗的完美结合。此外，对联、说唱、号子等艺术表现形式，也为我国的民族文化传统艺术做出了一定的贡献，在文学艺术的篇章中也留下了浓厚的一笔。

（四）龙舟竞渡的审美特点

人类创造的龙舟文化，是求知欲所激发出强烈的好奇心使然，是先民为了解答自然事物存在的神秘感，从而创造出的视觉满足、听觉享受的艺术作品。对于古人而言，龙舟竞渡意味着一种寄托、一种灵魂深处的求索。

当人类尚未能够认识、把握外部世界时，会用自己的意识、思想、精神去解释、填补外部世界的未知空间；当心灵与自然，可知与未知、不可知之间建立某种神秘联系，求知欲和好奇心就会激发创新思想，一种集合各种功能的美学作品就诞生了。由于长期的衍变和嬗变，龙舟文化里的巫术形态渐渐趋于宗教化、迷信化和娱乐化，而其宗教、迷信色彩随着历史的发展而逐渐退落，娱乐性则相应增长，其原有的巫术形态也就演变为文娱、体育的新质态。

---

[1] 何新. 龙：神话与真相. 北京：时事出版社，2002。

龙舟竞渡本身是一种超越，是先民们对自然所采取的超越，也是人们认识未知世界、思维感知的结果。从某种意义上说，没有先民们的原始宗教与巫术信仰，也就不会带动龙舟文化的发展。甚至可以说，先民们这种宗教、巫术信仰的虔诚心理，超越了现实的需要，填补了内心虚幻的满足，从而避免了精神的崩溃，才得以代代相传、生生不息。赛龙舟传承的文化艺术，是先民为了创造生活之美、人生之美、情感之美，满足内心精神需求的超越。

龙舟竞渡与巫术、宗教文化、神话、民俗相结合，人类在竞渡中展现原生态生存力量的完美，深刻体会原始族群团体的合作精神，激发人们的创造力和凝聚力，身临其境地体味到人类在生存和发展中需要的某种精神，与人们的道德情操、宗教信仰、情感寄托之间进行完美结合。

1. 龙舟竞渡的原生态美

古代文人对赛龙舟有着十分传神的描绘："鼓声三下红旗开，两龙跃出浮水来。"一幅欢愉激奋、妙趣横生的场景，不仅荡漾起人们的呐喊和欢笑，还承载着弥久愈浓的对屈原的追思和敬奉。南方的赛龙舟给青年、妇女及小孩带来的兴奋和快乐，绝不是生长在北方平原的人所能想象的。龙舟源于生活，取自于民，归功于民，即便是现如今的赛龙舟，也或多或少地保留着龙舟浓厚的民间生活气息。

大江以南，凡是有河流可通船舶航行的，无论大城还是小市，端午节必举行赛船。比赛现场人声鼎沸、场面壮观，充满诗情画意，向世人展现了力量与激情的阳刚之美，寄予着各族人民丰富的情感和高尚的情操。凡是华夏儿女，不管人在何处，一听到赛龙舟的锣鼓声，那种原始的眷恋祖国之情便会油然而生。

人们的文化生活的需求，在不同的国家、不同的社会、不同的民族之间，以及不同的性别、不同的年龄之间是有区别的。它不仅表现在衣、食、住、行等方面，同时表现在文化体育方面、精神生活方面。龙舟竞渡可以调节人们的生活压力，改善人际关系。竞渡期间，亲朋好友欢聚一堂，庆度佳节，共叙友情；探亲访友，联络感情，对于增加交往，促进人际关系的改善，是很有益的。竞渡是一项集体运动项目，尽管平时可能有些矛盾，但是为了本家族或整个团队的名誉，大家都会求同存异。在一起经历胜利、呐喊、挥汗之后，人们常常会将恩怨得失忘记，一同在这难得的气氛中放任自我，与团队群体一起欢聚。

龙舟竞渡的生活艺术就体现在这里。这是属于劳动人民的乡土艺术、汗水艺术、草根艺术、原生态艺术，属于平凡百姓的民间艺术、传统艺术，是人与自然和谐发展的显著表现。

2. 龙舟竞渡的鉴赏美

随着历史的变迁和历史的潮流，龙舟也在不断更新以符合现代人的审美标准。早期创造龙舟之初，人们只是单纯地凭借龙舟来祭祀、纪念、祈福、祝愿，随着赛龙舟的发展，人们已经潜移默化地将龙舟的美与审美标准融入其中。作为一个重要的、具有普遍性意义的美学范畴，审美对于不同事物有不同的标准，但其共同的特点和内涵还是基本相同的。

在赛龙舟的过程中，人们会不自觉地受到竞渡激烈场面的感染，龙舟的造型、桡手的服装、锣鼓的节奏、旗帜的色彩等，视觉和听觉的冲击，即是一次审美的过程。

竞渡船上人员的站位结构——上、下、上，从物理学角度讲，是为了使船身稳定、前进、加速；从美学角度讲，又是等比例的构图模式。在人们欣赏龙舟飞速前进的过程中，这项古老的运动与自然环境融为一体的构图，是动与静的交融、经验与美的结合。

将龙舟竞渡与现实生活和知识经验相结合，这种美是自然与原生态的美。由于人们面对的是富有吸引力的、启发性的一种美的过程，自然会唤起对于龙舟的种种联想和想象，会加深感受和理解。人的青春、人的生活、人类的繁衍、人类的进步，本来就是五彩缤纷的，加上龙舟盛装上的强烈对比色，烘托出人们强烈的情感，和服饰图腾体系的图像相呼应，这是一种悠远久长，代表着审美意识形态物化的文化复合体。

## 第二节 龙舟运动的生理学基础

### 一、龙舟运动的能量代谢特点

龙舟运动是民族传统体育项目，也是一项大负荷、高强度的周期性水上竞速运动，竞技龙舟比赛项目较多，主要的比赛距离有200米、500米、1000米、2000米等。龙舟运动员以参赛为目的的训练，应在有氧耐力训练的基础上，根据该项目的生理、生化特点，重视专项训练，应采用ATP（adenosine triphosphate，三磷腺苷）- CP（creatine phosphate，磷酸肌酸）供能和无氧系统供能为主要供能方式训练的方法与手段，提高生理上的适应能力和竞技水平。以下三大供能系统是不可分割的整体，在龙舟比赛中，这三大系统发挥着各自的作用，缺一不可。

1. 有氧供能系统的主导作用

在大强度运动过程中，前45秒主要靠无氧供能来完成，同时，ATP - CP系统也会有一定比例的供能，45秒～1分钟期间，乳酸堆积达到最高峰，从而抑制了肌肉进一步产生乳酸，导致运动能力降低。此时，有氧供能系统被动员并发挥着先锋作用。在500米、1000米和2000米以上距离的比赛中，有氧系统的供能就超过了50%，因此，有氧供能系统在龙舟运动中长距离项目的训练和比赛中占有重要的主导作用。

2. 乳酸供能系统的先锋作用

糖原无氧酵解系统即乳酸供能系统的供能时间为60～90秒。它具有动员快、功率大的特点，一开始运动供能水平就达到了最高值，乳酸供能系统以其快速反应和高输出在这段时间内起到了先锋作用。因此，该供能系统在龙舟运动短距离项目的训练和比赛中占有重要的主导作用。

3. ATP - CP供能系统的缓冲作用

ATP - CP供能系统动员速度比乳酸供能系统快，因为它可以提供直接的能源物质ATP，为乳酸系统和有氧系统赢得时间，所以称为缓冲作用。另外，线粒体产生的ATP不能靠扩散作用到达肌球蛋白，而要依靠胞浆中的CP作为传递体，将高能磷酸键传递到肌球蛋白附近的ADP（adenosine diphosphate，腺苷二磷酸），使之成为ATP，这是它的空间缓冲作用，如图2-3所示。

### 二、有氧代谢和无氧代谢及其训练方法

龙舟运动中，在短距离比赛时需要较强的无氧能力，而在长距离比赛中需要较强的有氧

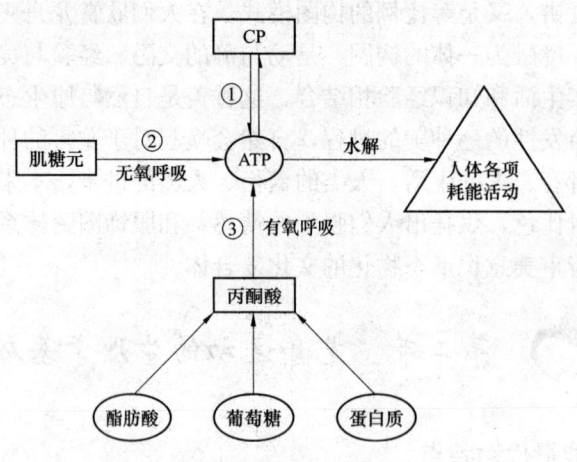

图 2-3 ATP-CP 的空间缓冲作用

能力。以下将重点讲解在龙舟运动中如何加强有氧和无氧的工作能力。

(一) 最大摄氧量、影响因素及应用

1. 最大摄氧量

最大摄氧量 (maximal oxygen consumption, $VO_2 max$) 是指人体在进行有大量肌肉群参加的力竭性运动中,当氧运输系统中的心泵功能和肌肉的用氧能力达到人体极限水平时,人体每分钟所能摄取的氧含量。所以最大摄氧量是评定人体有氧工作能力的重要指标。

最大摄氧量的表示方法有绝对值与相对值两种。最大摄氧量的绝对值是表示整个机体在单位时间(分钟)内所能吸取的最大氧含量,单位为升/分。最大摄氧量的相对值是按每千克体重计的最大摄氧量[毫升/(千克·分)]。由于运动员之间个体的身高及体重差异较大,因此用最大摄氧量的绝对值进行个体间的比较不适宜。而相对值消除了体重的影响,在个体间进行比较更有实际意义。男性最大摄氧量大于女性。正常成年男性最大摄氧量为 3.0~3.5 升/分,相对值为 50~55 毫升/(千克·分);女性最大摄氧量为 2.0~2.5 升/分,相对值为 40~45 毫升/(千克·分)。

2. 影响最大摄氧量的因素

优秀耐力运动员在系统训练的影响下出现安静、心率减慢、左心室容积增大和每搏输出量增加等一系列心脏形态机能的适应性变化,表明心脏泵血机能和工作效率提高。心脏泵血机能是限制运动员最大摄氧量提高的重要因素。心脏泵血机能越强,最大摄氧量越高。

慢肌纤维的百分组成与最大摄氧量有密切关系,慢肌纤维较多的运动员的最大摄氧量较高。肌组织利用氧的能力主要与肌纤维类型及其代谢特点有关。慢肌纤维具有丰富的毛细血管,肌纤维中的线粒体数量多、体积大且氧化酶的活性高,肌红蛋白含量也较高。慢肌纤维的这些特征都有利于增加慢肌纤维的摄氧能力。优秀的耐力专项运动员的慢肌纤维百分比高,慢肌有选择性肥大现象,使运动员的摄氧能力和利用氧的能力增加。

对双胞胎的最大摄氧量研究表明,遗传对最大摄氧量有较大影响,双胞胎中,最大摄氧量的遗传度达到 93.5%。通过运动训练可提高 20%~25% 的最大摄氧量。

耐力训练可促进最大摄氧量增加。研究表明，耐力性项目如越野滑雪运动员和长跑运动员的最大摄氧量最大，短跑运动员的最大摄氧量最小。男子越野滑雪运动员最高的最大摄氧量值达94毫升/（千克·分），女子运动员最高值达85.1毫升/（千克·分）。

3. 最大摄氧量在龙舟运动中的应用

最大摄氧量是反映心肺功能的综合指标。最大摄氧量水平高低是龙舟长距离项目取得优异成绩的基础和先决条件之一。研究表明，最大摄氧量的值与长距离运动项目的成绩有较强的相关性，可以根据运动员最大摄氧量的值预测龙舟长距离项目的运动成绩。

最大摄氧量可作为选材的生理指标。最大摄氧量有较高的遗传度，可作为生理学选材指标。在青少年龙舟运动员选材时，最大摄氧量值较高的运动员，心肺功能较好，有氧能力较强，通过训练后易于获得好成绩。

将测量最大摄氧量时的最大强度作为100%的最大摄氧量强度，根据训练计划制定不同的百分比强度，使运动负荷更客观、更实用，可以为运动训练服务。

（二）有氧耐力训练方法

有氧耐力（aerobic capacity）是指人体长时间进行有氧工作的能力（糖、脂肪等有氧氧化供能）。提高有氧耐力的训练强度要掌握在有氧代谢范畴之内。因此，运动负荷量和负荷强度的安排至关重要。只有在运动负荷量和强度适宜，最大限度动用机体有氧代谢系统，使其处于最大应激状态下训练，才能有效地提高机体的有氧工作能力。目前用于发展有氧耐力的训练方法主要有持续训练法、乳酸阈训练法、间歇训练法和高原训练法。

在训练监控中，为保证训练中运动员的代谢能力以有氧供能为主而不是无氧供能为主，常用的方法为监控运动员运动中最高心率不超过180次/分或是训练后运动员血乳酸水平不超过4毫摩尔/升。

1. 持续训练法

持续训练法是指强度较低、持续时间较长且不间歇地进行训练的方法，主要用于提高心肺功能和发展有氧代谢能力。长时间采用持续训练法可引起运动员慢肌纤维出现选择性肥大，肌红蛋白增加，提高最大摄氧量。对年龄较小的青少年运动员应注意以低强度的匀速持续训练为主。训练时间不能少于5分钟，可持续20~30分钟以上。

2. 乳酸阈训练法

乳酸阈训练法是指发展龙舟运动有氧耐力训练的最佳强度，可明显提高运动员的有氧耐力。有氧耐力提高的标志之一是运动员的个体乳酸阈提高。刚参加龙舟训练的运动员，以50%最大摄氧量强度进行较长时间运动，血乳酸不变或略有上升。经过良好训练的龙舟运动员，可以达到60%~70%最大摄氧量强度进行长时间运动。优秀的龙舟运动员可以达到85%最大摄氧量强度进行运动。在训练中，常用运动员达到乳酸阈时的心率来控制运动强度，使运动员在龙舟训练中的心率不超过乳酸阈心率。

3. 间歇训练法

间歇训练法是指在两次练习之间有适当的间歇，并在间歇期进行强度较低的练习，而不是完全休息。对于发展有氧代谢能力来说，间歇训练法比持续训练法能完成更多的工作量，而且用力较少，而呼吸、循环系统和物质代谢均可得到提高。采用间歇训练法还使运动员的心率恢复能力得到提高，可使运动员的心血管系统得到明显锻炼。

4. 高原训练法

高原训练法要经历高原缺氧和运动缺氧两种负荷，对身体造成的缺氧刺激比平原上更为深刻，可以调动身体的潜能，使红细胞和血红蛋白数量及总血容量增加，并使呼吸和循环系统的工作能力增强，从而使有氧耐力得到提高。如果条件限制无法去高原进行实地训练，还可以使用低氧帐篷进行恢复，白天在室外训练，夜间在低氧帐篷内睡觉，达到类似高原训练的效果。

（三）无氧能力的生理基础

无氧工作能力是指运动中人体通过无氧代谢途径提供能量进行运动的能力，由两部分组成，即ATP-CP分解供能（非乳酸能）和无氧酵解供能（乳酸能）。ATP-CP是无氧供能的物质基础，在龙舟运动中，所有不同距离项目比赛起航阶段，短时间高功率的活动能力取决于ATP-CP供能的能力。而乳酸则是短距离龙舟项目途中划船和最后冲刺阶段的物质基础。

1. ATP和CP的含量

人体在运动中的ATP和CP的供能能力主要取决于ATP和CP含量，以及通过CP再合成ATP的能力。在起航加速阶段，肌肉中的ATP和CP在10秒之内就几乎耗竭。运动员通过训练，可推迟体内血乳酸堆积的出现。短时间高强度反复训练可提高运动员的ATP和CP供能能力。

2. 糖原酵解与乳酸阈

糖原含量及酵解酶活性是糖无氧酵解能力的物质基础。糖原储备量越多，无氧能力越高。有学者提出用运动后能达到的最大乳酸值来评价无氧代谢能力。他们发现，最大乳酸值与以多种无氧代谢为主的运动项目成绩有关。在进行龙舟运动的无氧训练时，按不同的训练强度，进行中等强度的无氧运动后，运动员血乳酸的值一般在4～8毫摩尔/升；进行激烈比赛后运动员的最大血乳酸值可达到21毫摩尔/升。

随着运动强度的增加，血乳酸浓度会逐渐增加，当运动强度超过某一负荷时酸浓度急剧上升的开始点，称为乳酸阈。乳酸阈是反映人体的代谢供能方式由以有氧代谢为主开始向无氧代谢为主过渡的临界点，通常情况下，血液乳酸浓度为4毫摩尔/升，也称为血乳酸急剧堆积的开始点。由于个体的差异比较大，乳酸阈值并不都是4毫摩尔/升，其变化的范围为1.4～7.5毫摩尔/升，因此也称乳酸阈为个体乳酸阈。

（四）无氧能力的训练方法

1. 最大乳酸训练

机体生成乳酸的最大能力和机体对它的耐受能力直接与运动成绩相关。研究表明，血乳酸在12～20毫摩尔/升是最大无氧代谢训练所敏感的范围。龙舟训练中，采用单次一分钟强度划不可能达到这一高水平的血乳酸。采用1分钟超极量强度划，间歇4分钟，共重复5次的间歇训练，血乳酸浓度可达到一个很高的水平，最高值可达21毫摩尔/升。1分钟超极量强度间歇4分钟的水上划可使身体获得最大的乳酸刺激，是提高最大乳酸能力的有效训练方法。

为使运动中能产生高浓度的乳酸，练习强度和密度要大，间歇时间要短，时间一般要大于30秒，以1～2分钟为宜。以这种练习强度和时间及间歇时间的组合，能最大限度地动用糖酵解系统供能的能力。

2. 乳酸耐受训练

乳酸耐受能力一般可通过提高缓冲能力和肌肉中的乳酸脱氢酶活性而获得。因此，在训练中要求血乳酸达到较高水平。一般认为在进行乳酸耐受能力训练时，以血乳酸在 12 毫摩尔/升左右为宜。然后重复训练时维持在这一水平上，以刺激身体对这一血乳酸水平的适应，提高缓冲能力和肌肉中乳酸脱氢酶的活性。

### 三、肌纤维类型与运动能力

运动员的肌纤维可分为不同的类型，根据收缩速度，可将肌纤维划分为快肌纤维和慢肌纤维；根据胶原纤维的类型，可将肌纤维划分为Ⅰ型和Ⅱ型，其中Ⅱ型又分为Ⅱa、Ⅱb、Ⅱc三种类型。

快肌纤维直径较慢肌纤维大，含有较多的收缩蛋白。慢肌纤维周围的毛细血管网较快肌纤维丰富，并且慢肌纤维含有较多的肌红蛋白，因而导致慢肌纤维通常呈红色。与快肌纤维相比，慢肌纤维含有较多的线粒体，而且线粒体的体积较大。在神经支配上，慢肌纤维由较小的运动神经元支配，传导速度慢，一般为 2~8 米/秒。而快肌纤维由较大的运动神经元支配，传导速度快，可达 8~40 米/秒。

快肌纤维的直径大于慢肌纤维，包含的肌纤维数量多于慢肌纤维，因此，快肌运动单位的收缩力量明显大于慢肌运动单位。快肌纤维比例高的肌肉收缩速度快、力量大。

不同类型的肌纤维抗疲劳的能力不同。快肌纤维在收缩时能产生较大的力量，但容易疲劳。慢肌纤维抵抗疲劳的能力比快肌纤维强得多，因为慢肌纤维内的线粒体较多，有氧代谢酶活性高，肌红蛋白的含量比较丰富，毛细血管网较为发达。

为了增强快肌纤维的代谢能力，训练计划必须包括大强度的练习。如果要提高慢肌纤维的代谢能力，训练计划就要由低强度、持续时间较长的练习组成。耐力训练可引起慢肌纤维发生选择性肥大，而速度与爆发力训练可引起快肌纤维选择性肥大。在力量训练中，通过 10 周的力量训练，快肌纤维会有明显增加。耐力训练可以使运动员的慢肌纤维增多。运动训练可从两个方面对肌纤维类型发生较大影响，即肌纤维选择性肌大和酶活性选择性改变。

对龙舟运动项目而言，短距离项目的运动员骨骼肌中的快肌纤维百分比应较高，训练中应采取以短距离的速度训练为主，以增强快肌纤维的体积。

长距离项目的运动员既需要耐力，也需要速度，其肌肉中的快肌纤维和慢肌纤维的百分比应相当，结合长距离训练与短距离训练交替进行，以分别提高快肌纤维和慢肌纤维的体积。

### 四、运动对血红蛋白的影响

血红蛋白是红细胞内的主要成分，是一种结合蛋白质。每一血红蛋白分子由一分子的珠蛋白和四分子亚铁血红素组成，珠蛋白约占 96%，血红素占 4%。红细胞携带氧气和二氧化碳这一机能是靠红细胞内的血红蛋白来完成的。血红蛋白中的亚铁离子在氧分压高时在肺内易与氧结合，生成氧合血红蛋白，这种现象称为氧合作用。在氧分压低时在体内组织中容易与氧分离，把氧释放出来，供细胞代谢所需，这种现象称为氧离作用。血红蛋白正常值为女运动员 110~150 克/升，男运动员 120~160 克/升。

血红蛋白也能与二氧化碳结合，生成碳酸血红蛋白，在组织内二氧化碳分压高时与二氧化碳结合，到肺内释放出二氧化碳。血红蛋白如此反复运输氧气与二氧化碳，进行吐故纳新。血红蛋白不仅有运输氧和二氧化碳的作用，还有缓冲血液酸碱度的作用。

血红蛋白过低或过高都会影响运动员的运动能力。血红蛋白低于正常值时，运动员出现运动性贫血，氧和营养物质供给不足，必然导致工作能力下降。血红蛋白过高时，血液黏滞性增加，造成血流阻力增加和心脏负担加重，使血流动力学改变，容易诱发血栓。

血红蛋白可用于监控运动员的身体机能状态，也可通过血红蛋白结合运动员训练情况预测运动成绩。在应用血红蛋白指标进行训练监控时应注意冬训期间，血红蛋白稍低。女运动员月经期血红蛋白稍低，这是正常的生理波动。运动员个体之间存在差异，评定运动员身体机能状况时，还应结合心率、尿蛋白等多种指标综合评定。

运动员选材中，运动员的血红蛋白可按个体差异分为三种类型，即偏高型、正常型和偏低型。运动训练实践证明，血红蛋白值较高，平时波动小的运动员能耐受大负荷运动强度，适合进行长距离龙舟项目的训练。

**五、运动训练对心血管系统的影响**

长期进行龙舟训练，可促使人体心血管系统的形态、机能和调节能力良好地适应，从而提高人体的工作能力。长期运动训练可使运动员安静状态下心率减慢，心脏增大，心肌收缩力增加，每搏心输出量增加。这些变化都反映了运动员对大负荷运动强度长期训练表现出良好的适应能力。

（一）窦性心动徐缓

长期进行龙舟运动训练可使运动员在安静状态时心率减慢。优秀的龙舟运动员在安静状态时心率可低至40~60次/分，这种现象称为窦性心动徐缓。这是控制心脏活动的迷走神经作用加强，而交感神经作用减弱的结果。窦性心动徐缓是可逆的，即使安静心率已经降到40次/分的优秀运动员，停止训练多年后，运动员的心率可恢复到接近正常值。一般认为，运动员窦性心动徐缓是经过长期训练后心功能改善的良好反应，故可将窦性心动徐缓作为判断训练程度的参考指标。

（二）运动性心脏增大

运动员的心脏会出现增大的表现，心脏病患者的心脏也出现增大的现象，但是运动员的心脏与心脏病患者的心脏有本质区别。心脏病患者的心脏也出现心脏增大的现象，但是心肌收缩力弱，心力贮备差，单位面积内毛细血管数量减少，运动负荷后心脏出现代偿性增大。运动员的心脏增大表现为心肌增厚、收缩力强、心力贮备高，是对长时间运动负荷的良好适应。运动员心肌中单位面积内毛细血管数量增加，收缩能力强，大运动强度负荷后，与心脏病患者运动后心脏代偿性增大不同，运动员的心脏出现轻微的缩小变化。

（三）心输出量增加

骨骼肌收缩时，耗氧量明显增加。循环系统的适应性变化是提高心输出量以增加血流供应，从而满足肌肉组织的氧耗，并及时运走过多的代谢产物，运动一开始，心输出量就急剧增加，通常1分钟达到高峰，并维持在该水平，运动时心输出量的增加与运动量或耗氧量成正比。运动时，由于肌肉的节律性舒缩和呼吸运动加强，回心血量增加，心率加快，心肌收缩力加强，因此心输出量增加。运动中增加的心输出量并不是平均分配给全身各个器官，心脏和进行运动的肌肉的血流量明显增加，不参与运动的骨骼肌及内脏的血流量减少。运动员心输出量增加对完成大强度负荷的运动训练极为重要，它是运动员心脏的适应性变化之一。

**六、运动对呼吸系统的影响**

龙舟运动的训练和比赛中，机体代谢加强，呼吸系统也将发生一系列变化，以适应机体代谢需求和保证技术动作的顺利完成。运动时呼吸加深加快，肺通气量增加，呼吸效率提高。

运动时进行合理地呼吸，有利于保持内环境的基本恒定、提高训练效果和充分发挥人体的机能，以创造优异的运动成绩。在运动中，提高肺通气量的方法有增加呼吸频率和增加呼吸深度两种方式。据研究，呼吸频率是随着运动强度的增加而增加，并经过2~4分钟达到稳定状态，剧烈运动时，呼吸频率和肺通气量迅速上升，无论是增加呼吸频率还是增加呼吸深度，均可达到提高肺通气量的目的。

龙舟运动员经过长期训练后，肺容积增加，呼吸肌力量加强，吸气和呼气的能力提高，肺通气量增加。训练对安静时的肺通气量影响不大，但在运动中，肺通气量增加明显，而且可使安静时的呼吸深度增加，呼吸频率减慢。运动时，较深的呼吸可使肺泡通气量和气体交换率提高，呼吸肌的耗氧量减少，这对长时间进行龙舟训练较为有利。

在龙舟运动中，还应根据龙舟运动的特点，训练呼吸节奏及用力情况，逐渐掌握适宜的呼吸方法。龙舟运动员可进行呼吸肌训练以提高呼吸肌的收缩能力。呼吸肌训练可以促进运动员在训练中加深呼吸，调整节奏，提高运动成绩。呼吸肌的训练方法包括胸式呼吸训练和腹式呼吸训练等。胸式呼吸训练时，主要训练目的是训练膈肌的收缩能力。训练方法为每次呼吸训练时，连续完成30次的深呼气和深吸气，坚持每周训练两三次。腹式呼吸主要的训练目的是训练腹肌辅助呼吸的能力。腹式呼吸训练时，运动员可采用仰卧位，由其他运动员辅助，在腹部轻压重量，从最轻的杠铃片开始，然后尝试进行腹式呼吸，感觉腹部起伏。腹式呼吸训练时，连续完成30次的深呼气和深吸气，坚持每周训练两三次。在腹式呼吸进行一段时间后，可缓慢增加腹部的重量，训练中应特别强调安全注意事项，做好防护工作，防止出现运动损伤。

在水上训练中，应配合龙舟的行进节奏进行有规律地呼吸，注意呼吸节奏，并配合不同的赛程，如起航、途中划和最后的冲刺阶段，学会在高强度比赛中调整呼吸，摄入更多氧气，以利于在比赛中获得好成绩。

## 第三节 龙舟运动的解剖学特点

**一、龙舟运动员划桨动作的解剖学分析**

（一）龙舟运动员划船过程中主要关节及肌肉工作特点

从关节运动与肌肉工作的角度来看，我们可将龙舟划船过程中的运动动作分为桨入水预备动作、拉桨动作、桨出水动作、回桨动作四个动作。在完成这四个动作过程中，主要关节及肌肉工作的特点有所不同。

1. 桨入水预备动作的主要关节及肌肉工作特点

(1) 左臂。左侧工作状态如图2-4所示。

1) 手关节：手指屈，握桨把，腕正位。此处主要由屈指浅、深肌与腕长屈肌收缩做静力性工作。

2) 肘关节：肘呈0°屈，并旋内。此处主要由肱二头肌收缩做静力性工作。

3) 肩关节：肩外展并旋内。此处主要由三角肌、冈上肌、胸大肌、背阔肌收缩做静力性工作。

4) 肩带：肩带上回旋并前伸。此处主要由肩胛提肌、前锯肌收缩做静力性工作。

(2) 右臂。

1) 手关节：手指屈，握桨柄末端，腕旋内位。此处主要由屈指浅、深肌与腕长屈肌收缩做静力性工作。

图2-4 左侧工作状态

2) 肘关节：肘呈150°~170°屈，并旋内。此处主要由肱二头肌收缩做静力性工作。

3) 肩关节：肩外展并旋内。此处主要由三角肌、冈上肌、胸大肌、背阔肌收缩做静力性工作。

4) 肩带：肩带上回旋并前伸。此处主要由肩胛提肌、前锯肌收缩做静力性工作。

(3) 躯干脊柱。躯干脊柱左回旋。此处左腹外斜肌、右腹内斜肌被拉长；右腹外斜肌与左腹内斜肌收缩做静力性工作。躯干前屈，此处竖脊肌被拉长，腹直肌、腹内外斜肌收缩做静力性工作。

(4) 下肢。下肢各环节肌肉工作主要以支撑工作为主。右小腿与右大腿屈，膝关节呈30°；左小腿稍前伸，左膝关节呈140°~160°。龙舟整个划水动作以臀部及足为支撑点，躯干与上肢主要完成以回旋及屈伸为主的动作。

2. 拉桨动作的主要关节及肌肉工作特点

拉桨动作如图2-5所示。

(1) 左臂。

1) 手关节：手指屈，握桨把，腕正位。此处主要由屈指浅、深肌与腕长屈肌收缩做静力性工作。

2) 肘关节：肘呈130°~150°屈，并旋内。此处主要由肱二头肌收缩做静力性工作。

3) 肩关节：肩关节伸及内收。此处主要由三角肌后部肌纤维、胸大肌、背阔肌、冈下肌、肱三头肌、大圆肌、小圆肌收缩做动力性工作。

图2-5 拉桨动作

4) 肩带：肩带下回旋并后缩。此处主要由胸小肌、肩胛提肌、菱形肌、斜方肌收缩做动力性工作。

(2) 右臂。

1) 手关节：手指屈，握桨柄末端，腕旋内位。此处主要由屈指浅、深肌与腕长屈肌收缩做静力性工作。

2) 肘关节：肘屈150°～170°运动，并旋内。此处主要由肱二头肌收缩做动力性工作。

3) 肩关节：肩后伸内收并旋内，此处主要由三角肌后部肌纤维、胸大肌、背阔肌、大圆肌、小圆肌、冈下肌、胸大肌收缩做动力性工作。

4) 肩带：肩带下回旋并后缩。此处主要由胸小肌、菱形肌、肩胛提肌、斜方肌收缩做动力性工作。

(3) 躯干脊柱。躯干脊柱由右回旋运动到左回旋。此处左腹外斜肌、右腹内斜肌被拉长，右腹内斜肌、左腹外斜肌收缩做动力性工作。躯干由前屈运动向后伸，此处腹直肌被拉长，竖脊肌收缩做动力性工作。

3. 桨出水动作的主要关节及肌肉工作特点

桨出水动作如图2-6所示。

(1) 右臂。

1) 手关节：手指关节屈，握桨把，腕正位。此处主要由屈指浅、深肌与腕长屈肌收缩做静力性工作。

2) 肘关节：肘关节呈130°～150°屈，并旋内。此处主要由肱二头肌收缩做静力性工作。

3) 肩关节：肩关节伸及内收。此处主要由三角肌、肱三头肌、冈下肌、胸大肌、背阔肌收缩做动力性工作。

图2-6 桨出水动作

4) 肩带：肩带继续下回旋并后缩。此处主要由胸小肌、肩胛提肌、菱形肌、斜方肌收缩做动力性工作。

(2) 左臂。

1) 手关节：手指屈，握桨柄末端，腕旋内位。此处主要由屈指浅、深肌与腕长屈肌收缩做静力性工作。

2) 肘关节：肘呈70°～80°屈，并旋内。此处主要由肱二头肌做收缩静力性工作。

3) 肩关节：肩关节后伸及内收。此处主要由三角肌后部肌纤维、冈下肌、胸大肌、背阔肌收缩做动力性工作。

4) 肩带：肩带继续下回旋并后缩，此处主要由胸小肌、菱形肌、肩胛提肌、斜方肌收缩做动力性工作。

(3) 躯干脊柱。躯干脊柱左回旋，此处右腹外斜肌、左腹内斜肌被拉长，右腹内斜肌、左腹外斜肌收缩做动力性工作。竖脊肌、腹直肌做静力性工作。

4. 回桨动作的主要关节及肌肉工作特点

回桨动作如图2-7所示。

(1) 右臂。

1）手关节：手指关节屈，握桨把，腕正位。此处主要由屈指浅、深肌与腕长屈肌收缩做静力性工作。

2）肘关节：肘关节呈130°～150°屈，并旋内。此处主要由肱二头肌收缩做静力性工作。

3）肩关节：肩关节屈并外展。此处主要由胸大肌、肱二头肌长头、喙肱肌、三角肌、冈上肌收缩做动力性工作。

4）肩带：肩带上回旋并前伸。此处主要由前锯肌、斜方肌上下部收缩做动力性工作。

图2-7 回桨动作

（2）左臂。

1）手关节：手指屈，握桨柄末端，腕旋内位。此处主要由屈指浅、深肌与腕长屈肌收缩做静力性工作。

2）肘关节：肘由70°～80°屈回伸到屈曲150°～170°，并旋内。此处主要由肱三头肌收缩做动力性工作。

3）肩关节：肩关节前屈并外展。此处主要由胸大肌、三角肌、冈上肌收缩做动力性工作。

4）肩带：肩带上回旋并前伸，此处主要由前锯肌和斜方肌上、下部收缩做动力性工作。

（3）躯干脊柱。躯干脊柱右回旋。此时右腹外斜肌、左腹内斜肌被拉长；左腹外斜肌与右腹内斜肌收缩做动力性工作。躯干前屈，此时竖脊肌被拉长做退让工作，腹直肌、腹内外斜肌收缩做动力性工作。

桨入水预备动作、拉桨动作、桨出水动作、回桨动作四个动作是一个连续、交替进行的过程。桨入水预备动作的目的在于"拉长"在划船桨出水阶段上肢与躯干主要肌肉的"初长度"，便于肌肉发力。肌肉工作发力主要体现在拉桨出水阶段。躯干的发力转动在先，其次是上肢发力拉桨，最终通过上肢、躯干、下肢连接传递到龙舟上，从而推动龙舟的前进。

龙舟划船动作肌肉的工作过程为躯干竖脊肌、右腹外斜肌、左腹内斜肌收缩，传力到肩部，肩带及肩关节部胸大肌、斜方肌、菱形肌、背阔肌、肩胛提肌等收缩传力到上臂，各部关节肌肉依次协调配合从而完成划船动作。从以上划船动作的肌肉工作分析看，要发展肩胛提肌、前锯肌、三角肌、肱三头肌、冈下肌、冈上肌、胸大肌、背阔肌、肱二头肌、前臂屈肌群、左右腹内外斜肌等肌肉的力量及其伸展性。除了在水上训练发展它们的专项力量外，也要在陆地上发展它们的绝对力量及伸展性，另外，要注重力量耐力和速度力量的训练。

（二）龙舟划船动作中值得关注的方面

（1）下肢及骨盆的固定，对于躯干和上肢肌肉的发力有重要作用。一组肌肉能否发挥其力量，与其原动肌定点骨的固定（即使原动肌收缩时有良好的附加支撑）有关。

（2）上肢活动中，手关节、腕关节、肘关节相对处于静力性工作状况，这时肌肉无明显的收缩放松，而是长期处于紧张状态，代谢产物不易排出，氧和营养物也不易及时得到补充，此时肌肉易疲劳，如何克服这种状况很重要。

（3）肩带及肩关节的活动恰是龙舟划船的主要活动关节。这里要注意以下几点。

1) 预备姿势（如桨入水预备动作）时肌肉的工作状态是为动作阶段主动肌积极收缩做准备（拉长肌肉的初长度），它的意义在于：①在一定生理范围内，肌肉初长度越长，收缩时发挥的力量越大；②可加大肌肉收缩时的工作幅度；③可刺激肌肉中的肌梭，反射性地增加肌肉的收缩力量。

肩带上回旋和外展肌群收缩使其保持在此位置上。当脊柱发力不足时，肩带做外展、内收和上、下回旋运动。重点训练肌群是斜方肌、菱形肌和前锯肌等肩带运动肌群。

2) 动作阶段，虽然有许多肌肉参与工作，但其主动肌包括肩关节内收肌（胸大肌、背阔肌）、肩关节后伸肌（三角肌后部纤维、背阔肌）、肩带后缩肌（斜方肌、菱形肌）、肩带下回旋肌（胸小肌、菱形肌）。

摆桨阶段，肩带以上回旋和外展为主，充分伸展桨入水后，肩带则完成下回旋和内收运动。重点训练肌群是斜方肌、菱形肌和前锯肌等肩带运动肌群。注意：肩带的运动要带动上臂的运动，因而肩带肌群应有意识地主动、先于上臂肌收缩。

运动员应在运动训练中重点加强如图 2-8 所示肌肉的训练。

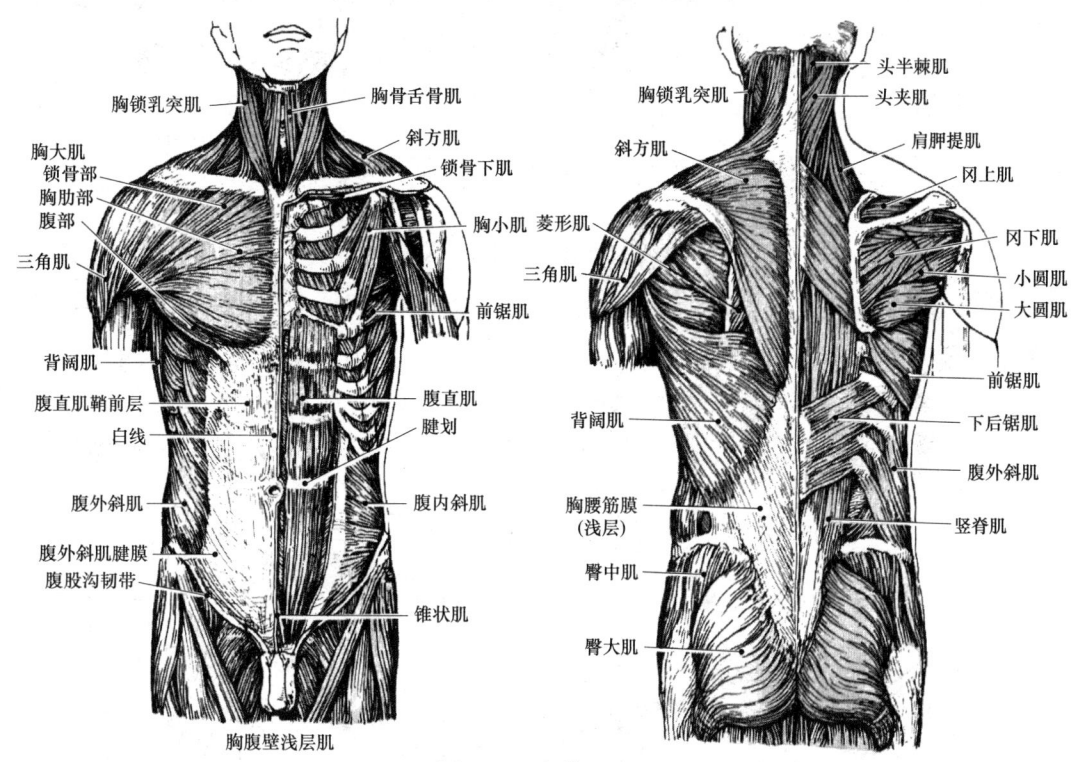

图 2-8 肩带运动肌

（4）脊柱运动十分重要，起到中轴、承重的作用。脊柱依靠屈、伸和回旋运动发力，并带动上肢完成划桨动作。一般为左侧腹内斜肌和右侧腹外斜肌下固定参加工作。重点训练肌群是腹直肌、腹内斜肌、腹外斜肌和竖脊肌等肌肉。脊柱主动回旋肌群与脊柱屈、伸肌群均以下固定的形式进行向心工作，训练中可以采取仰卧起坐加转体、仰卧举腿加转体等练习方法。注意：在脊柱屈的过程中，竖脊肌要做一定的退让工作。脊柱回旋运动肌群、脊柱运动肌群如图 2-9 和图 2-10 所示。

图 2-9  脊柱回旋运动肌群

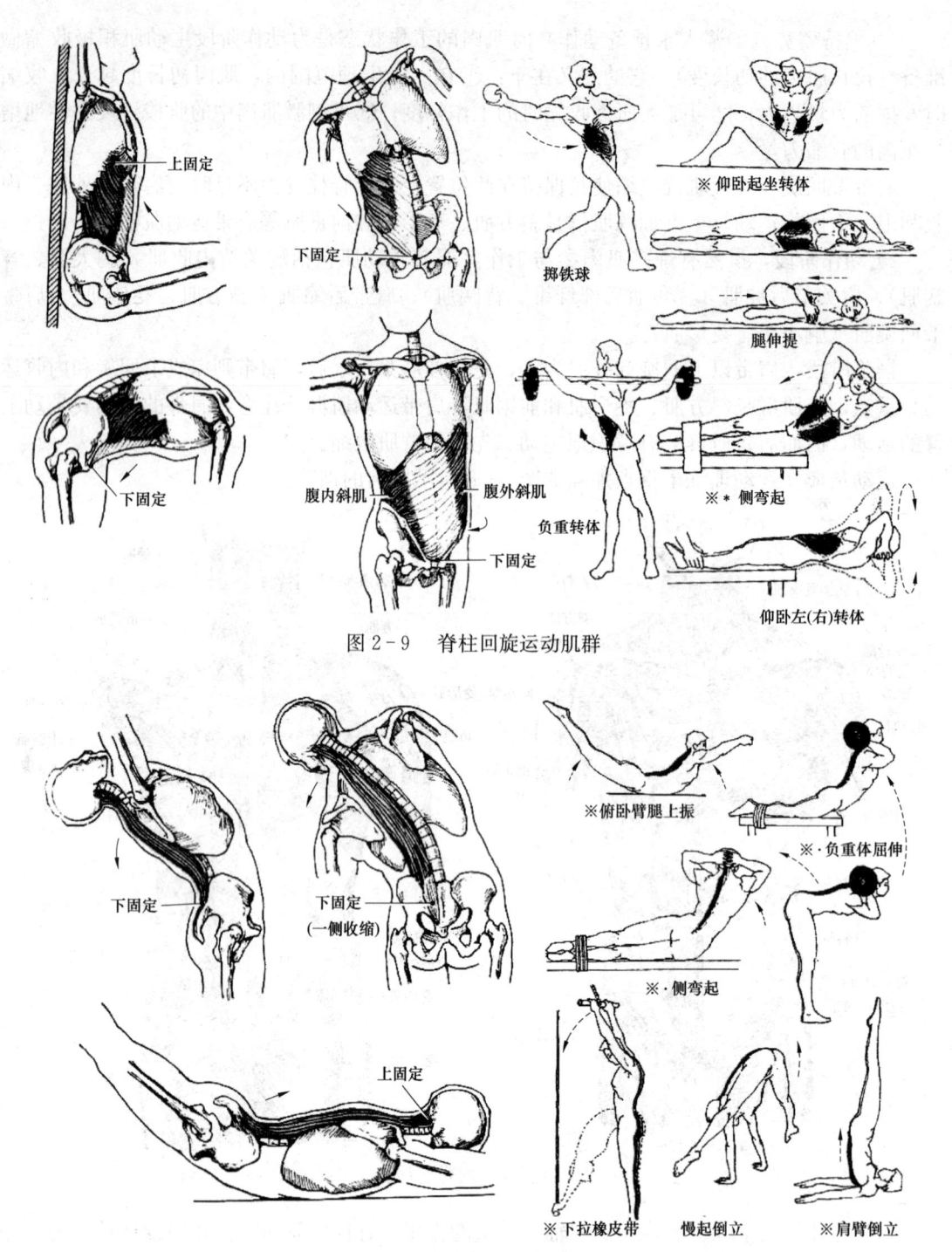

图 2-10  脊柱运动肌群

（5）龙舟划船是一项集体项目，涉及肌肉协调工作，也是每一个队员自身肌肉群的协调活动，即固定肌使定点骨关节固定。协调和动员更多的原动肌参与活动，而对抗肌则要相对适应放松，以保证原动肌动作的准确有力。同时，队员同伴间的动作要步调一致、协调统一，不允许出现多余的动作。

这里神经系统作用显得十分重要，要通过长期艰苦的训练，使肌肉活动在中枢神经的作用下形成动力定型，动员更多的运动单位参与工作。

## 二、教学训练中应注意的问题

（1）训练内容方法、手段与龙舟运动员的划桨动作的用力特点一致性与划龙舟相关的主要工作肌肉包括：上肢的肱二头肌、肱三头肌、三角肌；躯干的胸大肌、斜方肌、背阔肌、冈下肌、竖脊肌、腹斜肌、腹直肌；下肢的股二头肌、股直肌、臀大肌、胫骨前肌。围绕专项技术的动作结构、动作顺序及主要肌群参与动作的特征和个体表现，设计和专项需要密切关联的训练方法和手段。针对划龙舟划桨时的主要发力肌群和用力结构，在力量负荷增加的同时更加注意提高肌肉的收缩速度，增大肌肉的功率，并在每个阶段不失时机地将力量训练效果向专项方面进行过渡与转化。练习内容符合运动技术特征和肌肉用力方式，符合项目特征和能量代谢特征，有助于保证专项力量在水上运动时的运动能力能够得到应有的迁移和发挥。

（2）力量训练的重点应该是非稳定状态下等动性的快速力量和力量耐力。重点发展快速力量和快速力量耐力，并改善与其相关的各种运动能力和对应的能量代谢系统，使快速力量和耐力的提高通过协调性和柔韧性的有效结合，能够有效地转换为划桨功率和划桨效果的改善，最终使构建专项成绩结构的起航、加速、途中和冲刺四个要素得到最佳的组合。

快速力量是运动员在完成动作过程中，神经肌肉系统以尽快地速度发挥出尽可能高的力量的能力。发展快速力量，要尽可能地让白肌尽早参与工作，必须在强度的选择和运动员的心理定势上做好准备。不仅要充分做好准备活动，还要对运动员做好精神动员，让运动员最大限度地兴奋起来，快速力量很大一部分取决于肌肉的快速收缩能力，所以，在训练时要特别注意神经的驱动能力。

力量耐力是神经肌肉系统以静力性或动力性的工作形式在对抗较大负荷（大于最大力量的30%）过程中抵抗疲劳的能力，其发展水平取决于运动员的力量素质与耐力素质，力量耐力能够全面显示运动员产生推进功率的能力及将这种推进力保持到终点的能力。力量耐力在划龙舟项目中主要表现为整个过程中能否自始至终地保持每桨的力量，从而保证每桨的效果，保持船速。

（3）重视人体各部位肌肉肌腱的全面、均衡发展。力量训练要注意全面发展，使运动员各部位的肌肉都得到锻炼，为专项运动能力和运动技术的训练奠定良好的基础。人体的运动系统除了控制简单的肌肉收缩和放松外，还要完成肌肉群内协作、技术的发展和技能的获得等任务。位于肌肉、肌腱和关节内的本体感受器能够感受肌肉的长度、压力及关节角度，这些本体感受器对于向动力系统提供信息是至关重要的。柔韧性能促进肌群内的协作和运动技术的提高，而且能够改进本体感受器接受刺激的能力。

（4）应加强臀部、髋部、腰腹部等核心部位的训练，提高动作的控制能力。臀部、髋部和腰腹部等核心部位为上下肢运动创造支点，并协调上下肢，使力量的产生、传递和控制达到最优化。较好的核心部位的稳定性，是构成身体整体稳定的第一要素，而核心肌群力量的发挥是以骨盆和躯干的稳定为条件的，核心部位只有具备坚固稳定能力，才能为附着在它们上面的核心肌群力量提供支点。核心部位训练的首要内容是核心稳定性训练。进行力量训练，应使大肌肉群和主要肌肉群得到发展，其中包括四肢、腹部、臀部、腰部的肌肉，这些肌肉可称为"力量区"，力量一般都是从这些部位发出的。核心部位自身的速度也是训练的重要组成部分，在运动中，人体中心起伏不定，姿势不断变化。在这个过程中，核心部位具有承上启下的枢纽作用，其稳定性收缩可以为四肢肌肉的收缩建立支点，提高四肢肌肉的收缩力量，同时可以协调不同肌肉之间的运动，加快力量的传递，整体上提高运动速率。此外，还应加强核心部位的柔韧性训练，避免因柔韧性较差，而造成躯干不稳定或相关关节位置偏离，导致关节受伤或动作变形。

## 第四节 龙舟运动员的身体机能生化评定

### 一、运动中人体机能生化指标的选择

（一）用代谢产物作为指标

在运动过程中，机体需要大量能量来维持机能状态，体内物质代谢速率加快，代谢产物增加，这些变化会导致人体内环境发生暂时性的变化，从而使血、尿、汗及唾液中某些成分发生改变。因此，可根据血、尿、汗或唾液中代谢产物的变化间接地反映运动时物质、能量、代谢的特点和规律。例如，血氨、血尿素可反映运动时蛋白质的代谢状况，通常尿肌酐能间接反映运动员的肌肉发达程度和肌酸含量，血乳酸指标可以评定运动员的无氧和有氧代谢能力。

（二）用功能性物质作为指标

机体中存在着许多功能性物质。例如，血红蛋白是细胞中运输氧气和二氧化碳的蛋白质，当血红蛋白浓度过低，便会影响机体运输氧气的功能，进而影响运动能力。血红蛋白与运动负荷关系密切，大强度运动时，血红蛋白会下降。因此，血红蛋白浓度降低是大强度运动的早期反映。正常时，尿液中含有微量的蛋白质。但是当身体机能下降或运动负荷过大时，尿液中的蛋白质就会增多，形成运动性尿蛋白。因此，可根据尿蛋白含量的变化反映运动员的机能状态和运动负荷的大小。血清中免疫球蛋白含量可以反映机体的免疫功能。

（三）用代谢调节物作为指标

酶和激素是调节性物体新陈代谢的两类重要物质。大部分的酶只有在细胞内才能发挥它们的催化功能，当运动员身体机能下降或运动强度过大时，容易导致细胞膜通透性的增加，引起血清酶活性的升高。例如，血清肌酸激酶（CK）的升高，不仅可以反映运动时骨骼肌的损伤程度，而且可以反映运动强度的大小；再如，血睾酮能够促进体内的合成代谢，有利于提高力量、速度、耐力素质。

### 二、运动员代谢能力的评定

运动员代谢能力的评定主要是指对体内三个代谢功能系统，即磷酸原ATP-CP系统、糖酵解系统和有氧氧化系统的供能能力的评定。

（一）磷酸原供能系统代谢能力的评定

磷酸原供能系统又称非乳酸能系统。它是由肌肉内的ATP和CP这两种高能磷化物构

成的，ATP与CP都是通过分子内高能磷酸键裂解时释放能量，以实现快速供能。因此，在运动时供能系统中将CP一起称为磷酸原系统。磷酸原供能系统代谢能力的生化评定可分为直接测定法和间接测定法。由于直接测定法具有创伤性或仪器昂贵，在一般的实践中受到限制，目前，普遍采用的是间接测定法，其具有快速、简便、无损伤等特点。

测定方法：先测定安静时的血乳酸，然后让受试者在自行车功率计上做2～3分钟准备活动后，再以100转/分、600瓦最大用力运动15秒，记录在15秒期间完成的总功（TWP，以千焦耳表示），并在运动后6分钟取血测定血乳酸，求出血乳酸增值，通过下列公式计算出磷酸原能商（AQ）：

$$磷酸原能商 = TWP（15秒）/ 血乳酸增值（15秒）$$

评定：测定的磷酸原能商值越大，表示磷酸原功能能力越强。

（二）糖酵解供能系统代谢能力的评定

糖酵解供能系统是指糖原或葡萄糖在细胞浆内无氧分解成乳酸过程中，再合成ATP的能量系统。

在30秒全力运动时，主要的供能系统是糖酵解（约70%），机体尚未达到或尚未发挥糖酵解最大输出功。一般使用改良的Monark或Fleich功率自行车分别测定腿或臂肌肉的做功能力。

阻力负荷的选择如下。Monark型：测臂50克/千克体重，测腿75克/千克体重；Fleich型：测臂30克/千克体重，测腿45克/千克体重。

测定方法：要求受试者尽可能快地蹬车，在3～4秒调整到规定的阻力负荷，同时开始计时，进行30秒全力蹬车运动。分别记录30秒平均功率、输出总功、5秒内最大输出功率和5秒内最低输出功率，按公式计算出疲劳指数：

$$疲劳指数 = [最高功率（5秒）- 最低功率（5秒）] / 最高功率（5秒）\times 100\%$$

评定：若平均输出功率和输出总功值大，疲劳指数小，是糖酵解供能能力强的表现。

（三）有氧氧化系统能力的评定

有氧氧化系统是指糖、脂肪和蛋白质在细胞内彻底氧化成二氧化碳和水的过程中再合成ATP的能量系统。

1. 最大摄氧量的测试方法

最大摄氧量是人体进行大量肌肉参加的长时间激烈运动中，心肺功能和肌肉利用氧的能力达到极限水平时，单位时间所能摄取的氧量。

（1）直接测定法。直接测定法一般采用活动跑台、走和脚踏功率车进行递增负荷运动，通过气体分析仪直接测定。该方法需要精密仪器，操作较为复杂，难以普及，目前广泛应用的是间接测定法。

（2）间接测定法。

实验仪器：体重计、电子节拍器、40厘米的台阶或高台登、心率遥测仪、秒表。

测试步骤：测试受试者实验前体重；将心率遥测仪固定在受试者胸部；令受试者以22.5b/分的频率持续5分钟上下高40厘米的台阶；记录4分30秒～5分钟的心率，然后乘以2代表台阶负荷时第5分钟的心率；按照下列公式推算最大摄氧量：

$$Y = 1.488 + 0.038 \times 1 - 0.0049 \times 2$$
$$Y = 3.769 + 0.038 \times 1 - 0.0192 \times 2$$

评定：受试者的 Y 值越大，则说明最大有氧代谢能力越好。

2. 乳酸阈测试法

在有氧功能的渐增负荷运动中，运动强度较小时，血乳酸浓度与安静时的值接近。但是，随着运动强度的增加，乳酸浓度会逐渐增加，当运动强度超过某一负荷时，乳酸浓度急剧上升的开始点，称为乳酸阈，其反映人体在渐增负荷运动中，血乳酸浓度没有急剧堆积时的最大摄氧实际所利用的百分比，即最大摄氧利用率。其值越高，有氧工作能力越强；反之，有氧工作能力越低。

3. 乳酸阈的场地测试法

乳酸阈的场地测试法可以结合受试者的运动项目特点来选择运动方式，使测得的结果更具有实际意义。例如，田径、球类等项目运动员可以选择田径场地测试；游泳项目运动员则选择在游泳池中以不同的游速测试其乳酸阈游速；龙舟和皮划艇运动员可以选择与其运动模式十分相近的龙舟测功仪来测试其乳酸阈划速，龙舟运动员也可通过测功仪来进行测试。

田径、龙舟、皮划艇等运动项目的运动员可在运动场上测定，一般采用 3～5 级强度跑。例如，在田径场上测定，采用 5×2400 米跑，测试中由教练员用口令调整跑速，以尽快达到匀速跑（见表 2-1）。

表 2-1　　　　　　　　　　　田径场测定乳酸阈试验程序

| 性别 | 段组（米） | 起始速度（米/秒） | 递增速度（米/秒） | 末级速度（米/秒） | 间歇（分） | 取血 |
|---|---|---|---|---|---|---|
| 男 | 5×2400 | 3.0 | 0.5 | 5.0 | 2 | 组后第二 |
| 女 | 5×2400 | 2.5 | 0.5 | 4.5 | 2 | 分钟末 |

### 三、常用生化指标的分析

（一）血红蛋白

血红蛋白又称血色素，是红细胞中重要的含铁蛋白质，约占红细胞蛋白质总量的 90%。它的主要生理功能是运输氧气和二氧化碳，并参与体内酸碱平衡的调节。但并不意味着血红蛋白浓度越高越好，因为血红蛋白浓度过高时，血细胞压积和血液黏稠度增加，使血液流动速度减慢，心脏收缩阻力增加，外周组织得到的氧减少，反而不利于运动能力的提高。适宜的浓度范围是当血细胞压积为 45% 左右时，血红蛋白浓度在 160 克/升左右。

1. 我国成人血红蛋白的正常范围

我国成人血红蛋白的正常范围：男性为 120～160 克/升；女性为 110～150 克/升。我国运动员安静时血红蛋白的正常范围与一般人基本一致。因此，运动员贫血诊断标准与常人也一致，即男性低于 120 克/升、女性低于 110 克/升、14 岁以下男女均低于 120 克/升，可作为贫血诊断的参考值。

血红蛋白与运动负荷关系密切，大强度运动时，血红蛋白会下降。有关研究认为，这是红细胞溶血增加造成的，其中，部分血红蛋白用于合成肌肉蛋白和新生的红细胞，运动能促进这一合成。因此，血红蛋白浓度降低是大强度运动的早期反映，经过一段时间的训练后，身体机能逐渐适应这种强度，血红蛋白浓度又会逐渐回升，这表现了人体机能的改善和运动能力的提高。但是，如果持续训练一阶段后，发现血红蛋白浓度并未回升，甚至有所下降，此时教练员应当注意适当调整训练计划，同时加强补充营养。

2. 运动性贫血

运动性贫血是指由于运动训练或比赛造成单位容积血液中血红蛋白浓度、红细胞数值低于正常值的现象。运动员的理想值是男性160～170克/升，女性150～160克/升。我国将血红蛋白亚理想值定为男性低于140克/升、女性低于130克/升，当运动员的血红蛋白浓度低于亚理想值时，即为运动性贫血。但是这一标准还有待于进一步研究予以确立。

（1）运动性贫血的原因：血液稀释，即运动员在运动后即刻的血量会有不同程度的减少（6.5%～18%）。这种血量的下降在运动后3小时内表现出开始回升趋势，另外，单纯的血液稀释作为运动性贫血的原因可能性较小。血液稀释引起的血红蛋白下降是相对的、暂时的，运动后恢复期逐渐复原。

（2）红细胞破坏和丢失增加。由于各种原因使血循环的成熟红细胞生存时间缩短、破坏速度加快，即称为溶血。剧烈的运动训练可导致红细胞破坏而溶血，使红细胞达不到120天的正常寿命。与此同时，运动训练造成肾通透性的改变，引起尿潜血甚至血尿，造成红细胞丢失。

（二）血乳酸

乳酸是体内糖无氧酵解的最终产物。正常生理情况下，乳酸主要在红细胞、皮肤、骨骼肌、视网膜等组织中产生，然后透过细胞膜进入血液循环到达身体的其他组织被代谢消除，乳酸的生成与消除处于动态平衡，血乳酸浓度为1～2摩尔/升，安静时运动员的血乳酸浓度与普通人无差异。乳酸是糖代谢的中间产物，它既可以作为有氧代谢的底物氧化生成二氧化碳和水，释放能量又能作为糖异生的原料生成糖。剧烈运动时，肌肉内糖无氧分解加强，血乳酸浓度显著升高，升高幅度与运动强度、训练水平等因素有关。因此，运用血乳酸指标可以评定运动员无氧和有氧代谢能力，调节训练强度等。

1. 血乳酸在运动训练中的应用

（1）控制训练强度。利用血乳酸值可进行有氧能力训练的强度控制。有些学者将血乳酸随运动强度增加而升高曲线上非线性增加点视为无氧阈，在该点后的血乳酸随运动强度增加而升度的斜率增大，认为这是线粒体氧需超过了氧供，引起细胞内无氧氧化过程加强，促使丙酮酸转化为乳酸的速率增高所致。许多实验结果表明无氧阈功率与有氧项目的运动成绩相关，而以无氧阈强度进行训练能有效地提高有氧能力，因为训练实践中的无氧阈训练被广泛使用。在无氧阈训练中，血乳酸常用来判定无氧阈所对应的心率，或速度，或功率，以便利用心率、功率控制实际的训练强度，也用于检测实际的训练是否处于无氧阈范围内。

（2）控制乳酸供能能力。在15秒～2分钟的高强度运动中，乳酸系统的供能起着非常重要的作用，因而在训练中专门针对乳酸系统进行训练。针对乳酸系统的训练包括两方面，一方面是乳酸的生成能力的训练，另一方面是针对高浓度乳酸的耐受力的训练。相关研究表明，间歇训练可对这两方面都起到良好的作用。

1）提高乳酸生成能力的训练：全力运动1分钟，间歇4～5分钟，重复4～6次，课内进行2～3组。在这个训练方案中，较短时间的运动量可保证乳酸生成的最大速率，4～5分钟的间歇是让$H^+$有足够的时间转运到细胞外，以便减少对糖酵解的抑制，使下一次练习能以最高强度进行。这样的训练以4～6组为宜，因为更多的重复次数不能保证运动的强度，血乳酸不再升高。

2）提高肌肉耐受高浓度乳酸的能力的训练：间歇训练时间为1~1.5分钟，间歇时间为5分钟，重复次数为6~8次。较长的练习时间保证了足够的乳酸产量，更长间歇时间可使整个练习中血乳酸的水平较为稳定。

（3）评定训练水平和状态。血乳酸的测量是测定无氧阈的方法之一，而无氧阈功率的高低是衡量有氧能力的重要指标。训练中还常常通过测定专项运动后的血乳酸值来评价运动员有氧能力和无氧能力的平衡状况。抑制血乳酸值是乳酸产生和消除的代数和，是两者共同作用的结果，那么经过一段时间的训练后，一次专项运动后的血乳酸值上升就意味着在整个专项运动过程中乳酸系统供能比的提高；反之，则说明有氧供能比例的上升。这种评价结果可对下阶段训练中有氧能力训练和无氧能力训练提供客观依据。如果有氧功能比例上升过多，那么下阶段着重无氧能力的训练；反之，则加强有氧能力的训练。

2. 乳酸的消除

通常认为，运动过程中乳酸的消除有以下三个方面的意义。

（1）乳酸在快收缩肌纤维内生成后，转移到邻近具有高细胞氧化能力的慢收缩肌纤维内氧化，或随血液转运到其他低运动强度的骨骼肌和心肌内氧化，为其他细胞的氧化提供了底物。

（2）乳酸在肝内糖异生成葡萄糖的过程中，重新吸收和利用乳酸解离下来的H+，具有改善体内酸碱平衡的作用。葡萄糖释放入血后，维持血糖正常水平和提供骨骼肌吸收和利用。运动后乳酸糖异生促进肌糖原和肝糖原储量的恢复。

（3）运动时血乳酸的消除促进骨骼肌乳酸持续不断地释放入血，可以改善肌细胞的内环境和维持糖酵解的供能速率。运动后乳酸的消除主要受休息方式的影响，低强度的积极性休息有利于乳酸的快速消除。另外，训练水平越高，运动时消除乳酸的能力越强。

（三）血清肌酸激酶

肌酸激酶广泛存在于骨骼肌、心肌和脑组织中，在肝脏和红细胞中含量很低，在骨骼肌中含量最丰富，占全身总量的96%左右，肌酸激酶在细胞内的作用为催化磷酸肌酸分解快速再合成ATP，因此，骨骼肌细胞内肌酸激酶是决定短时间、最大强度运动时运动能力的主要因素。普通人血清中的肌酸激酶主要是由骨骼肌和心肌细胞透过细胞膜进入血液的结果，其活力很小。正常血浆肌酸激酶浓度男性为10~100活性单位/升，女性为10~60活性单位/升。

1. 运动训练使血清肌酸激酶活性增高

相关研究发现，大强度运动训练造成血清肌酸激酶活性增高，其增高的幅度取决于运动负荷的强度和量。引起血清肌酸激酶活性增加的原因是运动时缺血、缺氧、代谢产物积累、功能相对不足等，引起肌细胞膜通透性增加，或肌细胞膜收到机械损伤，使肌酸激酶从细胞内释放增加，导致血清肌酸激酶活性升高。因此，血清肌酸激酶活性变化是评定运动符合强度、骨骼肌微细胞损伤及其适应与恢复的敏感生化指标。

2. 血清肌酸激酶在调节训练强度中的监控作用

运动应激引起血清肌酸激酶等指标的变化与运动负荷的强度、持续时间、运动类型、个体差异都有着密切的联系，但运动强度对血清肌酸激酶活性的升高具有重要的作用。无论是大强度还是低强度的训练都会使血清中肌酸激酶活性增加，但只有达到一定的运动强度，才会引起运动员血清肌酸激酶活性的显著变化。血清肌酸激酶的显著增加往往在中高强度的最大力量训练或耐力训练之后。许豪文等经过研究认为，一般强度运动，即使运动持续140～160分钟，肌酸激酶活性未见显著变化，但速度和速度耐力大强度训练后，运动员体内肌酸激酶活性明显升高。有报道表明，亚极量强度运动可使肌酸激酶活性增加到100～200国际单位/升，极限强度运动活性可增加到500～1000国际单位/升。

教练员和科研人员可以利用血清肌酸激酶活性的变化监控运动员的赛前训练。郭子渊等经过研究表明，准备阶段，散打运动员血清肌酸激酶的活性与正常人无差异；在大运动量训练阶段，血清肌酸激酶活性上升，但与准备阶段相比无显著性差异，说明强度为一般强度；而赛前大强度训练阶段和实战对抗阶段，血清肌酸激酶活性大幅度上升，与准备阶段相比均有显著性差异，说明强度为大强度，符合训练的指导思想。

3. 血清肌酸激酶对运动疲劳和恢复的监控作用

血清肌酸激酶"训练值"主要反映机体对运动负荷大小的应激程度，"恢复值"更能反映机体对训练负荷的适应和训练后的恢复状况。激烈运动会导致机体耗氧量增加并产生大量代谢产物及自由基，引起细胞膜的损伤，这种损伤会使运动时的疲劳提前出现，随着运动时疲劳程度的加深，血清肌酸激酶的活性会持续升高。一定范围内肌酸激酶活性的变化能很好地反映运动时的疲劳程度。因此，训练中可以通过控制血清肌酸激酶的浓度来掌握机体的疲劳程度，以确保运动员训练中保持良好状态。对一个训练有素的运动员进行大强度或持续长时间训练后，肌酸激酶值一般在24小时恢复到正常水平。若明显减慢需要几天才恢复到正常水平，预示运动员可能出现疲劳症候。有人等提出运动训练后8～12小时，如肌酸激酶值仍在升高，重复再进行训练，则容易引起过度疲劳和过度训练。并指出，在第2天清晨肌酸激酶活性已经恢复到正常时，才宜再进行训练。文舫等在对女子摔跤运动员第十届全运会前2个月肌酸激酶值的变化规定中发现：大运动量训练不能连续几周安排，当达到一定强度时，需要经过适当调整，减小强度，以确保运动员对训练强度的适应和身体的恢复，避免造成累积性疲劳。一般肌酸激酶不低于1500国际单位/升时，第2天要进行复测，然后针对不同情况进行个别调整。

（四）血尿素

血尿素是体内蛋白质和氨基酸分解代谢的最终产物。正常生理条件下，尿素的生成和消除处于平衡状态，血尿素水平处于平衡状态。一般血尿素在1.7～7.0毫摩尔/升，但是运动员值偏高，在4.0～7.0毫摩尔/升或更高。在运动的肌肉中，当能量遭到破坏时，蛋白质及氨基酸的分解代谢加强，尿素生成增多而使血液中的含量升高，一般进行在30分钟以内的运动时，血尿素变化不大，只有超过30分钟的运动后血尿素含量才明显增加。身体对负荷的适应性越差，则由运动引起生成的尿素就越多。血尿素的高低反映了机体蛋白质氨基酸分解代谢的状况。因此，血尿素可作为反映机体疲劳程度和评定机体状况的重要指标。

目前在实际训练中，晨血液尿素（BU）已经成为评定训练量和恢复情况的有用指标。BU的个体差异极大，无训练时安静值有的个体为4mmol/L，而有些为7mmol/L。而且受训练以外的多种因素影响，因而教练员应当根据不同训练时期的目的而采用不同的标准。在大运动量训练期，运动员往往需要受到较大刺激才能达到训练计划的目的，这允许BU有较大幅度的升高。升高的顶峰也应当因人而异（有些人可升得很高，但很快恢复，有些人却升高后一直难以下降，且有过度训练的表征），一般控制在停训的条件下于第3～4天早晨能恢复到训练前水平为宜。在训练中，应当控制在停训一两天后便能恢复到训练前水平为宜。

（五）血睾酮

血睾酮的97%～99%以结合形式存在，血中游离的睾酮仅占总量的1%～3%，在结合型睾酮中，44%～60%与性激素结合球蛋白（sex hormone binding globulin，SHBG）结合，38%～54%与白蛋白和其他蛋白结合。与白蛋白结合的睾酮在毛细血管床可以解离，从而被组织摄取，因此有活性的睾酮是游离睾酮及与白蛋白结合的睾酮之和，大约占血睾酮总量的一半。

血睾酮的生理功能：刺激雄性器官发育并维持其功能，刺激雄性第二性征的出现，并维持其正常状态，对代谢也有重要作用，而且与运动能力、肌肉力量的增长和疲劳的恢复情况有密切关系。主要表现在：维持雄性攻击心理；具有促进合成代谢的作用，与力量素质有关，可作为所有运动项目运动员的选材指标；其遗传度男为0.78，女为0.91；促进体内蛋白质合成增加，特别是肌肉蛋白质的合成，使氨基酸分解代谢减弱；促进骨骼生长，使骨质增厚，促进钙的保留和沉积，使长骨骨骺融合；刺激红细胞生成素的生成，直接促进骨髓造血；减少尿肌酸量，使肌酸和ATP作用，合成CP；对运动后肌糖原的超量恢复起到部分调节作用。

血睾酮能促进体内的合成代谢，有利于提高力量、速度、耐力的训练效果；一般来说，身体机能良好时，血睾酮水平变化不大，且有体能增强伴有血睾酮增加的趋势，而在疲劳、过度训练或机能状态不好时，血睾酮水平则会下降。所以血睾酮作为评定运动员机能状态和基本营养的重要指标一直被体育科研界广泛使用。

普遍认为，在训练初期，运动引起机体睾酮分泌增多，而随着持续大负荷训练，睾酮消耗增多，如果同时伴随有下丘脑—垂体—性腺轴被抑制，就会出现运动性低血睾酮，此时较低的血睾酮水平可作为机体过度训练的标志。用血睾酮评价运动员的训练负荷时，须注意血中睾酮水平对运动负荷量的反应较为敏感，持续运动时间越长，运动负荷量越大，血睾酮下降越明显（中等以上强度的运动才会导致T水平下降）。一般情况下，如果训练后运动员T水平没变化，说明训练负荷不足，对运动员刺激不大，应增加训练强度或者训练量；如果训练后运动员T水平出现下降，但幅度不大，说明运动负荷合理，对运动员刺激足够；如果下降达25%，并持续不回升，说明训练负荷不合理，应及时进行调整。优秀运动成绩的出现在一定程度上与体内高水平的雄性激素所起的生理作用密切相关。睾酮在恢复过程中对肌肉物质和能量代谢起到重要作用，其合成作用不仅表现在蛋白质合成方面，而且还通过提高肌肉糖原合成能力来补充由运动导致的肌糖原亏空，增加其糖原的储备。这对于进行长时间耐力运动和大强度运动后能源物质的充分恢复具有举足轻重的作用。但是当血睾酮水平持续不高而竞技状态不算太差，甚至运动能力还处于较高的水平时，若此时不及时调整训练计划，反而继续加大运动量，必将引起机体运动能力的下降，甚至导致过度训练。另外，应注意血睾酮的个体差异较大，不同个体对血睾酮的利用能力也不同。因此，积累资料对运动员的血睾酮进行纵向比较更有意义。

（六）尿肌酐

肌酐是肌酸和磷酸肌酸代谢的最终产物，在体内是一种废物，组织细胞产生的肌酐进入血液循环，通过肾脏由尿液排出体外。正常情况下，血清或血浆肌酐浓度男子为0.9~1.5毫克/分升，女子为0.8~1.2毫克/分升；尿肌酐浓度男子为1.0~2.0克/24小时尿，女子为0.8~1.8克/24小时尿。体内肌酸主要存在于骨骼肌。人体尿肌酐日排泄量稳定，因此，常通过测定尿肌酐间接反映运动员的肌肉发达程度和肌酸含量。

由于其排泄量受体重的影响，故常用尿肌酐系数表述。24小时每千克体重排出尿肌酐的毫克数称为尿肌酐系数，其公式为

$$尿肌酐系数 = \frac{24\text{小时尿中肌酐总含量}}{体重（千克）}$$

一般人肌酐系数男性为18~32，女性为10~25。力量和速度运动员肌肉发达，其尿肌酐系数可达36~42。当训练引起尿肌酐系数增加时，反映肌肉的肌酸浓度或肌肉发达程度提高；反之，则说明训练和营养措施不当。

尿肌酐系数主要用于评定运动员的肌肉发达程度和磷酸原的供能能力。当运动员在训练期后尿肌酐系数提高了，说明运动员的磷酸原的供能能力提高了，表现为力量、速度能力增加，是训练效果的良好表现；而尿肌酐系数不变或下降，体重增加，说明是体脂增加的结果，肌肉质量变化不显著，运动训练效果差。

虽然测定尿肌酐系数方法简便，只需普通仪器和试剂，且对运动员无任何损伤，但是由要求留取运动员24小时的全部尿液，在实际操作过程中运动员因为以往或其他原因很容易漏取尿液，从而影响尿肌酐系数的准确性。为此，林文弢等进行了大量的研究，发现次日晨尿肌酐与全日尿肌酐量的相关系数最大，提出应用次日晨尿肌酐推算全日尿肌酐量，取得了良好的效果。

## 第五节 龙舟运动流体力学特征

### 一、桨叶流体力学基础

（一）流体分类

在流体力学的理论研究中常常引入理想流体的概念。它指的是忽略黏性力，物体表面没有切向力，流体只能承受压力，而不能承受拉力，因此，流体中只有重力和压力。利用理想流体的假设，可以大大简化理论计算的复杂性，因而被广泛用来解决诸如桨叶的升力和推力等问题。

观察实际流体，发现流体运动存在着两种截然不同的流动状态。一种叫层流。流体是分层流动的，即流体质点之间是互不干扰的流动；另一种是湍流，是一种流体质点相互混杂的流动。这是两种性质完全不同的流动形态，因此，其摩擦阻力也存在着两种完全不同的客观规律。

在工程实际中，常用到雷诺数（$R_e = VL/\upsilon$，其中，$L$是特征长度、$V$是速度、$\upsilon$是动力黏性系数），它是惯性力与黏性力的比值，可以表示扰动与黏性的稳定作用的关系。雷诺数小，表示黏性的稳定作用大；雷诺数大，就表示黏性的稳定作用小。稳定的层流只有在小的雷诺数下才能获得。雷诺数大到一定程度，层流就会变为湍流。能使流动状态始终保持层流的最大雷诺数称为临界雷诺数。一般流态不同，其速度分布是不同的，它取决于流体内部的

剪切力。在理想流体中，没有剪切力，速度分布为等速分布。在层流状态，剪切力中起主要作用的是黏性力，速度分布呈抛物线；在湍流状态，剪切力中起主要作用的不是黏性力而是由扰动引起的剪切力，其速度分类类似于理想流体，如图2-11所示。

$$\begin{cases} R_e \leqslant 2300 \text{ 层流} \\ R_e > 2300 \text{ 湍流} \end{cases}$$

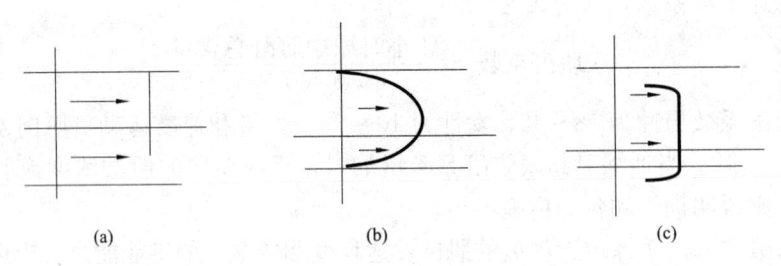

图2-11 速度剖面
(a) 理想流体；(b) 层流；(c) 湍流

**（二）连续性方程**

在定常流动中，任取一流管，并做任意垂直于它的截面1-1和2-2，见图2-12，以 $S_1$ 和 $S_2$ 分别表示两个截面的面积，$V_1$ 和 $V_2$ 分别表示该两个截面处的速度。由于流体质点不能越过流线，而且流体是连续的和不可压的，因此，流体的质量不应该有所增减，即从1-1面流入的流体质量应等于从2-2面流出的流体质量，其公式为

$$\rho V_1 S_1 = \rho V_2 S_2$$

上式称为不可压缩流体的连续性方程，它说明在同一流管中，流体的流速和流管的横截面积的乘积是一个常数。可见，在流管中截面大的地方流速小，而截面小的地方流速大。也就是说，流管中的流速与截面积成反比。连续性方程的实质是质量守恒定律的具体表现。

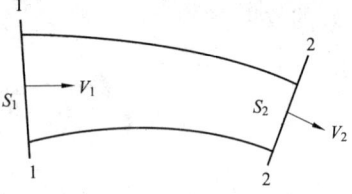

图2-12 连续性方程

**（三）伯努利方程**

丹尼尔·伯努利在1726年提出了"伯努利原理"。这是在流体力学的连续介质理论方程建立之前，水力学所采用的基本原理，其实质是流体的机械能守恒，即：动能＋重力势能＋压力势能＝常数。其最为著名的推论为：等高流动时，流速大，压力就小。

伯努利原理往往被表述为

$$p + 1/2\rho v^2 + \rho g h = C$$

这个式子被称为伯努利方程。式中 $p$ 为流体中某点的压强，$v$ 为流体该点的流速，$\rho$ 为流体密度，$g$ 为重力加速度，$h$ 为该点所在高度，$C$ 是一个常量。它也可被表述为

$$p_1 + 1/2\rho v_1^2 + \rho g h_1 = p_2 + 1/2\rho v_2^2 + \rho g h_2$$

需要注意的是，由于伯努利方程是由机械能守恒推导出的，所以它仅适用于黏度可以忽略、不可被压缩的理想流体。

（四）桨叶的流体动力特性

1. 桨叶的几何参数及基本特性

龙舟的桨叶和艇体在流体力学中可统称为机翼。桨叶的横截面和艇的纵剖面可称为翼剖面。典型的翼剖面如图 2-13 所示。桨叶和艇的流体动力性能同翼剖面的几何形状密切相关。

翼剖面上最前面的一点叫前缘，最后一点叫后缘（尾缘）。前缘与后缘的连线叫翼弦。弦长用 $b$ 表示。作和翼弦垂直的直线，翼形上下表面和这根直线交点的距离称为厚度。整个翼形厚度的最大值叫最大厚度，用 $C$ 表示，如图 2-12 中的 $AB$，$AB$ 至前缘的距离用 $x_c$ 表示。厚度中点的连线称为中弧线，如图 2-13 中的虚线，中弧线距翼弦的距离叫拱度，其中最长线段 $DE$ 叫最大拱度，以 $f$ 表示，$DE$ 至前缘的距离记作 $x_f$，翼形上的几何参数通常用翼弦的百分数来表示。其中

$$\overline{c} = \frac{c}{b}$$ 最大相对厚度

$$\overline{x} = \frac{x_c}{b}$$ 最大厚度的相对位置

$$\overline{f} = \frac{f}{b}$$ 最大相对拱度

$$\overline{x}_f = \frac{x_f}{b}$$ 最大拱度的相对位置

桨叶可以近似看成无厚度的机翼，而艇可以近似看成无拱度的机翼。

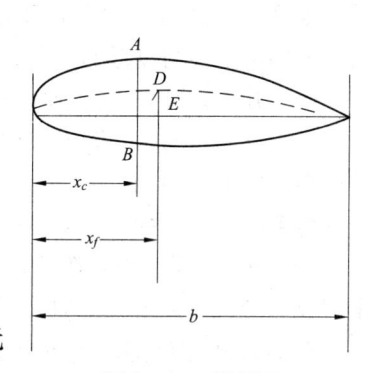

图 2-13 翼剖面

机翼的平面形状是多种多样的。由机翼的一端到机翼的另一端叫机翼的翼展，用 $l$ 表示，翼展与来流方向垂直。翼展 $l$ 的平方与机翼面积 $S$ 比称为展弦比，用 $\lambda$ 表示，即

$$\lambda = l^2/S$$

2. 桨叶的流体动力系数

把一个机翼放在水流中，该机翼将受到与水流方向相同的作用力（阻力 $D$），同时受到与水流方向相垂直的作用力（升力 $L$）。它表明机翼上表面压力比下表面小，故有此向上的压力合力。通过观察也可以看到，流体绕过机翼时，上面的流线较密，下面的流线较稀（见图 2-14），故上面的流体速度大、压力小，下面的流体速度小、压力大，因而产生升力。

已知升力和阻力，就可以决定流体动力合力的大小和方向。已知合力对 $Z$ 轴之矩 $M$，则可以决定合力的作用线。作用在机翼上的流体动力的合力与翼弦的焦点称为压力中心。综合试验结果发现，在某一冲角（攻角）范围内，对于一般形状的翼形，在翼弦上存在一个特殊的点。当翼形的冲角变化时，相对于这一点的力矩或力矩系数保持常数。这一点称为翼形的焦点，或流体动力中心，并记以 $h.c.$。对于一般翼形，$h.c.$ 位于 $X = 24\%$ 处，近似地取为 $25\%$，即 $1/4$ 弦长处。

（1）升力系数。翼剖面升力 $L$，通常用升力系数

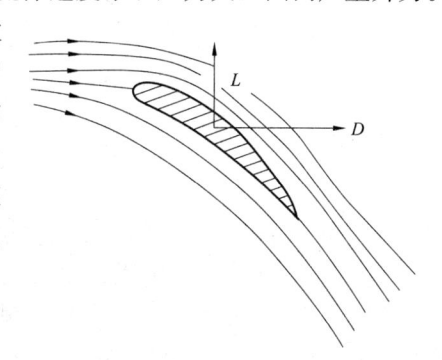

图 2-14 桨叶的流体动力

$C_L$ 表示

$$C_L = \frac{L}{\frac{1}{2}PV^2S}$$

典型的升力特性就是用升力系数对冲角的关系曲线来表示的，如图2-14所示。随着冲角的增大，升力系数按直线比例上升，到达某一冲角时，升力关系到达最大值（$C_{L\max}$）。如果再增大冲角，则升力系数迅速下降，发生升力突然减小并伴随着阻力突然增大的现象。这种现象通常称为机翼失速现象，它是由流动分离造成的。机翼失速时的冲角叫失速角，翼剖面的失速角一般在10°~20°。

流体对机翼的作用力同机翼在流体中的相对位置有关。翼形和流体流动方向的相对位置用冲角来表示。流速 $V$ 和弦的夹角 $\alpha$ 称为翼形的几何冲角。如果在某一冲角升力恰好等于零，则这时 $V$ 的方向称为无升力方向，对应的几何冲角称为零冲角（无升力角）$\alpha_0$。翼剖面的零冲角主要与翼形的最大相对拱度 $f$ 有关。

最大升力系数 $C_{L\max}$ 主要与翼弦雷诺数 $R_e$、翼形最大厚度 $c$、最大相对拱度 $f$ 及表面粗糙等因素有关。通常，随着厚度 $c$ 的增加，零冲角保持不变，但升力曲线的斜率减小而最大升力系数增加。但当 $c=12\%\sim15\%$ 时，再增加厚度，$C_{L\max}$ 反而下降。拱度 $f$ 增大时，最大升力系数和对应的给定冲角的升力系数均增大。

（2）阻力系数：翼形阻力由表面摩擦阻力和压差阻力（形状阻力）两部分组成。它的大小与翼形参数、冲角大小和 $R_e$ 等有密切关系，一般仍由试验确定。

翼剖面阻力 $D$ 通常用阻力系数 $C_D$ 表示

$$C_D = \frac{D}{\frac{1}{2}\rho V^2 S}$$

典型的阻力特性就是用阻力系数对升力系数关系曲线来表示，如图2-15（b）所示，称为极图。$C_D$ 随 $C_L$ 的增大而增大，也就是说，随着冲角的增大而增大。由于冲角对翼形阻力影响很大，故欲设计获得一定升力系数而使翼形阻力最小，应考虑使用有拱度的剖面。用拱度来提供升力系数引起的阻力增加，较之用冲角来获得同一升力系数引起的阻力增加较小。

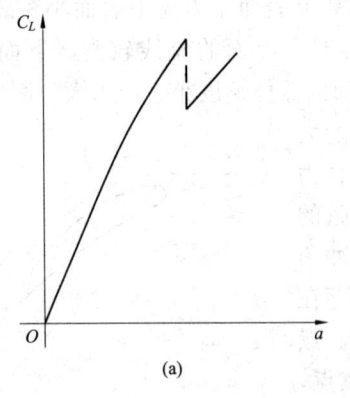

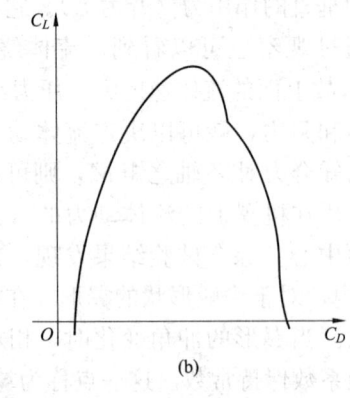

图2-15 升力特性
(a) 升力系数；(b) 极图

## 二、龙舟运动的流体力学分析

### (一) 基本概念

1. 浮态

船艇漂浮于一定的水平位置，可以把它看作在平衡状态下的浮体。这时，作用在艇上的力有作用在艇上的重力和作用在艇体表面的静水压力。静水压力都是垂直于艇体表面的，其大小与深度成正比。静水压力的合力垂直向上是支持艇漂浮于一定水平伴置的浮力，艇所受到的浮力就等于艇所排开的水的重量（通常称为排水量），或可写为

$$D = vV$$

式中　$D$——浮力或称为艇的排水量，千克；

　　　$V$——艇的排水体积，立方米；

　　　$v$——水的重度，对于淡水，$v = 1000$ 千克/立方米。

浮力 $D$ 作用于排水体积 $V$ 的形心 $C$ 点，故 $C$ 点称为艇的重心。

作用在艇上的重力是一个垂直向下的合力 $\rho$，并作用于 $G$ 点，$G$ 点称为艇的重心。

2. 快速性

船艇快速性所研究的是船艇在一定的排水量和艇速要求下，寻求优良的艇体形线和高效率的推进。从另一角度来讲，就是研究在一定的运动员功率下，如何获得最大的航速。只有当船艇具有一定的快速性时，它才能完成所担负的取得优异成绩的任务。

由快速性包含的意义可知它涉及船艇阻力及划桨两方面的内容。

若船艇的航速为 $V$（米/秒），此时阻力为 $R$（牛），则阻力在单位时间内所做的功称为艇体有效功率（瓦），即

$$R_E = RV$$

推艇前进的功率由运动员供给，运动员发出的功率为 $P_S$。船艇的有效率 $P_E$ 与运动员输出的功率 $P_S$ 之比称为推进系数，以 $PC$ 来表示：

$$PC = \frac{P_E}{P_S}$$

在一定功率的情况下，只有减少阻力 $R$ 及提高推进系数才能提高船艇的航速 $V$。推进系数表示运动员功率传递过程中的消耗情况，而船艇快速性解决的是降低船艇的阻力和提高划桨本身的效率。

除了可用推进系数 $PC$ 的大小来表征船艇的快速性优劣外，还用了一个无因次数 $F_n$ 来表示，这个系数称为弗劳德数（Froude number），其公式为

$$F_n = \frac{V}{\sqrt{gL}}$$

式中　$V$——船速，米/秒；

　　　$L$——船长，米；

　　　$g$——重力加速度，(9.8米/平方秒)。

### (二) 船艇阻力

1. 阻力的分类

当一艘艇航行时，周围的水会出现三种现象，即水面兴起波浪；靠近艇体表面有一薄水

层伴随艇体前进,这一薄水层称为边界层;艇尾后方留有尾流,常产生旋涡。

水本来是平静的,由于艇的航行而产生了上述三种物理现象。显然,水的上述物理运动所具有的能量,必定是由船艇的运动所提供的,也就是说它们一定消耗功率,我们把这种能量的消耗称为船艇的阻力。

由于船艇的运动使水面兴起了波浪,波浪的运动需要有船体提供能量,从而产生了阻碍船艇前进的力,称为兴波阻力,记为 $R_\omega$。由于产生旋涡,造成艏艉之间的压差,称其为黏压阻力,记作 $R_{up}$。因此,匀速运动的船艇的阻力 $R_i$ 为

$$R_i = R_f + R_{uP} + R_{fo}$$

而根据阻力的表现形式,可把摩擦阻力 $R_f$ 和黏压阻力 $R_{up}$ 合并在一起,称为黏性阻力 $R_{upo}$,则

$$R_{upo} = R_{up} + R_f$$

若根据阻力的表现形式,可把黏压阻力 $R_{up}$、兴波阻力 $R_{fo}$ 合并在一起,称为压阻力 $R_p$。

此外,船体在水下还有一些附属物,如舵等其他装置,它们随艇体在水中运动时也要产生阻力,我们把这种阻力称为附体阻力,记作 $R_{bo}$。船艇在水面以上还有部分船体及人体,船艇航行时就受空气的阻力,我们称为空气阻力 $R_{oo}$。

综上所述,船艇在静水中匀速航行时的总的阻力可以归纳为图 2-16。

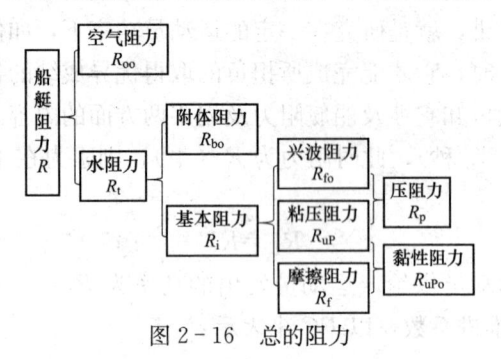

图 2-16 总的阻力

船艇在做变速运动时,会带动艇体周围一部分水随艇一起运动,这时作用在船上的合力为

$$F = (M + M')\alpha$$

式中　$M$——船艇的总质量;

　　　$\alpha$——加速度;

　　　$M'$——附加质量。实际上,任何物体在空气中做变速运动时同样有附加质量,只不过空气中的附加质量较总质量 $M$ 小得多,通常被忽略,而水中的附加质量不能被忽略。

2. 阻力定律

船舶在水中航行时阻力的大小是与船舶的速度 $V$、船艇的尺度(如船长 $L$ 等)、水的密度 $\rho$、水的黏性 $\mu$ 及重力加速度 $g$ 密切相关的。为了研究船艇阻力随各种参数影响的变化规律,我们可以想象出对于几何形状完全相似的两艘艇,它们应该有相同的阻力变化规律,而其阻力的绝对值不同。因此,常需要引入一个不含尺度影响的量来研究阻力的规律,这个量是一个无因次系数,它的公式为

$$C=\frac{R}{\frac{1}{2}\rho V^2 S}$$

式中　$V$——艇速；

　　　$S$——船艇湿表面积；

　　　$\rho$——水的密度。

系数 $C$ 称为无因次阻力系数。对于不同的阻力成分就有不同的无因次阻力系数，如总阻力系数 $C_t$、摩擦阻力系数 $C_f$、黏压阻力系数 $C_{vp}$、兴波阻力系数 $C_\omega$、空气阻力系数 $C_a$ 和附体阻力系数 $C_b$ 等。

所以，就存在如下关系式

$$C_t=C_f+C_{vp}+C_\omega$$

这是以无因次阻力系数表示的阻力的构成。

显然，各个阻力成分必定各自存在着与速度 $V$、密度 $\rho$、黏性 $\mu$、尺度 $L$、重力加速度 $g$ 之间的特有的函数关系，而经过大量的理论及试验研究，有以下两个最基本的阻力定律，有助于我们研究船艇的阻力性质。

（1）摩擦阻力的基本规律——雷诺定律。经研究发现，平板在水中运动的摩擦阻力

$$R_f=C_f\frac{1}{2}\rho V^2 S$$

式中　$C_f=f(R_n)$——摩擦阻力系数；

　　　$R_n$——雷诺数，$R_n=\frac{VL}{\upsilon}$；

$\upsilon=\frac{\mu}{\rho}$（平方米/秒）——水的运动黏性系数。

雷诺定律的重要结论就在于得出了 $C_f$ 只和 $R_n$ 有关，因此，我们就要推理得到两块几何相似的平板，当它们的雷诺数相等时，它们的摩擦阻力系数是相等的。

（2）兴波阻力的基本规律——弗劳德定律。经研究发现，兴波阻力的公式为

$$R_\omega=C_\omega\frac{1}{2}\rho V^2 S$$

式中　$C_\omega=f(F_n)$——兴波阻力系数。

弗劳德定律告诉我们，兴波阻力系数只是弗劳德数的函数，也就是说，当两个几何相似的艇在 $F_n$ 相等时，它们的 $C_\omega$ 相等。

3. 摩擦阻力

摩擦阻力是船艇很重要的一项阻力成分，它与黏性边界层的特性密切相关，对于船艇摩擦阻力的规律可以通过对平板的摩擦阻力的研究来描述。船艇摩擦阻力的确定也可以基于平板来进行。

（1）船体边界层：船舶以 $V$ 速度前进，利用运动的相对性，我们可以认为艇不动，水从无穷远的前方以 $V$ 速度流向艇体，在贴近艇体表面的一薄层流体由于黏性的作用，速度发生急剧的变化，在艇体表面上，相对速度为零，而离开艇体表面一定距离后，速度就不受黏性的影响，如同在没有黏性的理想流体中一样。这显示出黏性作用在一薄层水流内，称为边界层，也就是说，水对艇体的黏性作用仅表现在边界层之中。

根据黏性流体力学的研究知道，艇体表面的摩擦阻力 $R_f$ 的大小：①与边界层中的速度梯度，即与速度分布情况有关；②与边界层中的流动状态有关，即与雷诺数的大小有关，因此紊流界层中船体表面处的切应力要比层流状态时大；③与湿表面积的大小有关；④与水的黏性特性 $\mu$、$\upsilon$ 的大小有关，海水的 $\mu$、$\upsilon$ 比淡水的大，随着温度的升高，$\mu$、$\upsilon$ 的数值是减小的。

(2) 艇体表面粗糙度的影响：实践证明，艇体表面的粗糙不平对摩擦阻力的影响是显著的，对于艇体阻力来说，因表面粗糙而增加的摩擦阻力占有相当的比例，大者可达 20%~40%。因此，研究粗糙度对摩擦阻力的影响问题在整个阻力问题中占有很重要的地位。

(3) 减阻方法：根据摩擦阻力的特性，减小摩擦阻力的方法应从以下两个方面来考虑。

1) 减小湿表面积 $S$：在选择船艇的主尺度参数时，就应考虑到有较小的湿表面积，如对于低速艇选取较小的 $L/B$ 值，对减小湿表面积来说是可行的。在高速行驶的条件下，如果舟艇底部线型及重心位置设计合理，并使舟艇滑行时与水面的接触减小为线接触，甚至为点接触，那么减小摩擦阻力应该是可能的。

2) 减小粗糙度：由于艇体表面的粗糙度对摩擦阻力的影响很大，因此在可能的范围内应使艇体表面尽量地光滑。应该研究一种涂料，它不仅能防锈，而且能改变与艇体表面接触的水的黏性系数，使之有利于减小摩擦阻力。

4. 形状阻力

黏压阻力是一项与形状有关的黏性阻力成分，对它的研究是船艇基本阻力中相对来说最不充分的。它的特性与大小和尾部的形状有密切关系，压阻力有以下两种研究方法。

(1) 形状阻力的形成：从有关试验得知，形状各异的光滑流线性物体，当自右向左以同样的速度运动时，测得它们的总阻力完全相等。显然，各物体的表面面积并不相等，最大相关十倍之多，因而其摩擦阻力也相关很大。但它们的总阻力何以一样呢？可见，其间必定存在着一个与物体形状密切的阻力成分。这种阻力在流体力学界叫作形状阻力，而其实质是由于黏性而造成物体首尾的压差所产生的阻力，故称为黏性阻力。

(2) 黏压阻力与艇形的关系：黏压阻力产生的原因之一是最大剖面之后的减速运动，而此减速的情况完全是由艇体最大剖面以后的形状所决定的。如果后体细长，则沿曲面的流速变化缓慢，分离现象推迟，因而黏压阻力可减小。所以，一般的结论是，船艇的后体形状是影响黏压阻力的主要因素。

5. 兴波阻力

水面船艇在航行过程中一定会兴起波浪，兴波阻力是船艇阻力的一个重要成分，具有和其他阻力成分不同的特性。

(1) 兴波阻力的形成与特征。

1) 艇行波的形成。船艇以速度 $V$ 在水面运动，根据运动相对原理，可认为船艇不动，而水从无穷远前以 $V$ 速度流向艇体。在艇首 $A$ 处速度应该是零，而在 $A$ 点之前水流的速度就应该开始下降，于是压力 $P$ 就应逐渐增加。但是在水表面上的压力应该等于大气压，因此，由水流的动能转化成的压力能再次转为位能，即表现为水面的抬高。

2) 艇行波系及其特征：船艇在水面航行时产生艏波系和艉波系两组波系，在每一波系中均有散波与横波。其波系图像如图 2-17 所示。

散波以与纵中剖面成一角度向外传播，而横波则沿船艇纵中剖面方向向后传播，艇行波系具有如下特点：①艏艉散波互不干扰；②散波中心连线与纵中剖面夹角 $\alpha=18°\sim20°$；

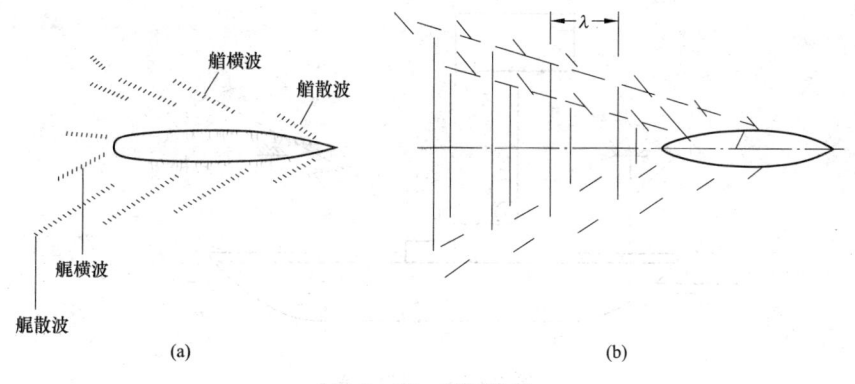

图 2-17 艇行波系
(a) 实际波系；(b) 波系

③散波波峰与纵中剖面夹角 $\beta=36°\sim40°$，即 $\beta=2\alpha$；④波形的传播速度与艇速相等。

(2) 兴波阻力的特性。由于波能量传播的速度是波移动速度的一半，因此，假若取艇后两个波长的波来研究，那么这两个波长的波的能量有一半是已经产生的波的能量传递过来的，而另一半是船艇在前进了这两个波长的距离里所提供的，也就是说，这一半是船艇在 $2\lambda$ 距离里兴波阻力 $R_\omega$ 所做的功，其公式为

$$R_\omega = \frac{\gamma}{16}bH^2$$

上式表明，艇波高 $H$ 是衡量兴波阻力 $R_\omega$ 与兴起的波长数有关。所以，兴波阻力 $R_\omega$ 比例于速度 $V$ 的六次方，兴波阻力系数 $C_\omega$ 比例于弗劳德数的四次方。

艇行波的最大特性就是它的干扰现象。当艏部的横波传播到艉部时，就要与艉部产生的艏横波叠加，这种叠加有两种典型的情况：一种是艏横波的波峰正好和艉横波的波峰相遇，因此，它们的叠加结果是波高增大；另一种是艏横波的波峰正好和艉横波的波谷相重合，因此，它们叠加的结果是波高减小。根据兴波阻力与波高的平方成正比的结论，则可知前者的兴波阻力将增大，而后者减小。我们称前者为不利干扰，后者为有利干扰。

什么情况下产生有利干扰，什么情况下产生不利干扰，显然与艏横波所经过的距离有关。也就是说，同船长 $L$ 和船速 $V$ 及船形有关。兴波阻力系数的变化如图 2-18 所示。

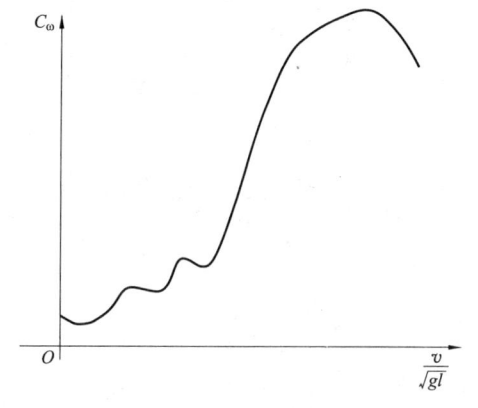

图 2-18 兴波阻力系数的变化

6. 龙舟阻力试验结果分析

这里只介绍在不同运动员体重、不同艇速和正浮情况下的流体动力性能，但它对其他舟艇具有指导意义。

(1) 试验设备及内容：在拖曳船池中按常规的阻力试验方法对舟艇进行阻力试验。艇是在处于无约束情况下进行测量的，试验装置如图 2-19 所示。

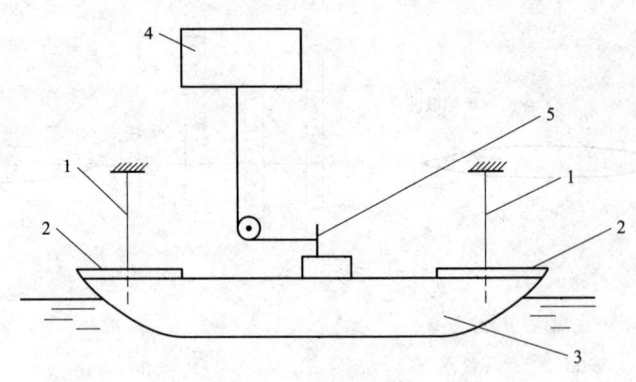

图 2-19　试验装置
1—导航杆；2—导航板；3—艇体；4—阻力仪；5—重心位置拖架

（2）测试结果及分析：舟艇在不同重量下的水阻力测试结果也是随着艇速的增加，艇的阻力也增加。当艇速处于高速范围内，艇阻力的增加比较剧烈，随着人体重量的增加，艇阻力也不断增加。

# 第三章

# 龙舟运动员的选材

选材是龙舟训练工作中的重要环节。龙舟运动员的选材就是根据龙舟运动项目的特点，以科学的测试和预测的方法，从众多的青少年和龙舟爱好者中，准确地选拔出那些在先天和后天条件均较优越的、适合于从事龙舟运动的人才。

## 一、选材的意义

现代运动训练包括三个方面，即科学选材、科学训练及科学竞赛，其中，科学选材是第一个重要环节。选材的准确性往往决定着训练的成功率。选材成功，则训练中得心应手，成材率很高。而选材不当，则纵然投入很大的人力、物力和财力，也是浪费。人们说的"选材成功意味着训练成功的一半"是不无道理的。

随着科学技术的发展，世界各国在训练条件、物质基础和运动技术水平方面的差距越来越小。许多体育强国把力量转移到选材上，借以取得自己的优势。有人认为，人体机能有60%以上取决于先天遗传，40%受训练和其他外界影响的制约，而且取决于遗传的潜在运动能力，只有在有机体的敏感发展期受到适宜刺激时，才能得到最充分的发展。由此可见，准确地选择先天条件优越的青少年运动员和龙舟爱好者进行系统的、科学的训练，是提高成材率和培养优秀运动员的经济有效的途径。

日益频繁的体育交流和媒介宣传，使先进的训练理论、方法和手段往往不能保持长远的独占优势，而运动员的先天条件是一个地区、一个民族或个人所独有的。因此，选拔具备良好条件的青少年和龙舟爱好者，进行系统的、科学的训练，使之发挥各自独特的才能，对龙舟运动的发展具有重要意义。

## 二、选材应考虑的因素

为了提高运动员选材的科学性，选材时应考虑许多因素，这些因素对运动员今后能否成材都有影响。

（一）遗传因素

运动员选材主要选择专项方面的天才，而天才是指父母遗传给子女的先天条件，因此遗传因素是皮划艇运动员选材时必须考虑的因素。

（二）年龄因素

年龄因素包括日历年龄、生物年龄和运动年龄。

日历年龄即生活年龄,是指人从出生开始计算的年龄,反映了人的生命过程的实际年龄。生物年龄是指人体生长发育的"年龄",反映了一个人生长发育的快慢。运动年龄是指运动员从参加训练开始计算的年龄,反映了运动员在专项竞技能力上的阶段性发展特点。年龄是人的有机体、性和心理发育成熟的象征,在选材中必须对运动员的年龄及其真实性予以充分重视。

人的一生要经历生长、发育、成熟和衰老几个阶段,各阶段都有不同的生理、生物指标。由于受先天遗传、营养和生活条件的影响,每个人的发育时间和程度会有所差异。正常人的生物年龄与生活年龄相差一年左右。

(三)竞技能力因素

竞技能力是一个运动员成材的必要条件,可以从运动员现实表现和实际潜力两方面进行诊断和预测。现实表现包括身体形态、体能、素质、心理、智力、运动技术和成绩等。实际潜力是指运动员生长发育的先天条件的潜力和后天训练的潜力。

(四)专项因素

龙舟运动是技术性体能类项目,其专项特点要求选材时更多地考虑形态、机能和素质。

(五)个体因素

一个运动员在所有各方面都达到或超过理想模式是不可能的,往往一些指标超过群体理想模式,而另一些指标又低于模式标准。但只要对专项起主导作用的指标比较理想,即使某些指标稍差也可以考虑选材。我国龙舟的优秀运动员中,这样的例子是屡见不鲜的。因此,选材时要考虑分析运动员的个体特别之处,突出专项指标,全面地评价一个运动员今后成才的可能性。

### 三、选材的方法

随着科学技术的日益发展和选材的准确性要求越来越高,选材的方法也越来越多,并且不断地出现新的方法,其中有许多是对被选运动员全面状况未来发展水平的预测方法。对皮划艇运动员选材来说主要有以下几类方法。

(一)遗传选材法

1. 家庭情况分析

这种方法主要是根据祖代、亲代和子代的各种性状表现状态,估计、推测和预测选材对象未来性状发展的水平。

根据统计,运动员家庭的后代中,运动员与非运动员的对比关系是一比一,因而选材的对象可多在运动员的子女中找,而且根据"杂交优势"的生理共性规律来看,亲缘关系越远、父母出生地相隔越远,在子代中出现超越父母亲代的可能性越大。研究表明,父母出生地越远,子女平均身高越高。

还有研究材料表明,将18岁的儿子的身高与其父母的平均身高做比较发现,父母身高低的18岁儿子平均比父母身高高的18岁儿子矮14.8厘米。这表明,应对运动才能表现较优越的父母的子女给予更多的注意。

2. 遗传率情况分析

遗传率情况分析的具体做法是,按专项的特点与需要确定一些与专项关系最密切的性状指标,然后按这些性状指标的遗传率大小进行对比分析,选择那些与专项关系密切而遗传率又较大的指标作为最后确定的专项选材指标。

在组成人体运动能力主要性状的遗传诸多指标中,可以选择与龙舟关系密切的选材指标。

体型主要指标遗传率及其与龙舟专项的关系如表3-1所示。

表3-1　　　　　　体型主要指标遗传率及其与龙舟专项的关系

| 编号 | 指标 | 遗传率（%） | 与专项关系 |
|---|---|---|---|
| 1 | 身高 | 男72，女92 | |
| 2 | 坐高 | 85 | 密切 |
| 3 | 臂长 | 男80，女87 | 密切 |
| 4 | 腿长 | 男77，女92 | |
| 5 | 足长 | 82 | |
| 6 | 体重 | 男63，女42 | 密切 |
| 7 | 去脂体重 | 男87，女78 | 密切 |
| 8 | 头宽 | 男95，女76 | |
| 9 | 肩宽 | 男77，女70 | 密切 |
| 10 | 腰宽 | 男79，女63 | |
| 11 | 盆宽 | 男75，女85 | |
| 12 | 头围 | 男90，女72 | |
| 13 | 胸围 | 男54，女55 | 密切 |
| 14 | 臂围 | 男65，女60 | 密切 |
| 15 | 腿围 | 男60，女65 | |
| 16 | 心脏形状 | 82 | 密切 |
| 17 | 肺面积 | 52 | 密切 |
| 18 | 胸廓形状 | 90 | |
| 19 | 膈肌形状 | 83 | |

主要生理指标遗传率及其与龙舟专项的关系如表3-2所示。

表3-2　　　　　　主要生理指标遗传率及其与龙舟专项的关系

| 编号 | 指标 | 遗传率（%） | 与专项关系 |
|---|---|---|---|
| 1 | 最大心率 | 0.86 | 密切 |
| 2 | 血型 | 1 | |
| 3 | 血压 | 0.42 | |
| 4 | 最大吸氧量 | 0.93 | 密切 |
| 5 | 月经初潮年龄 | 0.99 | 密切 |
| 6 | 中枢神经系统活动强度、灵活性、均衡性 | 0.90 | |
| 7 | 安静心率 | 0.33 | 密切 |
| 8 | 无氧阈 | 0.50 | 密切 |
| 9 | 肺通气量 | 0.73 | |

53

生化代谢特征遗传率及其与龙舟专项的关系如表3-3所示。

表3-3　　　　　　　生化代谢特征遗传率及其与龙舟专项的关系

| 编号 | 指标 | 遗传率（%） | 与专项关系 |
|---|---|---|---|
| 1 | CP、ATP | 0.78 | 密切 |
| 2 | 线粒体数量 | 0.81 | 密切 |
| 3 | 肌红蛋白含量 | 0.73 | 密切 |
| 4 | 血乳酸浓度 | 0.70 | 密切 |
| 5 | 乳酸脱氢酶活性 | 0.72 | 密切 |
| 6 | 红白肌纤维比例 | 0.80 | 密切 |
| 7 | 血红蛋白含量 | 0.90 | 密切 |
| 8 | CP | 0.78 | 密切 |
| 9 | 血睾酮 | 男78，女91 | 密切 |

运动素质遗传率及其与龙舟专项的关系如表3-4所示。

表3-4　　　　　　　运动素质遗传率及其与龙舟专项的关系

| 编号 | 指标 | 遗传率（%） | 与专项关系 |
|---|---|---|---|
| 1 | 反应速度 | 0.75 | |
| 2 | 动作速度 | 0.50 | 密切 |
| 3 | 位移速度 | 0.30 | |
| 4 | 反应时间 | 0.86 | |
| 5 | 绝对肌力 | 0.35 | |
| 6 | 相对肌力 | 0.64 | 密切 |
| 7 | 无氧耐力 | 0.85 | 密切 |
| 8 | 有氧耐力 | 0.70 | 密切 |
| 9 | 柔韧性 | 0.70 | 密切 |
| 10 | 50米快跑 | 0.78 | |
| 11 | 握力 | 0.41 | 密切 |
| 12 | 背肌力 | 0.49 | 密切 |
| 13 | 立定跳远 | 0.11 | |
| 14 | 投掷小球 | 0.54 | |
| 15 | 开始起坐 | 0.25 | |
| 16 | 开始走路 | 0.53 | |
| 17 | 膝反射时间 | 0.98 | |

智力、个性特征遗传率及其与龙舟专项的关系如表3-5所示。

表 3-5　　　　　　　智力、个性特征遗传率及其与龙舟专项的关系

| 编号 | 指　　标 | 遗传率（%） | 与专项关系 |
|---|---|---|---|
| 1 | 基本情绪 | 0.75 | 密切 |
| 2 | 柔顺性 | 0.91 |  |
| 3 | 活力 | 0.79 | 密切 |
| 4 | 思考能力 | 0.72 |  |
| 5 | 心理状态 | 0.60 | 密切 |
| 6 | 意志韧性 | 0.77 | 密切 |
| 7 | 智力 | 0.70 |  |
| 8 | 判断的果断性 | 0.96 |  |
| 9 | 对反抗的抵抗 | 0.95 |  |
| 10 | 记忆力 | 0.62 |  |
| 11 | 运动冲动 | 0.90 | 密切 |
| 12 | 好奇心 | 0.87 |  |
| 13 | 冲动协调 | 0.86 | 密切 |
| 14 | 意志柔韧性 | 0.83 | 密切 |
| 15 | 对矛盾的反应 | 0.80 |  |
| 16 | 运动制约 | 0.65 |  |

（二）形态选材法

形态指标主要反映人体的外形特征，包括全身的整体形态与各局部结构的形态（如高度、长度、宽度、围度和充实度等）。各运动项目要求不同的形态特征，以产生适合于本专项需要的生物学和生物力学效益。皮划艇运动员形态的总的要求是身体高大、体形粗壮、肩膀宽、手臂长、骨骼粗、胸腔大。

1. 身体高度

身体高度的主要指标为坐高和身高，其遗传率都很高，是形态选材中的重点指标。

（1）坐高：反映躯干的长短，分为长躯形（坐高高）和短躯形（坐高低）。

（2）身高：身高受各种因素的影响，选材中既要重视遗传因素，也要注意分析环境对身高的影响。随着现代竞技体育出现"高大化"趋势，身高选材受到了人们的普遍重视，目前已有许多预测身高的方法，主要包括以下几个。

1）根据遗传因素预测。主要根据父母身高和选材对象染色体形态特征进行预测，如

$$儿子身高 = \frac{(父高 + 母高) \times 1.08}{2}$$

$$女儿身高 = \frac{父高 \times 0.0923 + 母高}{2}$$

2）根据自己当年身高预测。这类方法很多，常用的有坦纳氏预测法、瓦尔克尔氏预测法、梅德维德氏身高对照表法及骨龄预测法。其基本方法是通过测定当年身高，运用一定的方法预测未来的身高。如先摄骨龄片，然后按下列公式计算

$$未来成年身高 = \frac{当年身高 \times 未来成年身高（\%）}{当年身高（\%）}$$

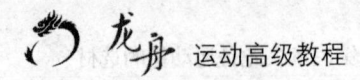

例如，当年骨龄为12岁9个月，当年身高为1.62米，预测其18岁（男）的身高，则

$$\frac{1.62 \times 99.6\%}{86.3\%} \approx 186.97（米）$$

各年龄百分比如表3-6和表3-7所示。

表3-6　　　　　　　　　　男子身高与骨龄计算表

| 骨龄（年-月） | 12-9 | 13-0 | 13-3 | 13-6 | 13-9 | 14-0 | 14-3 | 14-6 |
|---|---|---|---|---|---|---|---|---|
| 骨龄与年龄一致（%） | 86.3 | 87.6 | 89 | 90.5 | 91.4 | 92.7 | 93.8 | 94.8 |
| 骨龄＞年龄（%） | 83.9 | 85 | 86.3 | 87.5 | 89 | 90.5 | 91.8 | 96 |
| 骨龄＜年龄（%） | 86.9 | 88 | | | | | | |
| 骨龄（年-月） | 14-9 | 15-0 | 15-3 | 15-6 | 15-9 | 16-0 | 16-3 | 16-6 |
| 骨龄与年龄一致（%） | 95.8 | 96.5 | 97.6 | 97.6 | 98 | 98.2 | 98.5 | 98.7 |
| 骨龄＞年龄（%） | 94.3 | 95.8 | 96.7 | 97.1 | 97.6 | 98 | 98.3 | 98.3 |
| 骨龄＜年龄（%） | | | | | | | | |
| 骨龄（年-月） | 16-9 | 17-0 | 17-3 | 17-6 | 17-9 | 18-0 | 18-3 | 18-6 |
| 骨龄与年龄一致（%） | 98.9 | 99.1 | 99.3 | 99.4 | 99.5 | 99.6 | 99.8 | 100 |
| 骨龄＞年龄（%） | 98.5 | | | | | | | |
| 骨龄＜年龄（%） | | | | | | | | |

表3-7　　　　　　　　　　女子身高与骨龄计算表

| 骨龄（年-月） | 12-9 | 13-0 | 13-3 | 13-6 | 13-9 | 14-0 | 14-3 |
|---|---|---|---|---|---|---|---|
| 骨龄与年龄一致（%） | 95 | 95.8 | 96.7 | 97.4 | 97.8 | 98 | 98.3 |
| 骨龄＞年龄（%） | 93.5 | 94.5 | 95.5 | 96.3 | 96.8 | 97.2 | 97.7 |
| 骨龄＜年龄（%） | 95.7 | 96.4 | 97.1 | 97.7 | 98.1 | 98.3 | 98.6 |
| 骨龄（年-月） | 14-6 | 14-9 | 15-0 | 15-3 | 15-6 | 15-9 | 16-0 | 16-3 | 16-6 | 16-9 |
| 骨龄与年龄一致（%） | 98.6 | 98.8 | 99 | 99.1 | 99.3 | 99.4 | 99.6 | 99.6 | 99.7 | 99.8 |
| 骨龄＞年龄（%） | 98 | 98.3 | 98.6 | 98.8 | 99 | 99.2 | 99.3 | 99.4 | 99.5 | 99.7 |
| 骨龄＜年龄（%） | 98.9 | 99.2 | 99.4 | 99.5 | 99.6 | 99.7 | 99.8 | 99.9 | 99.9 | 99.95 |

3）根据当年足长预测未来身高。预测公式为

$$成年身高（米）=\frac{测定足长厘米}{E \times K}$$

$E$为足长指数，其中男子指数为14.6，女子指数为14.4。$K$为测定当年的足长比值。足长比值如表3-8所示。

表3-8　　　　　　　　　　足　长　比　值

| 年龄（岁） | 男子比值 | 女子比值 |
|---|---|---|
| 11 | 0.859 | 0.926 |
| 12 | 0.896 | 0.961 |
| 13 | 0.931 | 0.978 |

续表

| 年龄（岁） | 男子比值 | 女子比值 |
| --- | --- | --- |
| 14 | 0.964 | 0.987 |
| 15 | 0.984 | 0.996 |
| 16 | 0.992 | 0.996 |
| 17 | 0.992 | 0.996 |
| 18 | 0.992 | 0.996 |

例如，某男少年13岁足长25厘米，从表3-8中查比值为0.931，代入公式，即

$$身高（米）=\frac{25}{14.6\times 0.931}\approx 1.84（米）$$

4) 根据肢体长骨的长度预测未来身高，其公式为

$$身高=肱骨长度（厘米）\times 5+5（厘米）$$

$$身高=股骨长度（厘米）\times 3.7+5（厘米）$$

一般来说，腿长、臂长的人的身高就高，尤其是小腿和前臂长的人的身高更高。

此外，研究表明，双脚第二脚趾长的人未来身高较高；反之，此脚趾粗短的人未来个子较矮。

头形与身高也有密切的关系。人的头形有三种：第一种是圆形，未来身高不高；第二种是椭圆形或长圆形，未来身高较高，而且体型匀称、瘦长，素质较好；第三种是长方形，未来身高较高，但体型宽大、笨重，反应慢，素质差。

坐高与身高呈负相关关系，即坐高越高，身体越矮，反之亦然。多数项目需要身高较高，因而坐高不宜太高。但坐高高，重心低，平衡和稳定能力却较强，对体操项目有一定好处。

2. 身体长度

长度指标中较重要的一个指标是指间距，即当两臂平举时两手中指指尖之间的长度，这是由肩宽与臂长组成的指标。根据工作姿势特点，龙舟选材时会测试做臂超。它对龙舟运动员有重要意义，因为两臂长划幅就大。通常要求臂超或跪臂超达到20~25厘米。

3. 身体宽度

身体宽度主要指肩宽和髋骨。不同项目对这两个指标有不同的要求。肩宽一定程度上决定了上肢肩带肌肉力量，龙舟运动员要肩宽-身高指数较大。此指数12岁以后增加，20岁趋于平衡，因而可在12岁开始这一指标的选材。其公式为

$$肩宽-身高指数=\frac{肩宽}{身高}$$

肩宽的预测公式为

$$未来肩宽=\frac{当年肩宽}{当年肩宽百分比}\times 100$$

当年肩宽百分比预测如表3-9所示。

表 3-9　　　　　　　　　　　　当年肩宽百分比预测

| 年龄（岁） | 男性肩宽百分比（%） | 女性肩宽百分比（%） |
|---|---|---|
| 10 | 71.8 | 84.1 |
| 11 | 74.4 | 86.9 |
| 12 | 79.5 | 89.8 |
| 13 | 82.1 | 92.8 |
| 14 | 87.2 | 95.6 |
| 15 | 92.3 | 98.5 |
| 16 | 93.6 | 99.1 |
| 17 | 94.9 | 99.5 |

4. 身体围度

身体围度指标主要包括胸围、大腿围、小腿围、上臂围、腰围和臀围等指标，它们从不同的角度反映了身体各部的肌肉力量和外部形态特点。

少儿发育中，围度晚于长度和高度的发展，男14岁、女12岁开始围度明显增长，男性的围度增长指数大于女性的。龙舟常用胸围指数（见表3-10）评价运动员胸围的发育状况，我国龙舟运动员的胸围指数为

$$胸围-身高指数=\frac{胸围}{身高}\times100$$

表 3-10　　　　　　　　　　　　胸　围　指　数

| 年龄（岁） | 男性胸围（厘米） | 女性胸围（厘米） |
|---|---|---|
| 10 | 73.1 | 79.2 |
| 11 | 75.6 | 83.1 |
| 12 | 78.6 | 88.3 |
| 13 | 82.1 | 93.5 |
| 14 | 85.7 | 96.1 |
| 15 | 90.4 | 98.7 |
| 16 | 92.9 | |
| 17 | 95.2 | |

5. 身体充实度

所谓充实度是指身体的均匀、营养状况和肥胖、结实、瘦弱的程度，多用体脂厚度、体重-身高指数、体重-胸围指数、体重-坐高指数来反映，国外每厘米身高的体重以350～450克为正常，小于350克为过瘦，大于450克为过胖。而我国男性为350～360克，不超过380克；女性为330克，不超过430克。我国青年体重-坐高指数一般在90～93，计算公式为

$$体重-身高指数=\frac{体重}{身高}$$

$$体重-坐高指数=\sqrt[3]{310\times 体重/坐高}$$

在进行大量群体充实度选材时，也可用肉眼做初步观察，初选出来后再进一步测试和

评定。

(三) 机能选材法

各器官、系统的机能指标非常多，在此介绍一些主要的生理化指标。

(1) 心率：反映心脏功能和运动员承受体力负荷的能力。主要测试安静时的心率，低些的为好，以反映承受最大负荷极限的能力。在负荷后脉搏恢复到原有水平的时间应短些，以反映运动员的恢复能力。当脉搏达到180次/分时，恢复到120次/分约需5分钟，机能高的运动员会更快些。我国不同年龄青少年儿童脉搏血压的界限值如表3-11所示，可供选材时参考。

表3-11　　　　我国不同年龄青少年儿童脉搏血压的界限值

| 性别 | 界限指标 | 年龄 | 7 | 8 | 9 | 10 | 11 | 12 | 13 | 14 | 15 | 16 | 17 | 18~25 |
|---|---|---|---|---|---|---|---|---|---|---|---|---|---|---|
| 男 | 脉搏 | 上限 | 108 | 107 | 106 | 105 | 104 | 103 | 102 | 101 | 100 | 99 | 98 | 96 |
| | 收缩压 | 上限 | 113 | 116 | 119 | 122 | 125 | 128 | 131 | 134 | 137 | 140 | 140 | 96 |
| | | 下限 | 80 | 81 | 82 | 83 | 84 | 85 | 86 | 87 | 88 | 95 | 95 | 95 |
| | 舒张压 | 上限 | 80 | 81 | 82 | 83 | 84 | 85 | 86 | 87 | 88 | 90 | 90 | 90 |
| 女 | 脉搏 | 上限 | 109 | 108 | 107 | 106 | 105 | 104 | 103 | 102 | 101 | 100 | 99 | 97 |
| | 收缩压 | 上限 | 113 | 116 | 119 | 122 | 125 | 128 | 134 | 134 | 134 | 134 | 134 | 130 |
| | | 下限 | 80 | 81 | 82 | 83 | 84 | 85 | 86 | 87 | 88 | 88 | 88 | 86 |
| | 舒张压 | 上限 | 80 | 81 | 82 | 83 | 84 | 85 | 86 | 87 | 88 | 90 | 90 | 86 |

另外，可用简易的方法，测试选材对象的心脏功能，公式为

$$I = \frac{(P_1 + P_2 + P_3) - 200}{10}$$

式中　$I$——心功能指数；

$P_1$——安静时每分钟脉搏，测15秒×4脉搏；

$P_2$——下蹲30次/45°，即测15秒×4脉搏；

$P_3$——停止活动后1分钟（含前15秒），再测15秒×4脉搏。

测试结果标准：$I<3$为最好，甚至出现负数；3~6.5为良好；6.5~10为中等；10~15为不好；>15为很差。

(2) 血压：血压包括舒张压、收缩压和脉压差三个指标，其中主要是收缩压随年龄增长而增加，在少年期有时也会出现生理性的血偏高，只要不是病理性的过高，不必看得过重。

(3) 肺活量：肺活量反映了呼吸功能的潜在能力。13岁以前男女差别不太大，少年期后男子超过女子。选材时尽可能选肺活量较大的，但要与体重相称，按每千克体重的肺活量来进行比较。

(4) 吸氧量与最大吸氧量：吸氧量是指安静时每千克体重的相对吸氧量，最大吸氧量则是指在激烈运动时的最大吸氧量。儿童少年时期最大吸氧量比成年人低，吸氧量却比成年人高，而运动员的比一般人高。选材时，应尽量选最大吸氧量高的，对13岁的少年则可以进行最大吸氧量的选材。

最大吸氧量也可用肺活量来进行测算。

(5) 氧债：当承受短时间最高强度负荷需氧量超过了最大吸氧量时就出现了氧债，健康人的最大氧债为3~5升，而世界水平的中距离跑运动员最大氧债可超过20升。

简易的测定方法可采用测定深吸气后最长的随意屏气时间（安静时或定量负荷后）。健康人为40~50秒，运动员可达1分钟。

(6) 血乳酸：血乳酸是反映运动员无氧能力的重要指标。血乳酸的静息值非运动员（男为11.5毫克，女为12.2毫克）比运动员高（男为10.9毫克，女为9.2毫克）。因而在选材时，应尽量选血乳酸静息值较低的。

(7) 血型：血型由遗传决定，不会改变，血型与运动能力（体质与气质）的类型有较明显的关系，如表3-12所示。

表3-12　　　　　　　　　血型与运动能力

| 血型 | 体　质 | 气　质 |
|---|---|---|
| O | 速度和爆发力不好，弹跳不好 | 敢于拼搏，目的性强，不达目的不罢休，精力充沛，斗志昂扬，但对环境的适应性差 |
| A | 灵活性、耐力、爆发力、柔韧性（腰）好，学习动作踏实，掌握动作的协调能力好，动力定型较巩固，但弹跳力素质较差 | 吃苦耐劳，忍耐性好，不满足现状，有毅力，但受外界影响易灰心 |
| B | 移动敏捷，速度好，协调性、技术性强，心灵手巧，解决问题很利索 | 好胜心强，果断、大胆、乐观、热情，不易受环境影响，但大胆中有些任性、随便和盲目 |
| AB | 神经反应快，爆发力强，具有A、B型的双重特点，协调性好，感知能力强，速度力量好，但持续时间不能太长，易厌烦 | 沉着冷静，应变力强，头脑清醒，具有A、B型双重气质 |

由于各运动项目对运动能力有不同的要求，因此在各项目中有明显的不同血型，可供专项选材时参考。

各种血型中，AB型在我国所占比例很小，据统计，我国汉族血型中O型占33.7%，A型占28.8%，B型占28.7%，而AB型仅占8.8%。在华北、东北地区B型＞O型＞A型，西北地区和西藏O型＞B型＞A型，华中、华东地区O型＞A型＞B型，广东、广西O型＞B型＞A型，云南A型＞O型＞B型。从全国来看，则为O型＞A型＞B型，这说明与O型和A型有关的项目对我国较适合，而且前我国这些项目的竞技水平实际也较高。

（四）心理与智力选材法

1. 心理选材

心理选材的基本内容包括两方面，一是心理过程的选材，二是个性心理特征的选材。

(1) 心理过程：心理过程的选材指标包括感受的敏锐度、知觉的深广度、表象的完整性和清晰性、运动记忆的及时性和准确性，以及运动员的想象力和注意力等各种指标。

(2) 个性心理特征：个性心理特征的主要指标有训练动机、自我控制能力、意志力和神经类型等。

经测试统计，优秀运动员多属于活泼型和安静型，但不同项目或同一项目（集中项目）的不同位置与分工对神经类型有不同的要求。皮划艇运动应挑选稳定性的运动员。

2. 智力选材

智力是人的行为的一种表现，是各种智力心理的综合体，因而大多心理指标选材方法也可用于智力选材。智力将直接影响运动员学习知识和掌握动作技能的能力。智力有较大的遗传力,因而智力选材时,应注意选材对象父母的智力情况。智力选材的主要方法与要求如下。

(1) 全面了解选材对象所处的影响智力的内外环境,客观地评价运动员的智力。

(2) 测定运动员智力的实际潜力。人的智力有一个范围相当广泛的智力潜力,其上下即是由遗传决定的。因此,某甲虽比某乙有更高的智力潜力,但他的智力的实际表现也可能因环境影响而比不上某乙,但从其潜力来看,某甲大于某乙。因而最终的智力表现也同样会高于某乙。可见在选材中应重点注意选材对象的实际智力潜力,不要仅看外在表现。

(3) 测试儿童少年运动员掌握动作能力。由于掌握动作能力的好坏与智力有很大关系,因此在选材时,可把初选儿童少年集中起来选择几个都未做过的动作让他们按统一安排和同一指导进行练习,凡动作掌握得越快的运动员,其智力水平就越高。

(4) 在实际训练、比赛中进一步观察其智力的一些外部表现。

(五) 运动素质选材法

运动素质选材主要指力量、速度、耐力、灵敏和柔韧五大素质的选材法。

(1) 力量素质:力量素质选材常用握力计和背力器等测力计测定绝对力量,此外还要测定相对力量。相对力量是反映单位体重的绝对力量,计算公式为

相对力量=绝对力量/体重

(2) 速度素质:速度素质有较大的遗传力,是运动素质选材的重要指标。动作速度可用规定时间里重复完成各种动作的次数来反映,移动速度可用30～100米跑的速度来反映。

(3) 耐力素质:耐力素质的遗传力很高,后天训练时也不可忽视。可通过测试最大吸氧量、心率和植物性速率指标来进行预测与评定。

植物性速率是指长时间地保持步频和心率高度协调的能力,苏联费明和戈罗霍夫经过研究表明,8～11岁少儿心率与步频之间的协调关系在个体上有很大差别,并且这种差别不随年龄的增长而改变,稳定性大,因而可以用此指标来预测孩子的耐力潜力。

(4) 灵敏素质:灵敏素质是皮划艇运动员的重要选材指标,选材可结合各专项动作进行。除此之外,也可用测定10秒的立卧撑次数来评定灵敏素质。动作顺序为直立—蹲撑—俯撑—还原成蹲撑—还原直立,计算反复做的次数。另外,为了更好地了解孩子的全面灵活性,也可用"之"字跑、躲闪跑、穿梭跑和立卧撑等动作组成的四综合成绩进行评价。

(5) 柔韧素质:在选材中可以通过各专项专门设计的一些柔韧动作测评。一般柔韧性常用横劈叉、竖劈叉和各种肢体的伸、旋内、旋外、内收、外展等动作的测定来评价。

四、我国龙舟运动员的选材标准与要求

(一) 优秀龙舟运动员的形态特征和选材标准

像很多项目一样,我们认识到竞技龙舟项目的专项特征也遵循着从现象到本质的认识过程。有的学者认为,能否成为一名优秀的竞技运动员,其身体形态是首要考虑因素,我们必须通过训练的诱发,使运动员的身体形态符合专项要求。通过对国家龙舟集训队男子40名队员、女子40名队员进行形态学测量,运用SPSS-11统计学软件对集训运动员的身高、体重、臂长、肩宽、胸围、腰围和上臂围等与划船动作相关的形态学指标进行统计分析,反映出龙舟集训队员的形态状况,为科学的选材、训练提供了指导,如表3-13所示。

表 3-13　　　　　　　我国优秀龙舟运动员的形态特征和选材模型

| 组别 | 身高（厘米） | 体重（千克） | 臂长（厘米） | 肩宽（厘米） | 腰围（厘米） | 胸围（厘米） | 上臂围（厘米） |
|---|---|---|---|---|---|---|---|
| 男子 | 180.76±5.34 | 79.84±7.75 | 65.51±3.62 | 44.76±3.62 | 79.99±5.21 | 99.98±4.73 | 28.15±2.64 |
| 女子 | 176.32±5.49 | 69.56±6.11 | 61.34±3.36 | 40.78±3.99 | 71.09±4.27 | 98.87±7.94 | 26.51±3.01 |

　　竞技龙舟运动员的各项形态学指标显示，其身高、臂长、腰围、胸围、上臂围明显高于一般成年人，这与运动员的专项训练有关。因此，竞技龙舟运动员的形态学特征为身材高大魁梧，上肢较长且有力，肩宽胸阔腰粗，身体充实，躯干呈倒三角形，前臂粗壮，腰背部肌肉发达。身高、臂长的身体形态特征有利于运动员在划船时加大划幅、划距，提高有效划距；肩宽、胸阔、腰粗可以为划船提供足够的动力，充分发挥大肌肉群的力量，为舟体快速运行提供保障。

　　（二）优秀龙舟运动员的运动素质特征与选材指标体系

　　通过对 80 名龙舟集训运动员素质测试和 250 米单人龙测试与分析获得如表 3-14 和表 3-15 所示的结果。

表 3-14　　　　　国家龙舟集训队运动员运动素质特征和选材模型

| 项目 | 3000 米跑步（分钟） | 2 分钟卧拉（次） | 2 分钟仰卧起坐（次） | 最大卧拉（次） | 最大卧推（次） | 引体向上（次） |
|---|---|---|---|---|---|---|
| 男子 | 10.57±2.41 | 118±21 | 110±24 | 100±10 | 100±15 | 42±15 |
| 女子 | 11.38±2.87 | 109±23 | 100±20 | 71±14 | 79±18 | 25±12 |

表 3-15　　　　　运动素质成绩与 250 米单人龙成绩的相关系数

| 项　目 | 3000 米跑步（分钟） | 2 分钟卧拉（次） | 2 分钟仰卧起坐（次） | 最大卧拉（次） | 最大卧推（次） | 引体向上（次） |
|---|---|---|---|---|---|---|
| 相关系数 | 0.689 | 0.828 | 0.719 | 0.734 | 0.698 | 0.712 |

注　数据为双尾检验达到 0.01 显著性水平的相关系数。

　　如表 3-14 所示，3000 米跑步成绩主要反映运动员的最大有氧能力和耐力水平；2 分钟卧拉成绩主要反映运动员力量耐力、速度耐力水平；2 分钟仰卧起坐成绩主要反映运动员的协调能力和力量耐力；最大卧拉和卧推成绩主要反映运动员最大力量水平；引体向上成绩主要反映运动员力量耐力水平。

　　单人龙测试是在同等条件下每条龙舟由一个桨手划动，每条龙上配有同一名舵手，测试单位距离内所用的时间。时间越少者，其速度越快。单人龙测试可以反映竞技龙舟运动员的个体竞技水平，是运动员力量、速度、耐力、节奏和水感的综合表现。

　　表 3-15 是集训龙舟队员各项素质成绩与 250 米单人龙成绩的相关度，对其进行双尾检验，P＞0.01 表明各项素质与 250 米单人龙之间存在显著性相关。3000 米跑的相关系数为 0.689，2 分钟的卧拉的相关系数最大为 0.828 分钟，仰卧起坐的相关系数为 0.719，最大力量卧拉的相关系数为 0.734，最大力量卧推的相关系数为 0.698，引体向上成绩的相关系数为 0.712。表 3-15 说明以上几项素质指标与竞技龙舟个人能力的相关性非常大，是提高竞技龙舟运动个人竞技能力的素质基础，在训练中要重点发展的运动素质。因此，该表可作为龙舟运动员运动素质选材的标准。

（三）鼓手和舵手的选材条件与要求

1. 鼓手的选材条件与要求

（1）选材条件。鼓手的位置是龙舟的船头，位置比较高，因此在选择鼓手时，首先应考虑体重轻、身材小的队员担当鼓手，具体如表3-16所示。

表3-16　　　　　　　　　　鼓手形态要求

| 项　　目 | 男子 | 女子 |
| --- | --- | --- |
| 身高（厘米） | 165～175 | 155～160 |
| 体重（千克） | 50～55 | 45～50 |

（2）素质要求。

1）鼓手要有强烈的责任感和集体荣誉感，威信高，有号召力。

2）鼓手要善于调动全队的情绪和鼓舞士气。

3）鼓手必须有稳定的情绪，不心浮气躁，遇事不慌。

4）鼓手必须具备处理突发事件的能力，关键时刻能够稳定人心。

5）鼓手必须准确理解教练员的意图，与教练员密切配合，处理好日常训练中的各项事宜和比赛中的随时出现的事件。

6）节奏感、频率感、速度感好，应变能力强，反应快。

7）熟知全队的实力水平，对每名队员都有全面的了解。

8）比赛时能根据具体情况合理控制桨频，调动和发挥划手的最大能力，更好地完成比赛。

2. 舵手的选材条件与要求

（1）选材条件。舵手的位置是在龙舟的船尾，位置比较高，在比赛中要时刻观察赛场情况和周边环境的变化，根据实际情况随时对船进行调整。因此，在选择舵手时，首先应考虑体重相对轻、身材适中而且有力量的队员担当舵手，也可根据具体情况适当放宽条件，这样更能适应当今龙舟比赛的需要，具体如表3-17所示。

表3-17　　　　　　　　　　身　体　形　态

| 项　　目 | 男子 | 女子 |
| --- | --- | --- |
| 身高（厘米） | 170～175 | 165～170 |
| 体重（千克） | 55～65 | 50～55 |

（2）素质要求。

1）心理素质好，能够承担大赛的刺激。

2）头脑灵活，反应敏锐，能够随机应变、处理突发事件。

3）观察能力强，熟知水性，对风向辨别能力强，熟知各种风向对龙舟行驶方向的影响。

4）注意力集中，认真负责，稳重踏实，善于观察龙舟在行驶过程中的细微变化并及时进行调整。

5）了解每名队员的技术及体能情况，随时对行进中的龙舟进行调整。

6）善于积累经验。

# 第四章

# 龙舟技术战术教学与训练

龙舟技术是指能充分发挥运动员机体能力的、合理有效完成龙舟动作的方法，它在龙舟运动项目中起着极为重要的作用，甚至是决定性的作用。

第一，正确的技术是取得优异运动成绩的保证，技术动作的细微错误或不合理都将成为取得优异成绩的障碍。错误的技术会消耗和浪费能量，必然影响成绩的提高。

第二，龙舟技术和身体训练水平互为条件、互相制约。良好的身体训练水平是掌握和提高运动技术的基础，只有掌握了正确的运动技术才能更有效地发挥身体训练水平，使已有的身体训练水平充分地表现出来。

第三，龙舟技术是形成和运用比赛战术的基础，战术是在技术充分发挥的情况下形成和发展的。没有好的技术也就谈不上战术，技术越全面，战术也就越能多样化。技术越是扎实娴熟，战术运用的质量越高。

第四，熟练的龙舟技术能使运动员在训练和比赛中节省能量。正确的动力定型使有机体在运动过程中消耗最低的能量，使运动员在比赛中始终保持旺盛的精力，从而创造优异成绩。

因此，运动员开始学习龙舟技术时，就应掌握正确、合理的技术，并在训练中不断加以完善。龙舟技术由鼓手技术、舵手技术、桨手技术、配合技术等组成。

## 第一节 鼓手技术特征

鼓手（见图4-1）是全队中最重要的人物，正常情况下担任全队的队长一职，在比赛中，由鼓手调动和实施教练员的战术意图，指挥全队完成比赛。因此，一个好的鼓手能更好地调动划手的积极性，鼓舞全队的士气，增强取胜的自信心。

### 一、敲鼓

鼓手在敲鼓的过程中可采用单手击鼓或双手击鼓的方式。鼓声也可变化出许多花样，但是，无论怎样击鼓，都是为了使划手们的划桨

图4-1 鼓手

整齐划一,也就是理想化的"二十把桨就像一把桨一样"。现在通常的配合方法就是鼓手敲划手跟,即划手插桨入水那一瞬间恰好落在鼓声节奏上,俗称"入水鼓"。也有一些其他的配合方法,如划桨结束时的一瞬间落在鼓的节奏上,俗称"出水鼓"等。但是,无论是"出水鼓"还是"入水鼓",在训练中都要有事先的约定和要求,使划手充分理解鼓的节奏和变化,这样才能使全队划桨动作整齐划一、节奏一致。

### 二、鼓声节奏与力度

鼓手击鼓的节奏和力度的大小对划手的影响非常大,有力的击鼓和加快的节奏能有效地刺激划手的中枢神经的兴奋性,以此来调动情绪,使划手们奋力划水,提高船速。反之,如果节奏无变化、击鼓无力,就会显得没有激情,使划手很容易产生厌倦,尤其是在训练中,会使训练的质量大打折扣。因此,在训练中适当变换击鼓节奏和力度,可以调动划手的积极性,提高训练的质量。而在比赛中如果两只船齐头并进、势均力敌时,鼓手的击鼓力度就更显得重要了,击鼓有力会鼓舞全队士气,而且能够提高划手的兴奋性。因此,在平时的训练中,鼓手要熟练掌握击鼓的节奏变化和击鼓力度,认真领会和观察应该变换节奏和加大击鼓力度的时间。这样才能更好地率领全队完成训练和比赛。

### 三、技术关键点

鼓手作为划桨节奏的控制者、战术实施的指挥者,必须在平时训练中形成良好的个人影响力,能把握和观察船上每个队员的个人能力和实时状态,在比赛关键时刻做出判断。

## 第二节 舵手技术特征

舵手的好坏会直接影响全队的成绩,好的舵手会给全队带来自信心,使队员没有后顾之忧,全身心地投入比赛;反之,如果舵手很差,会给队员造成心理负担,影响队员的比赛情绪。因此,舵手的技术在龙舟技术当中显得尤为重要。船是否走得直、船速的快慢都和舵手有直接关系。选择一个好的舵手是一个队伍成绩好坏的一项重要条件。

### 一、舵手的姿态

当今龙舟比赛中舵手掌舵的基本姿态最常见的有坐姿、跪姿及站姿三种。

(1) 坐姿(见图4-2):身体正对或侧对前方,坐在舵手位置,两脚置于左右舱,稳定支撑身体;右手握住舵柄,左手扶住舵杆,使舵叶平面垂直水面,两眼注视前方。这种姿态是现在舵手最普遍采用的技术。

(2) 跪姿:身体对侧前方,左小腿横在龙舟尾部舵手位置,以左膝关节和左脚掌顶住两侧船舷,右脚踏在船舱内,稳定支撑住身体;右手握住舵柄,左手扶住舵杆,使舵叶平面垂直水面,两眼注视前方。这种姿态多在玻璃钢船比赛时采用。

图4-2 坐姿

(3) 站姿（见图 4-3）。

1) 身体侧对前进方向，右脚前左脚后，头右转目视前方；右手握住舵柄，左手扶住舵杆，使舵叶平面垂直水面，时刻观察周围情况。这种方式的最大优点是视野宽阔，便于舵手观察，多在顺风时所采用。

2) 采用单手站立式，即舵手身体面对正前方，两脚开立，稳定支撑身体，左手握住舵杆顶部（紧靠舵柄），使舵叶与水面垂直，两眼注视前方。这种方法适用于顺风而且浪小的情况下，对舵手的要求比较高，舵手必须及时观察船方向的变化，适时做出调整。一旦出现紧急情况，需马上改变掌舵的姿态。

图 4-3 站姿

## 二、舵手的操作技术

1. 点式技术

舵入水后很快就提出水面称为点式技术。这种技术适用于龙舟在行驶过程中无明显的侧风和左右划手力量均衡情况下，船的行驶方向改变小的时候。具体操作方法：舵手坐在船尾，右手握紧舵柄，左手握住舵杆，将桨叶压离水面，且全神贯注，要非常敏锐地感觉到船体方向细微的变化，当船稍有偏航时，马上采用点式技术将船修正。例如，船在行驶过程中，当舵手感觉到船在向左侧偏出，此时，舵手应马上将舵叶压入水中并向外推出后压起，反复几次后将船的方向修正，然后将舵压离水面。这种技术在船稍有偏航时采用效果较好，而且产生的阻力小，对船速的影响不大。如果船继续向左偏航，可采用有节奏的点式打舵技术，即舵叶连续入水推起，舵叶入水的角度应根据偏航的大小及舵手的力量大小灵活掌握。这样可以在保持船速的情况下不偏航。

如果舵手注意力不集中，或者技术较差，船体偏航很大时再修正航向，会产生很大的阻力，而且由于船速产生的惯性，船偏航时离心力较大，舵手势必要将舵叶压入水中用力外推，这样会给船一个横向的力，而且舵叶在水中的时间变长了，产生的阻力就加大了，这样对船速有很大的影响。因此，舵手在行驶过程中，注意力要集中，观察和感觉行驶方向的变化并及时进行修正。

2. 拨式技术

当船偏离航向较大时，选中水中的一个点，迅速将舵叶下压并横向推（拉）舵杆的打舵方式称为拨式技术。具体操作方法：如果船在行驶过程中偏向左侧，此时舵手右手握紧舵柄，左手握住舵杆先内收舵柄后上抬，将舵叶压入水中后向外推出，以此来修正船的方向。此项技术一般应用于风平浪静情况下的龙舟掉头、靠岸，以及龙舟进入航道时摆正航向等，效果较好。在有风浪的情况下采用此技术掉头和靠岸很难保持船的平稳，在船行驶过程中一般也不宜采用，因为阻力比点式技术大许多，同时很难保持船的平稳。

3. 拖式技术

船在行驶过程中，舵叶始终在水中控制方向，称为拖式技术。当船体方向改变很大时采用此项技术，此项技术为初学者所采用。

这项技术可有效控制方向，比较稳定，在有风浪的情况下采用此技术掉头靠岸比较平稳。但是因舵长时间拖在水中，故此项技术产生的摩擦阻力最大。船偏航越大，舵与前进方向的角度也就越大。因此在比赛中不宜采用此项技术。

龙舟掉头和靠岸，或者需要大幅度、急速地改变方向时，可先采用拨式技术，当船的运行状况快要达到要求时，就应采用拖式技术，来保持船的平稳。

原则上，在训练和比赛中，不论舵手采用何种技术，都要尽可能地减少船的阻力，保持船速。因此，舵手要熟练掌握这些技能，根据赛场的实际情况灵活运用这些技术，使划手的力尽可能多地用在提高船速上。

### 三、风向对龙舟行进时的影响

俗话说："风打船梢。"船梢指的就是船尾。也就是说，船在行进过程中风总是推动船尾。

1. 前侧风对龙舟行进时的影响

在船行进过程中如遇前侧风（见图 4-4），舵手就应及时调整船的方向，根据风力的大小，采用点式技术或者拖式技术将船的航向摆正。如果是左前侧风，船势必会向左侧偏离，因此舵手就应该采用连续的点式技术或者拖式技术，使船始终保持航向不变。如果是右前侧风，则舵手的动作应相反。具体情况是，舵手也可采用"混合式"，即这几种技术的交替使用，目的就是尽量减少阻力，保持船速。

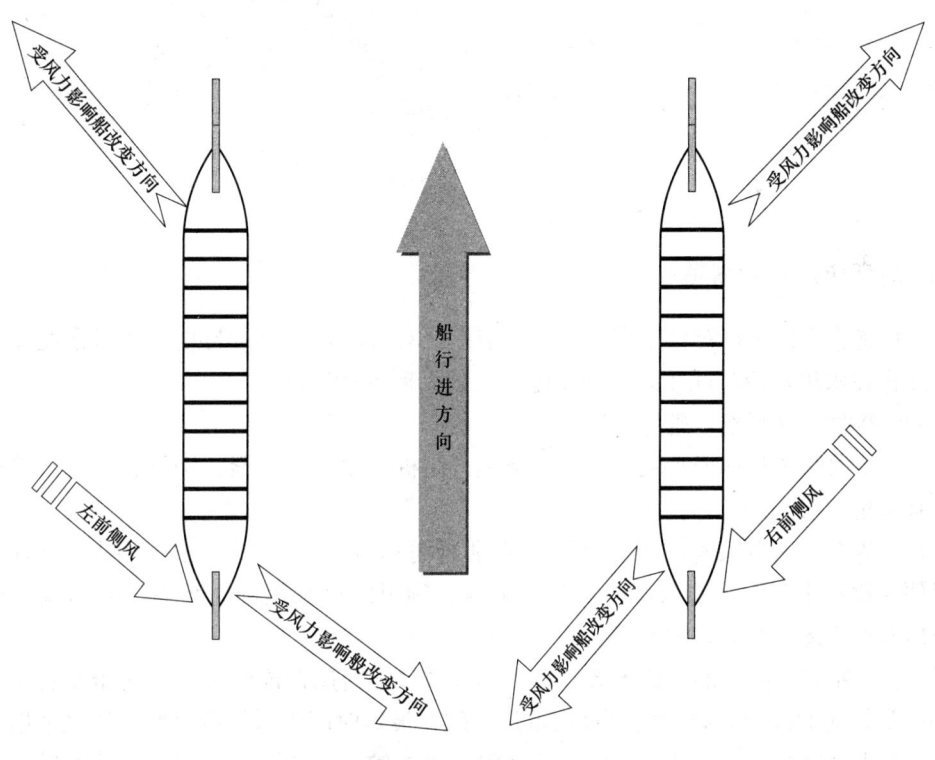

图 4-4 前侧风

2. 后侧风对龙舟行进时的影响

在船行进过程中如遇后侧风（见图 4-5），舵手就应根据风的方向借助风力来进行操作。如果是左后侧风，舵手就应将舵拖在水中向外推，推的力量大小应根据风力大小来决定。或者采用断断续续的点式技术，将舵叶点入水中向外推压起，且舵手此时亦可站立掌舵，借助风力提高船速。

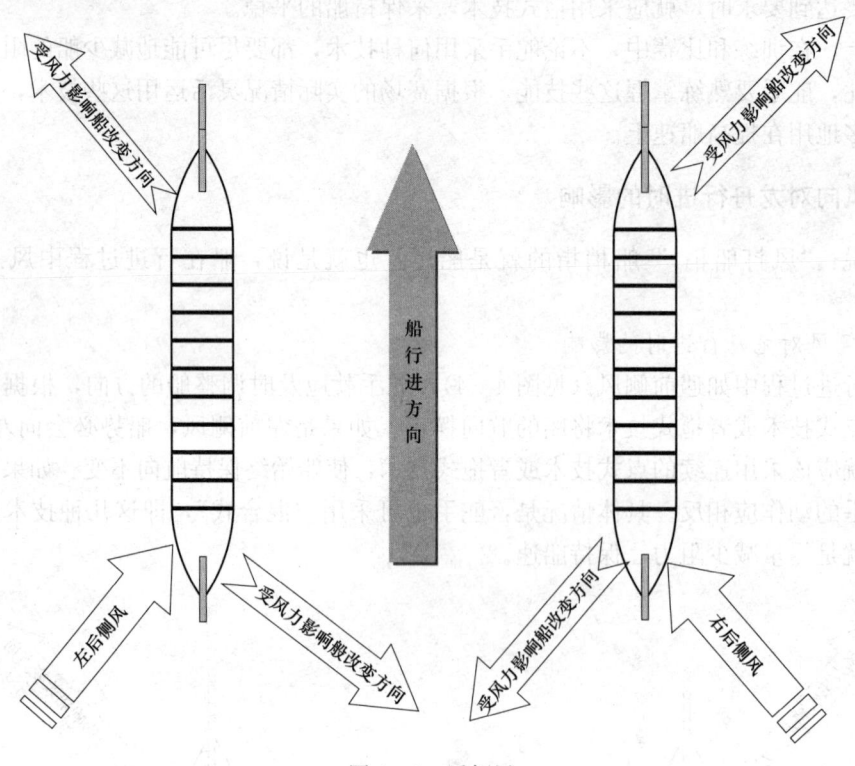

图 4-5 后侧风

### 四、舵手应注意的事项

（1）启航前应将龙舟对直航道，如遇风浪不能对直时，应及时与划手联络帮舵，启航时不要将舵拖在水里，应将舵压起，减少阻力，提高船的初速度。

（2）比赛时认真观察，避免串道。

（3）熟知训练场和赛场水域情况，如暗礁、暗桩、水草、绳索、钢丝、水流、暗流、起终点及赛道情况等。

（4）比赛中应观察风向，要有良好的辨别风向和风力的能力，熟知不同风向对船的影响，以便在比赛中利用风力来保持和提高船速。顺风时可采用站立掌舵，借助风力提高船速；逆风时要坐着掌舵，以减少阻力。

（5）注意左右手队员的划桨不齐、体重不等及风浪对船造成的影响，使船左右晃动。此时舵手在掌好舵的同时，要利用自身的重量和舵在最短时间内将船调整好，使之平稳行驶。

（6）在比赛冲刺阶段要把船提前摆正，尽量少打舵，以免影响船速，但要以保持方向不变、不串道为原则。

（7）舵手在比赛中如没有航道标，应选择远处一个明显参照物，使眼睛、船头、参照物成一条直线，随时进行调整，以减少无谓的划行，保持最短距离划行。

(8) 舵手技术关键点：在训练和比赛中，不论舵手采用何种技术，都要尽可能地减少船的阻力，保持航向和船速。舵手要养成及时预判的习惯，在船体没有完全偏离航线的情况下进行调整，减少大量的操舵对舟艇产生阻力。

## 第三节 桨手技术特征

### 一、桨位的安排

任何一支龙舟队在刚下水时都面临着桨位安排的问题，桨位安排的好坏会直接影响全队的比赛成绩，因此，合理安排桨位就显得非常关键。安排桨位总的原则就是将力量大、素质好、能力强的队员安排到前面，能力稍差的队员安排到后面。具体应注意以下几点。

(1) 充分了解队员的能力，对队员做全面的形态、素质测试，这样可对每一名队员的基本情况有一个了解，为桨位的安排做好准备。

(2) 把握人尽其才的原则，熟知每个桨位需要什么样的队员。

(3) 左右手队员的安排首先根据队员的习惯，来进行左右的分配，其次根据队员的平均身高、平均体重、臂长等进行分配，左右手的平均身高、平均体重及左右手坐高的差距越小越好，左右手总的力量要基本一致，这样能够尽量减少偏航因素。前五对桨位的体重与后五对桨位的体重应基本一致，这样能够保证船的平衡，后五对的体重也可稍高于前五对的体重，使船头稍抬起。

(4) 第一和第二桨位是非常重要的位置，因为是处于领桨的位置，而且前面是静水，需要领桨手将静水破开，后面的划手才能很容易地跟桨划水。因此，在安排桨位时，应该把全队技术好、水感和速度感好、节奏感强，而且身材不是很高但身体素质和机能好的队员安排到这些位置上。

(5) 第一桨位要安排力量大、耐力好、节奏感强、频率感和水感好，能够很好地与鼓手配合控制好桨频，且身材稍矮小的队员。第二和第三桨位可安排跟桨能力强的队员。

(6) 第四桨位可安排拉桨速度快、插桨深、抓水稳的队员。

(7) 第五和第六桨位比较宽，可安排身材高大的队员，这样更有利于队员能力的发挥。

(8) 第七和第八桨位应安排力量大和身材稍高的队员，这样便于力量的前送。

(9) 第九和第十桨位是非常重要的桨位，这两个桨位被称为"帮舵"，在舵手需要帮助的时候或者在舵意外损坏的情况下起到舵手的作用。因此，这个位置应安排手臂长、坐高较矮、力量较大，但头脑灵活、反应快，能够善于帮助舵手控制船行驶方向的队员。

总之，在安排桨位时，教练员还要根据本队的具体情况进行合理的安排和调整，但是总的安排方式不能变，即尽量安排力量大、节奏感和跟桨能力强的队员在前舱，身材矮小的队员在两边，身材高大的队员在中间。桨手的安排如图4-6所示。

### 二、基本划桨技术

(一) 选桨

1. 桨长

龙舟队因队员的身高不同、手臂的长短不同、坐高不同、力量大小不同、桨位不同，所以应根据表4-1来选择划桨的长度，以达到最佳划水效果。通常以队员的形态来决定划桨的长度，但不能超出竞赛规则规定的长度和桨叶宽度。

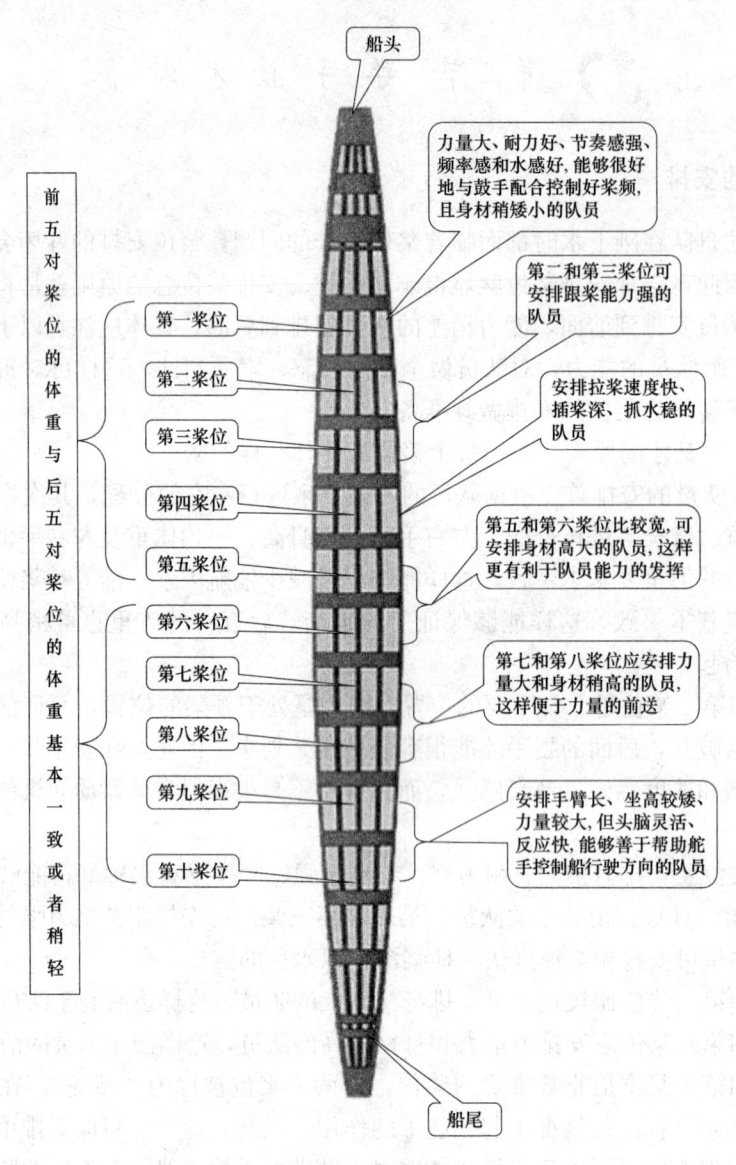

图4-6 桨手的安排

表4-1　　　　　　　　　　　　身 高 与 桨 长

| 身高（米） | 桨长（米） | 身高（米） | 桨长（米） |
| --- | --- | --- | --- |
| 1.80以上 | 1.25～1.30 | 1.65～1.70 | 1.10～1.15 |
| 1.75～1.80 | 1.20～1.25 | 1.60～1.65 | 1.05～1.10 |
| 1.70～1.75 | 1.15～1.20 | | |

## 2. 材质

目前，材质最好的桨是以碳铝合金制作的桨，其次是全碳纤维桨，再次是白标木桨，最后是水曲柳桨。竞赛用桨必须根据竞赛规程要求选择使用。图4-7列举了三种不同材质的桨。

## 3. 质量

桨以质量轻、强度高、韧性适中、桨面薄、桨杆细、握桨感觉舒适、握桨处呈前椭圆状为好。尤其要注意桨杆与桨叶的连接处的质量，要完整连接，用最好的材料。

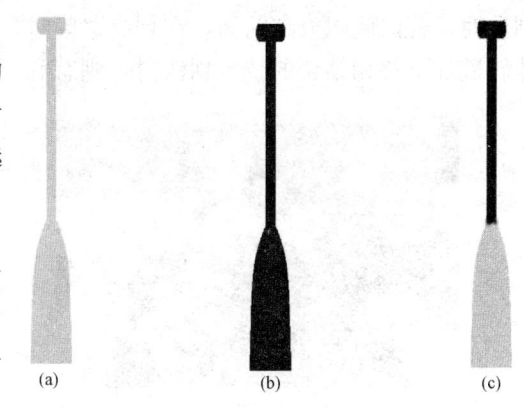

图 4-7 桨的材质
(a) 木质桨；(b) 碳素纤维桨；(c) 混合材料桨

### （二）基本姿态

#### 1. 坐姿

坐姿如图4-8所示。

图 4-8 坐姿（1）

髋关节紧贴船舷，外侧腿紧蹬前隔舱板底部（见图4-9），这样可充分发挥腿部大肌肉群的力量。转体直臂后拉是靠有力的蹬腿将力送上去的，外侧腿若不蹬住前隔舱板底面上，动力在传递过程中就会有损耗，内侧腿弯曲后收于坐板下隔舱板，前脚掌紧抵船舱底部，臀部坐在坐板的前沿上，这样做可固定臀部的位置，并有利于动力的传递，避免动力损耗，这是因为臀大肌有缓冲作用。另外，在训练中不至于因反复摩擦，导致臀部受伤。

采用转体技术划法，在划高桨频时，内侧腿放前、放后、放内侧均可；而采用下腰技术划法时，若内侧腿放在前面，在划高桨频时，身体重心则会往上抬，不利于发力。而采用转体转髋加下腰相结合的技术划法时，则有利于船速的提高，如图4-10所示。

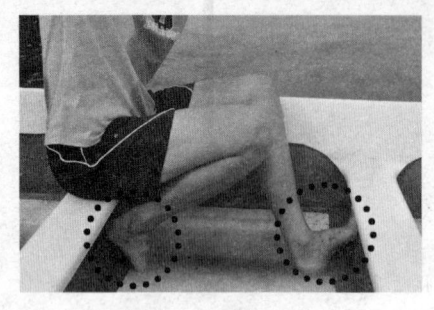

图4-9 坐姿（2）

图4-10 转体技术划法

在停止划行时，养成良好习惯，将桨叶平贴水面，双手横握划桨平桨，以避免风浪，保持平衡和两边划手的重量，保证安全，如图4-11所示。

图4-11 平桨

2. 握桨

以右手为例进行描述，右手握桨即为拉桨手，或称为下方手。通常下方手握于桨颈处上一个把位（距桨颈10~15厘米）。但握桨也要结合人体形态与素质情况，如果该运动员手比较短、力量大可靠上一点握桨；而力量小、手臂长可靠下一点握桨。大拇指与食指紧握桨杆，中指、无名指、小指放松，这样便于桨入水时前伸。左手握桨或称为上方手，正握桨柄，大拇指顶住桨柄，或在桨柄下方握住桨柄，这样便于提桨出水。双手不要握得太死，稍稍放松。握桨如图4-12所示。

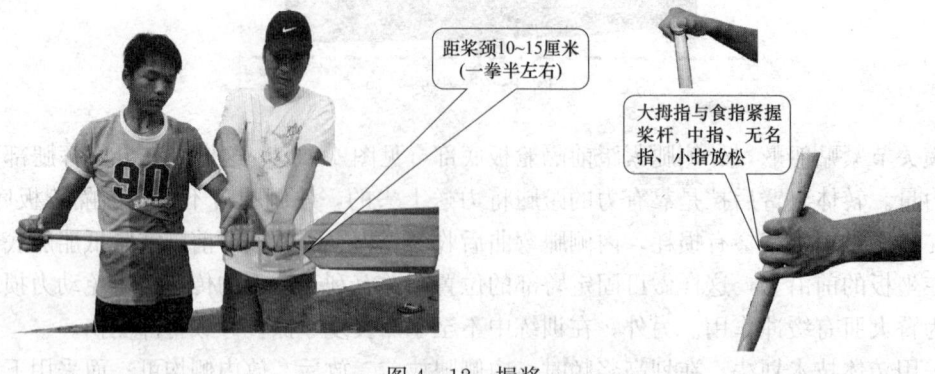

图4-12 握桨

## （三）插桨动作

插桨动作侧面图和正面图分别如图4-13和图4-14所示。

图4-13 插桨动作侧面图

图4-14 插桨动作正面图

插桨动作是指双手松弛握桨，桨向前方伸出，下方手臂尽量向前伸直，向左转体的同时右跨，腰、背、肩前送。上方手臂稍屈肘支撑桨于头部正前上方，外侧腿弯曲，此时躯干充分旋转，腰、背、肩、手臂充分前伸。从侧面看，桨杆紧靠船舷与水平面呈50°～60°。从前往后看，桨杆垂直，略微朝里倾斜。划手眼睛应向前看。身体摆成这种姿势时，有助于抓水，增加划水距离。桨入水要柔和轻快，运用体重的压力通过躯干、手、桨的配合，使桨稳稳抓住水，避免划漂桨。

桨入水有三种技术：第一种技术以转体为主，前倾为辅，这种技术适合划短距离或者是划高桨频时采用；第二种技术是以前倾为主，转体为辅，这种技术适合划长距离或是在拉大划距时采用；第三种技术是二者的结合，这种技术适合划中距离或者是中桨频时采用。

插桨动作要点如下。

（1）桨入水要及时、轻快、准确。

（2）尽可能前伸，在最远处抓满桨水。

## （四）拉桨动作

拉桨动作（见图4-15）是指发力应从骶髋部开始，上方手应保持稳定支撑，用适度的力往下压，使桨稳稳抓住水。下方手的中指、无名指、小指开始紧握桨，腿要同时配合发力，用力的大小与拉桨用力的大小应协调一致，这样可充分发挥腿、髋、腰、背、肩及两臂肌肉群的合力，通过蹬腿把动力送上去。拉桨紧靠船舷，与前进方向一致。弯曲的上方手随着躯干的抬起保持支撑，而不是向前下方推。下方手拉至膝盖和髋之间。在拉桨过程中应始终保持对水面积最大和越拉越快。桨叶在水下运动的轨迹是非移动，原地呈小弧形。

拉桨动作阶段的技术要点如下。

（1）插桨与拉桨应衔接紧凑、连贯、一气呵成。

（2）上方手要压住桨柄，保持划桨高度和深度。

（3）通过骶髋、腰、腿的有序快速发力和躯干的旋转、抬体带动手臂快速拉桨。

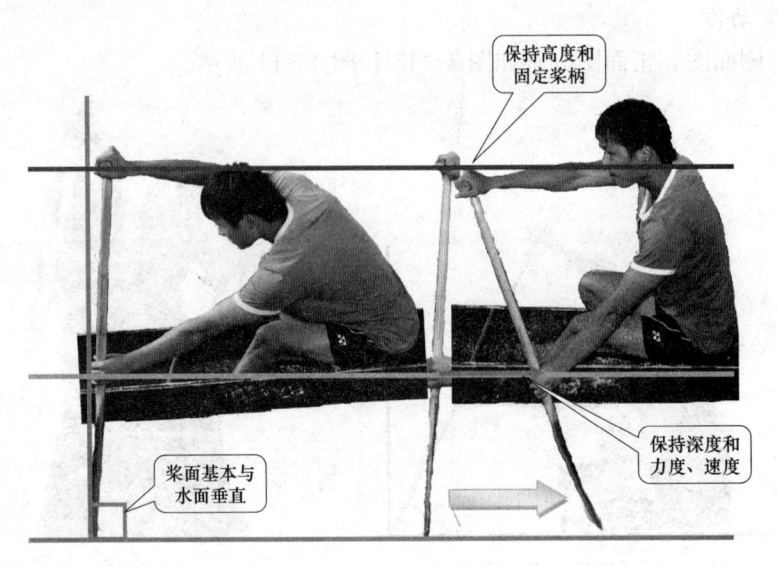

图 4-15 拉桨动作

（4）拉桨时，要顺水推舟、人船桨水合一，稳稳抓住水，带舟艇快速移动。

（五）出桨

出桨（见图 4-16）是指躯干直立或稍前倾，桨拉至膝盖后结束拉桨出水，上方手臂伸直或稍弯曲，保持桨柄在肩部高度，并于肩部同时后引，髋、腰、躯干向外、向前反弹回桨带桨出水。

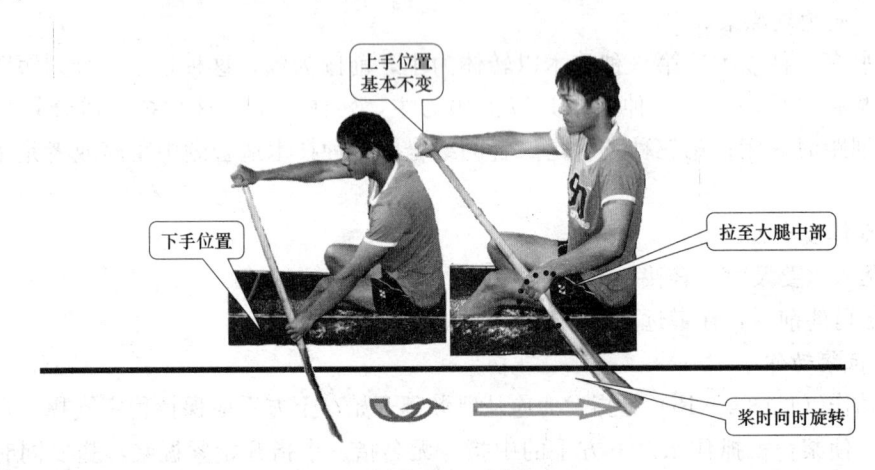

图 4-16 出桨

桨出水动作要点如下。

（1）拉桨与出桨要连贯、迅速、简捷、干净、协调，顺其自然。

（2）桨出水动作是通过上方手臂伸直或稍屈，保持桨柄在肩部高度，并与肩部同时后引，髋、腰、腿、躯干向外、向前反弹回桨，下方手臂稍屈向外、向前带桨出水。

（3）拉桨完毕瞬间，腿、腰、背、肩及臂都要处于放松状态。

（六）回桨动作

回桨动作（见图 4-17）是指出桨之后，双手松弛握桨，腿、腰、背、肩、臂都要放松，桨下缘贴近水面，桨叶外侧边朝侧前方，向前呈小弧形到达插桨位置。双手在空中运行路线和桨叶在水面运行路线都应以最短路线到达插桨位置。在回桨过程中，蹬直的腿随着身体的转动或前倾恢复弯曲状态。桨叶下缘贴着水面移桨，躯干与肩随回桨动作向船内转动，向前倾。桨叶面应根据风向确定朝前还是朝外，逆风朝外，顺风朝前，这样逆风可减少阻力，顺风可借助风力。

图 4-17 回桨动作

回桨动作要点如下。
（1）应贴近水面，以直线或小弧线回桨。
（2）回桨速度与舟艇的行驶速度一致。
（3）如遇风大、浪高，可适当提高回桨高度。
（七）桨手划桨动作的关键
（1）坐姿稳定、三点支撑，前脚支撑传力、臀部支撑发力、后脚支撑协调用力，如图 4-18 和图 4-19 所示。

图 4-18 划桨动作　　图 4-19 三点支撑

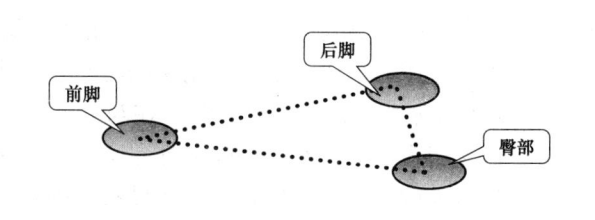

（2）顺势前转前伸平稳回桨，轻快入水，送髋、蹬腿、下腰、转体、抬体加速拉桨，向后引肩，向外、向前转髋、转腰、送背带肘带桨出水。
（3）保持上方手和下方手的水平高度，保持回桨的幅度和入水的远度，保持拉桨深度、加速度。

## 第四节　配合技术特征

龙舟运动是一项集体运动的项目，没有好的配合，即使个人能力再强，也很难完成比赛，必须靠相互间默契的配合才能很好地完成比赛。龙舟的配合技术有鼓手与划手的配合技术、划手与划手的配合技术、舵手与划手的配合技术等。

## 一、鼓手与划手的配合技术

教练员的意图要通过鼓手传达给每一名队员，因此鼓手与划手的配合就变得非常重要，在比赛中能否很好地发挥自己的水平，就要看鼓手和划手配合的默契程度了。鼓手和划手的配合，应在平时的训练中事先进行约定和反复练习，不是单纯地划手下桨恰好落在鼓点上那样简单，而是连续地击鼓配合节奏和力度及划距的变化等。通过鼓手的每一个动作、每一次的击鼓，甚至是一个眼神，划手们都能知道应该做什么。例如，鼓手连续地敲击鼓边，就是提醒划手注意准备开始划行了；再如，鼓手单手轻轻击鼓，另一手挥动鼓棒示意向前或向后划等。另外，在训练或比赛中，鼓手击鼓的轻重和节奏的变化，都是在向队员发布指令。有些时候是不需要用语言来指挥的，但必须事先与划手约定好。在比赛中，全体划手要根据鼓的节奏进行划行，因此除了用耳朵听鼓的节奏外，还要抬头看鼓手的动作和其他划手，使动作整齐划一。但是最主要的还是鼓手与领桨手的配合，配合得好，才能发挥出最大的实力。如果鼓手的节奏和领桨手的节奏不一致，其他划手有的跟领桨手划，有的听鼓的节奏划，这样势必会导致乱桨。所以在配合上鼓手与领桨手要默契。领桨手在比赛中对体能的情况、船的速度快慢、桨频的快慢及划距的大小等感觉非常敏锐，因此，领桨手要将这些信息反馈给鼓手，提醒鼓手此时是否加快桨频、缩小划距还是保持桨频提醒队员加大用力，鼓手和划手应密切保持信息的沟通和传递，鼓手要根据实际情况用鼓声和喊声控制好划手的节奏，同时又不受划手的影响而越敲越快。鼓手与划手是否能配合好，划手是否能跟齐桨决定着一个队的成绩。每名划手都要对鼓手的指令（鼓点声、喊声、动作）了如指掌。

## 二、划手与划手的配合技术

在比赛中，一支出色的龙舟队能够做到"二十把桨就像一把桨一样，二十颗心就像一颗心一样"，那么这支队伍就会成功。如果相互之间配合差，那么即使个个划手都很出色，仍然是一支没有希望的队伍。划手与划手间的配合应注意以下几方面。

（1）左右领桨手之间应配合默契，在与鼓手配合的基础上，两人还要在节奏、划距、拉水速度，以及两人插桨入水的时间上都完全一致，这是全体划手在划桨过程中整齐划一的基础。如果这两人的动作不一致，会直接导致船的左右摇晃，影响船速。

（2）在划进过程中，其余划手要注意力集中，眼睛要向前看，盯住前方同伴队员，用眼睛余光兼顾边上的同伴，随时互相提醒。插桨时要恰好落在鼓点上，跟齐桨，做到前后呼应、左右照应、互相鼓励、士气旺盛，不划"哑巴船"。

（3）无论在训练还是比赛中，最忌讳的就是划行中停桨，停桨会直接影响全队的整齐度和划水效率，更会影响其他队员的情绪。因此，在平时的训练中，要努力提高划手的能力，熟练掌握技术动作，即使在最累的时候也要保持技术不变形、动作整齐。

（4）在进入航道、靠岸、转弯、停船等情况下，划手之间要有默契地配合，分工明确。例如，船在行进过程中需要向左转弯，这时就需要第一、第二桨位的左侧划手向里划，右侧划手向外划，其他划手向前划，此时第九、第十桨位的左侧划手向外划水，右侧划手向里划水。

（5）从整体上看，所有划手的技术动作要规范。从预备姿势到插桨、拉桨、出桨、回桨这几个环节，左右划手的上手之间和下手之间都应在一条直线上，而且身体的姿态及桨与水面的角度、插桨时机、拉桨速度、桨出水和回桨都应该保持一致。

（6）桨与人应合为一个整体，贯穿于整个技术动作；人、船、水合为一个整体，贯穿于整个训练和比赛之中。

### 三、舵手与划手的配合技术

龙舟在行驶过程中有时会出现舵损坏，转弯掉头或者靠岸时，比赛中遇有大的风浪等，在这些情况下仅凭舵手一人把船摆正、保持正确的行驶方向是很难的。这就需要舵手与划手协调配合，才能在复杂的条件下完成训练和比赛。下面介绍几种配合方法。

（1）在训练和比赛中，由于舵意外折断而不能正常使用时，此时舵手发布指令给第九、第十号桨位划手（帮舵），帮舵就起到了舵手的作用，在行进过程中，根据船的方向的改变利用划桨向外扳或者向里拉，使船保持正确的行驶方向后再正常划行。例如，在舵损坏的情况下，向前行驶的船有向左偏航的趋势时，一种方法是，左桨位的第九、第十划手应及时向外扳桨，将船摆正。具体方法是，左手将桨杆压在船舷上作为支点，右手握桨柄，将桨叶垂直水面，在船偏向左侧时，右手上抬将桨叶压入水中，同时向里拉桨压起，反复几次后将船头调整至正确的行驶方向，其余划手正常划行。另一种方法是，右侧桨位第九、第十划手由外向里划来调整船的方向。具体方法是，将上体横向探出，划桨横向外伸下桨，向里拉桨，将船调整好后正常划行。

（2）当鼓手发出手势使行驶中的船向右行进时，如舵手发布指令帮舵，第一、第二号桨位右桨手和第九、第十号桨位左桨手应同时由外向里拉桨，或者第一、第二号桨位左桨手和第九、第十号桨位右桨手同时向外扳桨，舵手可同时采用拨式技术调整船的航向。

（3）当鼓手发出手势使行驶中的船向左行进时，如舵手发布指令帮舵，第一、第二号桨位左桨手和第九、第十号桨位右桨手应同时由外向里拉桨，或者第一、第二号桨位右桨手和第九、第十号桨位左桨手同时向外扳桨，舵手可同时采用拨式技术调整船的航向。

（4）在进入航道后，如遇大的侧风，使船不能稳定在本航道时，此时舵手发布指令后，划手可根据风的方向进行调整。如风的方向是由左至右的，则左桨手由外向里拉，右桨手由里向外扳，此时舵手用拨式技术来进行调整，把船摆正。如果风向是由右至左的，则相反。

## 第五节 启航和冲刺技术特征

好的启航是龙舟比赛中取得好成绩的关键因素之一，特别是短距离比赛，启航如能领先，全队获胜的信心增强、士气增加，心理上占据优势，队员越划越有力量。若是出发不好，很容易造成被动局面，竞技能力无法发挥。启航成功与否，取决于技术战术能力、全队配合技术和比赛经验。

### 一、启航基本技术及注意事项

（一）启航基本技术

通常情况下，启航基本技术分为启动、加速、转换三个阶段。

（1）启动阶段：运动员按插桨入水姿势准备，下方手臂稍弯曲，桨叶放在水面或水中，入水角为 70°～90°，听到出发信号后，迅速蹬腿、转体、拉桨发力。前 6～10 桨应衔接快，做到动作稳、发力牢、入水深，使舟艇在最短时间摆脱静止状态，获得初速度。

（2）加速阶段：启动后，获得了初速度，要通过提高拉桨速度、减少空中回桨时间、加桨频和使动作连接，进一步提高龙舟的行驶速度，力争在 15～20 秒使船速达到最大速度，做到桨频高、出水快、划幅短、拉水"狠"。

（3）转换阶段：出发 15～20 秒后，当船速达到最大速度时，应逐步转入途中划。此时要求桨频减慢，拉桨幅度和力量加大，船速不变。划桨节奏明显，注意划桨深度、幅度、加速度。

（二）启航技术及注意事项

1. 无风浪时启航技术及注意事项

（1）鼓手应指挥与控制龙舟进入航道的速度和方向。由第一、第二桨位划手控制进入航道的速度，因为他们是离起点最近的人，第一、第二桨位和第九、第十桨位的划手与舵手控制好方向，使龙舟置于航道正中。

（2）鼓手应注意和指挥与相邻的龙舟保持适当的距离。由鼓手指挥第一、第二、第三号桨位划手向前或向后，最后停在起点线后。

（3）启航前全体队员要全神贯注、注意力集中，统一听从鼓手的指挥，绝不可东张西望。鼓手距离发令员近时可听枪声，远时看信号。当听到"预备"口令时，全体划手应整齐划一举桨到预备姿势准备划桨。

（4）当听到枪响后，充分运用腰、躯干、背、肩等大肌肉群的力量，配合蹬腿、直臂拉桨，要求插桨深、拉水实，第一桨插水位置应在最适合发力的点上（外侧膝前 10～15 厘米处），要求插深、拉实、拉快，动作幅度不宜过大，使船摆脱静止状态，有一个向前的势能；第二桨跟进要及时，回桨插水要快，要在第一桨给船向前的势能的基础上再给船一个力，这一桨要求划距比第一桨长，插桨快而深，拉水实，使船由静止状态进入运动状态；第三桨在第二桨的基础上进一步加大划距，保持插水深度和拉实、拉快，拉水的节奏逐渐加快，动作幅度也逐渐加大，十桨内使船达到一定速度，然后进入加速划或途中划。

2. 有风浪时启航技术及注意事项

（1）顺风时启航技术及注意事项。启航时如果是顺风顺水，船会越过起点线。因此要让船漂到起点，并向后划停住船，如果后面有裁判船，舵手可抓住裁判船，其余划手间断性地向后划，以减轻舵手的压力，如果风浪对泊船影响大，则第一、第二、第三号桨位划手可协助舵手稳船。如果是活动启航，裁判员会利用口令使各个龙舟都排到起点线后的一定距离，让船自由漂至起点后，在各船差距最小时发令，在这种情况下，所有队员要注意裁判员的发令信号。

在顺风情况下，划手可利用船向前的速度，前几桨身体的前倾角度可小一些，桨频稍高，舵手可站立掌舵，借助风力给船提供动力。

（2）逆风时启航技术及注意事项。启航时如果遇到逆风逆水，船会退回到起点线以后，如果在后退时启航，会形成更大的阻力，船很难起动。因此，在逆风逆水情况下裁判员取齐时，在不越过起点线的同时，由第一、第二、第三号桨位划手控制船，使船不向后移动，且时刻注意裁判员的信号，当裁判员发出"各队注意"时，要向前划几桨，当喊"预备"时，全体举桨时，船会恰好停在起点线后不后移，然后出发。这需要划手有经验，掌握好力度，既不犯规，也不吃亏。在这种条件下启航，要求舵手以坐姿掌舵，减少风的阻力。

（3）侧风时启航技术及注意事项。比赛时，裁判员要求参赛龙舟在起点线后取齐方可发令。而在遇有侧风的情况下使船在直航道泊船最为困难。出发后，船的启航速度很快，由于受侧风的影响船很快就会变向。如果舵手此时下桨打舵会增加阻力，使启航速度受到影响。所以在遇有侧风情况下的启航，与其他情况下的启航和泊船技术是不同的。例如，在遇有左前侧风和右侧后风的情况下，泊船应把船向右摆。由左侧第八、第九、第十号桨手严格控制泊船角度和方向，一旦出发后，船在风力的作用下就会恢复正确航向。启航时舵手应尽量少下桨打舵，否则将影响船速。泊船的倾斜角度应视风力大小决定，如遇到右前侧风和左后侧风，泊船应把船向左摆，由右侧第八、第九、第十号桨手严格控制泊船角度和方向。

**二、冲刺技术特征**

冲刺技术包括临近终点的加速划技术和冲线技术。加速划技术与启航技术近似，主要通过续短划桨的非支撑阶段的时间，提高动作速度和桨频以提高船速，齐指动作齐，快指拉桨快，短指划桨短。冲线技术是指龙舟运动员在接近冲线时，利用艇身比人体体重轻的特点（惯性原理），使身体后仰，用力蹬艇向前。

## 第六节　龙舟运动员划桨动作要素与感觉

**一、龙舟运动员划桨动作要素**

（一）表现空间特征的动作要素

（1）身体姿势。身体姿势是指在做动作时，身体或身体各部分所处的状态及身体各部位在空间所处的位置关系，可分为开始姿势、动作进行过程中的姿势和结束姿势。龙舟划桨动作结构的总体特征和身体各环节的运动顺序是，下肢首先蹬伸，促进骨盆积极回旋，为躯干的回旋创造有利条件；其次是整个动作的核心——躯干回旋发力，带动上肢完成划船动作；最后是上肢肌肉收缩，保持上肢各环节正确的姿势，调节桨叶入水角度，完成插桨、拉桨、回桨阶段的屈伸和收缩等动作。

（2）动作轨迹。动作轨迹是指在做动作时，身体或身体某部分所移动的路线，包括轨迹形状（直线、曲线、弧线）、轨迹方向（前后、左右、上下六个基本方向）和轨迹幅度（长度、角度）。龙舟桨手技术是周期性的划桨运动，多次重复一种循环动作。运动员身体各环节总是沿着一定的运动轨迹做动作，动作轨迹可反映出划桨技术动作的内在联系和合理性。从高速摄影中，可以得到两种动作轨迹，一种是相对运动轨迹，另一种是绝对运动轨迹。

相对运动轨迹可以说明运动员身体各部位有一个循环动作中的相互位置和关系，以及各环节速度力量的变化。绝对运动轨迹就像观众站在岸边观察动作，它是一桨动作的连续轨迹。对照优秀运动员的动作轨迹可不断地改进运动员的技术。

### （二）表现时间特征的动作要素

（1）动作时间：完成动作所需要的时间，包括完成动作的总时间（完成动作所需的全部时间）和各个部分的操作时间（完成动作的某一环节所需的时间）。

（2）动作速率（桨频）：单位时间内的划桨次数，其公式为

$$桨频＝划桨次数/时间$$

在龙舟运动中，可以测定两种不同的桨频，一种是最大桨频，另一种是途中平均桨频。最大桨频是运动员以良好技术和力量重复划桨而取得的，一般在出发后一段时间内达到。最大桨频和途中划桨频的斜率可以说明运动员在最大桨频下能持续工作多长时间。教练员要教会运动员控制桨频和用最大力量的划桨来取得最好的成绩。

### （三）表现时空综合特征的动作要素

（1）动作速度：在单位时间里，身体或身体某部分移动的距离，包括平均速度、瞬时速度、初速度、末速度、角速度和加速度等。

（2）艇速（划船效果），其公式为

$$艇速＝比赛距离/比赛成绩＝（比赛距离/桨数）×（桨数/比赛成绩）$$

因此

$$艇速＝划距×桨频$$

要提高运动成绩，就要提高划距或桨频。桨频的提高要通过提高划水的效果和不改变动作的节奏来达到，最后达到提高运动成绩的目的。

### （四）表现动力学特征的动作要素

（1）动作力量：在完成动作时，身体或身体某部分克服阻力所用力的大小，是人体内力和外力相互作用的结果。

（2）划距：运动员在一定距离内的划桨次数。它反映了运动员划桨的力量效率。在训练中，提高划距和桨频都可以提高艇速。对初学者或者青少年运动员，主要提高划距；对优秀运动员，则要着重提高最大桨频及最大桨频的持久能力。

### （五）表现时空力量综合特征的动作要素

划桨动作节奏：一个动作周期内各阶段速度或力量的比例，这种比例基本上是有规律性的。一个动作周期包括支撑期和无支撑期，可分为入水、拉桨、出水和恢复。其中，入水在一个周期中约占1/3，拉桨占45％，而恢复占25％。动作节奏是技术合理性、正确性的重要标志之一，是相对稳定的技术因素。

## 二、划桨的感觉

龙舟运动员在完成划桨技术动作时，需要各种感知觉参加。其中，肌肉运动感知觉起着重要的作用。经过反复学习，运动员各种感知觉（如水感、节奏感、速度感、船和桨的感觉等）也得以形成和发展。运动员能够清晰地知觉自己的动作和动作效果，因而划桨动作表现出高度的准确性、协调性、有效性。

龙舟运动员感知觉能力的高低，同其技术水平存在极为密切的关系。良好的划桨感觉可感知水、身体、舟艇和桨的相互影响及细微变化，并在适当的时机、角度、节奏下自动进行调整和控制，可帮助运动员完成人船合一、高质高效高速的划桨技术，使其成为优秀选手。

## 第七节 龙舟技术风格与培养

### 一、龙舟技术风格概述

当代世界龙舟运动的竞技水平迅猛发展，对抗程度日趋激烈，运动技术也在不断地发展和完善。在运动训练实践中，教练员、运动员越来越注重技术风格的培养，技术风格是运动技术的"灵魂"，运动员的技术风格直接关系到运动员发展的方向和技术水平。一支龙舟队要达到较高的技术水平，必须具有其运动项目独特的技术风格。

1. 龙舟技术风格释义

龙舟技术是一个复杂系统，一个成功的技术包括许多技术环节，而这些技术环节以各种形式结合就形成了龙舟技术系统。运动员的技术系统的外在展示则显现为反映运动员成绩及竞赛胜负的因素，其中技术风格是集中体现形式。所谓技术风格，是指某运动员或运动队的技术系统，区别于其他运动员或运动队的技术系统、较为成熟和定型化的、经常表现出来的特征。

2. 龙舟技术风格的主要特点

因技术风格是技术系统特征的集中体现，所以运动员技术风格的不同，实际上就是技术系统的不同，不同的技术系统必然会表现出不同的技术风格。技术风格的主要特点有以下几个。

（1）运动员或运动队自身的个性行为特征。运动员是技术系统、技术风格的物质载体，即任何技术系统、技术风格都要由运动员表现。因此每名运动员都应该有区别于其他人的个性行为特征。

（2）运动员或运动队技术风格的独特性。技术风格的独特性是经过长期的运动训练实践培养起来的，并且在比赛中表现出来，是较为成熟和定型化的，也就是说只有动力定型的东西才有可能会展现出技术风格的本质。系统构成元素和技术结构是反映不同技术系统之间区别的主要标志。其中，系统构成元素不同主要表现在具体技术的水平质量不同，如"技术全面"与"技术单调"、"技术熟练"与"技术粗糙"之不同。不同运动员各自具体技术的组合方式不同，有自己的特点，运动员或运动队由此形成了独特的技术风格。

### 二、影响运动员技术风格形成因素

1. 传统意义上的影响因素

分析一名运动员的技术风格的确立，要从各自的技术水平、神经类型及种族特征的角度考虑。技术风格的培养，也就是特长技术的训练，特长越显著，风格越突出。培养运动员鲜明技术风格的关键是在训练中选择几项技术精炼，使其成为运动员的特征，并结合其他技术进行练习。例如，足球运动员贝克汉姆的左脚传球及任意球功夫的形成即是明证。传统观点认为，种族特征对技术风格的影响较为明显，种族形态与心理特征制约着运动技术的发展方向。在对抗性项目中，东方运动员的技术风格往往表现出"巧"的特征，而西方运动员则往往表现为"猛"。在篮球、足球运动中，西方运动员身材高大，凭借身体的优势，在技术上形成了独特的西方风格，而在乒乓球、羽毛球运动中，东方运动员凭借在技术上精雕细刻，从而形成了细腻的东方风格。在运动项目全球化发展的背景下，运动技术也趋向于融合化。例如，我国的篮球运动员的单个身高或平均身高已经达到甚至超过西方球员，姚明就是一个很好的例子。在技术风格中强调"变化的运动员"，这种风格的运动员的气质类型大多为典型的多血质，要求其自身的神经活动具有高度的灵活性和平衡性。神经类型是气质类型的生理基础，气质类型是神经类型的外在形式。一定的气质类型适合于一定的技术风格，可能更多与运动项目特征有关，如射击项目和对抗项目就应该有所差异。

2. 不同项群运动项目决定不同的技术风格

不同运动项目的技术风格要求不一样，排球、乒乓球、羽毛球、网球属于技能主导类中隔网对抗性项目，比赛时用网将双方选手隔开，各据一方徒手或持器械击球竞技，要求运动员的技术水平扎实全面、准确、特点突出，因此其制胜风格显现为快、狠、活、准。而篮球、足球属于技能主导类的同场对抗类项目，双方选手在同一场地追逐争夺，以将球射入对方特定网区中得分的项目，要求此类运动员技术全面又有特长、身体素质要全面、意志品质和注意力要增强，能创造性地解决各种战术问题。摔跤、柔道、跆拳道、拳击等属于格斗对抗性项目，它是以对手的躯体为攻击对象的，是双人进行格斗的项目，其技术风格自然有别于前两类项目。从以上分析可以看出，运动项目的类别对运动员的技术风格具有决定作用，足球运动员的跑动与排球运动员的应该有所差异，风格应该不同，同样是径赛项目的长跑和短跑的摆动技术风格也应该有所区别，这也提示我们在运动员训练的过程中，特别是关系运动员技术风格特征的问题上，应该加强对运动项目群的把握与了解。当然，同项目群中运动技术风格能否实现有效的迁移与借鉴还值得进一步深入研究。

3. 运动员的体能对其技术风格的影响

运动员的体能包括形态、机能及素质三方面的状况。一支龙舟队要达到世界一流水平，除了要掌握先进高超的运动技术外，最基本的要有强大体能支持。首先，运动员要具有健康的身体形态和生理机能。其次，运动素质水平是完成技术和取得优异成绩的重要保证，运动、速度、力量、柔韧等运动素质直接影响着技术动作的完成和运动技术的质量。运动员技能的发展在很大程度上依赖于有关素质的发展水平。因此，练就正确的过硬的基本技术要求运动员练就扎实全面的基本功，才能为技术水平的提高奠定坚实的基础，为进一步掌握合理的适合个人特点的先进技术创造条件。越先进合理的技术，学习难度越大，必须具备较高水平的身体素质和多种技能。因此，不同素质差异的个体运动员，其技术特点及风格也将表现出差异性。

### 三、国内龙舟运动队伍技术风格分析

1. 以民间农民、渔民、自由职业者等为主体的龙舟队伍技术风格分析

龙舟运动起源于民间，有着深厚的群众基础，随着改革开放在中国的延伸，我国的综合国力显著提高，人们的生活水平不断改善，龙舟运动蓬勃发展，特别是近几年各地龙舟运动开展的热火朝天，小到每个村庄有自己的村龙舟队，大到每个国家有自己的国家队。在广东地区既有龙舟传统又经济发达的顺德、九江一代产生了以农民、渔民和自由职业者为主的龙舟队伍，他们的资金基础雄厚、训练积极性高，逐渐成为国内一流水平的队伍。

（1）以九江、顺德等为代表的由农民、渔民和自由职业者组成的队伍的技术风格特点：

①桨频高，划距短，拉水效果好；②入水猛，"砍桨"入水，入水速度快；③拉桨速度快、距离短；④一般采用摆桨出水，回桨迅速；⑤动用肌肉群较少，主要靠上肢发力拉桨；⑥跟桨效果好，节奏一致。

（2）队伍现状：在2010年亚运会以前，九江、顺德一带的农民队伍相对国内其他队伍竞技能力上有着明显的优势，广东队伍在全国各地的大小龙舟比赛中多次夺得冠军，且队伍多数是渔民出身，相对于其他队伍水感好、拉桨效果好、资金雄厚、训练时间能够保障、队员意志力坚韧、体能的利用率高、龙舟技术娴熟、有拼搏精神。

（3）存在的问题：队员普遍年龄偏大，**体能储备较差**，缺乏系统训练，技术更新速度慢，教练员、运动员缺乏科学训练的意识，不能从整体把握局部，对训练基础问题认识不够深刻，队伍组织纪律性有待提高。

（4）发展上升空间：民间队伍历史悠久，有着深厚的历史底蕴，其技术风格经过几代人的探索发展，特别在拉桨技术和配艇技术上有着自己特有的技术风格，结合现在科学技术和先进的训练方法，其技术上升存在一定空间。但要注重队员选材和年龄结构，注重队员组织纪律性的培养，避免小农意识侵入龙舟训练。

2. 以专业皮划艇、龙舟等水上项目运动员为主体的龙舟队伍技术风格分析

随着龙舟运动的普及，国内外很多水上运动项目的现役或退役运动员、教练员进入龙舟运动，从事龙舟项目的训练和发展，吸取了先进的皮划艇、龙舟技术，促进了龙舟的快速发展。但这些运动员可能长期从事龙舟以外的水上运动项目，对龙舟技术动作的形成有着一定的影响。以在广东肇庆组建的国家龙舟集训队为代表。

（1）以专业皮划艇、龙舟等水上项目运动员为主体的龙舟队伍技术风格特点：①划桨幅度大，划桨距离长，桨频较低；②入水柔，"插桨"入水，入水角度好；③拉桨存在加速度，拉桨距离长；④一般采用提桨出水，出水效率高，回摆幅度大；⑤动用肌肉群面积大，发力协调；⑥多人配合不够流畅。

（2）队伍现状：在国内大多比赛中，完全以专业皮划艇、龙舟等水上项目运动员为主体的龙舟队伍不是很常见，这些运动员往往分散在各种队伍中间，或者为了某场比赛临时组建，一般组建时间短，配合水平不高，主要靠个人能力取得成绩。结果往往个体能力很强但队伍整体实力一般，在比赛中很难以绝对优势取得冠军。

（3）技术优势：划水幅度大，拉桨加速度明显，体力分配科学，在比赛中途划体能利用率高，协调性好，划桨节奏性好，拉桨绝对力量大。

（4）存在问题：原有专项对龙舟技术的形成有一定的干扰，往往简单地把皮划艇、龙舟的划桨技术用于龙舟技术，造成技术偏差。例如，划艇运动员往往在划龙舟时带有"转拨桨"的动作，皮艇运动员在划龙舟时带有"扫水"等错误技术动作。队员配合存在一定难度，皮划艇项目一般是单人或双人项目，多人配合的训练机会很少，长期的训练养成队员"以我为中心"的技术风格，影响龙舟配合技术。

（5）发展上升空间：专业运动员一般受过专业系统的训练，无论是技术学习还是战术组织都有一定的训练基础。虽然龙舟运动与原有专项存在技术上、战术上的区别，但有一定的相似处，经过长期的技能正迁移，可以形成良好的技术基础，扩大龙舟技术进步的空间。专业队员一般有良好的纪律性和生活习惯、专业的战术心理，能满足高水平竞技比赛的需要。

3. 以在校大中专学生为主体的学生队伍技术风格分析

随着龙舟运动的普及和龙舟运动"团结奋进，同舟共济"的项目特征，越来越多的高校成立龙舟队伍参加各类比赛，培养学生协作精神和团队精神，以达到教育和健身的目的。全国有很多重点高校设有龙舟特长生招收点，大约有几百所高校组织龙舟队参加各类比赛。像华侨大学、武汉体育学院等高校设有专门的龙舟课程，积极宣传中华龙文化，培养龙舟运动训练、管理、运用等方面的各类人才。

(1) 以在校大中专学生为主体的学生队伍技术风格的特点：①年纪结构分布均匀，动作一致性高；②拉桨幅度较大，但力量不足；③拉桨时全身肌肉动用率不高，特别在冲刺时过多注重上肢发力；④对划船技术理解不深，技术动作不固定；⑤队员不固定，流动性大；⑥比赛心理素质普遍不高，大赛时易紧张造成技术变形。

(2) 优势：组织纪律性好，战术思想容易执行；队员学习能力强，能在较短的时间内理解技术的基本内容；队员训练热情高涨，训练积极性高。

(3) 存在问题：由于龙舟运动进入专业化训练的时间不长，目前高校缺少理解项目本质规律的专业划船教练员，龙舟运动在高校内的专业化程度不高，教练员对项目的理解程度有待提高。高校龙舟队伍技术动作有待规范、规定，训练比赛有待程序化、制度化。

(4) 发展上升空间：随着龙舟运动在国内外进一步发展、普及，龙舟运动成为一项带有民族特色的世界流行运动，亚运会、世界锦标赛、各大洲锦标赛等龙舟大赛推动着龙舟运动的国际化进程。高校作为文化集中地，不仅只把龙舟运动作为一种运动项目来发展，更要挖掘其文化内涵，传播中华龙文化，向世界人民宣扬"团结奋进，同舟共济"的中华龙舟精神。

### 四、亚洲龙舟强国龙舟技术风格分析

2010年亚运会，谁也忘不了中国女子龙舟队力克强敌，夺得金牌的时刻，谁也忘不了她们在最高领奖台上灿烂的笑容，但使我们记忆更为深刻的是男子龙舟比赛中的印度尼西亚、缅甸等龙舟强国，他们技术精湛、配合默契、纪律严明、训练有素。早在2007年世界沙滩运动会上，印度尼西亚、缅甸都国家就表现出不俗的竞技实力，在2010年广州亚运会上又分别获得3个项目的金银牌，在亚洲范围内实力超群。

其技术风格主要特点：①入水快，桨叶能在最短时间内快速入水，减少对船体的阻力；②拉桨猛而不乱，全船队员用力一致，形成合力；③回桨迅速，船体起伏小，船体前进速度破坏小；④队员相对力量大、身材一致、技术统一；⑤出水干净利落，桨频适中。

(1) 优势：在亚运会和亚洲沙滩运动会上获得龙舟项目冠军的印度尼西亚队员多数来自现役军人，其纪律性严明、意志坚强，长期的训练磨合使其技术风格高度统一，即使桨频很高，也能保证整齐划一。

(2) 值得借鉴之处：①训练体制值得借鉴，龙舟运动需要高度统一和相互协作，因此严明的纪律约束显得尤为重要，国内训练往往没有对此足够重视；②技术动作值得借鉴，特别是拉桨加速明显，虽然划距有限但做功效果明显；③战术执行明确，分工细致，各桨手各尽其能，战术思想明确，特别在启航过渡和冲刺划中，桨手交替发力，速度损失小。

## 第八节 龙舟运动技术的教学训练方法与指导

龙舟运动的技术教学训练方法的选择和科学有效地运用，是龙舟教学训练实践中的重要环节，其原则和要求是遵循运动技能的形成规律，符合体育教学的基本原则和方法，符合龙舟运动的基本规律与要求，处理好人、舟艇及器材和水这三者的关系，做到人船合一、顺水行舟。其具体内容有技术教学训练的常用方法、教学训练步骤与方法、常见的错误动作与纠正方法、划船感觉的培养和训练。

### 一、龙舟技术教学训练的常用方法

（一）语言法

语言法指在技术训练中运用各种形式的语言，指导运动员学习和掌握技术动作的训练方法。其主要作用在于帮助运动员借助语言明确技术动作概念，纠正错误动作，提高技术水平。运用语言法的具体要求如下。

（1）简略介绍龙舟竞赛的发展史、竞赛史、轶闻趣事、民众对龙舟的喜爱程度、龙舟精神及龙舟的发展趋势。

（2）简述龙舟技术训练任务及目的、船桨的基本尺度、握桨方法、基本姿势、动作名称、动作要素、技术结构、原理、作用、要领及船上桨位的分布等。

（3）语言方法以讲解为主要手段。讲解时应力求目的明确、有的放矢，讲解内容、如何讲解要根据对象的实际情况、训练阶段的具体任务、内容、要求等，有针对性地解决队员技术上存在的问题。

（4）讲解要简明扼要、生动形象、通俗易懂，符合队员的文化程度。要准确表达技术概念和有关技术数据，能熟练使用专业术语。

（5）讲解要富有启发性，使队员看、听、想、练有机地结合起来。根据对象的文化程度和职业，有意识地运用他们所能理解的知识，可采用提问式，积极启发队员思维，使队员知其然，还要知其所以然。

（6）要注意讲解的时机和效果。教练员应及时指出并纠正队员的错误动作。对于做得好的队员，应及时予以肯定和赞扬。这对于激发队员的学习兴趣、提高训练的自觉性和积极性、提高训练课的质量具有重要作用。

（二）直观法

直观法指在技术训练中，借助运动员的各种感觉器官，使运动员建立对练习的表象，获得感性认识，帮助运动员进行正确思维、掌握和提高龙舟技术水平的一种常用训练方法。其中，示范是运用直观法最常用的手段，其具体要求如下。

（1）示范目的明确。每次示范应明确解决的问题。例如，教新队员时，为了使学生建立完整的动作概念，可先做一次完整的示范，然后结合训练要求或队员当中普遍存在的技术问题，进行分段和重点示范、慢速或常速示范，盲目的示范没有效果。

（2）示范动作力求做到准确、熟练、轻快、优美，应是动作的典范，使队员开始学习技术动作时就能建立正确的技术动作表象。这样可提高队员的学习兴趣，起到动员鼓舞作用，使队员看后跃跃欲试。

(3)要注意示范的位置和方向。龙舟技术动作示范多采用拉桨手一面的示范,其次是前面,最后次是上面,使队员在三维空间中完整地建立技术动作的整体形象。

(4)示范与讲解应结合运用,使直观与思维相结合。示范时应提醒队员集中注意力和运用启发式,这样可提高示范效果,使队员更加清楚概念。

(5)运用示范等直观法的要点。

1)根据具体条件和可能,广泛利用各种直观手段。

2)提高多感官的综合分析能力。运动员综合利用感觉器官的能力越强,越能较快地感知和掌握技术动作。

3)各种感觉器官的作用往往具有阶段性。例如,开始学习技术动作时,视觉作用较大;但在提高过程中,就应更多地通过肌肉本体感觉改进和完善技术。

4)把运用直观法和启发运动员的积极思维结合起来。感性认识必须通过积极的思维向理性认识过渡,才能形成正确的动作概念,从而掌握动作。

5)对于运动水平较低的运动员应更多地使用技术录像、技术图片、幻灯片和示范等直观手段。

(三)分解法

分解法是指把完整技术动作按其基本环节,分成若干个相对独立的部分,使运动员逐个进行练习的方法,是龙舟技术训练的重要手段。其优点在于简化教学过程、缩短教学时间,能准确地掌握动作的各个部分在方向、轨迹、顺序等方面的要求,同时降低了运动员开始练习的难度、提高了教学效果,有利于其更快地掌握动作。在掌握了完整技术动作中相对独立的几个部分后,再进行完整练习,从而提高学习效率,增强掌握动作的信心。它的作用是突出概念、强化本体感觉,用于纠正错误动作。但运用不当容易破坏动作的连贯性和正常节奏,使动作脱节,因而影响完整技术动作的掌握和动作的正确形成。运用分解法的要点如下。

(1)教练员要善于发现队员存在的技术问题,以及产生错误技术动作的原因。要认真细致地从多维角度观察每个队员的技术动作,发现问题及时提醒,及时纠正错误动作。

(2)当队员在做完整练习时,某个动作环节达不到要求,可采用分解法练习。教练员要反复讲解动作要领并做示范,让队员反复练习,直到掌握为止,这样做可使队员大脑皮层的兴奋性相对集中,效果较好。

(3)对于个别队员的错误动作难以纠正时,可采用限制法、助力法、阻力法、诱导法等辅助或诱导性练习。例如,个别队员桨入水前伸幅度不够,教练员可压住队员躯干、帮助队员转体送肩、下方手向前伸、上方手支撑微屈肘;或者个别队员屈臂拉桨,纠正时可用大腿挡住桨,施加阻力,让队员体会大肌肉群发力的感觉。

(4)分解法不可多用,时间不宜过长。纠正错误动作后,立即采用完整法反复练习,这样,不至于破坏动作节奏和技术结构。

(四)完整法

完整法是指运动员从技术动作的开始姿势到结束姿势,不分环节和段落完整地进行练习,从而掌握技术的方法。

其优点在于一开始就使队员建立完整的技术动作概念,便于队员完整地掌握动作,不至于破坏动作结构和分解动作之间的内在联系,保持动作的连贯性和动作节奏。不足之处就是不易掌握难点要素和环节。运用完整法的要点如下。

（1）在进行完整动作练习过程中，可先突出重点。例如，首先练基本动作，龙舟的基本动作由插桨、拉桨、出桨、回桨四个环节组成，按一定顺序、节奏组成的技术基本结构；其次练习和掌握细节部分，角度、高度、深度、力度、速度等；最后，要求动作的连贯性和节奏。

（2）注意练习后队员的感受和信息反馈，以及他们对概念的理解，尤其要引导队员在三维空间的感觉。

（3）完整练习熟练后，就可开始配鼓，使队员习惯按鼓声掌握技术节奏、体力分配和呼吸，使全队技术符合整体性和一致性要求。从此时开始就应注意培养队员的本体感觉、节奏感和频率感。教练员应时时提醒，这将在以后训练比赛中受益。

（4）练习的组数、时间要根据对象的训练水平来定，要善于运用各种训练手段，使练习不至于枯燥乏味，提高技术教学训练质量。

（五）分解法与完整法

由分解练习到完整练习的组合方式大致有以下几种。

（1）把动作分成四个部分，先逐个练习，然后再将各个部分串起来练习，如图4-20所示。

图4-20 动作分解的四个部分

（2）把动作分成四个部分，先学第一部分，再将第一部分和第二部分联系起来，最后连接第一、第二、第三部分，依次类推。这种方法也叫累进分解法。另外，还可以变化为以某一环节为中心逐渐将其他环节连接起来。

（3）将动作分成几个阶段，分解练习各阶段动作，最后再连接各阶段的动作成为一个整体。

分解法与完整法在训练实践中是相辅相成的。龙舟技术训练应以完整法为主,分解法为辅。在进行完整法练习时也可对错误动作进行分解练习,逐步过渡到熟练掌握技术。熟练的技术是需要经过反复磨炼的。

(六)练习法

练习法是指根据训练任务,有目的地反复做某一动作的方法。在技术训练中,通过语言、直观所感知的东西,必须亲身实践,进行反复练习,才能消除各种错误和缺点,掌握、提高、巩固所学的知识技术和技能。

经过陆上分解法与完整法的练习,绝大部分队员的技术达到一定程度之后,即可转入水上练习。

进行水上技术训练,机体要承受一定的运动负荷,因此要科学地安排训练负荷。技术训练是整个训练的重要组成部分,是为提高专项运动成绩服务的。它的具体任务如下。

(1)使全体队员准确、熟练、整齐划一地掌握龙舟基本技术。
(2)学习、掌握专项技术理论知识,提高对专项技术的感受、分析、理解能力。
(3)培养在各种环境中稳定地运用技术的能力。
(4)培养顽强的意志和拼搏精神。

## 二、龙舟教学训练步骤与方法

在龙舟上进行教学和训练之前必须确定学生已熟练掌握游泳技术和在风浪中游泳与踩水技能,必须学会对器材的科学使用和安全维护、水上安全知识和救护技能。同时,要重视对初学者的教学组织工作,认真备课,考虑各种细节,包括场地的利用、选择器材的分配、划行的方向和距离及安全措施等。首先,应向初学者讲述皮划艇基本知识,带他们到比赛场地观察技术娴熟的运动员的训练,多看录像带或电影,主要目的是让初学者对皮划艇有一个全面的感性认识。

龙舟技术教学分为讲解、示范、练习、指导四个环节,陆上模仿动作练习与指导、划桨池划桨与指导、单人龙舟练习与指导、多人龙舟练习与指导、比赛龙舟练习与指导五个步骤,具体教法与要求如下。

(一)陆上模仿练习教法与要求

(1)握桨练习。左手或称为上方手,正握桨柄,大拇指顶住桨柄,或在桨柄下方握住桨柄,右手或下方手握于桨杆距桨颈10~15厘米处。以下方手握桨杆处为轴,转动桨柄,练习调整桨叶角度。要点是双手不要握得太死。

(2)掌握正确的坐姿。运动员自然地坐在板凳上,进行直体和上体前倾5°~10°的定位练习,以及双脚前放置或前后放置的练习,掌握正确的坐姿如图4-21所示。

(3)转体动作模仿。两手持桨放在胸前并固定,上体围绕身体纵轴做左右转动,逐渐加大动作幅度。

图4-21 正确的坐姿

（4）定位划桨动作练习。按照划桨动作顺序从预备姿势的定位开始，依次完成插桨入水、拉桨、桨出水、回桨等动作定位，每个动作停留5～10秒，如图4-22所示。

图4-22 定位动作

（5）完整划桨动作练习。按照教师口令，从预备姿势到完成动作反复练习，注意上手的高度控制和身体姿态的稳定，重点体会划桨动作线路（轨迹）和四个阶段各动作衔接。

（6）二人配合模仿练习。左右桨手二人一组配合练习，可由一人喊口令，第二人从预备姿势开始插桨、拉桨、提桨、回桨，反复练习，动作要一致。熟练后，可互相观察进行练习。

（7）多人配合模仿练习。左右桨手两路纵队，前后左右距离同船上船仓距离一致，按照教师口令进行练习。熟练后，可配合鼓手进行练习，使划手逐渐熟悉鼓点的节奏和插桨、拉桨的时机。

### (二) 划桨池练习的要求

为了便于教学，可先采用分解练习。整个划桨周期分成以下五个部分。

(1) 做准备姿势时，手臂自然向前伸展伸直，肩部要放松，肌肉不要紧张、僵硬。

(2) 桨叶入水时，入水点要远，不能越空、溅起水花，桨叶面要正确对水。

(3) 转体用力拉桨时，同侧脚撑住脚蹬板，要有桨在水中抓住水而蹬船向前的感觉。

(4) 回桨出水时，桨叶转成由外侧边缘出水，动作要迅速、轻快。

(5) 推桨时，手在眼睛高度或稍低处向前支撑推出，用力不能过快、过猛，要与拉桨手配合，协调用力。

在划桨池练习，可用口令指挥，也可用节拍器控制桨频。要注意分解练习与完整练习相结合，防止动作不连贯。

### (三) 舟艇上的划桨练习与教法

**1. 上下舟艇方法的学习**

(1) 教法：向初学者介绍龙舟的结构特点及在船上的注意事项，尤其强调水上安全防护方法。由教练员或老运动员做示范和讲解，让初学者观摩并熟悉上下舟艇的程序与要求，进行上下舟艇练习，教师同时进行指导。

(2) 要求：学习者应认真听讲、观摩和练习。

**2. 准备姿势和平衡方法的学习**

(1) 教法：教师边讲解边示范，首先，向初学者讲解坐姿的动作方法和要领，尤其强调身体紧靠船舷，外侧脚蹬紧前舱隔板，内侧脚收回到自己的坐板下，保持身体的稳定，这是给船提供动力的先决条件。其次，两手握桨横于体前，桨叶平行于水面。由教练或老运动员掌舵，运动员坐在艇上，将艇轻轻左右摇晃，体会船的平衡控制，进行入水前准备姿势的分解练习。最后，停止划行时，养成良好习惯，桨叶平贴水面，双手横握划桨平桨，避免风浪，保持平衡和两边划手的重量，保证安全。

(2) 练习步骤。

1) 教师讲解后，队员进行单人练习。

2) 每对桨手进行练习。

3) 每 2 对或 3 对桨手进行练习。

4) 每 5 对桨手进行练习。

5) 全队桨手进行练习。

要求：注意力集中，听到鼓手口令后，马上做准备姿势的动作。

全体桨手应做到两条线，"上手一条线，下手一条线"，即全体桨手上手和下手的位置，无论是从上面看还是侧面看，都在两条直线上。

**3. 划桨动作分解练习与教法**

(1) 桨入水。桨入水效果的好坏会直接影响拉水效率。因此在练习桨入水时一定要注意，当桨入水时，靠桨的自身重量和上手的下压，同时配合身体和下方手向下的力量入水，而且上手要控制好，保证桨叶入水时的位置。

1) 教法：教师边讲解边示范。

2) 练习步骤。

第一，按照教师讲解的动作要领进行练习，开始可根据桨的自身重量使桨自己入水，上手控制好；

第二，结合上手的用力、上手和上体的用力练习桨入水；

第三，结合全身的用力练习桨入水。

要求：注意力集中，桨入水要及时、轻快、准确、一致，尽可能前伸，在最远处抓满桨水。

(2) 拉桨。拉桨是给船提供动力的关键，拉桨效率高，船速就快；反之，则船速就慢。拉桨的用力不仅仅是手臂的力量，而是全身的协调用力。因此在训练中要按照练习的步骤练习拉桨。

1) 教法：教师边讲解边示范边指导。

2) 练习步骤。

第一，体会桨入水和拉水的衔接。在拉水的瞬间，强调上手的控制，即上手下压的同时要向前顶住，保证支点（上手）的稳定，为拉水提供动力。在练习中反复练习这一动作的衔接。

第二，用力不仅仅是靠上肢的力量，而是全身的用力。因此，在桨入水的瞬间，外侧腿的蹬和身体的转肩转腰带动下手的拉桨，这一用力顺序一定要熟练掌握，反复进行练习。

第三，桨入水后要保持插桨要深，拉水要快、实，把动作做完整，保证划距。

3) 要求：按照教师所讲动作要领反复进行练习。

桨出水及回桨是保证下一桨拉桨效率的关键，因此，桨出水及回桨就显得非常重要。在讲解和示范过程中，一定要强调在拉桨最快时桨出水，而且要保证下手拉到髋关节，即以最快速度拉到髋关节后提桨出水，提桨的方向顺着桨杆向上的方向。提桨出水后，上手上提内收后控制在头前位置，下手屈肘前伸，外侧肩探出，做成预备姿势。

1) 教法：教师进行讲解示范。

2) 练习步骤。

第一，反复练习髋部及身体的向外、向前移动用力拉桨提桨出水。

第二，练习上方手正确控制桨柄及提桨方向。

第三，练习髋部及身体发力，下方手和下方手固定并配合提桨出水。

第四，提桨出水回桨过程中，上手要控制好，避免造成回桨时向外"撇桨"。

第五，回桨过程中，要控制平衡、动作稳定、速度均匀、行动一致。

4. 舟艇上的完整动作练习与教法

在进行分解动作的练习后，就要进入完整动作的练习，在练习过程中可采取以下练习方法。

(1) 一桨的练习：从预备姿势开始，到预备姿势结束，即当鼓手喊"预备"时，全体划手出桨成预备姿势；当鼓手喊"划"时，全力划一桨后回到预备姿势。这一练习主要适用初学者，使全队的动作能够整齐划一。

(2) 三桨的练习：同一桨的练习相同，只是连续地划三桨后回到预备姿势。这一练习是在一桨的练习基础上，练习全队拉桨的一致性，可控制好节奏。

(3) 多桨的练习：多桨的练习可以是五桨，也可是七桨、九桨，甚至更多桨，它是在三桨的基础上，练习全队在多桨数的情况下，做到拉桨用力一致、动作整齐、节奏感好。这是完成战术训练的前提和关键。

在练习过程中，可分组练习，也可全队一起进行练习，运动的量和强度可根据实际情况安排。例如，在训练中，桨频低于 70 次/分，连续完成 300 桨，共计 5 组。

(4) 减少桨手或增加桨手的划桨练习：为了学习和完善技术，提高配合能力，在技术教学和训练中采用全体桨手、半数桨手、四对桨手、两对桨手等递减桨手练习法，也可采用两对、四对、五队、七对、九对、十对等递增桨手练习法。

5. 击鼓训练

鼓点的节奏快慢和鼓声的大小，实际上就是龙舟的语言，鼓手用鼓声来调动划手奋力划行。练好击鼓也不是一件容易的事情，既要控制好节奏，还要击鼓响亮、姿态优美，更要在击鼓的同时，注意观察划手的情况和周围的动态，这需要长时间的练习才能够运用自如。

(1) 练习中可采用先单手后双手的练习，主要练习击鼓的连续性和击鼓力度。

(2) 节奏变化练习。在掌握击鼓方法后，可进行节奏的变化练习。例如，由开始 70 次/分桨频 30 次后逐渐过渡到 80 次/分桨频 30 次后，再过渡到 70 次/分的桨频。这样反复练习，可控制好节奏。

初学鼓手可做一些有节奏的默念、击掌或轻击桌面等练习，掌握击奏。也可听节拍器的节奏练习，将其节奏变化牢记于心。例如，60 次/分、70 次/分、80 次/分、90 次/分、100 次/分等，都要通过节拍器来熟练掌握，最后做到只要节奏出来就应知道是什么样的节奏。

### 三、龙舟运动员常见的错误动作与纠正方法

(一) 握桨的错误动作与纠正方法

1. 错误动作

(1) 握桨死，小臂发僵，前伸动作难以做出。

(2) 上方手手腕弯曲下垂。

2. 纠正方法

下方手大拇指与食指紧握桨杆，中指、无名指、小指放松，这样便于桨入水时前伸。上方手正握桨柄，大拇指顶住桨柄，这样便于提桨出水。双手不要握得太死，应稍放松。

(二) 插桨的错误动作与纠正方法

1. 错误动作

(1) 上方手臂太直、太僵，使桨入水角度大，严重影响桨叶下水的最佳角度，抓水效果不佳。

(2) 插桨时低位手弯曲，高位手伸会直接缩短划距，拉桨无力。

(3) 桨拍水，溅起水花大，带入气泡多，结果产生一个向上的分力。

(4) 上方手位手没压住桨，抓不住水。

(5) 桨抓水过浅，没有抓到深层水。

(6) 桨叶与船舷的角度没有形成 90°，桨杆朝舱内倾斜太多。

2. 纠正方法

(1) 找准下桨点。

(2) 尽可能前伸，抓满桨水。

（三）拉桨的错误动作与纠正方法

1. 错误动作

（1）先屈臂拉桨，这样只使用了小肌肉群的力量，没使用大肌肉群的力量。

（2）在拉桨的过程中抓水。

（3）高位手没有压住桨，拉桨时桨叶发漂。

（4）拉桨时高位手向前下方推，使桨叶对水面积减少，桨叶面与运动方向不垂直。

（5）拉桨时没有使用躯干的力量。

（6）拉桨时划八字，产生分力，不利于提高船速。

2. 纠正方法

（1）插桨与拉桨应衔接紧凑，不能有脱节动作。

（2）高位手要压住桨柄。

（3）拉桨速度要快，否则桨背就会挡水。

（4）拉桨要稳稳抓住水，不能划漂桨。

（5）在抓水与拉桨过程中，每个划手的感觉要好，也就是水感要好。每划一桨是否抓到水，桨叶对水的角度如何，是否带入气泡，拉桨速度与船速的快慢，要能感觉到。

（四）出桨的错误动作与纠正方法

1. 错误动作

（1）最常见、最突出的错误是桨出水时向后上方挑，扬起水花，影响后面的队员正常发挥，这都会产生较大分力，近似刹车动作，使船速减慢。

（2）桨出水慢，双手僵硬。

（3）躯干没有处于放松姿势，肌肉始终处于紧张状态。

（4）桨未完全提出水面。

（5）出桨时，桨与躯干的转动、放松配合不协调。

2. 纠正方法

（1）拉桨与出桨要连贯、迅速、简捷、干净、协调，顺乎自然，提桨出水。

（2）拉桨完毕不能在水中停留，否则桨背挡水，易形成阻力。

（3）高位手切勿往前下方推和低位手向上挑桨出水，扬起水花，这样会影响后面队员的发挥，并且增加分力，影响船速。

（4）拉桨完毕瞬间，腿、腰、背、肩及臂都要处于放松状态。

（5）桨出水时，躯干稍前倾，这时全身肌肉都要处于放松状态。

（五）回桨的错误动作与纠正方法

1. 错误动作

（1）双手紧张握桨，肌肉得不到放松。

（2）回桨弧度太大。

（3）躯干没有得到放松。

（4）摆动不以桨叶边朝侧前方，空气阻力增加。

2. 纠正方法

（1）回桨不要提得太高，或者弧度太大。

（2）要将放松摆在与发力同等重要的位置上，划手是否能做到放松，可体现他的耐力水平。

(3) 柔韧、协调的练习同样也很重要，平时陆上训练课应加强这方面的训练。

(4) 如遇风大浪高，可适当提高回桨高度。

### 四、划船感觉的培养和训练

"感觉"是可以通过学习和训练获得的，首先必须学习基本动作，然后形成自己的风格，最后获得自己的感觉，具体步骤和方法如下。

(一) 大脑建立正确影像

龙舟技术的学习、改进和提高至少要解决三方面的问题：明确什么是好技术，为什么是好技术，怎样做到，最终做到就像用手而不是用桨推船前进，"人船合一"。具体方法和要求如下。

1. 观看高水平比赛的优秀选手的表现

在技术教学录像和奥运会比赛实况录像播放前，把所有声音关掉，静静地通过眼睛观看比赛，全面将自己的身体与感觉融入赛场上的运动员中，体验不同技术环节拉桨用力的感觉。

2. 观看自己目前的技术录像

自我反馈与个人问题的发现是技术反馈训练法的重要内容。运动员每天观看当天水上训练时自己的技术表现，与优秀选手直观对比能够更快地发现问题，自己决定什么是好的技术，找到改正的感觉。录像播放过程中，不要讲话，在播放过程中，教练员利用暂停让运动员自己评价好与坏，都先不做结论。这样可以培养运动员对技术的理解能力。

(二) 水上本体感觉的训练

曾经在夜晚划过船的运动员都有体会，即没有视觉干扰，能够对技术产生更快、更好、更深的本体感觉。训练学专家认为，生物力学无法解决运动员用力与船之间的感觉问题，桨频与力量、收缩速度等的配合只有靠运动员不断激发自己对船的感觉才能练习提高。

在水上安排1~3千米"闭目划"，可培养和训练运动员的技术感觉。

(三) 倾听舟艇的声音

人身体微微地运动对舟艇位置和移动的影响是很大的，只有能够及时准确地感受舟艇的运动情况，结合一定技术才能获得经济实效的船速。运动员要在日常的训练中发展对船移动的感知能力，应更多地用"心"去划龙舟，发现对船更深的感知力。

### 五、龙舟技术技能的训练与评定

(一) 龙舟技术技能的训练

龙舟技术所包含的内容较多，如划手技术、划手间的配合技术、鼓手技术、鼓手与划手的配合技术、舵手技术、舵手与划手的配合技术、启航技术、无风浪时的启航技术、有风浪时的启航技术等。尤其是鼓手与划手间的配合技术、划手间的配合技术与有风浪时的启航技术更需要时间来磨合。很多龙舟教练员比较重视划手技术、划手间的配合技术和鼓手与划手的配合技术训练，而忽视其他技术的训练，因而在比赛中常常失利。

(二) 龙舟水上技术技能训练与要求

如果是一支新队伍，龙舟技术训练应先在陆上进行。如果是一支由老队员组成的龙舟队，在进行恢复性训练时也应进行适当的陆上技术模仿练习，尤其是部分老队员的错误动作需要进行纠正时,更应先进行陆上练习。而如果是一支新老队员结合的龙舟队,同样也需要先进行陆上技术模仿练习与配合练习。陆上技术训练的目的是强化技术概念的形成。

准备期的技术技能训练要占很大比例,通常占 60%～70%。在进行长距离、超长距离、定时划或持续划的有氧耐力训练的同时,也是在进行技术技能的训练。准备期的技术技能训练主要进行划手的技术、划手间的配合技术、鼓手技术、鼓手与划手的配合技术、舵手技术、舵手与划手的配合技术、启航技术等技术方面的训练。

进入比赛期的技术技能训练仍占有较大比例,通常要占 40%～50%。比赛期的技术技能训练,除了继续延续准备期的技术训练之外,还应加强启航技术方面的训练。尤其是应加强训练在无风、顺风、逆风、左右前后侧风情况下的泊船与启航技术训练。

龙舟配合技术训练的磨合期较长,不比单项,可以有个人技术风格,而龙舟的技术特点则要使全队的技术风格得到统一。人越多,统一的难度就越大。要使全队达到绝对整齐划一的划桨节奏非常困难。

鼓手技术的训练,尤其是频率感的建立,教练员在训练中应对此予以足够重视,应经常将测试的桨频数据反馈给鼓手。鼓手与划手的配合技术训练则应贯穿于整个训练周期始终。

舵手技术的训练、舵手与划手配合技术的训练,可不必做出专门的安排,通过教练员训练场上的技术讲解来掌握技术。舵手的技术训练尤为重要,它往往成为比赛中的重要因素。

(三) 龙舟技术过程的评定

在转入水上训练时,教练员应始终跟船训练,从不同的角度观察每个队员的技术状况,技术上应及时予以指导,及时发现每一个队员技术上的长处与不足,及时将该队员调整到能充分发挥其长处的桨位上,而那个桨位又恰好对他技术上的不足要求不高,这样就能提高整个团队的整合力量。在赛前 2～3 周不宜调整桨位,每个桨位应固定。

1. 观察技术训练的角度与方法

(1) 岸上观察时,可观察队员划进时左右侧面的技术配合。主要观察桨入水的角度、插桨时是否恰好落在鼓点上、插桨是否带入气泡,拉桨时肌肉发力的状况、划桨路线、出桨是否干净、回桨的高度、拉桨的幅度和放松情况及鼓声的配合等。

(2) 正面观察时,可观察正面划进时的技术配合,如观察回桨幅度、队员重心位置、桨杆与船舷的角度等。

(3) 俯视观察时,可站在高处观察划进时的技术配合。例如,观察左右各十名划手的划水路线是否在一条直线上、桨叶面对水的角度、桨入水时的气泡等。

(4) 教练员在船上观察时,应时常改变观察角度,或站在船头,观察高位手的动作和左右两侧回桨幅度;出桨时高位手向上、向内、向前的动作;或站在船中,观察队员的蹬腿发力是否与拉桨动作配合协调;或站在船尾,观察桨出水时带出的水花和回桨的幅度等。

2. 龙舟桨手技术评价标准和方法

(1) 运动员个人和全体划舟艇逐个移动式出发,以最快速度、最佳技术表现通过 250 米。

(2) 由三名技术官员记录成绩并基于以下环节和标准进行评定。

动作表现:幅度大、高度合适、角度合理、力度适中、速度轻快、动作协调。

动力表现:臂、肩、躯干的动作平稳,节奏鲜明、协调充分、用力合理有序并有效转为划桨动力。

**拉桨表现**：划桨动作平稳、轻快，划水满、牢、实，有效做功时间长，入水和出水干净利落。

**整体运动效果**：舟艇运行平稳、方向直、姿态高漂、运行速度均匀快速。

按以下公式进行评定

划船效果系数＝成绩/划距(250/桨数)

## 第九节 龙舟的比赛战术特征

战术又叫谋略，是根据比赛双方的情况正确地分配体力，充分发挥自己的优势，限制对方特长，为战胜对手而采取的合理有效的计策和行动。随着运动训练科学化程度的不断提高，高水平运动员的运动成绩日趋接近，良好的素质和技术只有通过一定的战术安排才能实现。战术是在一定的身体、技术、心理、智能的基础上形成的，同时，战术的形成和应用反过来对运动员的身体、技术、心理、智能有促进作用。

### 一、竞技龙舟运动比赛常用的战术形式

（一）直道比赛战术

龙舟 200 米、500 米和 1000 米比赛的战术与持续时间相同的其他竞速运动项目有类似之处。众所周知，不同艇种和项目的最好成绩在 40 秒到 4 分 10 秒，不管是 500 米还是 1000 米比赛，不仅需要专门的技巧，更需要运动员的生理适应性变化能力。

200 米、500 米比赛的桨频类似于短跑，而 1000 米比赛需要有途中划。那种"出发拼命领先，途中增加划距，最后加速"的观念，作为竞赛战术来说已经有点过时了。随着现代训练科学的发展，竞赛战术已经有了极大的改进，经过生理和心理评定之后，教练员与运动员通过合作可以选择最适合自己的竞赛距离和竞赛战术。

为了取得预期的效果，在任何情况下都要确定和实践适合自己的某一种竞赛战术。也许一个运动员的最严重错误便是在竞赛途中放弃既定的比赛战术，这经常导致失败。为运动员制定的竞赛战术必须考虑到整个赛季所有的训练方法，包括辅助的和专项的，都必须为强化竞赛战术而精心选择。运动员盲目地遵守一种战术是不够的，还必须明白在自己的身体和心理条件下选定的战术将是最创造性的，谨慎地听取外界的各种意见，并糅合进既定的竞赛战术中。龙舟项目的比赛有以下三种基本的战术。

1. 启航领先战术

领先是比赛中最常用的战术，这一战术的指导思想是在比赛中利用领先后坚持下去的方法给对手施加心理压力。根据项目的不同，启航时间与全程平均时间的差异在 3～5 秒。采用领先战术要求运动员经过专门的训练，因为前 100～150 米要以近乎最大速度划行，可能要持续 30～50 秒。在出发时的几种合力将引起肌肉乳酸高度堆积，为了能在高乳酸条件下划完一半竞程，运动员需要进行特殊的训练，可能仅仅是经过挑选的、在这种条件下进行全面的生理检测承受得住的运动员。通常民间龙舟队伍一般采用这种战术，此种战术有利于鼓舞士气、增加信心。亚运会男子 1000 米龙舟直道竞速决赛的战术模式如图 4-23 所示。

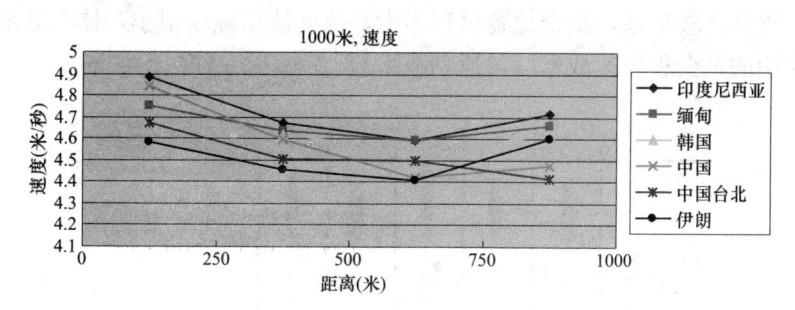

图 4-23　亚运会男子 1000 米龙舟直道竞速决赛的战术模式

如图 4-24 所示，男子龙舟 1000 米直道竞速决赛中采用了三种战术模式，其中，冠军队印度尼西亚队和亚军队缅甸采用了相同的战术模式，即领先战术。

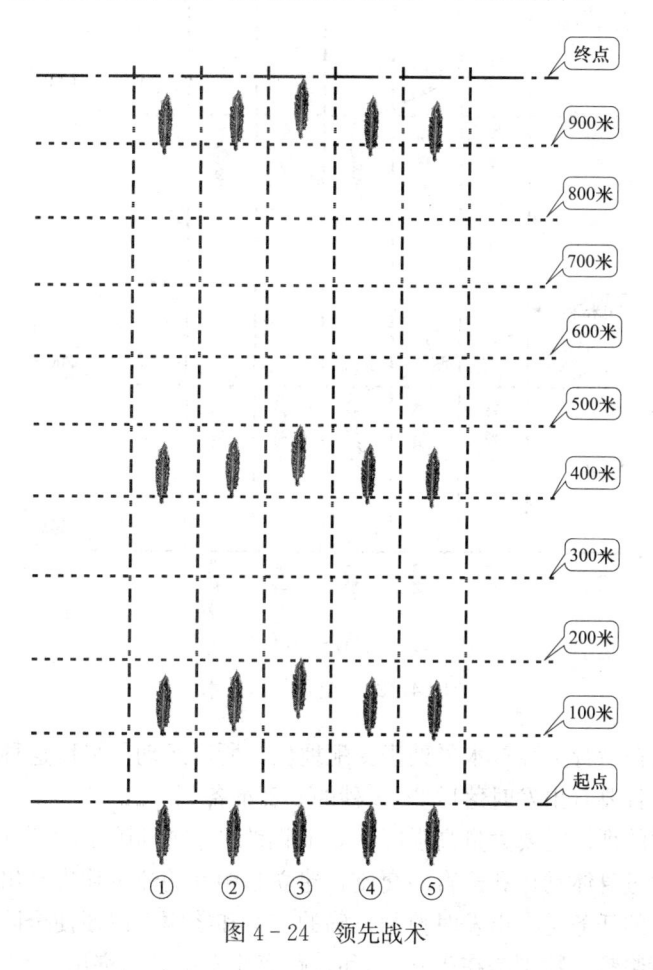

图 4-24　领先战术

## 2. 全程匀速战术

采用全程匀速战术（见图 4-25）的运动员划前半赛程的速度低于他的出发速度，而划后半段的速度却高于整个赛程的平均速度。换句话说，这一战术要求有较高的平均速度。对于平均分段来说，出发落差必然减少。由于出发较慢的运动员，不像采用领先战术的运动员那么快出现乳酸堆积，部分能量也可省下来供后半程使用。如图 4-23 所示，韩国队在整个过程中速度一直都比较平稳,整个比赛过程当中,速度波动幅度很小,体力分配相对比较合理,基本上采用的是全程匀速战术(匀速划战术)。

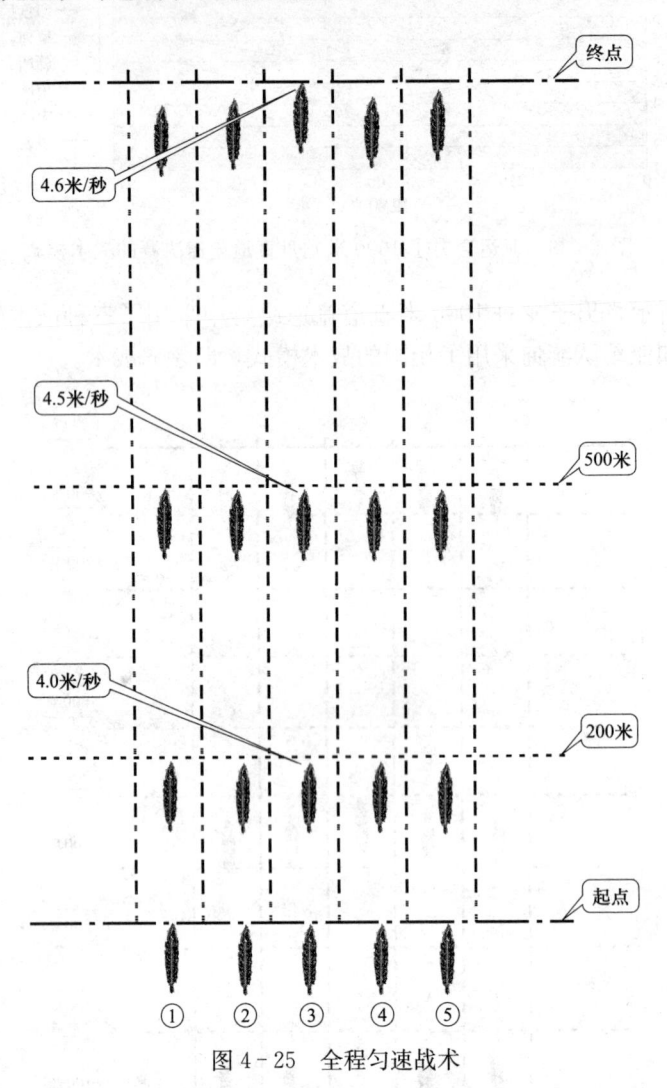

图 4-25 全程匀速战术

启航时神经兴奋与肾上腺素水平处于支配地位,所以运动员采用这种战术时必须对启航进行总体控制,而且要有出发时落后 2~3 秒的心理准备。

全程匀速战术的训练需要大量高强度桨频的训练和有控制的出发实践,在桨手、鼓手、舵手等艇员间,通过身体动作和语言的交流,建立起相互的能量输出和出发时的兴奋的控制是必要的。领桨手的任务是在出发时控制正确的节奏和桨频,以便使全队跟上。平均速度分段几乎就是指均衡桨频,特别是在 1000 米和长距离比赛中尤为突出。

3. 负分段战术

负分段战术(见图 4-26)正像在其他运动项目,如跑步、游泳等运动项目中所使用的战术一样,就是划完各个分段所耗费的时间是递减的,即时间增量是负数,所以叫负分段。按其他项目所说的负分段在龙舟比赛中几乎是不可能的,因为舟艇要受到邻近舟艇的波浪影响。但是在一个确定良好的出发之后,负分段战术对最后 500 米来说是可能的。

图 4-26 负分段战术

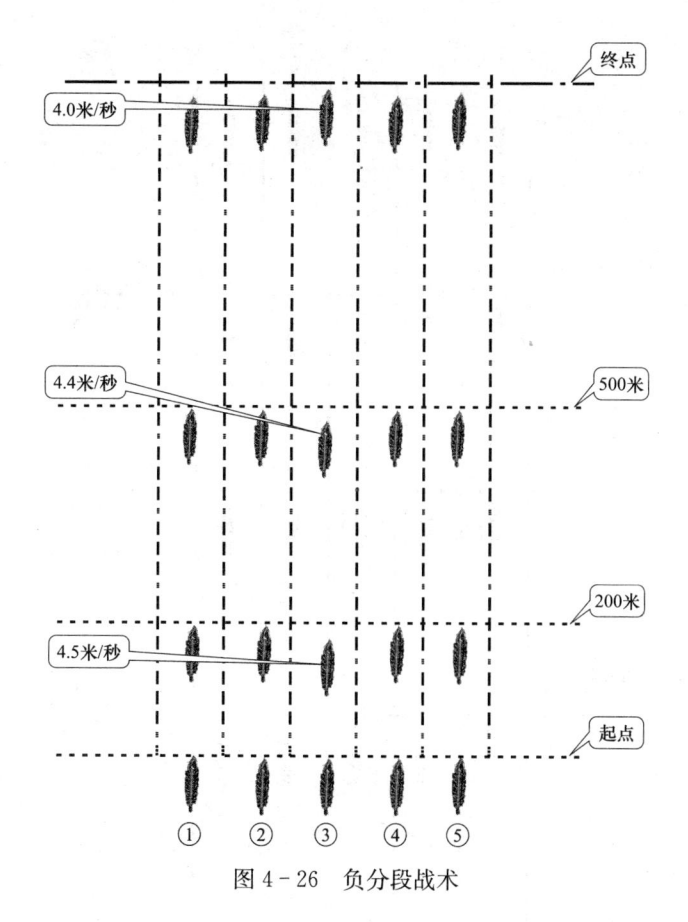

负分段战术适用于 1000 米和长距离比赛。对于 500 米来说，分段距离应该是 100 米。由于间隔距离太短，因此难以成功地控制负分段。这一战术的训练，需要运动员有良好的速度感和控制桨频的能力。最通常的是高强度和高速度相结合的练习，最好是较均匀地加速。负分段战术即根据自己的实际情况合理分配体力和比赛的距离，逐渐加速并在一定距离内保持恒定速度，力争前后半程时间分配均衡。通常采用这种战术需要队员有良好的速度感，并对自己的竞技能力有良好的把握，此种战术有利于节省运动员的体力。

4. 分段变速战术

分段变速战术（见图 4-27）即在分段中通过控制自己的速度使其进行快慢变化，目的在于打乱对手的速度节奏，最大地消耗对手的体力。这种战术通常出现在 1000 米的比赛中，能克服对手的跟随划战术。

(二) 长距离比赛战术

长距离比赛战术主要是转弯绕标技术的运用。在集体启航后，除了运用直道比赛战术的启航领先技术、全程匀速战术或负分段战术外，还可以采用规则允许的借浪战术（或乘浪战术，见图 4-28）。

借浪是利用前面一条艇的尾浪来帮助推动自己的船艇向前的技术。如果自己艇在前面艇的尾浪峰前，借浪运动员与前造浪运动员的速度"相同"，借浪运动员可以节省 30%～50% 的能量。

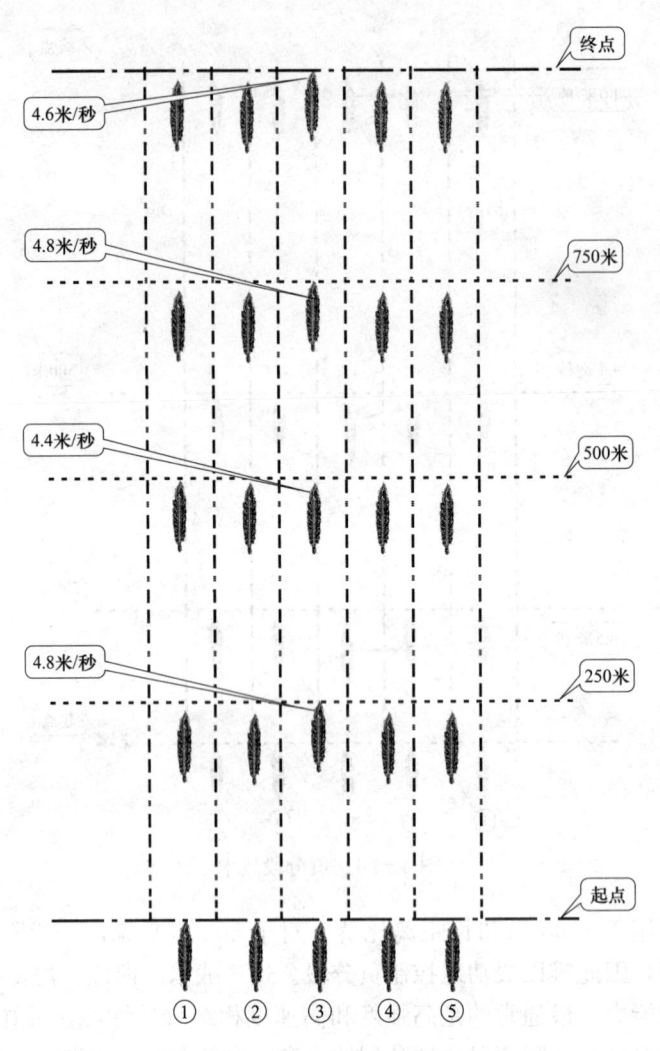

图 4-27　分段变速战术

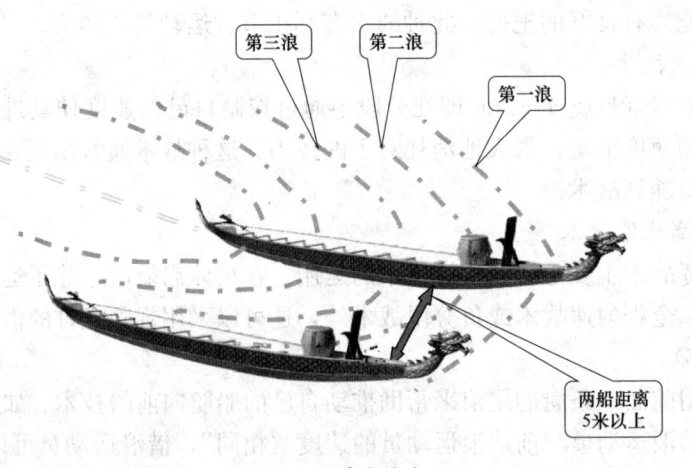

图 4-28　乘浪战术

如果前面的艇吃深或运动员较重，尾浪更大。乘浪就是将舟艇置于尾浪尖上，使艇尾翘，使艇持续"顺山坡往下滑"。方法是，龙舟乘浪者将艇头与"造浪者"舟艇中部的延长线连成一条线，与该舟艇相隔一定距离。

掌握好这一技术应学习流体力学。应认识到，前面艇的尾浪会将乘浪的艇尾推向一侧面，将其艇头向下吸，若无思想准备就会撞船。

我们还应辩认乘第一浪，还是第二浪、第三浪。领先艇所造的第一浪最深，利用效果最好，而第二浪、第三浪几乎不能将艇尾托起。

在许多比赛中，战术方案使用得好，可以打乱对手的节奏和惯用速度。划在边浪或尾浪上的运动员暂时加速，给对手造成要超过去的错觉，大多数领先的运动员都会做出反应，并且加速维持自己的领先地位，于是，尾随的运动员便落在边浪或尾浪的后面。如果乘浪的运动员有足够的体力，可以把前面造浪的运动员搞得筋疲力尽，从而取得最后胜利；反之，造浪运动员可以轻易地用这种方法把乘浪运动员甩开。

**二、竞技龙舟运动全程战术安排**

（1）启航阶段战术安排：听到"出发"信号后，迅速蹬腿、转体、拉桨发力。前4～6桨衔接快，做到动作稳、发力牢，第一桨入水柔。一般采用6+4启航模式。

（2）加速阶段战术安排，详见本章第五节。

（3）途中划阶段战术安排，详见本章第五节。

（4）冲刺划阶段战术安排，详见本章第五节。

## 第十节　龙舟战术训练方法及方案的制定

### 一、龙舟战术训练方法

**（一）分解与完整训练法**

1. 分解训练法

分解训练法是指把一个完整的战术组合过程划分为若干个相对独立的部分，然后分部分进行练习的方法。这种训练法常在学习一种新的战术配合形式时采用，其目的在于让运动员掌握某种战术配合的基本步骤。例如，学习1000米龙舟比赛的匀速划战术，首先把1000米分解为两个500米或4个250米，根据战术方案制定每个500米或250米对应的桨频与速度，采用2—4×500米或4—8×250米进行分段间歇划练习。

2. 完整训练法

完整训练法是指完整地进行战术组合练习的方法。这种方法常在运动员已具备一定的战术知识和战术能力后采用，其目的在于使运动员能够顺利地完成整个战术组合过程。例如，在1000米直道竞速的训练中，可以先练习500米的启航领先战术，提高桨频，增大划距，再练习500米的全程匀速战术。之后，将这两种战术形式完整地应用于1000米的直道竞速的训练当中。

**（二）减难与加难训练法**

1. 减难训练法

减难训练法是指以低于比赛难度的要求进行训练的方法，这种方法常在龙舟战术训练的初始阶段采用。

在当今社会,在传统的龙舟竞渡的基础上,龙舟比赛融入了竞技的元素,因此,战术训练对于竞技龙舟比赛而言显得尤为重要,对于龙舟运动这项集体项目而言,在赛前做好充分的战术训练和战术准备就更为重要。在战术训练的初始阶段,不要求战术训练的强度多大,对桨频和划距的要求低于比赛当中的强度,也不要求战术形式的多样,只需一两种战术形式交替运用,关键是在运用某种战术形式时,要求划手比赛中的划手与划手之间、鼓手与划手之间保持良好的默契感和团队精神。例如,在战术训练的初始阶段,在1000米直道竞速的训练中,在保持比赛中相对较低的桨频和强度的前提下,运用全程匀速战术和启航领先战术交替进行训练,或者运用全程匀速战术和分段变速战术组合方式进行训练,或者只采用其中的一种战术形式。

2. 加难训练法

加难训练法是指以高于比赛难度的要求进行训练的方法。采用这种方法的目的是提高龙舟运动员在比赛当中瞬息万变的情况下,根据对手的战术运用情况灵活选择运用战术的能力。

加难训练法是与减难训练法相对应的一种训练方法,在龙舟比赛过程中,根据场上对手的战术的运用变化情况,要求龙舟队员在划桨的过程中有较高的桨频和较大的划距,并且在必要的时候运用的战术形式要多变,从而干扰对手的节奏,争取主动权,取得比赛的最终胜利,这就要求龙舟运动员在平时的训练中提高训练的负荷,不断变化战术形式的组合和多样性。例如,在日常训练中,可以采用短距离划的方式,提高桨频,这时可以采用一种战术形式,提高运动员的无氧阈水平;也可以采用长距离划的训练方法,将各种战术组合形式运用在其中,提高战术运用的熟练程度。

(三)虚拟现实训练法

虚拟现实训练法指运用高科技设备,将未来可能出现的比赛场景提前在电脑上"虚拟"出来,从而帮助运动员提高预见能力,以及在各种情况下灵活有效地运用战术的能力的训练方法。教练员可以根据需要,将比赛中可能出现的场景在电脑上虚拟出来,和队员一起分析对手可能会采用的战术形式,做一个大体的了解,从而制定相关的应对策略。

(四)表象训练法

表象训练法是一种心理学训练方法。这种方法是在运动员大脑内部语言和套语的指导下进行战术表象回忆,能够帮助运动员在大脑中建立丰富而准确的战术运动表象。针对龙舟项目,可以让龙舟队员对过去获取比赛胜利的某场比赛的战术运用情况,在头脑中做出回忆和再现,唤起龙舟运动员的临场感觉。通过多次的表象训练,龙舟运动员的注意力集中于合理的战术形式,运用的恰当时机和当时自身的竞技状态,从而提高战术运用的稳定性,以便于在正式比赛中,根据对手的水平和自身的竞技水平,合理地运用不同的战术形式。

(五)程序训练法

龙舟运动属于体能主导类项群项目,首先,应选择适当的战术形式;其次,不断地对这种战术形式进行重复熟练,通过教练员的讲解,划手与划手、鼓手与鼓手之间如何配合,不断地进行熟练;再次,在不同的情况下实施相应的战术形式进行战术训练;最后,在实战当中进行战术训练。

(六)模拟训练法

对于龙舟这项集体项目而言,在获得准确情报(对手的情况、水域环境情况)的基础上,通过与模仿大型龙舟比赛中竞技实力相当的参赛队伍的对练,以及在比赛条件(水域环境、龙舟器材、气候、观众等)相似环境下练习,使队员在比赛当中根据自身的竞技实力及对手的竞技水平和采用的战术形式,不断地调整自己队伍的战术形式,是采用启航领先战术、全程匀速战术还是其他战术形式都要根据自身和对手的情况而定,使运动员逐渐适应比赛的特殊条件,这种模拟训练方法显得极其重要。

1. 龙舟战术模拟训练法基本结构

龙舟战术模拟训练可以分为三个要素,即同态系统、被模拟系统、主练系统。在正式比赛中可能遇到的主要的参赛队伍为被模拟系统。根据被模拟的参赛队伍所反映的信息,选择或设计、创造出一个同被模拟的参赛队伍相似的同态系统,在平时的训练或比赛中,通过对同态系统技术或战术的运用做充分的了解,并不断地合理选择运用自己的战术,从而获得特殊的战术能力。

2. 模拟训练的一般程序和要求

模拟训练一般按如下程序进行:明确被模拟对象,确定被模拟系统的边界,设置同态系统并进行相似分析,主练系统与同态系统一起练习。

在完成上述程序的过程中,要密切注意被模拟对手的战术变化情况,以便及时调整同态系统,从而使两个系统能最大限度地保持相似。

在采用模拟训练法时,应注意以下两个要求。

第一,模拟训练虽然能帮助运动员或运动队针对特殊对手提高战术运用能力,但如果运动员或运动队不具有相应的一般战术能力的基础,模拟训练是不会有多大效果的。因此,要实事求是地评价模拟训练的重要性和适用范围。

第二,在模拟训练中,要教育作为主练系统的运动员或运动队伍切实树立"从实战出发"的思想,把同态系统视作被模拟系统,努力提高训练质量,从而提高针对特殊对手的特殊战术能力。

(七)实战训练法

龙舟运动是一项集体性项目,技术动作的合理性、划手之间的配合、划手与鼓手之间的配合及战术的合理选择及运用显得尤为重要,在参加大赛之前,让队员在高度紧张、激烈和瞬息万变的比赛情景中有效地运用各种战术,可以丰富龙舟选手的临场经验,为进入高水平比赛创造条件。通过实战演练,队员能够意识到同伴的战术意图,并且能够观察到对手的战术运用情况,从而划手与划手之间、划手与鼓手之间能选择合理的战术形式,完成战术配合过程。

## 二、龙舟战术方案的制定

战术方案的制定是赛前战术训练的基础。在制定过程中,首先要考虑充分发挥己方各方面的优势;其次要考虑抑制对方的长处,不让对方发挥其优势,考虑既能充分发挥每个运动员的特点,又有利于展现出最大的整体效应。

(一)战术方案的基本内容

(1)战术任务和具体目标。

(2)预测对手的战术意图,包括进攻与防守及心理等。

(3)确定战术原则。

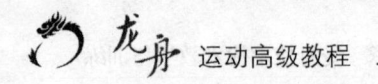

（4）战术行动，包括具体的任务分工等。
（5）预测比赛过程中可能发生的情况及应变措施。
（6）适应竞赛环境的措施。
（7）赛前战术训练的安排。
（8）对本方案的保密要求及赛前隐蔽工作。

（二）制定战术方案的注意事项

1. 及时收集准确的情报

情报在战术方案的制定过程中具有巨大的作用。所谓"知己知彼，百战不殆"，就是通过获取情报来实现的。战术方案的制定应以准确的情报为基础。

2. 处理好战略决策和战术决策的关系

所谓战略决策，指对参加一次比赛的全局性问题（主要为比赛目的、战略原则）所进行的决策。

竞赛战略决策能力的高低，取决于决策者对竞赛全局的了解，包括竞赛规则的限定及灵活区域，竞赛双方的现时状况及可能发展的程度，影响比赛过程和比赛结果的错综复杂的因素及其相互关系，可能出现的偶然情况的预测和应变措施等。

所谓战术决策，指针对比赛中具体情况而进行的决策。相对于战略决策而言，战术决策是局部的。

3. 考虑竞赛环境的影响

竞赛环境（包括竞赛场地器材条件、地理气候、裁判、观众等）是制定战术方案时必须加以考虑的重要因素。例如，龙舟比赛中，比赛场地的3米/秒以上风速的逆风环境使龙舟行驶速度减慢，完成比赛距离的时间延长，因而，有经验的龙舟选手往往采用全程匀速战术，以保证在最后阶段有充沛的体能完成冲刺。

4. 充分利用竞赛规则

严格说来，任何战术的运用都要受到规则的制约。因此，在制定战术方案时，必须考虑规则因素。同时，应充分利用竞赛规则来达到战术目的。

5. 计划性与可变性相结合

战术方案就其实质而言，是一种计划。既然是计划，就必然带有预测性。而比赛中的情况往往瞬息万变，经常可能出现一些即便是再周详的计划也无法考虑到的局面。在这种情况下，如果再按照原有计划进行，便很可能陷入被动。因而，此时需要迅速改变原定计划。

综上所述，战术方案应保持合理的弹性。战术的结构应是一种弹性结构，而不是刚性结构，它的变化应随着赛场上的变化而有所调整。在现代运动训练中，战术的高度计划性与运动员、教练员创造性的出色发挥两者之间的高度统一，成为决定比赛结果的重要因素。

# 第五章

# 龙舟运动员运动素质训练

## 第一节 优秀龙舟运动员的运动素质特征

竞技龙舟运动是一种无支点桨通过抓水寻找支点完成拉桨过程，推动舟体快速前进的周期性、集体性的竞速运动。从完成动作的性质及肌肉工作形式看，运动员的每一桨都需要表现较大的功率，即快速和力量，而贯穿整个比赛过程则需要较强的保持速度的能力，即速度耐力、力量耐力、专项耐力；从龙舟划桨动作的用力特征和顺序看，竞技龙舟运动对全身力量和协调性有较高的要求，运动员在桨能够有效地抓到水的同时，坐在船中的同侧腿迅速蹬船，将获得的力量迅速传递并转化为舟艇推进效率。因此，力量水平和肌肉用力的协同能力直接决定着每桨的完成效果。

## 第二节 龙舟运动员运动素质与训练要求

### 一、协调能力的训练与评定

（一）协调能力的定义及分类

1. 协调能力的定义

协调能力可理解为：第一，合理地建立完整运动动作的能力；第二，改造已形成的行动形式或根据不断变化的条件从一些行动转入另一些行动的能力。

生理学家的研究表明，协调能力的本质是中枢神经系统的协调功能及其他的特性（可塑性）。高质量的协调动作的可能性本质上取决于分析器功能的完善，特别是本体感受器的完善。而具有决定意义的是已掌握的和改造动作的经验。原则上，运动员掌握的运动技能储备越丰富，那么他拥有掌握新动作必要情况下改造它们的可能性就越大。

2. 龙舟运动员协调能力的分类

龙舟运动是具有标准动作结构和相对固定的比赛条件的竞技项目。龙舟运动员的协调能力分为一般协调能力和专项协调能力。采用非专项的身体、技术、战术手段系统地更新运动员的运动经验，完善动作分析器的功能和在一定的时空条件下适宜调节肌肉紧张的能力的训练为一般协调能力的训练；采用龙舟专项身体、技术、战术手段系统地更新和巩固运动员的运动经验，完善动作分析器的功能和在一定的时空条件下适宜调节肌肉紧张的能力，以及发展运动员的节奏感、平衡感、划船感等专项知觉的训练为专项协调能力训练。

在近代运动训练理论和实践中，日益重视协调能力的作用，把协调能力看作发展运动员技能和战术能力的基础。龙舟运动是具有标准动作结构和相对固定的比赛条件的竞技项目。运动员的协调能力决定了龙舟技术和战术素养的水平，决定了竞技水平。

在发展协调能力训练内容的配置中，亦应注意不同年龄的适宜训练内容。德国学者认为，儿童从5～6岁起即可有效地发展节奏感，继而应安排发展灵活性、反应及空间定向能力的练习；9岁起即可着力发展其平衡与准确能力；11岁起发展专项协调能力，学习高难动作，培养划龙舟的感觉，如图5-1所示。

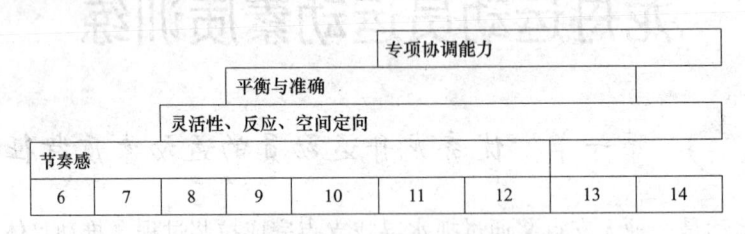

| 节奏感 | | | | | | | | |
|---|---|---|---|---|---|---|---|---|
| | 灵活性、反应、空间定向 | | | | | | | |
| | | | 平衡与准确 | | | | | |
| | | | | 专项协调能力 | | | | |
| 6 | 7 | 8 | 9 | 10 | 11 | 12 | 13 | 14 |

图5-1　发展各种协调能力的适宜年龄区间
（根据葛欧瑟1981年材料改编）

#### （二）协调能力的评定及训练负荷量度的确定

1. 协调能力的评定

判断龙舟运动员协调能力的发展程度，可以根据龙舟运动员划桨技术完善程度的标准和配合能力高低进行评定。

2. 训练负荷量度的确定

根据协调性练习的要求高度集中注意力、精细的分化和调节及较大的意志集中等特点，以及形成新的动作协调形式或改造已巩固的协调关系，对于神经系统来说是极为困难的任务。最好是在训练课基本部分开始时安排协调能力性训练负荷，并适当控制总负荷量，一般不超过60分钟，使运动员能保持最佳的心理状态和运动状态完成练习。一般原则是，练习重复间的休息应当不少于防止由疲劳引起的协调破坏所必需的时间。若在重复过程中出现了这种破坏的趋势，就应当增加休息时间，或者转入使用不要求新的复杂协调任务的练习。

#### （三）协调能力训练的方法、手段、要求与途径

1. 培养龙舟运动员协调能力的方法和手段

培养龙舟运动员协调能力的方法和手段的选择及运用的基本原则是，利用一般训练和专项训练手段进行大量的练习，克服动作困难因素，建立机体间协调的联系。为了保持训练效果应当改变练习，或者使用新的练习。新颖性、不寻常性和协调难度是选择培养协调能力的方法和手段的决定性标准。为这一目的而使用的手段（练习）应当具有多变的特点，即在竞技能力的完善过程中必须不断地更新它们。通过掌握新的练习，运动员不仅在数量上充实了自己的运动经验，而且"训练了自己的可练能力"，即形成新的动作协调形式的能力。这是龙舟青少年运动员培养协调能力的主导方向。

2. 充实运动技能储备的手段

龙舟运动是相对狭窄和标准的动作结构，充实其运动技能储备的主要手段是竞技辅助性

体操练习（包括技巧练习）、活动性球类项目、游泳等水上项目及与专项相近的其他项目。训练的有效性不仅是采用在协调方面与竞技专项相近的练习，而且是采用在本质上不同协调结构的练习。后者在培养协调能力方面起了特别重要的作用。在这种情况下，技能掌握不是为了它们本身，而是为了在形成新的动作协调形式或与已掌握的协调形式相互作用的过程中获得发展效应；在掌握这些动作协调形式方面进行训练，运动员从而锻炼了自己的协调能力和提高了能力总水平。

3. 使用已习惯的和新的训练手段方面的要求

在每一个训练阶段中在使用已习惯的和新的训练手段方面必须遵守一定的比例。众所周知，随着一个个阶段的推进，增加了用于专项练习中完善的时间，越来越难安排时间用于掌握辅助性练习。因此，随着龙舟运动训练过程中专项化的深入，在完善已习惯的行动时引入不寻常性的因素，以保障对动作协调性不断提高的要求，是培养协调能力主导性的路线。这一路线可具体分解为三种处理办法：第一，按严格的规定改变已习惯的运动行动的某些特点或整个形式，增加动作协调的难度；第二，在不习惯的组合中完成已习惯的动作；第三，使用不同的外部条件，迫使改变已习惯的动作协调形式。每一个处理办法都可以通过许多局部性的方法来实现。完善已习惯行动时提高对动作协调要求的方法如表 5-1 所示。

表 5-1　　　　　　完善已习惯行动时提高对动作协调要求的方法

| 方法原理 | 举　例 |
| --- | --- |
| 使用不习惯的开始位置 | 倒退划龙舟 |
| "镜子"式完成练习 | 用左手投铁饼；向右侧站立进行拳击训练；在"镜子"方案中完成体操全套练习 |
| 改变动作速度或速率 | 以更高的助跑速度跳跃；以不习惯的速率（加快或放慢）完成体操全套练习 |
| 借助手"耍弄型"的动作提高动作协调难度 | 在划船练习中戏水、玩桨和船等 |
| 改变完成行动的方式，在"运动创造性"方面比赛 | 使用不同跳跃技术方案完成跳高或跳远。（尽可能用不寻常的）完成体操器械练习 |
| 通过附加动作增加行动难度和在不习惯的组合中配合行动 | 待落地前附加转身或其他附加动作的支撑跳跃；在增加转身次数的情况下投铁饼或链球。将新学会的球类项目或个人对抗项目中的方法用于各种战术行动中。将已很好掌握的体操单个动作组合运用到规定完成的新的全套练习中 |
| 改变战术条件 | 完成要求利用不同的战术相互作用或对抗作用方案的作业；与不同的对手和同伴一起参加比赛 |
| 使用附加的行动客体和要求紧急改变行动的信号刺激物 | 增加球的球类练习，完成对突然信号做出规定反应的球类作业 |
| 改变完成练习的空间范围 | 在缩小的圈子里投铁饼或链饼；在小场地上进行球类练习（足球、手球、排球等）；在缩小的拳击台上进行比赛；在回转路线上增加障碍物；在缩小支撑条件下完成平衡练习 |
| 针对性地改变外部负重 | 按一定的计划改变负重量，要求精确区分所施加的力值 |
| 利用各种物质技术条件和自然环境条件，以扩展运动技能可变的范围 | 定期完成利用不同质量的运动器械的练习，在室外场地和不同类型的室内场地中交替进行训练课，在不同的自然条件（自然景色、天气）下进行训练课 |

### 4. 克服不合理肌紧张（肌强直）的途径

（1）预先思维重现动作形象，并将注意集中于动作的动态，特别是必须放松的时刻。

（2）监督面部肌肉的表情。通常，这反映了一般的紧张状况。

（3）将放松性呼气与强制性呼气结合起来。

（4）使用诱导—转移型的作业：将视觉重点从动作过程转向环境、观察同伴的动作特点（如在跑的时候），在练习过程中与他们交换意见等；带有同样目的地使用辅助性的外部刺激物，如音乐伴奏（当不干扰动作的节奏结构时）。

（5）在疲劳的背景下，但未引起干扰动作协调性的条件下完成练习。

（6）降低强直性紧张的有效手段是游泳、专门的温水浴、桑拿浴和按摩。

### 5. 完善静态姿势的稳定性和动态保持平衡的能力的途径

在龙舟运动中，高质量地完成练习总是取决于姿势的稳定性，即取决于在各种身体位置中保持平衡的能力。不同的是，在一些情况下会出现一定的片断，这时候需要保持静态平衡——在静止位置上的平衡；而在另一些情况下，静态成分不断地变化着，并且在动作过程中，姿势在一定程度上也稍有改变，但同时保持着总的平衡，即动态平衡。

（1）在龙舟运动中，运动员维持平衡的能力是在运动员发展和掌握协调能力的基础上完善和提高的。以合理姿态巩固技能、符合生物力学规律的姿势、更难保持平衡的条件下保持最佳平衡的技能、实际掌握平衡和固定姿势的适宜方法是提高姿势稳定性的必要条件。例如，划艇运动员借助跪腿、支撑脚及腿与船在固定条件下的精细调节，以及髋、腰、肩、颈和头部各环节的协调用力，使身体和船在行进中保持高度稳定与平衡。

（2）提高静态姿势稳定性。通过对专项特有的静止片断中保持姿势的困难条件逐渐适应来发展和提高静态姿势稳定性。例如，各种定位划、分解划、慢动作划、变速划、长划等会对前庭器官的功能进行专门针对性的训练。

（3）提高动态保持平衡的能力。提高保持平衡条件难度的方法基础如表5-2所示。

表5-2　　　　　　　　提高保持平衡条件难度的方法基础

| 提高保持平衡条件难度的方法基础 | 例　子 |
| --- | --- |
| 延长保持姿势的时间 | 以慢动作和局部定格动作完成划船动作 |
| 暂时关闭视觉（方法的含义在于，对运动分析器提出附加要求，从而激活"肌肉感觉"在保持平衡中的作用） | 蒙住眼睛划船和停止划船，保持人船合一滑行 |
| 缩小支撑面积 | 使用较窄的船艇和桨 |
| 提高支撑平面的高度或扩大身体重心到支撑平面的距离 | 提高座板或跪垫高度 |
| 使用不稳定支撑 | 在吊环上、摇晃的平衡木上、移动场地上完成保持静态平衡的作业 |
| 使用预先动作或伴随性动作 | 在完成旋转动作时，保持身体姿态（移动场地上完成保持静态平衡的作业） |
| 使用预先动作或伴随性动作 | 在完成旋转动作后站稳或保持静止平衡的姿势或平衡姿势下完成其他动作（在地板上、在体操平衡木上）；在身体静止平衡位置（如"燕式"平衡）上玩球或体操棒 |
| 使用对抗作用 | 双人平衡练习，对其中每一个人都提出把关稳定性的作业，不管同伴的对抗作用（"相互拉"等） |

6. 完善"空间感觉"和动作的空间准确性的途径

优秀龙舟运动员要正确评价行动的空间条件（在与其他运动员相互作用时评价距离、到目标的距离、场地的大小、障碍物的尺寸等），以及精确地根据它们的程度进行用力。

在大多数竞技项目中，"空间感觉"不是消极的，而是在各分析器综合性发挥功能的基础上活动性的知觉直接与调节动作的空间参数相联系的空间关系。所以，只有当运动员不仅能评价行动的空间条件，而且能准确遵守行动的空间条件，并相应地调节自己的动作的时候，才能说运动员具有完善的"空间感觉"。在竞技完善过程中，"空间感觉"根据竞技专项的特点而深入专项化，这表现在"距离感"、"人和船艇位置感"、"水感"和其他精确专门化的空间知觉，以及表现在与运动技能的具体形式相联系的调整中。

运动员"空间感觉"的准确性是与技术训练、战术训练和身体训练过程中动作准确性的完善相一致的，并在其基础上出现的。

完善龙舟运动员"空间感觉"和动作的空间准确性的办法：①准确地和尽可能规范地重复完成标准的幅度参数、动作方向或身体位置；②精确地按设定的变化要求完成某些练习。

顺利地完成两类练习是通过一系列方法和条件来保障的，具体如下。

（1）在专门的练习器上模拟规定的身体位置的位移，即在室内划桨池和测功仪上模拟划船动作。

（2）在练习器上或在教练员（或同伴）的体力辅助下针对性地感觉动作参数；

（3）在行动环境中使用帮助性的实体的、图示的和其他直观的方向标，指明动作幅度或方向的极点（如在摆动的极点处、器械练习中屈或伸的这一点上、完成练习时所要求的角度处挂一只球）。

（4）在练习过程中或练习一结束立即向运动员通报有关他们动作的误差值的客观资料。对此，除了建立在教练员直观评价基础的传统信息方式以外，目前越来越积极地使用现代信息测量装置，从而提高了信息的精确性和及时性程度。

在针对完善动作准确性的某些处理办法中具体体现了依靠在练习过程中暂时关闭或限制视觉自我监督来激活分析器功能的思想。这样，增加了借助视觉分析器进行空间定向和对动作进行监督的难度，对其他分析器的"肌肉感觉"提出了更高的要求。

## 二、柔韧素质训练与评定

（一）柔韧性与龙舟运动

柔韧性是指某关节可活动的范围。柔韧性对每一个关节都是特定的。例如，一个人的腕关节在所有的方向可能有很大的活动范围，但肩关节的活动范围受到限制。有三个理由可说明柔韧性对运动员是重要的：伤痛的预防、技能的发展、功率的产生。

1. 柔韧性和伤痛的预防

柔韧性和预防伤痛的相关信息是非决定性的。高水平和低水平的柔韧性都能增加受伤的危险。差的柔韧性不能让某个关节在其充分的范围内运动，结果造成补偿运动和不正确的动作方式，最后因过度训练而使肌肉产生慢性疼痛。

极高的柔韧性通常使关节不稳定和不牢固。练习前的伸展运动似乎不会减少受伤率，不过训练后的伸展运动明显会降低受伤率。人体左右侧之间柔韧性的差异似乎对受伤的产生有最大的影响，多于5%的差异能使受伤率增加25倍。如果龙舟运动员总是划同一侧，会产生大力量和柔韧性的差异，就容易受伤。

2. 柔韧性和技能的发展

动作的协调性是技能发展的关键因素，如果不能达到技能所需要的活动范围，那么就学不会技能。例如，龙舟运动员在完成划桨动作时经常出现用手和手臂抓水和划桨的错误动作，其原因可能是运动员腰、腹部和髋部的柔韧性较差，转体和前屈体动作不到位。

3. 柔韧性和功率的产生

划龙舟时，桨在水中只能增加功率和船速。较大的柔韧性能使桨在水中停留较长的时间。柔韧性只是功率产生的一部分，如果太灵活，可能在桨入水时过度伸展，实际上减少了功率的产生。因此，肌肉在极端的伸展位反而会导致技术上的缺陷。

（二）柔韧性的类型

柔韧性主要有两种类型，即被动的和主动的。被动伸展包含一种引起动作的外部能源。这种外部的能源可能是同伴、器械、冲量或重力等。在被伸展时，运动员是有活动能力的。例如，一个运动员用哑铃在长凳上比不负重时能做更大范围的下压动作，而这时，运动员的伸展是被动的，因为重量通过动作的范围施力于运动员，运动员没有在全部范围内拉臂。如果动作被压得太厉害，被动伸展就有受轻伤的危险。

主动伸展包括个人要活动到稍微不舒适的位置，而且在放松之前要保持这个位置。在内部肌肉力量产生运动范围时，有活动能力的柔韧性就是可利用的动作范围。如果必须活动一部分肌肉通过某一范围，那么，那些肌肉弱的部分可能引起的运动范围小于被动伸展的范围。

（三）影响柔韧性的因素

影响柔韧性的因素包括关节的结构、年龄、体型、疾病或伤病和不活动等。活动范围是关节特定的，它取决于关节的结构。例如，呈球状或窝状的肩关节比单或双轴关节，如膝关节有较大的活动范围。据说关节囊占关节全部运动阻力的47%。

（1）个人的主动性越高，其活动范围就越大。在不运动的人群中，结缔组织随着停止使用和限制关节的运动而缩短。四肢在大量运动的身体活动中被疏忽是因为每天的正常运动不需要它们，所以会导致最大的不灵活性。不过这不是不变的问题，通过后面的柔韧性或伸展计划可以得到改善。个人的习惯运动方式也是重要的。关节和周围的组织适应同样的运动，在同样的活动方式或维持习惯的人体姿势中使用关节和肌肉会因肌肉的缩短而降低柔韧性。伸展下背、髋和肩对防止桨手的背部受伤是最基本的，因为在龙舟运动的划桨中，持续使用上述关节会经常使背部受伤。

（2）性别在柔韧性中起一定作用。女子比男子有更大的柔韧性。特别是女子的骨盆区可以协助怀孕和分娩。女子骨骼的成分较轻和较小，允许做更大范围的动作。女子还有一些较小的和界限不清的肌肉，所以有更自由的活动范围。

（3）年龄是柔韧性活动的重要影响因素。硬度和牢固性至少来自三个因素：年龄变化、日益增加的久坐的生活方式和对疾病过程的不了解。肌肉随年龄而减少弹性和柔韧性。当一个人变老时，肌肉萎缩（肌团的一种疾病）也会发生。肌纤维由脂肪组织替代。这些变化对柔韧性的降低是有关系的。弹性的逐渐丧失虽然不能预防，但可通过伸展计划使它慢下来。有规律的力量训练能防止肌肉萎缩，良好的营养可避免脂肪的增加。

（4）柔韧性降低的第二个因素是不积极的生活方式。许多人随着年龄的增长对参加活动不积极了。然而通过增加活动方式，柔韧性就会得到改善。随着工作和家庭的负担的增加，许多优秀运动员没有太多时间训练，并丧失柔韧性训练。假定是龙舟运动规定必须要做的每一件事情，情况就不是这样，在家看电视或工作午餐休息时，增加10～15分钟的柔韧性训练即可。

（5）有些疾病会妨碍年纪稍大的人群，引起身体不适。骨关节病就是一个例子，也是老年人中最常见的肌骨骼问题。它可以治疗，但治疗效果得不到保证。在优秀运动员中间，没有得到适当的康复是很普遍的。终身的体育活动或竞技运动会导致多种关节疼痛并恶化。特别是活动引起的肌肉疼痛和伤痕组织的积累是非常顽固的。过去的伤痛在这时似乎是次要的，在这种情况下，身体类型涉及肌腱、韧带、肌肉的筋膜、皮肤和其他的结缔组织。骨、肌肉、韧带、关节囊、肌腱和皮肤决定了所有关节的活动范围，肌腱和韧带提供由某一关节运动时感受到的总阻力的10%。肌肉和包围肌肉的一种保护鞘，即筋膜占41%，皮肤占2%。肌肉和筋膜由较多的弹性组织组成，所以能较好地减少运动的阻力，并增加活动时的柔韧性。然而，过多的脂肪组织和大的肥胖肌会妨碍运动。胶原质、纤维的结缔组织、弹性蛋白和弹性组织也是决定性的。关节面的主要组织对决定相关的活动范围是有帮助的。和纤维组织相比，弹性组织有更大的柔韧性。

（6）由于结缔组织是柔韧性训练计划的对象，因此了解结缔组织对伸展或延长的反应是重要的。当结缔组织被伸展时，其变长有两个部分：弹性伸展（会弹回）和可塑性的伸展（不能弹回）。伸展的持久性取决于有多少可塑性伸展的结缔组织，可塑性伸展直接针对结缔组织的黏滞性（浓的液体）。弹性型的伸展只是促成组织对原长度的弹回。每种组织的延长对关节柔韧性的作用取决于如何完成伸展。伸展力的数量、伸展力的时间和组织的温度决定了伸展是否是弹性的或可塑性的。结缔组织的永久性变长最好通过较长时间的较弱的力提升组织的温度（40℃或104°F（1°F≈−17.22℃）和治疗设置的温度以上）产生。在松弛紧张之前冷却组织（用冰压紧约15分钟）可以增加伸展的持久性。另外，在这些条件下，可将任何组织结构上的弱化减少到最少。弹性伸展（能弹回的延长）是在正常或较冷的组织温度下通过高度的力，经过短时间的伸展产生的。

（四）伸展的方法

伸展的方法分为静态的或动态的。静态伸展亦称为被动的或慢的支撑伸展。动态伸展称为积极的冲击、反弹或快速的伸展。柔韧性改善的研究表明，两种方法都是有效的，但静态方法较安全，肌肉产生的疼痛不多。

1. 动态伸展

肌群的动态伸展调动包括肌肉的纺锤状细胞（牵张或伸展反射）和高尔基腱器官在内的神经肌肉的机制。在快速伸展时，运动体环节的冲量，不如说是一种外部的力经常在该关节的活动范围外推动关节。动态伸展对需要快跑、跳跃、投掷或搏击动作的运动是重要的。例如，在棒球、投手的投掷臂通过髋骨和躯干产生的动量在其活动范围之外伸展。冲击性的训练是改善这些运动员的肩部柔韧性的最好的专门运动方式。由动态方法引起的伸展速度刺激了肌肉的纺锤状细胞，而伸展反射引起被伸展的同一肌肉的收缩。肌肉伸展的速度越大，伸展反射越大。所以，尽管动量使关节超出其正常的范围，但冲击方法在伸展时会引起反收缩，降低训练效果。和这种伸展有关联的肌肉疼痛的报告是，在运动停止之前，作用于组织的突然张力会导致结缔组织或肌纤维小部分撕裂，引起肿胀或疼痛。这与过度用力训练时发生的情况很相似。由于龙舟划桨没有过度用力的成分（甚至从回桨到桨入水的转换太慢以至于不会过度用力），因此，动态的柔韧性对桨手是不必要的。

2. 静态伸展

静态伸展是最普通的伸展形式，它采取一种伸展位，并在一段时间内保持伸展。某些肌肉的纺锤状细胞活动由伸展的位置开始，但它是很小的，因为纺锤状细胞对伸展速度的反应比对伸展的位置要多。静态的或长时间的小力量的伸展方法对冲击方法（除非冲击伸展是运动特定的）来说是可供选择的更安全的方法。另外，伸展前轻松的肌肉准备活动由于增加温度而使组织的可塑性延长。在常规准备活动开始时，不要做静态伸展练习。在训练课的主要部分后应立即做伸展练习，因为那时的组织温度是最高的。研究建议，在速度和力量运动中，做准备活动时要避免静态伸展。静态伸展表明在接近伸展后期时力量会减少7%。

（五）本体感受神经肌肉的简易伸展方法

各种形式的本体感受神经肌肉的简易伸展方法正在得到普及。通过此方法可使关节的柔韧性迅速增加，几乎不产生疼痛。简易化伸展是一种被动的伸展运动，在进一步进入活动范围之前对阻力产生最大的等长收缩。收缩可保持4~10秒，随后在活动之前有4~10秒的松弛。

简易化伸展练习可单独完成或在同伴的帮助下完成。由于简易化伸展练习方法不正确时存在危险，因此，被伸展人和同伴之间的交流是很重要的。被伸展人（对象）要负责或控制被伸展的程度有多大。做伸展的人（同伴）应维持强有力的稳定体位。这样完成收缩时就可防止滑落或坠落。为保证简易伸展的安全，应遵循以下几个原则。

（1）同伴必须确保关节的正确调整。若关节调整不正确，有力的收缩会导致受伤。

（2）被伸展人要告诉同伴什么时候开始收缩。

（3）同伴可以充当被伸展人推离的对象，但是同伴不要推被伸展人。

（4）如果同伴受到提醒，应立即停止被伸展人的所有伸展。

（5）在试图增加以后的运动范围时，要慢慢地收缩。

（6）被伸展人应慢慢地增加收缩的力量。

（7）随着最大收缩的开始，被伸展人可以摆脱同伴而保持平衡。

（8）在伸展时，被伸展人要放松关节周围的肌肉。

（六）制订柔韧性训练计划

1. 选择一种伸展方法

柔韧性训练只是为缓解关节的僵硬而采取的措施。至于要做怎样的伸展，必须以对运动员的分析为基础。如果是由柔韧性问题引起的技术问题，就要分析技术上的错误。如果右侧和左侧之间的柔韧性不均衡，就要测试人体的对称能力。改善已经灵活的关节的柔韧性可能会产生不稳定性，并增加受伤的几率。本节后面的练习把大多数桨手的专门问题作为对象。如果伸展对运动员有伤害，就应从计划中清除，并找出产生伤害的原因。

使用哪一种伸展方法（静态的、冲击的或简易伸展法）取决于运动的要求。像龙舟这样的运动，由于运动中没有冲击的动作，因此静态的或简易伸展法是适合的。在摔跤运动中，由于运动员常常在极端伸展的情况下等动地收缩其肌肉，因此简易伸展法更适合。对于短跑运动员，采用冲击的伸展练习训练踝和髋部的柔韧性是有效的。每种伸展方法在专门的环境下都是有价值的。对于久坐的、未经训练的人群来说，由于素质发展的片面性，采用简易伸展和冲击伸展练习是危险的。

2. 规定伸展练习的次数

如果伸展计划不是过分刺激的，那么每天都得做伸展练习。有时，冲击伸展和简易伸展会在训练课的第二天导致肌肉或关节的疼痛。如果疼痛正在发生，则在下次伸展课之前应该休息 3~4 天。

3. 规定伸展练习的时间

对于要维持多久的伸展练习尚有争论。现在要相信的是，最重要的因素是整个伸展的时间，而不是单个伸展练习的时间。为了更有效地改善柔韧性，计划中的每一个动作要有 60 秒的伸展时间。例如，每 20 秒伸展 3 次就有 60 秒的伸展时间，每 10 秒伸展 6 次就达到 60 秒的伸展时间。

4. 规定伸展练习开始的时间

准备活动时的伸展既不能防止受伤，又不能增加柔韧性，准备活动时的静态伸展甚至会降低力量和做功的能力。准备活动的伸展主要是帮助建立存在的运动范围和提高技术性的技能。为了改善柔韧性，应在训练课后做伸展练习。当肌肉的温度高时，肌肉更富有弹性，此时适合做伸展练习。

5. 做各种伸展练习

根据桨手的专门需要，选择以下几种伸展练习。要保证有计划地、平衡地完成所有伸展练习。要按照顺序对它们列表。伸展练习只能在训练课后进行，这时肌肉是"温暖"的，更富有弹性。

(1) 踝关节伸展，如图 5-2 所示。

1) 在地板或椅子上坐直，一条腿横在另一条腿上。

2) 一只手在踝的正上方握住弯曲的小腿，另一只手抓住脚。

3) 朝身体拉脚，并保持。

4) 拉脚离开身体，并保持。

5) 屈踝至一侧，并保持。

6) 感觉踝、皮肤和腓骨的变化。

(2) 三角形伸展，如图 5-3 所示。

1) 抬高臀部并形成三角形，使双手朝双脚移动向上提高臀部。

2) 在三角的最高点用力使脚跟接触地面（可用双腿立即触地或轮流用单腿触地）。

3) 感觉腓骨、腿窝和跟腱变化。

图 5-2 踝关节伸展　　　　图 5-3 三角形伸展

(3) 台阶腓骨伸展，如图 5-4 所示。
1) 用前脚掌内侧站立，在台阶的边缘保持平衡。
2) 尽可能远地慢慢放低脚跟。
3) 感觉腓骨和跟腱的变化。
(4) 靠墙的腓骨伸展，如图 5-5 所示。
1) 以臂长离墙站立。
2) 一条腿稍向前踏步，此时另一条腿伸直。
3) 身体保持正直，体重前移，与墙呈倾斜状。
4) 确保后腿向下，并与髋成一条线。
5) 感觉腓骨和腿窝的变化。

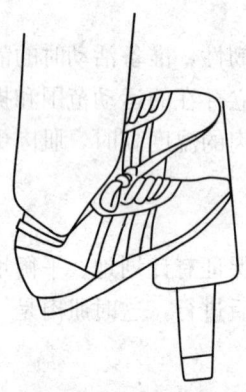

图 5-4 台阶腓骨伸展

图 5-5 靠墙的腓骨伸展

(5) 坐伸，如图 5-6 所示。
1) 坐直，双腿伸展。
2) 双腿伸直，从腰部朝大腿弯曲，使躯干放低。
3) 感觉双腿的腿窝和下背的变化。
(6) 大腿内侧伸展，如图 5-7 所示。
1) 在地板上坐直。
2) 屈膝，脚跟并拢。
3) 朝臀部拉双脚。
4) 将手或肘置于膝上方的大腿内侧。
5) 朝地板慢慢地向下压膝。
6) 感觉大腿内侧的变化。

图 5-6 坐伸

图 5-7 大腿内侧伸展

(7) 跨步伸展，如图5-8所示。
1) 双脚并拢站直。
2) 一腿尽可能地向前迈步，另一腿固定。
3) 前腿直指前方。
4) 慢慢地朝地板压后腿。
5) 感觉臀屈肌和后腿的四头肌的变化。
(8) 臀部伸展，如图5-9所示。
1) 仰卧平躺。
2) 一条腿上抬，屈膝90°。
3) 将双手置于膝盖的下方抱腿。
4) 朝胸部拉膝盖。
5) 上体平躺在地板上。
6) 感觉臀部的变化。

图5-8 跨步伸展 　　　　图5-9 臀部伸展

(9) 站立股四头肌伸展，如图5-10所示。
1) 直立，抓住某物作为支撑。
2) 屈一条腿，使之靠近臀部。
3) 用身体同侧的手抓住腿，拉脚跟靠近臀部。
4) 感觉股四头肌的变化。
(10) 躺着股四头肌伸展，如图5-11所示。

图5-10 站立股四头肌伸展 　　　图5-11 躺着股四头肌伸展

1) 侧躺，身体保持正直。
2) 屈一腿，使脚跟靠近臀部。
3) 用身体同侧的手抓住腿，拉脚跟使其靠近臀部。
4) 感觉股四头肌的变化。

(11) 躺着髋伸展，如图 5-12 所示。
1) 仰卧平躺。
2) 一条腿伸直上抬。
3) 用一只手抓住膝盖或大腿。
4) 越过身体朝对侧地板拉膝。
5) 使上体平仰在地板上。
6) 感觉下背和髋的变化。
7) 跪在地板上，直视前方。

(12) 后仰腹部伸展，如图 5-13 所示。
1) 伸背，将双手置于脚跟。
2) 后仰，直到双手使腿伸直。
3) 向后看可增加伸展。
4) 感觉腹部的变化。

图 5-12 躺着髋伸展　　　　图 5-13 后仰腹部伸展

(13) 扭曲伸展，如图 5-14 所示。
1) 坐在地板上。
2) 保持臀部朝前，向一侧转体。
3) 此伸展可在腹部和下背感觉到。
4) 不要借助地板把自己压到伸展位。只有尽量远伸，才不会借助地板的力量。

(14) 靠墙压肩，如图 5-15 所示。
1) 站在门道或靠近墙。
2) 将双手抬至头上。
3) 屈腰，将双臂压墙或门道。
4) 轻轻地用双臂向下拉。
5) 感觉上背和下臂的变化。

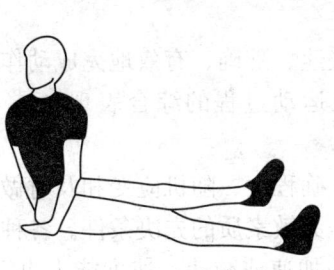

图 5-14 扭曲伸展　　　图 5-15 靠墙压肩

(15) 侧屈，如图 5-16 所示。
1) 坐在地板上，躯干正直，两腿分开。
2) 将一只手抬至头上。
3) 朝一侧屈腰。
4) 感觉沿体侧和腹部的变化。

(16) 后肩伸展，如图 5-17 所示。
1) 直立，双脚与肩同宽。
2) 将一只手臂向前抬至肩的高度。
3) 在肘处握住伸展的手臂，并拉动它越过身体。
4) 感觉肩的背部和三角肌的变化。

图 5-16 侧屈　　　图 5-17 后肩伸展

(17) 前臂和手腕伸展，如图 5-18 所示。
1) 将前臂放在桌子上，手掌随手腕放在桌边朝下。
2) 向下轻推手的前端。
3) 转动手臂，使手掌朝上，向下轻推手指。
4) 在手腕的正上方抓住手。
5) 手指伸直，将手向左侧拉，然后向右侧拉。

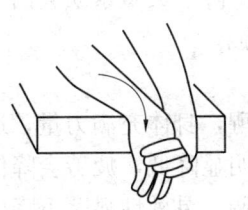

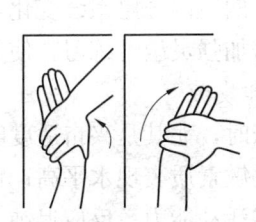

图 5-18 前臂和手腕伸展

### 三、灵敏素质训练与评定

灵敏素质是指人体在突然变化的条件下，快速、准确、有效地完成动作的能力，它是运动员的神经反应、运动技能和各种运动素质在运动过程的综合表现，是一种复合的运动素质。

神经反应决定了反应速度的快慢、判断的准确程度、随机应变和及时做出应答动作的速度，反应迅速、判断准确、及时做出应答动作是灵敏素质的先决条件。各种运动素质是及时做出应答动作的保障，爆发力控制着人体运动的加速或减速，速度能力决定着身体的移动、躲闪的快慢，耐力素质使运动能力得以保持，柔韧素质保证了力量、速度的发挥，各种运动素质的协同配合是及时完成应答动作的基础。熟练的运动技能，可使运动员的反应速度、判断的准确性、随机应变和及时做出应答动作的能力得到充分的体现，灵敏素质往往通过动作的熟练程度来表现水平的高低，"单纯"的灵敏素质在运动过程是不存在的。

龙舟运动员的灵敏素质的作用主要在于迅速、准确、熟练地完成动作，获得理想的技术效果。

根据专项的关系，灵敏素质可分为一般灵敏素质和专项灵敏素质。

（一）影响灵敏素质的因素

1. 神经过程的灵活性

灵敏素质是在大脑皮层综合分析能力高度发展、形成稳固的动作技能的基础上而充分体现出来的。战术动作熟练化、自动化，使大脑神经过程的兴奋与抑制的转换能力加强，提高了大脑神经过程的灵活性，从而保证运动员在任何复杂变化的条件下都能迅速、准确、灵活、富有创造性地完成动作。

2. 体型、体重

不同的运动项目要求不同的体型。一般而言，中等及中等以下身高、肌肉较发达、具有较强控制力的人，其灵敏性程度较高。过高而瘦长、过胖体型、O型腿的人，灵敏性和灵活性水平不高；体重过重的人，运动阻力增加，反应迟钝、灵活性差。

3. 感觉器官

感觉器官是指运动分析器、运动感受器的灵敏性和准确性。肌肉收缩的协调性和节奏感是影响灵敏素质的重要因素。

4. 年龄、性别

6~7岁以前，人体的平衡器官得到充分发展；7~12岁，灵敏素质稳定提高，此年龄段有利于发展反应速度、动作速度和动作频率；13~15岁处于青春期，身高增长快，灵敏性有所下降；之后，灵敏素质随年龄增长又稳定提高，直至成年。

在儿童期，男孩和女孩的灵敏素质几乎没有差异。在青春期，男孩的灵活性优于女孩，女子进入青春期后内分泌系统变化，体重增加，有氧能力下降，灵敏素质会出现暂时性的生理性下降，需加强灵敏性练习，使灵敏素质得到较好的加强。

5. 情绪和疲劳

情绪高涨时，尤其是兴奋适度时，运动员感觉头脑清醒，身体充满力量，运动时身体轻快、灵活，灵敏素质表现水平高；情绪低落时，灵敏性会明显降低，疲劳会降低神经中枢的灵活性和机体活动能力，反应迟钝，肌力下降，动作欠协调，灵敏性显著下降。因此，在兴奋性较高、体力充沛的情况下发展灵敏素质的效果较好。

6. 运动素质、运动技能及经验

学习和掌握的运动技术、技能越多，运动技术和运动技能的"储备"越丰富，在复杂变化的条件下完成动作显得更灵活，更富有创造力，所表现的灵敏素质水平就越高。灵敏素质是人体力量、速度、耐力、柔韧性和协调性等能力的综合表现，任何一方面运动素质的发展跟不上，都会影响到运动员的灵敏性和灵活性。

（二）灵敏素质的训练方法、手段

灵敏素质是人体综合能力的反映，很大程度上受遗传因素的影响。为了提高灵敏素质，应加强儿童少年时期的训练。此时，运动员神经系统的可塑性高于青年期和成年期，有利于充分发展灵敏素质。

1. 灵敏素质的训练方法

发展灵敏素质，应尽可能采取逐渐增加复杂程度的练习方式，或通过改变练习条件、器械、器材等方式，增加练习动作的复杂性和难度，并着重培养和提高运动员掌握动作的能力、反应能力、观察与判断能力、平衡能力、时空感、节奏感等。

（1）徒手练习法：单人练习和双人练习。

（2）器械练习法：单人练习和双人练习。

（3）组合练习法：两个动作的组合、三个动作的组合和多个动作的组合练习等。

（4）游戏法：发展灵敏素质的游戏，具有综合性、趣味性和竞争性的特点，能引起练习者极大的兴趣，身体力行、积极思维、迅速判断、巧妙应对复杂多变的活动，有效地提高神经过程的灵活性，发展运动素质和运动技能。发展灵敏素质的游戏很多，主要包括各种应答性游戏、追逐性游戏和集体游戏等。

2. 灵敏素质训练的主要手段

（1）在跑、跳中迅速完成改变动作方向的躲闪、急停、转体、变向跑等练习。

（2）非常规的练习。

（3）反向完成动作。

（4）各种调整身体姿势或身体方位的练习。

（5）限制完成动作的时间和空间。

（6）改变习惯性的动作速度或速率的练习。

（7）利用各种条件、完成复杂多变的练习。

（8）做各种变换方向的追逐性游戏或对各种信号快速做出应答性反应的游戏。

四、龙舟选手的力量素质训练

力量是龙舟桨手需要发展的重要运动素质之一。龙舟的力量在持续15~20秒的比赛启航期、20秒~8分的途中期和15~20秒的冲刺期均表现出重要作用。快速启动需要最大力量和速度力量，保持舟艇的高速度需要力量耐力，强劲的冲刺需要速度力量和力量耐力。研究证明，力量训练不仅能改善运动员的功率水平，提高运动成绩，而且可预防伤病的发生，并改善平衡能力、协调能力和技术能力。

（一）预防伤痛的力量训练

力量训练可以预防像肌肉扭伤之类的急性损伤和慢性疼痛，以及多年训练导致的疼痛。

龙舟运动员的许多慢性损伤是肌肉不均衡的结果。肌肉的不平衡是身体的左右侧没有同等的力量或者是身体前后的肌肉没有同等的力量而产生的。在龙舟训练和比赛中，因长期单边划桨，会导致肌肉的发展不均衡。当左右侧的差异大时，肌肉就会在骨骼上不均匀地拉动，这在脊骨和骨盆的周围特别明显。不均匀的拉动导致肌肉的排列出现问题，这种情况必须由脊柱按摩医生或医生治疗。由于潜在的医学问题与左右不对称有关联，因此力量计划应确保该问题得到改正或防止。

1. 两侧肌肉均衡发展期的训练

(1) 目的：均衡地发展肌肉力量，进行左右、前后、上下侧肌肉的等同训练，并开始加强薄弱侧肌肉的训练。

(2) 负荷控制，如表5-3所示。

(3) 内容和要求：包括左右侧共同训练的练习内容，要求重量均匀、动作质量高、技术强，应在非赛季节开始此类练习。

2. 肌肉交替发展期的训练

(1) 目的：区分训练左右侧，使薄弱一侧获得较大稳定性。

(2) 负荷控制，如表5-4所示。

表5-3　　　负荷控制（1）

| 强度 | 最大60%～70% |
|---|---|
| 组数 | 2～3组 |
| 重复数 | 8～10 |
| 练习（身体部分） | 1～2 |
| 次数（周） | 2～3 |

表5-4　　　负荷控制（2）

| 强度 | 最大70%～75% |
|---|---|
| 组数 | 2～3组 |
| 重复数 | 6～8 |
| 练习（身体部分） | 1～2 |
| 次数（周） | 2～3 |

(3) 内容和要求：此阶段要分别完成左右侧训练的练习，两侧都用同样的重量和重复次数，要规定薄弱侧的重量。

3. 肌肉力量积累期的训练

(1) 目的：增加运动量，刺激薄弱一侧的肌肉生长。

(2) 负荷控制，如表5-5所示。

表5-5　　　　　　　负　荷　控　制（3）

| 强　度 | 最大70%～75% |
|---|---|
| 组　数 | 力量强的一侧2～3组，薄弱侧4～6组 |
| 重复数 | 6～8 |
| 练习（身体部分） | 1～2 |
| 次数（周） | 2～3 |

(3) 内容和要求：此阶段对受伤后返回龙舟队员的运动员尤为重要。受伤的肢体经常会因不活动而丧失肌团。为了永久性地解决肌肉不均衡的问题，身体两侧的肌肉大小必须相

等。每一个阶段要花费2周或3周的时间。此计划完成以后，要保留单独训练左右侧计划中的某些练习，这将保证肌肉的不平衡不会每年重新出现。

### (二) 发展平衡能力和稳定性的力量训练

平衡能力和稳定性是龙舟运动员受到限制的因素。由于年龄的关系，平衡系统，特别是视觉和内耳首先开始恶化。为了保持平衡和稳定就要把较大的负荷放在肌肉上。平衡的重要性不仅仅是让运动员能稳定地待在舟艇上，而且还可以节省能量，使运动员更有效地划桨并表现更大的功率。

1. 瑞士球训练

瑞士球是发展龙舟运动员平衡能力的器械之一。用瑞士球可以模拟龙舟运动员的坐姿，并迫使腹肌动作、稳定身体。这些瑞士球可在大多数大的零售商店或体育用品商店买到。

检查包装盒可确保得到合适的尺寸。由于大多数稳定练习都涉及体重，因此规定这种训练的组数和重复数是困难的。可以选择3～4个代表性练习对它们进行训练，每周2～3次，每次20～30分钟。一旦掌握了这些训练，就可选择一些新的训练。

2. 悬挂力量训练

(1) 前倾提踵，如图5-19所示。

图5-19 前倾提踵

1) 双手紧握把手，将扣锁带夹在腋下，身体前倾，左腿向前迈出半步，右腿伸直。
2) 重心继续前移，同时右腿腓肠肌发力，右脚跟离地向前方撑起身体。双腿交替练习。

(2) 前冲抬腿，如图5-20所示。

图5-20 前冲抬腿

1）双手紧握把手，身体俯立前倾，左脚向前迈出一大步，右腿绷直与躯干在同一直线上。

2）右腿迅速摆腿向前冲，膝盖尽量抬高，左腿支撑身体平衡，同时挺胸展腹。双腿交替练习。

(3) 悬挂箭步蹲，如图 5-21 所示。

图 5-21 悬挂箭步蹲

1）右脚穿过把手固定且全程离地，左腿向前迈出一大步呈箭步蹲，核心部位收紧控制平衡。

2）摆臂发力，左腿稳定地站起，同时右腿向前抬腿，膝盖尽量抬高。双腿交替练习。

(4) 悬挂俯卧撑，如图 5-22 所示。

图 5-22 悬挂俯卧撑

1）俯身，双脚略分开，双手握住把手，用胸部肌肉控制住把手间距，肩、肘、腕全程保持紧张状态。

2）下降身体，胸部尽量贴近地面，核心部分保持平衡，稍稍停顿后，胸部发力回到原位。

(5) 仰体侧摆，如图 5-23 所示。

1) 双脚与肩同宽，双手握住一条 TRX 锁扣带，身体向后仰，将重心全部放在大臂上。
2) 双手相对锁扣带的位置不变，肩背发力，向侧面拉起身体。身体两侧交替练习。

图 5-23　仰体侧摆

（6）后撑深蹲，如图 5-24 所示。
1) 双脚与肩宽，双臂向上伸直，双手大拇指扣住把手，大臂和躯干绷紧不动，重心向后移。
2) 下蹲至大腿与地面平行，股四头肌发力回至原位。该动作的完成轨迹类似于夹球深蹲。

图 5-24　后撑深蹲

（7）俯身提膝，如图 5-25 所示。

图 5-25　俯身提膝

1）俯身，双手支撑全部体重，双脚穿过把手且全程离地，肩、背、臀、腿处在同一直线上。

2）腰腹发力，双脚并拢，提膝向身体一侧团身，膝关节尽量贴近胸部。身体两侧交替练习。

（8）侧支撑转体，如图5-26所示。

1）以俯身提膝的位置开始，左大臂支撑身体，右大臂带动躯干转向一侧，完成侧支撑。

2）双腿和膝关节保持绷紧，右大臂带动躯干向下翻转，同时抬拱背、臀。身体两侧交替练习。

图5-26　侧支撑转体

（三）发展最大力量、速度力量和力量耐力的训练

1. 强度和量的控制

强度和力量的控制如表5-6所示。

表5-6　强度和力量的控制

| 项目 | 发展肌肉横断面 | 发展肌肉协调力量 | 发展最大力量 | 发展爆发力 | 发展力量耐力 |
| --- | --- | --- | --- | --- | --- |
| 组数 | 3～5 | 3～5 | 2～3 | 3～5 | 1～5 |
| 次数（组） | 8～12 | 4～6 | 2～3 | 4～6 | 30～200 |
| 总量 | 30～40 | 20～30 | 10～15 | 12～20 | 150～200 |
| 强度 | 60%～70% | 75%～90% | 90%～100% | 70%～80% | 30%～50% |
| 速度 | 中等 | 中等 | 爆发力 | 爆发力 | 爆发力 |
| 周总数 | 8～12 | 4～8 | 4～8 | 4～6 | 4 |
| 周期 | 3∶1 | 3∶1 | 2∶1 | 3∶1 | 3∶1 |

2. 负荷说明

（1）力量是力的总量，速度力量（爆发力）是力量和速度的结合。量、组数和重复数、强度和使用重量的最大百分比的结合决定了训练质量与效果。

（2）在非赛季开始阶段可从表5-6的左侧按规定的数量训练。不要担心用这种数量训练会增加肌肉围度。

（3）表5-6中的总量是指每个身体部位总的重复数量。换句话说，如果处于数量阶段，并完成三组10次下蹲动作，那么就完成了腿部的所有练习，因为运动员达到了规定的30次重复数。表5-6的最下面一栏标注的周期是指训练的数量和恢复的周数。恢复的周数是极重要的,恢复可以让身体充分适应已经完成的训练。没有恢复的周数,很可能产生过度训练。在一个恢复周,每个身体部位的量要减半,强度要降到50%。

(4) 在进行最大力量、爆发力和力量耐力训练阶段,速度是爆发性的。运动的速度是重要的力量训练变量。力量的增加只能发生在训练中运用的速度。为了把陆上力量素质转移到水上运动中,应尽可能在不稳定状态进行最大力量、爆发力和力量耐力练习。最大力量发展期的重量增加和控制是非常重要的,同时不能忽视动作速度。

(5) 采用以下公式定期对最大力量进行测试:

$$最大重量 = (0.033 \times 重复数) \times 被举起的重量 + 被举起的重量$$

3. 练习组间的间歇时间和安排

力量训练组间休息的时间是在健身书中经常争论的话题,组间休息的时间应限制在1分钟以内。其理由是,必须激活疲劳肌更多的肌纤维去做功。显然这不真实。事实上,这种休息期会限制所完成的总训练量,因此,降低了训练计划的有效性。这是因为极短的休息期不允许无氧乳酸能量系统或排除乳酸的时间得到完全的恢复。少于6次重复的若干组力量训练主要使用无氧非乳酸能量系统,该系统依靠储存在肌肉的能量。能量是以ATP和CP的形式储存的。这两种化合物称为磷酸原,可以立即使用。这些化合物储存的补充相对较少,它们能提供10~15秒"竭尽全力"的能量。一旦储存的所有能量都被用光,人体大约需要3分钟的时间充分替换磷酸原。如果在磷酸原充分恢复之前开始下一组练习,那么,肌肉会被迫动用无氧乳酸能量系统,这将导致乳酸的堆积。乳酸担负着肌肉感觉的产生,引起疲劳和沉重感。与通俗的观念相反,乳酸不会促使肌肉大小或力量的增加。事实上,乳酸的产生将抑制所完成训练的量和质量,导致力量和肌肉大小较少地增长。

乳酸是一种无氧糖酵解的酸性终结产物,能减少肌肉的pH值(酸碱度),对产生能量起作用的酶对pH值的变化非常敏感。当pH值降低时,这些酶阻止机能活动,而肌纤维不再产生能量。由于能量产生中断,肌纤维不再参与练习。当足够的肌纤维退出练习时,重量不再被举起。与通俗说法相反,这不会增加对肌肉力量或体积的刺激。

如果组间没有留足够的时间,乳酸不仅在肌肉中积累,而且也在血液中积累。一旦进入血液,乳酸会被传送到身体的各个部分。当乳酸被传送到其他肌肉时,它也负面地影响它们的活动。换句话说,把一个肌群训练到衰竭程度是会减少另一个肌群所做功的数量和质量的。

乳酸的积累还会增加受伤的机会。当肌纤维开始退出练习时,技术开始变得草率,也使被建立的运动方式更加困难。如果正在做某一新练习的人,他们正在堆积乳酸,那么学习新练习将有较大的困难。

组间至少有2分钟的休息,最好是3分钟。这样就可把运动员使用的强度和所得到的成绩发挥到最大限度。有较长时间休息的训练课增加了训练课所需的时间量,这是经常只有短时间进行训练的运动员所关心的问题。组间3~5分钟的休息期可以让运动员采用高级组合练习(一次完成两个练习,它们之间没有休息时间)或循环训练。如果做高级组合练习,练习应包括如肱二头肌和腓肌或肩肌和捆肌(后跟腱)人体非相关的部分。循环训练是每个身体部分用一种练习在上肢和下肢交替进行。当身体部分像这样被分开时,乳酸的能量储备就可以在一部分得到补充,而其他部分在工作。

4. 恢复

恢复是指训练课之间的休息期。人体采取训练课后立即开始的一种恢复方式,可以持续

7天，并且恢复可分为两个部分：发生在练习后首先2小时的快速恢复和发生在练习后2~72小时的长时间恢复。快速恢复包括血乳酸返回到正常水平，补充水的储备，并开始补充在训练时所消耗的碳水化合物。长时间恢复包括碳水化合物的完全补充，这几乎需要24小时，并修复受损的肌肉和结缔组织。根据损伤的程度，结缔组织和肌肉的修复要有24小时到7天的时间。力量的最大增加发生在训练课之间肌肉的充分恢复。原则上每72~96小时可以训练同样的肌肉。

5. 力量练习内容

(1) 箭步蹲，如图5-27所示。

1) 目的：①加强和改善髋的柔韧性，防止背部受伤；②帮助左右腿重新建立相等的力量。

2) 开始姿势：①每一只手握住哑铃或把杠铃横在肩的背面；②双脚与肩同宽。

3) 动作：①躯干保持正直，一条腿向前迈步；②前腿屈成90°；③推离前腿，回到开始位。

4) 重要提示：①躯干在任何时候都要保持正直；②在分腿时要向前迈一大步；③后腿稍弯曲；④后腿在动作时不要弯曲或伸直。

(2) 下蹲，如图5-28所示。

1) 目的：①加强下肢肌；②改善蹬腿的力量；③改善躯干力量和姿势；

2) 开始姿势：①把杠铃横在肩上，负荷平均分布在身体上；②双手尽可能靠近杆的中心；③头朝上，挺胸；④肩向后；⑤背部放平，发力处成弧形；⑥双脚与肩同宽。

3) 动作：①脚趾稍指向外，呈30°~35°；②深吸气，躯干肌收缩，帮助稳定上体；③下蹲，直至大小腿贴近；④用腿发力，恢复到站立位。

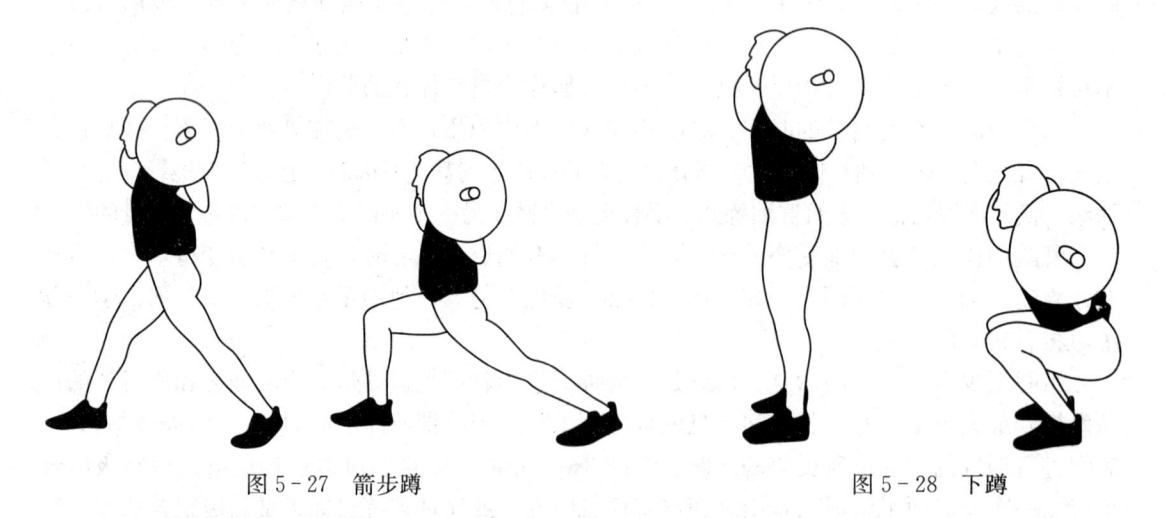

图5-27 箭步蹲　　　　　　图5-28 下蹲

(3) 腿卷曲，如图5-29所示。

1) 目的：①增加腿屈肌和臀部的力量；②通过膝关节维持肌肉的平衡。

2) 开始姿势：①在屈腿肌上面朝下躺着；②双膝刚好离开凳的末端；③把脚跟置于脚跟垫的下方；④抓住凳子或把手。

3) 动作：①上体面向凳子平卧，朝臀部抬脚跟垫；②当完成充分的运动范围时，放下重量至开始位。

4）重要提示：①不要过度地抬臀部；②不要在底部位反弹或猛拉重量。

（4）前负重下蹲，如图5-30所示。

1）目的：①加强下肢肌肉力量；②改善蹬腿的力量；③改善躯干力量和姿势。

2）开始姿势：①把杆铃横在肩的前方，尽可能地靠近锁骨；②头朝上，挺胸；③肩在后面，背部放平，发力处稍成弧形；④双脚与肩同宽。

3）动作：①脚趾稍向外，呈30～35°；②深吸气，躯干肌收缩，稳定上体；③肘部直接指向前方，下蹲直至大腿低于平行线；④蹬腿，回到站立位。

图5-29 腿卷曲

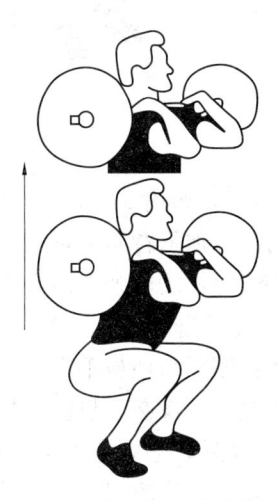

图5-30 前负重下蹲

（5）臀部伸展，如图5-31所示。

1）目的：①加强和改善髋的柔韧性，帮助保护背部；②使单桨龙舟运动员在左右腿重新发展同等的力量。

2）开始姿势：①将缆绳或橡皮管绑在踝上；②跪在凳子上，面朝器械。

3）动作：躯干保持正直，用缆绳尽可能远地后伸移动腿。

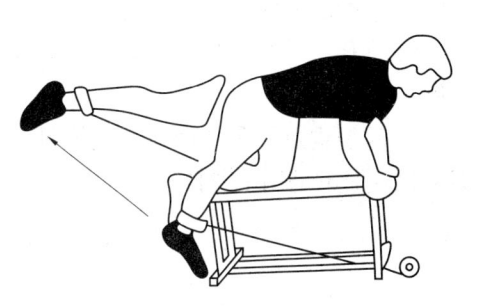

图5-31 臀部伸展

4）重要提示：①躯干在任何时候都保持紧张；②不要转动腿或脚增加运动范围。

（6）硬举，如图5-32所示。

1）目的：①加强下肢肌；②改善蹬腿的力量；③改善躯干力量和姿势。

2）开始姿势：①双脚与肩同宽；②杆铃靠近胫骨；③屈成下蹲姿势；④臀部放低；⑤背部放平。

3）动作：①通过运动使背肌收缩；②用蹬腿开始运动；③使杠铃靠近腿，用腿部肌肉移动杠铃至膝高；④一旦杠铃通过膝盖，带动髋完成，站直。

4）重要提示：①举杠铃时髋要放低，可减少下背的压力；②肩向后，挺胸，防止下背成圆形。

图 5-32 硬举

(7) 背弓起，如图 5-33 所示。

1) 目的：①加强背肌和臀肌；②改善躯干力量和姿势。

2) 开始姿势：①面朝下俯卧在平凳上或背伸展在凳上；②腰正好离开凳的边缘，双脚支撑；③双臂在胸前交叉。

3) 动作：躯干与地板垂直开始，抬躯干直到与地板平行。

4) 重要提示：没必要将躯干抬至过度伸展位。

(8) 躯干旋转，如图 5-34 所示。

1) 目的：①加强腹肌；②在单桨龙舟运动员的左右腿重新发展同等的力量。

2) 开始姿势：①面朝上躺在斜凳上；②屈膝 90°；③双臂伸直，朝天花板伸展；④手持重物（哑铃或杠铃片）。

3) 动作：①双臂从腰一侧向另一侧伸直旋转；②只用腹肌把重量向上拉，并旋转到另一侧。

4) 重要提示：①平稳地完成练习，避免快速的急拉动作；②手臂不要"下塌"；③只用腹部拉，而不是用手臂拉。

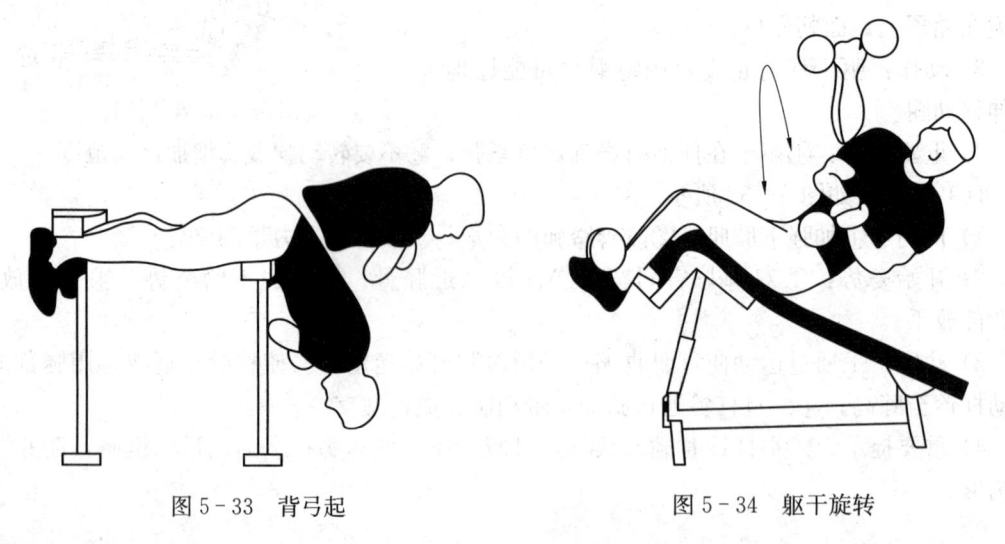

图 5-33 背弓起　　　　图 5-34 躯干旋转

(9) 坐抬腿，如图 5-35 所示。

1) 目的：①加强腹肌和髋屈肌；②改善躯干力量和姿势。

2) 开始姿势：①坐在凳的末端；②膝盖稍屈；③双手置于臀下。

3) 动作：①收腹，朝胸部抬腿；②朝膝盖拉动躯干；③慢放腿至开始位。

4) 重要提示：整个动作要保持腹部处于紧张状态。

(10) 综合力量练习器拉臂，如图 5-36 所示。

1) 目的：加强拉臂的肌肉。

2) 开始姿势：①采取坐姿；②用宽掌向下抓；③双臂在头上伸展。

3) 动作：①在身体的前面拉杆，直至接触胸骨的上方；②可以把拉杆拉至头后，直至接触颈的底部。

4) 重要提示：①不要猛拉身体移动重物；②整个动作上体保持正直。

图 5-35　坐抬腿

图 5-36　综合力量练习器拉臂

(11) 上拉，如图 5-37 所示。

1) 目的：①防止肋骨受伤；②改善躯干的力量。

2) 开始姿势：①背部平躺在凳子上或手持重物；②双脚放在地板上；③双手握住杠铃或哑铃。

3) 动作：①从胸前的重物开始；②在头上向后放低杠铃，使肘保持弯曲；③尽可能远地向后放低杠铃；④肘靠近头；⑤上拉杠铃回到开始位。

4) 重要提示：整个动作肘屈成同样的角度。

(12) 坐划，如图 5-38 所示。

1) 目的：①改善下背和手臂的力量；②改善拉臂和后仰的力量。

图 5-37　上拉

2) 开始姿势：①采取坐姿；②腿稍弯曲；③背部放平；④握住带横把的手柄。

3) 动作：①从腰部前屈，背部保持正直；②当手柄靠近脚趾时，向后拉至直体位；

③当双手到达膝盖时，双臂开始拉。

4) 重要提示：①不要猛拉身体去移动重量；②整个动作背部要平。

(13) 卧推，如图 5-39 所示。

1) 目的：维持上体推拉肌之间的平衡力量。

2) 开始姿势：①平躺在凳子上；②双脚平放在地板上；③臀、肩和头与凳子接触；④用肩宽或较宽的握法抓住杠铃；⑤在架子与臂长之间移动杠铃；⑥深吸气稳定上体；⑦双腿朝地板推，防止滑动。

3) 动作：①慢放杠铃至胸部；②杠铃接触与胸部平行的点；③杠铃要快速离开胸部；④推杠铃至臂长。

4) 重要提示：①不要在胸部反弹重量，否则会损害胸骨；②不要把双脚放在凳子上，否则会降低稳定性。

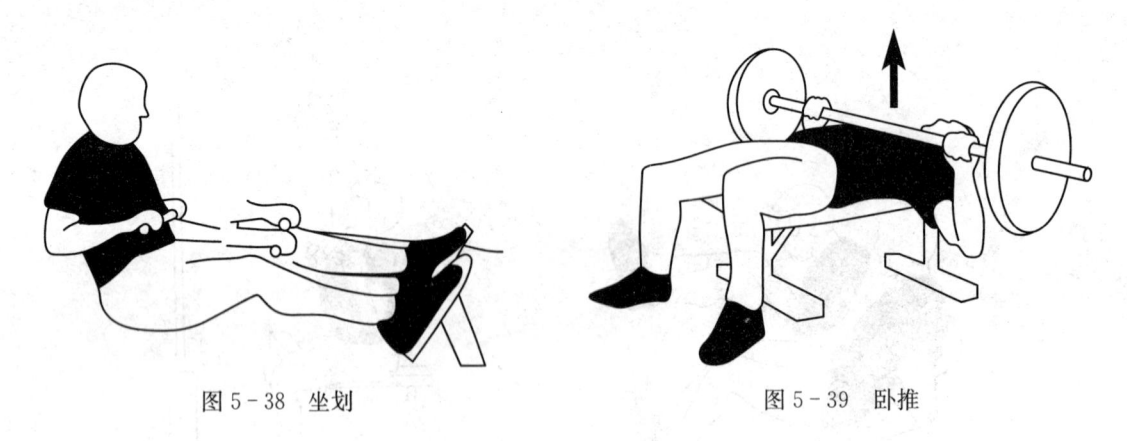

图 5-38 坐划     图 5-39 卧推

(14) 飞鸟扩胸，如图 5-40 所示。

1) 目的：增加拉桨时稳定肩部的肌力。

2) 开始姿势：①手掌相对，每只手各握一个哑铃；②坐在凳子上；③屈腰，使胸贴在大腿上；④重量刚好放在腓骨的后方；⑤上体保持正直；⑥肘稍弯曲。

3) 动作：①肘稍弯曲，提哑铃至体侧；②提哑铃使手臂至肩高；③双臂与地板平行；④在动作的最高点停止。

4) 重要提示：①手臂不要旋转；②上体保持正直和稳定，不要摇摆或转动上体；③在下放时要控制重量。

图 5-40 飞鸟扩胸

(15) 屈臂前上举，如图 5-41 所示。

1) 目的：增加手臂的拉力。

2) 开始姿势：①采取手不过肩的握法；②双手与肩同宽；③双臂伸直；④膝稍弯曲；⑤躯干正直。

3) 动作：①躯干保持正直，不要摇摆；②屈双臂，使重量刚好在下巴下完成；③有控制地放下重量，直至手臂伸直。

4) 重要提示：①确保动作结束时，手臂要伸直；②整个动作中肘部要靠近体侧。

(16) 平衡和稳定练习。

1) 坐平衡（见图 5-42）：①坐在球的上方；②脚跟和手离开球；③臀部从一侧向另一侧转动，绕圈；④用制动系统保持平衡；⑤不要移动腿或离开球。

图 5-41 屈臂前上举　　　　图 5-42 坐平衡

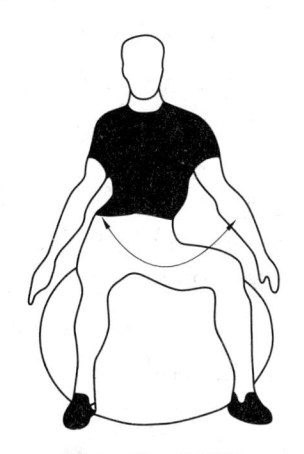

2) 交替腿平衡（见图 5-43）：①坐在球的上方，一只手置于球的侧面；②慢抬一条腿和对侧的手臂；③维持 10 秒，然后交换；④为增加难度，另一只手搁在膝盖上，而不是放在球上。

3) 单腿平衡（见图 5-44）：①坐在球的上方；②坐在球上保持稳定，慢伸一条腿；③另一条腿不动；④用躯干肌维持平衡；⑤为增加难度，手要离开球；⑥地板上的一条腿的脚跟不要碰球。

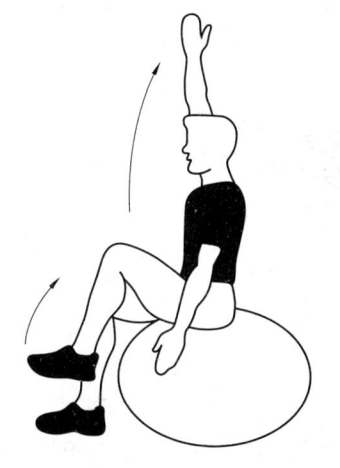

图 5-43 交替腿平衡　　　　图 5-44 单腿平衡

4）双桨平衡（见图5-45）：①坐在球的上方；②慢抬双臂和双脚；③一旦在此位感到舒适平衡，用手臂和腿模拟划双桨动作；④在掌握其他坐平衡练习之前，不要做此练习。

5）单腿桥（见图5-46）：①躺在球上，用肩部和颈部支撑；②手和脚放在地板上，提臀形成"桥"；③慢伸一条腿，另一条腿不动，臀保持高位；④通过双臂在胸前交叉以增加难度。

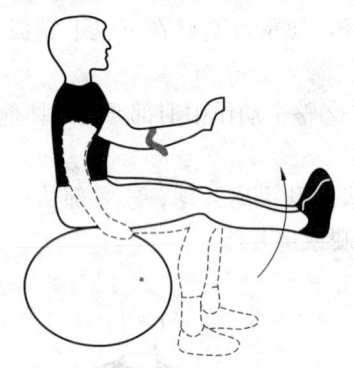

图5-45 双桨平衡　　　　图5-46 单腿桥

6）球桥（见图5-47）：①躺在地板上，双脚放在球的上方；②双臂置于体侧维持平衡；③提臀，直至膝和下巴成一直线；④双臂在胸前交叉以增加难度。

7）手推车平衡（见图5-48）：①采取上推位俯卧在球上，双手放在地板上，腰放在球上；②用双手向前行走，用双手向前向后行走，双脚和腰放在球上；③整个动作要使腹部紧张地收缩以支撑背的下部。

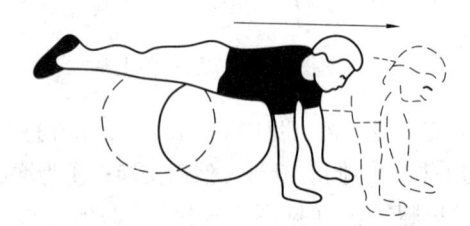

图5-47 球桥　　　　图5-48 手推车平衡

8）单臂超人（见图5-49）：①采取上推位俯卧在球上，大腿在球上，两手放在地板上；②收缩腹部，稳定躯干，一只臂慢抬离开地板；③单臂伸出10秒，放下手臂，另一只臂重复伸出。

图5-49 单臂超人

6.力量训练练习及手段

（1）力量训练练习。

1）负重抗阻力练习，如运用杠铃、壶铃、哑铃等训练器械。可用于机体任何一个部位肌肉力量的训练，是训练最常用的手段。

2）对抗性练习，如双人顶、推、拉等，依靠对抗双方以暂时的静力作用发展力量素质。对抗性练习既不需要训练器械及设备，又可引起练习者的兴趣。

3）克服弹性物体的练习，如使用拉力器、拉橡皮带等，依靠弹性物体变形而产生的阻力发展力量素质。

4）利用力量训练器械练习。

利用力量训练器械，可以使身体处在不同的姿势（或坐、或卧、或立）进行练习，可直接发展运动员所需要的肌肉力量，使训练更有针对性，还可以减轻运动员的心理负担，避免伤害事故的发生。

5）克服外部环境阻力的练习，如沙地和草地跑、跳练习等。做这种练习往往在动作结束阶段所用的力量较大，每次练习要求不用全力，动作要轻快。

6）克服自身体重的练习，如引体向上、倒立推起、纵跳等。这类练习均由四肢的远端支撑完成，迫使机体局部承受体重，使机体局部部位的力量得到发展。

7）电刺激练习。用电刺激发展力量能力，将电极置于肌肉的起止端，电流强度以人体不感痛苦为宜。经刺激后，肌肉体积没有明显增大，脂肪减少，力量得到提高。

（2）专项力量的训练手段

在水上进行的以发展划桨力量为目的的专门训练如表 5-7 所示。

表 5-7　　　　　　　　　　专 项 力 量 的 训 练

| 增加阻力 | 减小阻力 | 增加阻力 | 减小阻力 |
| --- | --- | --- | --- |
| 在舟艇内附加重量少人划 | 顺水划 | 增加桨长 | — |
| 舟艇拖带物划桨行进 | 在较快艇的浪中划 | 增加桨宽 | — |
| 浅水划 | 用较短的桨划 | 增加桨重 | — |
| 逆水划 | 减少桨叶宽度划 | | |

7. 力量训练的基本要求

（1）注意不同肌群力量的对应发展。根据专项竞技的需要，在主要发展运动员大肌肉群和主要肌肉群力量的同时，也要十分重视小肌肉群、远端肌肉群、深部肌肉群的力量训练。

（2）选择有效的训练手段。应根据完成训练任务的需要，正确地选择有效的训练手段，规范并明确正确的动作要求。例如，发展股四头肌力量，可选负重半蹲起的练习，要求运动员在练习时双脚平行或稍内扣站立，以求有效地发展股四头肌的力量。

（3）处理好负荷与恢复的关系。在一个训练阶段中，负荷安排应大中小结合，循序渐进地提高负荷量度；在小周期训练中，应使各种不同性质的力量训练交替进行。例如，在每周星期一、三、五可安排以发展爆发力或最大力量为主的训练；在每组重复练习中，注意组间的休息。一般来讲，训练水平低的运动员的组间休息要长一些；力量训练后，要特别注意使肌肉放松。肌肉在力量训练后会产生酸胀感，肌肉酸胀是肌纤维增粗现象的反映，也是力量增长的必然。但应采取积极措施消除肌肉的酸胀感，以利于减少能量消耗，并更好地保持肌肉弹性。

（4）注意激发练习的兴趣。肌肉工作力量的大小与中枢神经系统发射的神经冲动的强度有着密切的关系。神经冲动的强度越大，肌纤维参与工作的数量越多，冲动越集中，运动单位工作的同步化程度也就越高，表现出的力量也就越大。因此，在运动训练中应注意有意识地提高运动员练习的兴趣与积极性，以求提高力量训练的效果。进行爆发力训练对神经系统兴奋性要求更高。

（5）青少年运动员力量训练应注意的事项。

第一，掌握青少年力量发育的趋势，以便科学地安排力量训练。8岁以后，男孩、女孩力量开始有显著差别，男孩绝对力量自然增长的敏感期为11～13岁，而后，绝对力量增长速度缓慢，到25岁左右达到最大。女孩在10～13岁，绝对力量增长速度很快，三年中总的绝对力量可提高46%，13～15岁绝对力量增长速度下降，15～16岁回升，16岁以后再度下降，到20岁左右基本上可以达到最大力量。

在儿少时期，速度力量的发展比绝对力量发展得快一些，并且早一些。7～13岁是速度力量发展的敏感期，13岁以后男孩增长得比女孩快。

力量耐力的自然发展趋势较稳定，男孩在7～17岁基本处于直线上升趋势；女孩在13岁以后增长速度缓慢，14～15岁甚至出现下降。

第二，青少年的骨骼系统中软组织多，骨组织内的水分和有机物较多，无机盐少，骨骼弹性好，不易折断，但坚固性差，易弯曲，因而少儿不可进行大强度训练。青少年应多做发展力量耐力的训练，通过小负荷，特别是克服自身体重的练习，如做俯卧撑、仰卧起坐、反复下蹲等练习，使全身肌肉力量得到发展，增加肌肉中毛细血管和肌红蛋白的数量，改进输氧功能。

第三，青少年运动员的力量训练应以动力练习为主，少用或不用静力性练习，特别要尽量避免出现憋气动作，以免因胸内压的突然变化而影响心脏的正常发育。

第四，青少年运动员的力量训练，不要过早强调与专项运动技术相结合，应着重身体全面发展的力量训练。

8. 发展力量练习举例

（1）利用运动员体重的练习。

1）爬绳或爬杆、单杠或肋木，如图5-50所示。

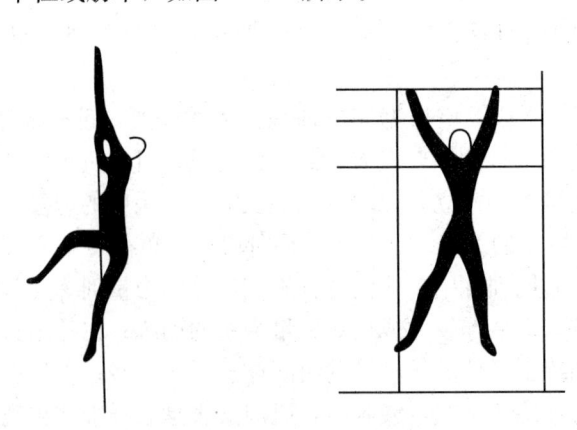

图5-50 爬绳、肋木

2）采用不同的位置和握法上拉或引体向上，如图5-51所示。

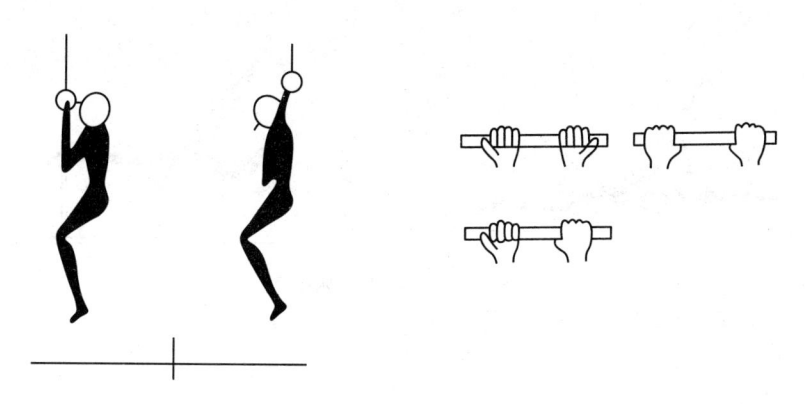

图 5-51 上拉、引体向上

3）俯卧撑，在双杠上做双臂屈伸，如图 5-52 所示。

图 5-52 俯卧撑及双臂屈伸

4）在单杠上做"擦窗子"动作或腿部扭转，如图 5-53 所示。

图 5-53 "擦窗子"动作或腿部扭转

5）在不同的位置和地方做躯干肌练习（腹肌），如图 5-54 所示。

图 5-54 腹肌练习

6）在不同的地点做躯干肌练习（背阔肌），如图 5-55 所示。

图 5-55 背阔肌练习

(2) 负重训练。

1) 卧推、坐推，成 45°卧推，如图 5-56 所示。

图 5-56 卧推和坐推

2) 凳上划或拉至胸部和摆动，"T"杠如图 5-57 所示。

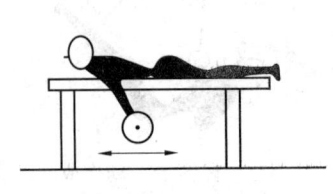

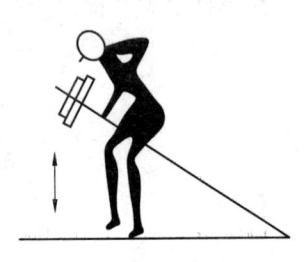

图 5-57 "T"杠

3) 单臂拉，单臂拉抬体如图 5-58 所示。

图 5-58 单臂拉

4) 提拉至肩。

5) 用杠铃抓举、硬举，如图 5-59 所示。

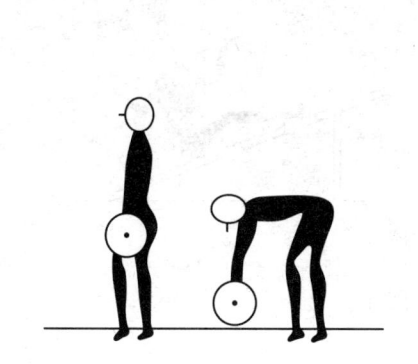

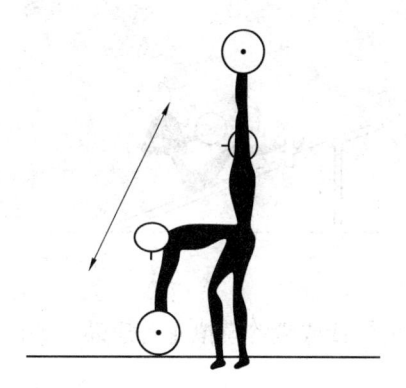

图 5-59 抓举、硬举

6）坐位或站位负杠铃转体，如图 5-60 所示。

图 5-60 杠铃转体（一）

7）在仰卧将轻负荷置于头后，臂拉起或做仰卧起坐，如图 5-61 所示。

图 5-61 臂拉起

8）持杠铃用直臂或屈臂做"蝴蝶"动作，如图 5-62 所示。

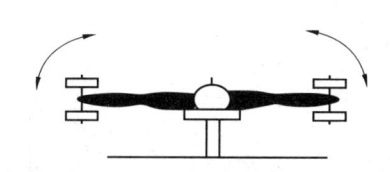

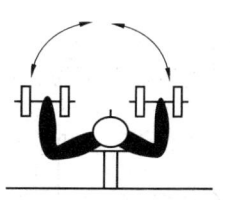

图 5-62 "蝴蝶"动作

9）负杠铃在斜板上转体，如图 5-63 所示。

图 5-63　杠铃转体（二）

10）负杠铃或哑铃模拟龙舟运动，如图 5-64 所示。

图 5-64　模拟龙舟运动

（3）动力器械练习。对桨手最实用的练习有以下几个。

1）直臂拉，转体或双臂划，如图 5-65 所示。

图 5-65　直臂拉

2）在体前或体后，单臂拉至头上，如图 5-66 所示。

图 5-66　单臂拉

3）在头前或头后双臂下拉，如图 5-67 所示。

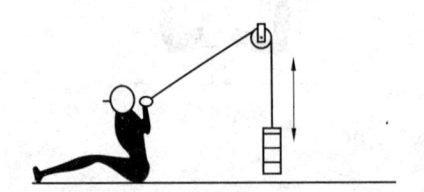

图 5-67　双臂下拉

### 五、速度素质的训练和评定要求

（一）速度素质的定义

龙舟运动员的速度素质是指运动员在龙舟比赛时所表现的快速运动的能力，它包括运动员对"出发"信号刺激快速反应的能力、快速完成划桨动作的能力和使艇快速行进的能力。

（二）反应速度的评定及训练

1. 反应速度的评定

人们通常测定反应时，利用运动员对信号刺激做出反应所需的时间来评定运动员的反应速度。运动员对不同种类的信号的反应时间是不同的，因此，龙舟项目是测定运动员对"出发"信号的反应速度。对反应的评定，可以通过实验室的精密仪器测量加以评定，也可通过测定运动员从听到发令信号到行动的时间差来评定。

2. 反应速度训练应注意的问题

（1）反应速度由神经反射通路的传导速度所决定，基本属于纯生理过程，不受其他因素影响。纯生理过程的提高是相当困难的，很大程度上取决于遗传因素，通过训练可使运动员潜力的反应速度能力表现出来并稳定下来。

（2）要求运动员注意力集中。在训练中，运动员注意力集中与不集中大不一样，运动员注意力集中，可使神经系统处于适宜的兴奋状态，使肌肉处于紧张待发状态，此时，肌肉的反应速度比处于松弛状态时可提高60％左右。当然，这种紧张待发状态必须有时间的限制，一般地说，适宜时间为1.5秒左右，最多不能超过8秒。把注意力集中在完成的动作上效果为好，可缩短潜伏时间。

（3）反应速度的提高在很大程度上取决于运动员对信号应答反应的动作熟练程度上。若动作熟练，信号一出现，就会立刻做出相应的反应动作。在进行反应速度的训练时，还要经常改变刺激因素的强度和信号发出的时间。

3. 反应速度训练常用的方法

（1）信号刺激法。利用突然发出的信号提高运动员对简单信号的反应能力。

（2）运动感觉法。运用运动感觉法一般要经过三个阶段：第一阶段是让运动员以最快的速度对某一个信号做出应答反应，然后教练员把所花费的时间告诉运动员；第二阶段先让运动员自己估计做出应答反应花费了多少时间，然后教练员再将其实际所用的时间进行比较，目的在于提高运动员对时间感觉的准确性；第三阶段是教练员要求运动员按事先所规定的时间完成某一反应的练习，这种练习可以提高运动员对时间判断的能力，促进反应速度的提高。

（3）移动目标的练习法。运动员对移动目标能迅速地做出应答，一般要经过看（或听）到目标移动所发出的信号，判断目标移动的方位及速度，运动员选择自己的行动（应答）方案和实现行动方案四个步骤。其中，判断目标的移动方位及速度的准确性与否，会导致所选择行动方案的正误，因此，这是训练的重点。随着训练水平的提高，在目标移动的设计上可加大难度，如提高目标移动速度、缩短目标与运动员之间的距离等。

（4）选择性练习法。具体做法是，随着各信号复杂程度的变化，让运动员做出相反的应答动作。例如，教练员喊蹲下同时做下蹲动作，运动员则站立不动；教练员喊向左转，运动员则向右转；或教练员喊某一个数字时，运动员应及时做出相应（事先规定）的动作等。

（三）动作速度的评定及训练

1. 动作速度的评定

因为动作速度寓于某一个技术动作之中，如入水动作速度、拉桨动作速度、冲刺动作速度等，所以动作速度的测量是与技术参数测定联系在一起的，如测定划桨动作周期中的出水动作速度。通过连续多次完成同一动作，亦可求出平均的动作速度（桨频）。

2. 动作速度训练应注意的问题

（1）提高动作速度应与掌握和保持正确的技术动作紧密地结合。

（2）专门性的动作速度训练与专项比赛动作要求相一致。例如，在短距离划龙舟训练中所采用的专门性练习，递增速度划（桨频）、顺水划等，运动员专门出发和冲刺练习时，都应对速度（桨频）提出严格的要求。

（3）在使用反复做某一个规定动作为手段发展运动员的动作速度时，应合理地变换练习的速度。将最高速度与变换速度的练习结合起来，把相对固定（有规格的）的速度练习与变化（无规格的）的速度练习结合起来，并且要避免动作速度稳定在同一个水平上，力争让运动员超过平时的最高速度。

（4）动作速度训练中，练习的持续时间一般不宜过长。这是因为动作速度训练强度较大，要求运动员的兴奋性高，一般来说不超过20秒。

（5）练习与练习之间的间歇是由练习的强度所决定的。练习强度大会使运动员神经兴奋性下降，不利于用"剩余兴奋"指挥后面的练习，因此间歇练习也不宜过长。例如，持续时间5秒、强度达到95%以上的练习，间歇时间以30～90秒为宜。

3. 提高动作速度常用的方法

（1）利用外界助力控制运动员的动作速度，如超标准人数的舟艇训练等。

（2）减小外界自然条件的阻力，如顺风划等。

（3）利用动作加速度或器械重量变化而获得的后效作用发展动作速度，如变速划等。

（4）借助信号刺激提高动作速度。例如，利用同步声音的伴奏，使运动员伴随着声音信号的快节奏做出协调一致的快速动作。

（5）缩小完成动作的空间和时间界限，如小桨叶划高桨频划等。

（四）移动速度（船速）的评定及训练

1. 移动速度的评定

测定移动速度的手段是短距离划、跑步和游泳，要求如下。

（1）距离不要过长，水上为50～100米、跑步为30～60米、游泳为25～50米。

（2）最好不从起跑计时，而测定运动员全速划（跑步、游泳）通过某段距离的能力。

（3）在运动员不疲劳、神经兴奋性高的状态下测验。

（4）可测定2～3次，取最佳成绩。

2. 移动速度训练负荷量度的确定

提高移动速度有两个途径：一是力量训练，使运动员力量增长，进而提高速度；二是反复进行专项练习。

无论通过哪个途径提高移动速度，训练中都必须重视确定适宜的训练负荷。

（1）龙舟运动员进行快速力量训练时，不同练习内容对练习的组数及每组重复次数有不同的要求。

(2) 超等长力量练习，如用大量速度做垂直跳 30 秒、单足跳 30～50 米等。

(3) 在训练实践中，运动员力量得到提高，并不意味着移动速度马上可以提高，也可能当力量训练负荷减少以后才有提高，这种现象叫"延迟性转化"。

3. 提高移动速度常用的方法

(1) 最高移动速度练习的每次持续时间不能过长，应使每次练习均以高能磷酸原代谢为主要供能途径，一般来说，应保持在 20 秒以内。

多采用 85%～110% 的负荷强度，练习的重复次数不应过多，以免训练强度下降。

确定间歇时间的长短，应能使运动员机体得到相对充分的恢复，以保证下一次练习的进行。

休息时，可采用放松慢划（跑步、游泳）做伸展练习。例如，70% 的强度加速划 50 米×（3～5）次；90% 的强度的静止出发划 100 米×5 次，组间休息 5～10 分钟的训练安排。

(2) 进行各种爆发力练习。

(3) 进行高频率的专门性练习。

(4) 利用特定的场地器材进行加速练习，如顺流划、顺风划。

（五）速度训练的基本要求

(1) 速度素质训练应该结合运动员所从事的专项运动进行。例如，对龙舟运动员的反应速度训练，应着重提高他们的听觉和视觉反应能力。

(2) 速度素质训练应在运动员兴奋性高、情绪饱满、运动欲望强的情况下进行，一般应安排在训练课的前半部。

(3) 速度提高到一定程度时，常出现进展停滞、难以提高的现象，称为速度障碍。产生速度障碍的客观原因是技能动力定型的形成，运动员技术动作的空间和时间特征都趋于稳定。随着移动水平的提高，运动员神经过程灵活性的改进和肌肉收缩所需能量的提供会遇到更大的困难，而运动员向前移动所需克服的阻力也更大。产生速度障碍的主观原因：过早地片面发展绝对速度；基础训练不够；技术动作不合理；训练手段单调、片面，无法引起新异刺激；负荷过度、恢复不好等。出现速度障碍时，可采用牵引划、变速划、顺流划等手段予以克服。

（六）青少年运动员速度训练的注意事项

(1) 掌握青少年速度自然发展趋势，以便科学地安排速度训练。反应速度：6～12 岁反应速度提高幅度较大，9～12 岁提高的更为显著，12 岁以后，由于进入发育阶段，反应速度增长的速度减慢，到 16 岁时，由于内分泌系统等机能产生了质的飞跃，反应速度提高又出现高峰，到 20 岁以后提高速度减慢。一般反应速度 2～3 岁为 0.5～0.9 秒，5～7 岁为 0.30～0.40 秒，12～14 岁为 0.15～0.20 秒。

动作速度：从肘关节的最高动作频率看，4～17 岁从 3.3 次/10 秒提高到 3.7 次/10 秒，7～17 岁步频自然增长。4～5 岁的孩子动作角速度可以达到 26.1～37.1 度/秒，以后随着年龄的增长动作角速度也随之提高，13～14 岁时动作角速度可能达到 42.0～86.1 度/秒，基本接近成年人水平。

跑步速度（移动速度）：7～12 岁男女孩跑步最高速度的差别不大，到 13 岁以后，男孩逐渐超过女孩。男孩在 18 岁以后跑步速度有提高的趋势，而女孩 17 岁后跑速自然提高减慢。女孩 14～16 岁时由于青春期的关系，速度表现很不稳定，有时还低于 14 岁以前。

(2) 由于移动速度具有多素质综合利用的特点，移动速度的发展与力量、耐力等其他身体素质的发展有着密切的关系，因此，对青少年运动员进行速度训练的同时，要十分重视身体素质的全面发展。

### 六、耐力素质训练及其评定

耐力素质通常可理解为运动员有机体长时间工作抗疲劳的能力。

疲劳是训练后的必然结果，没有疲劳就没有训练。但疲劳又会使有机体的工作能力下降，使其不能保持长时间的工作，所以疲劳又是训练的障碍。运动员在训练和比赛过程中抗疲劳的能力，反映了他的耐力素质水平。

疲劳由于工作的特点不同，可产生感觉上的疲劳、感情上的疲劳和体力上的疲劳等。运动训练过程中由肌肉工作引起的体力上的疲劳，是耐力素质训练所要克服的主要疲劳。耐力素质的发展对较长时间的皮划艇项目成绩的提高有重要意义。

耐力素质可分为一般耐力和专项耐力。按器官系统分类，把耐力分为肌肉耐力和心血管系统耐力，从供能特征来看又将心血管系统耐力分为有氧耐力（糖酵解和脂肪元供能）和无氧耐力（包括磷酸肌酸供能和无氧糖酵解供能）。

（一）有氧耐力的评定及训练负荷量度的确定

1. 有氧耐力的评定

评定有氧耐力的方法很多，经常采用的方法是定距离的计时位移运动，如 2000 米划龙舟、定时计距离的 12 分钟跑等。

2. 有氧耐力训练负荷量度的确定

（1）持续训练法。

1）负荷强度。采用持续训练法发展有氧耐力的训练强度相对较小，心率可控制在 145～170 次/分。这个训练强度对提高运动员的心脏功能尤为有效，对改进肌肉的供血能力、肌肉的直接吸收氧的能力也有特殊意义。有氧耐力训练的适宜心率可通过以下公式计算：

$$（安静心率＋最大心率－安静心率）×（60\%～70\%）$$

据研究，心率控制在这个水平上，机体的吸氧量可达到最大值的 80% 左右，心输出量增加，促进骨骼肌、心肌中的毛细血管扩张。假如超过这个界限，如 170 次/分以上，机体就产生氧债，使训练效应发生变化。假如低于这个界限，如 140 次/分以下，心输出量达不到较大值，同时吸进的氧气也少，则会影响训练的效果。

2）负荷量。负荷量取决于运动员的训练水平，训练水平高的运动员可承受大负荷量，如持续跑可坚持两个小时；训练水平低的运动员只能承受较小的负荷量。但是一般地讲，发展运动员有氧耐力训练的时间不能少于 20 分钟。

3）工作方式。运用持续训练法发展运动员的有氧耐力的工作方式很多。例如，中长跑运动员可采用以下几种方式：

① 匀速持续跑。心率控制在 150 次/分左右，时间坚持在 1 小时以上，这种练习节省体力，效果好。

② 越野跑。工作时间为 1.5～2 小时，跑步速度可匀可变。在自然环境中练习可提高运动员的兴趣，有利于推迟疲劳的产生时间。

③ 变速跑。为发展运动员的有氧耐力水平，可广泛使用变速跑，负荷强度可从较小强

度（如心率 130~145 次/分）提高到较大强度（如心率达 170~180 次/分），持续时间在 30 分钟以上，使用变速跑可提高运动员比赛的适应能力。

④ 法特莱克跑。法特莱克跑有利于提高运动员训练的兴奋性，使其吸进更多的新鲜氧气，推迟疲劳的出现时间。

(2) 间歇训练法

1) 负荷强度。采用间歇训练法发展有氧耐力，在工作进行中，心率可达到 170~180 次/分。如果工作距离长，心率就会低于这个数值。

2) 负荷量。间歇训练中的分段练习的负荷量常常用距离（米）或时间（秒）两个指标来表示。依时间指标来表示，持续工作时间不超过两分钟，少则仅有几秒，这是因为间歇训练法工作的强度大，一次练习的持续时间就不可能过长，否则会导致训练效应的改变。

3) 间歇时间。运用间歇训练法必须严格控制间歇时间，一般要求机体尚未充分恢复、心率恢复到 120 次/分左右时，便可进行下一次练习。

4) 休息方式。运用间歇训练法，两次（组）练习之间应进行积极性的休息，以利于恢复。

5) 练习的持续时间。运用间歇训练法练习所需持续时间较长，有时需半小时以上，时间过短则难以取得理想的训练效果。

(3) 循环练习法。要选好训练内容，应选以作用于心血管耐力的练习为主要练习手段；每次练习负荷，可按极限负荷的 1/3 左右安排。

(4) 游戏练习法。游戏练习法适用于少儿训练，负荷强度以心率为 140~150 次/分为宜，运动时间在 20 分钟以上。

(二) 无氧耐力的评定与训练负荷量度的确定

1. 无氧耐力的评定

评定糖无氧代谢供能的无氧耐力训练可采用持续 1 分钟的练习作为评定指标，如 250 米划龙舟、400 米跑等。

2. 无氧耐力训练负荷量度的确定

(1) 负荷强度。提高糖酵解无氧代谢供能的无氧耐力训练的强度为 80%~100%，以使运动员机体处于糖酵解供能状态，其强度为 80%~100%。

发展糖酵解无氧代谢供能的无氧耐力训练，一次练习的持续时间为 1~2 分钟，一般水上 300 米、跑步 400 米、游泳 100~200 米为宜。

(2) 重复练习的次数与组数。每组练习的重复次数不必过多，如 3~4 次，以保证必要的训练强度。

练习的重复组数应视运动员的训练水平而定，一般地讲，训练水平低的新手重复组数少，如 2~3 组；对训练有素的运动员可安排 3~5 组。确定练习的重复组数的基本原则是，使运动员在最后一组也基本能保持所规定的负荷强度，而不应下降得过多。

(3) 间歇时间。发展糖酵解无氧代谢供能的无氧耐力的间歇时间安排有两种做法。一种是每次间歇时间以恒定不变的方式安排，如每次练习之间休息 4 分钟等。另一种是采取逐渐缩短时间的方式安排。例如，第一、第二次之间间歇 5~6 分钟，第二、第三次之间间歇 4~5 分钟，第三、第四次之间间歇 3~4 分钟，这样做有利于使体内乳酸堆积，达到较高值。

间歇时间的确定受负荷距离及强度的影响，距离长、强度大，间歇时间就长；距离短、

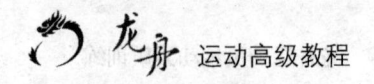

强度小，间歇时间就短。

组间的间歇时间一般要长于组内间歇时间，以利于恢复。

(三) 专项耐力训练

1. 专项耐力训练的定义

专项耐力是指有机体克服专项运动负荷所产生的抗疲劳的能力。龙舟运动的比赛距离从 200~2000 米，各比赛距离的专项耐力具有不同的特征。短距离是以非乳酸和无氧糖酵解供能为主的速度耐力，长距离则是以有氧供能为主的力量耐力。

2. 专项耐力训练的主要内容和手段

专项耐力训练的主要内容和手段见表 5-8。

表 5-8　　专项耐力训练的主要内容和手段

| 名　称 | 内　容 | 形　式 |
|---|---|---|
| 一级负荷 | 发展基础耐力，稳定巩固技术动作。<br>强度：血乳酸值 4 毫摩尔。<br>心率：145~164 次/分 | 50~90 分钟持续划 |
| 二级负荷 | 发展有氧耐力，在所要求的强度下巩固技术。<br>强度：血乳酸值 4~7 毫摩尔。<br>心率：165~180 次/分 | (6~8)×500 米，间歇 4 分钟。<br>(4~8)×1000 米，间歇 8 分钟。<br>(3~4)×2000 米，间歇 15~20 分钟 |
| 三级负荷 | 以比赛距离的强化训练，在接近比赛的条件下巩固技术。<br>强度：血乳酸值 7~12 毫摩尔。<br>心率：175~190 次/分 | (4~6)×500 米，间歇 8~10 分钟。<br>(4~6)×1000 米，间歇 10~15 分钟 |
| 四级负荷 | 速度训练，负荷时间为 20~90 秒，距离为 100~300 米的水上专项速度耐力。<br>血乳酸和心率达到最大值。<br>桨频达到比赛中的出发桨频 | 100 米，4~6 组，4~6 个重复。<br>150 米，200 米，250 米，300 米，或 100—200—300—200—100 米 |
| 比赛性负荷 | 200、500、1000、2000 米距离的比赛训练。<br>按照比赛的要求进行。<br>心率大于 190 次/分；血乳酸值大于 9 毫摩尔/升。<br>桨频为比赛桨频 | 1×2000 米或 1×1000 米或 2×500 米或 3~2×200 米。按照比赛状态，包含出发—途中—冲刺 |
| 恢复性负荷 | 补充训练，用于训练间歇或恢复训练单元。<br>血乳酸值在 2~5 毫摩尔以下 | 训练时间在 20~60 分钟。<br>心率和桨频无要求 |
| 专项耐力 | 专项力量耐力训练，结合技术动作提高划桨效果，在船上增加阻力。<br>心率大于 175~180 次/分，桨频按照二级负荷要求。血乳酸值为 6~8 毫摩尔，提高专项力量耐力 | 距离为 200~1000 米，如 8×200 米或 6×500 米或 4×1000 米 |

(四) 耐力训练的基本要求

1. 重视运动员呼吸能力的培养

耐力训练中要注意呼吸问题。通过摄取坚持长时间工作必需的氧气，机体是通过提高呼吸频率和加深呼吸深度来吸取氧气的。一般地讲，没有参加过训练的人在长时间的工作过程中,主要以加大呼吸的频率来供给机体需要的氧气,而高水平运动员则主要以加大呼吸的深度来改善对体内氧气的供给。

在运动训练中,当运动员进行中等耐力训练时,就会出现每分钟耗氧量与氧的供给量之间的不一致,在大负荷时,其不一致的程度就更为明显,可见,培养运动员的呼吸能力是十分必要的。在进行耐力训练时,应加强对运动员用鼻呼吸能力的培养。从卫生角度看,鼻腔中有黏膜可以净化空气,也可以使氧气缓和一下再被吸入气管,这样就会减少尘埃和不使冷气直接进入肺部。但是,游泳运动员多是用嘴呼吸,在训练中应加强呼吸节奏与动作节奏协调一致的训练,呼吸节奏紊乱,就会使动作节奏遭到破坏,从而影响运动成绩。

2. 加强意志品质的培养

运动员的意志品质在耐力训练中起的作用是很重要的,意志坚强者比意志薄弱者的耐力表现好得多,在耐力素质训练中必须注意对运动员意志品质的培养。温度过高、气压过低,对一个人的耐力也会产生较大的影响,抵抗这些不利因素也需要运动员有坚强的意志品质。

3. 青少年运动员耐力训练的注意事项

(1) 掌握青少年运动员耐力自然发展的趋势,以便科学地安排耐力训练。青少年耐力素质是随着年龄的增长而逐渐提高的。例如,进行3分钟的活动测定,9岁儿童的耐力只能达到成人的40%,12岁时达到成人的65%,15岁时便可达到成人的92%。

一般地讲,女孩9岁时,耐力提高的速度较快;12岁时,耐力再次提高;当她们进入性成熟后第二年(14岁起)耐力水平将逐年下降。15~16岁时,耐力水平下降得最多。

男孩在10岁、13岁和16岁时,耐力素质有大幅度的提高。

(2) 青少年运动员耐力训练必须以有氧耐力训练为主。过早地进行无氧耐力训练,会严重地影响到他们的循环系统未来的功能水平。此外,从生理上讲,青少年的血红蛋白、肌红蛋白含量较成年人少,无氧代谢能量贮备不足,酸中毒现象要靠心血管系统补偿来消除,因此,无氧代谢能力的发展受到限制。

一般地讲,少年运动员从青春发育期开始以后进行无氧耐力训练为好。从优秀皮划艇运动员成长过程进行分析,他们系统地从事专项耐力的训练时间男子为14~16岁,女子为13~14岁。

(3) 青少年运动员进行耐力训练的内容手段应是多种多样的,不应只局限于长跑的练习,可选用活动性游戏、球类运动、骑自行车、滑冰、登山和循环练习等。

(4) 青少年运动员进行耐力训练的基本方法为持续训练法,此外,还可用法特莱克式的变速划等。假使使用间歇训练法,应以小强度的间歇训练法为主,工作强度控制在30%~60%。练习总时间为20分钟左右,练习与休息时的比例可按1:1安排。随着年龄增长,到15岁以后可使用较大强度的间歇训练法,强度可达50%以上。

# 第六章

# 龙舟运动员的心理特征与心理训练

## 第一节 龙舟运动员的心理特征

### 一、龙舟运动员的专项心理特征

根据龙舟运动项目的特点,优秀龙舟运动员应该具备的专项心理特征有运动表象的清晰、生动和连续性,准确的速度知觉、时间知觉,准确的用力感,准确的动觉方位感,良好的协调性和平衡感,节奏感,高动作频率及频率感,适宜的神经类型。

### 二、龙舟运动员心理指标的测试与评定方法

（一）运动表象能力

龙舟运动员的运动表象是否清晰、生动和连续,对其运动技能水平的提高关系极大。研究表明,运动表象能力强的运动员具有较大的发展潜力。对于如何测定运动员的运动表象能力的手段很多,其中以马丁的表象技能量表最有代表性,也是一种较实用的测定方法。

（二）速度感

速度知觉是龙舟运动员的重要心理素质,是运动员准确估计自己的船速,以及能正确使用力量感和调节速度所必需的心理素质。任何运动项目都需要熟练掌握专项技能,而形成运动技能离不开正确的本体感觉。精确的速度感可使运动员辨别出不同运动强度中用力的大小和技术的正确程度,当运动员精确地感受并分辨出自己的速度时,就能控制技术,稳定情绪,提高自信心,在比赛中发挥最高船速。速度感的测定可通过预先指定船速然后实测,观察其误差的大小;也可以先划一段距离,记下时间,然后再复制一次,观察其误差的大小,误差值越小,说明速度感越清晰准确。速度感的测定仪器大多是电子秒表。

（三）用力感

龙舟运动员对舟艇行进过程中平稳性的控制及对舟艇行驶速度大小的控制是通过运动员身体各部分肌肉协调用力来完成的。准确的用力感是优秀龙舟运动员必备的心理素质。用力感的测量仪器是握力感测量仪。

（四）动觉方位感

龙舟运动员双臂和腰部运动的方位和角度直接影响着船行驶的方向和平衡性。例如,舵

手在比赛中要有良好的辨别风向和风力的能力，熟知不同风向对船的影响，感觉龙舟在行驶过程中的细微变化并及时进行调整，以便在比赛中利用风力来提高和保持船速。动觉方位感的测定仪器是动觉方位辨别仪。

（五）协调性和平衡感

协调性也是龙舟运动员的一项重要素质。龙舟运动员的协调能力可以用动作升级过程测试和测量。龙舟运动员的平衡感是指运动员对船的平衡状态的感知能力和调整能力。平衡感可用测量平台或单足平衡的观察来测量，从测试结果的观察中可以选出身体稳定性好的运动员。此外，教练员也可以根据自己的实践经验考察运动员的协调性和平衡性。

（六）节奏感

由于龙舟运动项目的比赛距离较长，时间也相对较长，因此运动员划船的节奏就显得更为重要。没有合理的节奏分配就很难做到最佳体力节约，即使是采用变节奏战术的运动员也需要具备良好的节奏感。例如，鼓手在比赛中可根据战术进行有节奏的变化，在启航时采用80次/分桨频，途中逐渐过渡到70次/分桨频，冲刺阶段再过渡到80次/分的桨频。龙舟运动员节奏感的测试仪器是心理测试专用计算机。

（七）动作频率感

动作频率是影响龙舟运动员速度素质的重要因素，而运动员的动作频率是受大脑神经动力特征制约的，具有先天的遗传性。例如，教练员在训练中应经常将测试的桨频数据反馈给鼓手，这样可以使鼓手与划手的配合更加默契，取得更好的效果。因此，在对优秀龙舟运动员的选材中，动作频率高的运动员表明其先天遗传素质较好。运动员摆臂与转腰的大动作频率及最高动作频率的测定仪器是光电计数器、启动反应仪与配套仪器。

（八）神经类型和气质类型

龙舟运动员的神经类型和气质类型主要是由遗传决定的。龙舟运动员适宜的神经类型以稳定性、亚稳定性为好，气质类型以黏液质与多血质为好。神经类型的测试可选用80.8神经类型测试法，气质类型可用气质量表加以测试。

## 第二节　龙舟运动员的心理训练

### 一、龙舟运动员心理训练概述

1. 龙舟运动员心理训练的意义

在当代运动训练体系中，心理训练以充分挖掘和发挥人的心理潜能为宗旨，努力促进运动员心理品质的发展和完善，使运动员学会调控自己的心理状态。心理训练有助于龙舟运动员心理品质的发展，保持心理稳定；有助于龙舟运动员掌握运动技能，形成技巧，增强自信心；有助于龙舟运动员克服消极情绪状态，形成最佳竞技心理状态，充分发挥运动潜能；有助于龙舟运动员消除疲劳、恢复体力、调控心理能量。

2. 龙舟运动员心理训练的原则

以运动员的生理机能为基础使其达到最佳和稳定的成绩。运动员获得成功的心理品质并非遗传能力，而是通过系统训练可以获得的心理技能。心理训练应与运动员的身体训练、技术训练和战术训练相结合，充分认识运动员的个体差异，培养运动员的自我责任感。

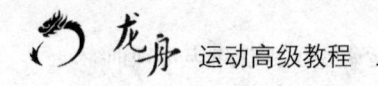

3. 龙舟运动员心理训练的内容

龙舟运动员心理训练的内容主要包括表象技能、集中注意技能、紧张应急控制技能、目标设置技能和心理能量控制技能等心理机能。这些基本的心理机能是相互联系的，一种技能的提高有助于另一种技能的发展。

4. 妨碍龙舟运动员心理训练的主要因素

对龙舟运动员心理准备的重要性缺乏认识，不了解心理训练的内容、程序与方法。这些都是龙舟运动员心理训练的障碍，不利于心理训练工作的顺利开展。

**二、龙舟运动员目标设置技能训练**

运动实践表明，有效的目标设置，可以帮助运动员提高技术动作完成的质量，提高训练的质量，使训练更加明确和更具有挑战性，从而减少训练的枯燥感。同时，能促进运动员内部成就动机、自豪感、满意感和自信心的增强。

1. 目标设置的原则

（1）设置表现的目标，而不是结果的目标：目标分为结果的目标和表现的目标。所谓结果的目标，是指把比赛的胜负结果作为追求的目标。而表现的目标是指将完成技术动作的具体行为表现作为追求的目标。之所以要设置表现的目标而不是结果的目标，是因为表现的目标比结果的目标具有更大的可控性。运动员往往比较容易控制自己的运动技术表现，但是却难以控制比赛的结果。例如，男子龙舟 500 米直道竞速 1 分 45 秒，设置比赛过程中划桨的节奏、划距、拉水速度。之所以要设置表现的目标而不是结果的目标，是因为表现的目标比结果的目标具有更大的可控性。

（2）设置既现实又具有挑战性的目标。为了保证目标的挑战性与现实性，目标设置的梯形方法是一种较实用的方法。具体步骤是，第一，确定将争取实现的最终目标；第二，确定完成某一特定任务的基础水平；第三，列出数个指向于实现最终目标，并且难度逐渐增大的目标。例如，为了备战 2010 年的广州亚运会，取得男子 1000 米直道竞速项目好成绩，就可以把传统强队印度尼西亚近年的最好成绩作为挑战性目标，根据龙舟队集训前的成绩具体列出梯形目标，以取得更好成绩。

（3）设置具体的目标，而不是一般的目标：教练员的任务就是帮助运动员将一般的目标具体化，并帮助他们从一开始就设置具体的目标。具体的目标之所以比一般目标更加有效，在于具体目标显得更加精确而不模糊，它清楚地将期望传递给运动员。教练员在设置目标时应尽量将目标数量化，严格限定时间和具体的标准。例如，为发展龙舟运动员的有氧耐力水平，可采用变速划，负荷强度可从较小强度（如心率 22～24 次/10 秒）提高到较大强度（如心率达到 28～30 次/10 秒），持续时间在 30 分钟以上。

（4）注重短期目标与长期目标的结合：通过一系列短期目标的实现以达到长期目标的最终实现。在实现长期目标的过程中，具体又具有挑战性的短期目标为教练员提供了取得成功的机会。短期目标还有助于运动员明确为实现目标自身所存在的具体问题，进而有助于教练员调整训练计划，以满足每个运动员的迫切要求。

（5）个人目标与全队目标的结合：目标设置的重点应该放在个人身上，而不是集体的目标上。实际上，如果每个队员都为个人目标的实现而努力，个人的技能水平就会提高，全队成功的可能性也会增加。教练员的责任就是将每个运动员的个人目标与全队的目标结合起来。例如,龙舟训练过程中,既要注重对全队的训练,还要有针对性地提高个人技能水平。

2. 目标设置的步骤

(1)任务分析:在任何目标设置工作的开始,首先确定好在成功地实现目标过程中的关键技术和能力是至关重要的。例如,龙舟训练中确定启航和途中划各自所需要的节奏、划距及拉水速度,同时,不同桨位对应不同的技能要求,要有针对性地对运动员进行训练。

(2)测量动作的完成:在确定与成功有关的技能之后,将这些技能的完成情况进行量化的测量。测量技能的完成时设置客观的测量目标的基础。例如,要提高龙舟1000米的成绩,主要在匀速和耐力上,那么在具体设置目标的过程中,可以将1000米分为4段(每段250米)进行计时,通过计算每一阶段的时间差值来评定运动员的成绩提高状况。

(3)设置目标:教练员在制定具体而有挑战性的目标的过程中,应当让运动员明确实现这些目标的时间限制。与此同时,要使运动员明白目标是为他们而制订的,而不是为教练员制订的。这将有助于他们明确教练员的整个训练意图,同时也将极大地增加他们对自己行为的责任感。例如,龙舟女子250米直道竞速,在已有的最好成绩1分02秒的情况下,可把目标设置为59秒,使运动员明确自己的目标,提高运动员的训练动机。

(4)目标分级:面对多个目标时,运动员应当根据目标的重要性将目标分级。

(5)目标协调:对于龙舟这种群体类项目的训练,设置的目标只有通过集体中每个运动员的任务与其他运动员的任务相互协调才能实现。

### 三、龙舟运动员表象技能训练及条件和方法

1. 龙舟运动员表象技能训练

(1)感觉觉察训练。为了提高龙舟运动员的表现能力,关键是让他们能够觉察到自己在划船过程中的各种感觉。运动员需要感觉到划船时身体各个部位所处的位置、动作幅度的大小、节奏的快慢、动作的连贯程度、方向的变化,以及各种实际的身体姿势等。

提高运动员感觉觉察的最好方法是专注技术,这种技术要求运动员将注意力集中在动作上。通过让运动员放慢动作的节奏,来专注动作环节,使运动员对动作的各种感觉更细致、更清晰。

在进行专项觉察能力训练之前,必须对运动员进行基础感觉觉察能力的训练,这有助于运动员提高自身的运动感觉。基础感觉觉察能力训练所采用的专注技术是行走感觉练习。

在进行表象技能的基础察觉训练后,运动员可以结合龙舟运动专项的特点进行专项感觉觉察训练,这种训练的关键是要做本项目的专注训练。例如,龙舟的划桨技术动作可分为插桨、拉桨、回桨三个部分。在做专注练习中,可让运动员缓缓地完成整个划桨动作,注意体会每一阶段具体的运动感受,同时,在完成整个划桨动作中体会动作的快慢节奏变化。

(2)清晰性训练。清晰性是表象中所有感觉的清晰程度。表象清晰性训练的基础能力的练习方法可以从运动员所熟悉的环境入手,要求运动员自己对指导语的描述进行表象练习。每次做完练习后,要求运动员对自己表象时各种感觉体验的清晰性程度按1~5的等级评分。每次表象后的自我评定有助于了解运动员进行表象练习的提高状况。通过基础的清晰性练习之后,在运动员表象的清晰性程序有所提高的基础上,就可以进行专项的清晰性练习。

(3)控制能力的表象训练。当表象的清晰性能力得到提高之后,运动员就需要提高控制自己表象的能力。表象训练的目的就是让运动员能够自由操纵、塑造和推动表象。

能够改善控制能力的基础表象练习有比率变化练习、上臂沉重感练习及冰水练习等。比率变化练习是对所熟悉的任务形象做从小到大及从大到小的想象变化的表象的视觉控制练习，上臂沉重感练习是体验手臂抬物的重量由轻到重及由重到轻的表象变化动觉控制练习，冰水练习是脚踝部的体温由冷至热及由热至冷的表象变化的温度控制练习。

根据基础表象控制训练所介绍的几种练习，再让运动员创造适合于龙舟项目的一系列控制性练习，这些练习包括动作的连续程度和开始及结束的各个环节。

2. 进行表象技能训练的基本条件

研究表明，达到较好表象训练效果的条件包括以下几个。

(1) 适宜的环境。在运动员开始训练表象技能时，应当选择一个安静、舒适和不受干扰的环境进行基础的表象练习。当表象技能得到发展时，可以尝试在比赛中或者任何有干扰和喧嚣的环境下使用表象技能。

(2) 放松的注意状态。放松技能是表象技能的一个重要组成部分。在每次做表象练习之前都应完全放松身体。因为当身体处于紧张状态时，会抑制表象进而影响到表象能力的质量。

(3) 正确的态度和期望。在表象过程中，常常经过几周的练习就能显著地提高运动员的表象技能，这是因为运动员原来的表象能力很差，开始训练的一段时间显得进步快，但是，一段时间后进步速度就可能慢下来，因此对表象技能的期望也应当持现实的态度。

(4) 系统的练习。表象技能练习的质量要比练习的数量更加重要。错误动作表现出现的次数越多，那么危害也就越大。在表象技能训练的过程中，应当连续记录表象练习的情况，这对于训练的系统性、计划性，以及今后表象训练方法的选择和改进都是有帮助的。

3. 表象技能训练的其他辅助方法

(1) 表象成功的情景。龙舟运动员成功情景的表象对于运动员赛前竞技状态的激活是很有帮助的。比赛前可以让运动员表象自己的整个比赛过程、取得比赛成功的情景。对成功情景的体验有助于建立比赛必胜的信念和以充沛的精力投入即将开始的比赛，这样有助于运动员临场发挥最佳竞技水平。

(2) 慢镜头表象。在表象过程中放慢自己的整个运动节奏是一种非常有用的表象技术。当需要改进运动员技术动作或者感受运动员运动技能的薄弱环节时，就可以采用放慢运动节奏的视觉表象，从中分离出需要改进的薄弱环节。

(3) 纠正错误动作的表象练习。表象练习有助于龙舟运动员尽快地纠正自己的错误技术动作。如果动作失误，则在改正动作后再进行表象练习。

(4) 表象的诱发器。龙舟运动员可以通过使用称为诱发器的事物来提高他们的表象能力。这些能诱发表象的事物能够帮助运动员专注于所做的技术动作。龙舟运动员可以使用桨来唤起内心的表象练习，也可以通过观看比赛场地图片来唤起比赛情景的赛前表象练习。

(5) 使用录像机帮助运动员进行表象练习。采用摄像机记录龙舟运动员以前做过的最佳动作，经过编排后放给运动员看，看完一段后再让运动员闭目做自己操作此技能的表象练习。但是应该强调的是，运动员完成动作技能的关键是动作感觉而不是视觉。因此，在进行表象技能训练时，对动作的视觉表象应该是有助于运动员反复体验到实际动作相联系的运动感觉，否则运动员看录像的效果会降低。

#### 四、龙舟运动员的紧张应激控制技能

1. 龙舟运动员紧张应激的成因

导致龙舟运动员紧张应激的因素主要包括环境、认知和唤醒三种因素。这三种因素以两种形式导致运动员的紧张应激。

（1）外部环境—唤醒—消极思维—紧张应激。这种形式的紧张应激通常是对环境刺激的反射性反应，而运动员的认知则是刺激反应的中介。面对一定的环境刺激，如比赛中突然出现的风浪，运动员如果采用积极的思维方式，就不会导致紧张应激，反之亦然。

（2）外部环境刺激—消极思维—唤醒—紧张应激。这种形式的紧张应激是消极思维产生在唤醒之前，先有消极思维，然后才出现生理唤醒。运动员的紧张应激通常表现为这种形式。

2. 龙舟运动员紧张应激控制的基本方法

（1）环境控制：环境中的各种刺激常常是引发运动员紧张应激的导火线或引子。例如，对赛场的陌生、竞赛形式的隆重、天气的变化，甚至某些在一些人看来微不足道的刺激物都可能引发运动员的紧张应激。通常运动员认为不确定的或主要的环境刺激都易导致紧张应激。对于无法改变存在的环境刺激，可以通过控制降低其不确定性，淡化其重要性，消除其不利影响。

（2）身体控制：无论是从紧张应激的产生过程看，还是从紧张应激的表现看，躯体变化都是一个十分重要的因素。对于紧张应激中的躯体因素，一般可采用身体控制方法。特别是对于第一种形式的紧张应激，身体控制的方法尤为重要。通过身体控制来消除紧张应激的最常用方法就是放松训练，包括神经肌肉渐进放松、表象放松和生物反馈放松训练等方法。

（3）认知干预：由于运动员的紧张应激主要是由运动员不合理的消极思维所引发的，因此，紧张应激的认知干预就应帮助运动员消除消极思维，建立积极思维，从而达到控制和消除运动员紧张应激的目的。

认知干预主要包括以下三个基本步骤。第一，识别消极思维或不合理信念。消极思维或不合理信念一般有三个基本特征，即绝对化的要求、过分概括化和糟糕至极。第二，明确紧张应激是由消极思维引起的。第三，改变消极思维。除了运动员自我发现消极思维存在以外还可采用思维刹车、合理情绪疗法。思维刹车依赖于运动员对消极思维的意识和自控能力。一旦认识到消极思维的存在，就自觉地中断消极思维，改成积极思维。合理情绪疗法是以艾利斯 ABC 理论为理论基础的一种认知疗法。它通过与不合理信念辩论、想象技术及家庭作业来消除消极思维，建立起积极思维，从而克服紧张应激。

#### 五、龙舟运动员的注意技能

注意技能是完成活动的一种重要的心理技能。注意是心理活动或意识对一定对象的指向和集中。指向是指运动员能从众多的现象或刺激中选择某刺激作为心理活动的对象，以便进一步反映并使人的各种活动朝向该对象；集中则是指运动员能对被选择出来的对象进行进一步的加工处理，使心理活动的对象的反应持续一定的深入程度。

1. 龙舟专项对运动员注意的要求

注意对任何运动专项都是极为重要的，它不仅是技能学习和提高的必要条件，而且会影

响到运动员的竞技水平的发挥。但不同的专项对运动员注意的具体要求不尽相同。

2. 发展龙舟运动员注意技能的方法

(1) 采用心理暗示的方法调节注意的指向。龙舟运动员在注意对象的选择上应注意可控制因素，但在实际中，运动员常常难以将注意力指向自己可控的刺激。为此，可采用心理暗示来调节运动员的注意指向。在紧张激烈的比赛中，可用一定的暗示语来调节注意。

(2) 表象训练。任何表象技能训练都有助于提高运动员的注意技能，因为表象是集中注意的另一种形式。

(3) 单腿站立。这一种通过单腿站立、两臂平伸（与肩同高）、逐渐地将腿抬高、闭上眼睛并努力保持平衡的联系来发展运动员注意集中能力的方法。

### 六、龙舟运动员的心理能量控制

身体能量与心理能量是相互联系的，运动员的最佳竞技状态需要身体能量与心理能量的和谐统一。

1. 心理能量概述

心理能量是指心理活动的力量、活力和强度，它是与运动员的动机和激活紧密联系的。运动员的心理能量同其他大多数心理品质一样，具有一个由低到高发展的连续过程。运动员的心理能量的充分动员表现为头脑清醒、兴致勃勃、注意集中、反应及时准确、信心十足和力量倍增。反之亦然。

运动员的心理能量与运动的紧张应激不是同一概念。紧张应激随着心理能量的提高而增强，至于偏见一直妨碍着对运动员心理能量的正确调控。实际上，紧张应激和心理能量是两个独立的维度，高心理能量既可能伴随着高紧张应激，表现为焦虑和愤怒，也可能没有紧张应激，表现为兴奋和愉悦；低心理能量既可能无紧张应激，表现为放松、昏昏欲睡，也可能伴随着高紧张应激，表现为厌烦和疲劳。

在龙舟运动中，心理能量太低不利于运动员竞技能量的发挥，高心理能量倾向于促进竞技能量的发挥。心理能量维持在一个最佳的区域——最佳心理能量区，既要克服心理能量过低，心理激活不够，又要防止高心理能量过高而出现高紧张激活，导致心理失控。

2. 龙舟运动员心理能量的控制

(1) 最佳心理能量区。为在比赛中充分发挥运动水平，龙舟运动员应注意发现自己的最佳心理能量区，并努力把心理能量维持在最佳心理能量区。处于最佳心理能量区时，龙舟运动员对于从事的活动就会得心应手，动作运用自如。维持最佳心理能量区虽是一个能量调控技能，但同时也依赖于运动员自身其他心理技能，如紧张应激控制技能、注意集中技能的掌握和提高。

(2) 心理失控。龙舟运动员在能量调控过程中易出现心理失控。心理失控常出现在运动员心理能量很高，紧张应激也很高的时候。从紧张应激和心理能量关系图看，心理失控主要表现为高焦虑和愤怒。

心理失控使运动员的心理能量偏离最佳心理能量区，破坏运动员的运动境界。运动员对自己熟练的动作或心理活动的过多分析常导致心理失控。

(3) 心理激活。心理激活就是提高运动员达到高水平运动能力的可能性。常用的提高心理激活的方法有以下几点。

1）当运动员体会到竞赛的难度与他们的竞技水平一致时，进入状态的可能性就越大。最佳心理能量区是处在两种紧张应激区域之间的狭长地带。

2）帮助运动员将注意更多地集中在活动本身，全身心地投入比赛过程中，在训练中给运动员创造一些实际练习的机会。

3）帮助运动员将注意集中到当前的活动中，不要过多考虑其他与比赛无关的事情。

4）运动员应该适当保持身体上的放松和心理上的机警。

5）制定一些准备比赛的程序。它们可以提高运动员集中自己的注意的能力，也是与自信心相联系的。带器械、热身、准备开始和完成动作等都应有一套相应的程序，临赛前的程序对达到最佳心理能量区是非常有帮助的。

心理激活是一项长期工程，是一项与未来在比赛中取得优异成绩而发展身体技能同样艰难的工作。

# 第七章

# 损伤防治与恢复训练

## 第一节 运动损伤概论

### 一、运动损伤的内涵

运动损伤是指在运动过程中所发生的各种损伤，是运动医学的重要组成部分。其主要任务是预防和治疗运动中的损伤，研究损伤发生的原因、机理、规律。运动损伤对运动参加者造成的影响是十分严重的，不仅影响运动成绩的提高，缩短运动寿命，严重者还可使人残疾、死亡，给人们带来极坏的生理和心理影响，妨碍体育运动的正常开展。因此，我们必须对运动损伤的发生加以深入研究，才能提出有针对性的防治措施，把运动损伤的发生率及其危害降到最低限度。

### 二、运动损伤的分类

急性损伤运动损伤的分类方法很多，现介绍以下几种。

（一）按伤后皮肤或黏膜完整与否分类

（1）开放性损伤：伤处皮肤或黏膜的完整性遭到破坏，有伤口与外界相通，如擦伤、刺伤、切伤及撕裂伤等。

（2）闭合性损伤：伤处皮肤或黏膜无破损，没有伤口与外界相通，如挫伤、肌肉拉伤及关节韧带损伤等。

（二）按伤后病程的阶段性分类

（1）急性损伤：一瞬间遭到直接暴力或间接暴力造成的损伤，如肌肉拉伤、关节韧带扭伤等。

（2）慢性损伤：局部过度负荷，多次微细损伤积累而成的损伤，或由于急性损伤处理不当转化的陈旧性损伤，如肩袖损伤、髌骨软骨软化症等。

（三）按受伤的组织结构分类

损伤何组织即为何损伤，如肌肉与肌腱损伤、皮肤损伤、关节和骨损伤、滑囊损伤、神经损伤等。

（四）按伤性轻重分类

（1）轻伤：不影响工作和训练。

(2) 中等伤：24小时以上不能工作或训练者。
(3) 重伤：须住院治疗者。

### 三、运动损伤的原因

造成运动损伤的原因是多方面的，既与锻炼者的基础、技能水平有关，也与运动项目的特点、技术难度及运动环境等因素有关。其主要原因有以下几个。

(1) 思想麻痹。这是所有运动损伤因素中最主要的因素，其中包括运动前不检查器械，预防措施不得力、好胜、好奇，常在盲目和冒失中受伤。

(2) 运动前准备活动不充分。准备活动不充分，特别是缺乏针对性准备活动，使运动器官、内脏器官机能没有达到运动状态而造成损伤。

(3) 运动情绪低下，或在畏难、恐惧、犹豫及过分紧张时发生伤害事故。有时因缺乏运动经验、缺乏自我保护能力致伤。

(4) 内容组合不科学，方法不合理，纪律松散及技术上的错误等都可能引起损伤。

(5) 运动场地狭窄，地面不平坦，器械安置不当或不坚固，锻炼者拥挤在一起或同时活动多种项目，容易相互冲撞导致损伤。

(6) 空气污浊、噪声、光线暗淡、气温过高或过低，以及运动服装不合要求等原因，都可以直接或间接造成伤害事故。

### 四、运动损伤的发生规律

教练员及运动员如掌握了运动损伤的发生规律，就可采取适当的预防措施，从而降低运动损伤的发生率，对预防与治疗运动损伤有重大的意义。

运动损伤的发生可因运动项目的不同而不同，有一定规律。之所以不同运动项目会发生身体不同部位的损伤，主要是由下列两个潜在因素所决定的，一是运动项目的特殊技术要求，二是运动员身体某部位存在的解剖生理弱点。当这两个因素由于某种原因同时起作用时，极易发生运动损伤。例如，篮球运动员易伤膝，这是由于篮球运动员经常处于膝关节半屈位（130°～150°）时左右移动、进攻、防守、踏跳、上篮等，使膝关节发生屈曲、扭转、摩擦等，而膝关节半屈位正是它的解剖弱点。此时韧带及肌肉放松，关节杠杆长，导致关节稳定性相对较弱，因而易发生膝部软组织损伤（如韧带、半月板损伤和髌骨软骨软化症等）。

## 第二节 常见的运动损伤

### 一、开放性软组织损伤

(1) 开放性软组织损伤的处理原则：止血、清创、修复组织器官和制动。

(2) 擦伤。小面积擦伤可用1%～2%的红药水或1%～2%紫药水涂抹，无须包扎；面部擦伤可涂抹0.1%新洁尔灭溶液；大面积污染较重的擦伤，可先用生理盐水冲洗伤口，然后在1%盐酸利多卡因局部麻醉下，用毛刷轻轻刷洗，清除沙粒等异物，敷上凡士林纱布，加盖消毒纱布并用绷带加压包扎。

## 二、闭合性软组织损伤

（1）急性闭合性软组织损伤的处理原则。

1）早期处理原则：应适当制动、止血、防肿、镇痛，减轻炎症。处理方法为保护、休息、冷疗、加压包扎、抬高伤肢。

2）中期处理原则：改善伤部的血液和淋巴循环，减轻淤血，促进组织代谢和渗出液的吸收，加速再生修复。

3）后期处理原则：增强和恢复肌肉、关节的功能，治疗方法为热敷、按摩、拔罐、药物治疗等。

（2）慢性闭合性软组织损伤的处理。治疗方法以按摩、理疗、针灸、封闭和功能训练为主，适当配以药物治疗，如用旧伤药外敷或海桐熏洗、药熏洗等。

## 三、挫伤

（1）征象：单纯肌肉挫伤，局部出现疼痛、肿胀、皮下淤血、压痛和功能障碍等，严重的复杂性挫伤有合并症时，可出现全身症状或某些特殊体征。

（2）处理：可采用急性闭合性软组织损伤处理原则，如在局部冰敷后外用新伤药，加压包扎、抬高患肢。

（3）预防：提高自我保护意识，穿戴好保护装置，纠正错误动作，严格公正裁判，禁止粗野动作。

## 四、肌肉拉伤

（1）原因和原理。原因：准备活动不当，肌肉的生理机能尚未达到适应运动需要的状态，训练水平不够，肌肉的弹性和力量较差等。原理：主动收缩遇阻拉伤，被动牵拉伤。

（2）征象：伤部疼痛、肿胀、压痛，可有肌肉紧张和痉挛，触之发硬，功能受限或障碍。

（3）处理：肌肉擦伤或肌肉痉挛者，取局部阿是穴及临近俞穴用针刺疗法会取得显著疗效。48小时后开始按摩伤处，手法要轻缓。

（4）伤后训练：部分断裂者，局部停训2～3天，健肢及其他部位可以继续活动，然后逐渐进行功能锻炼，如水池中行走、骑固定自行车及伸展训练。

（5）预防：加强易伤肌肉的力量和伸展性练习，使拮抗肌组的力量达到相对平衡是防治肌肉拉伤的有效措施。

## 第三节 运动损伤的预防方法

### 一、加强思想教育

平时要注意加强防损伤观念的教育，在教学、训练和比赛中，认真贯彻"预防为主"的方针，加强对学生、运动员进行组织性、纪律性教育，培养他们良好的体育道德风尚。

## 二、合理安排运动负荷

运动系统的劳损大多由于长期局部负荷过大所致。为了减少这些损伤，教师、教练员应严格遵守运动训练原则，根据年龄、性别、健康状况、训练水平和各项运动项目的特点，个别对待，循序渐进，合理安排运动负荷。

## 三、认真做好准备活动

剧烈运动前都要认真做好准备活动，准备活动内容要根据教学训练和比赛内容而定，既有一般性准备活动，又有专项性准备活动，使准备活动最后部分的内容与课的内容相似。对运动中负担较大和易伤的部位，要特别注意做好准备活动，适当地做一些力量性、伸展性练习。准备活动的量要根据学生的特点、气象条件和教学训练或比赛情况而定，一般认为，兴奋性较低、锻炼基础或训练水平较高、运动持续时间较短或天气寒冷时，准备活动的强度可稍大些；相反，对于年龄小、基础差的运动员在运动持续时间长或天气炎热时，强度宜小些，时间短些。受伤部位的准备活动要谨慎小心，全套准备活动要循序渐进，准备活动的量以身体感到发热、微微出汗为宜。准备活动结束距正式运动时间不宜过长，以 1~4 分钟为宜，在运动中若间歇时间过长或做教学训练专项活动时，都要补做准备活动或补做专项准备活动。

## 四、合理安排教学、训练和比赛

教学时间、训练时间和比赛时间应安排得当。运动员在两次重要比赛之间应安排合理的间歇时间，以利于运动员身体机能的调整和恢复。运动训练强度应有合理变化，按大周期训练，大周期训练中又分为若干个小周期。只有合理地安排教学、训练和比赛，才能将运动员调整到最佳状态，利于龙舟比赛中取得好成绩。

## 五、加强易伤部位的练习

循序渐进地加强易伤部位或相对较弱部位的训练，提高它们的功能，是预防运动损伤的一个积极手段。例如，为防止髌骨软化，可采用"站桩"方法以增强股四头肌和髌骨功能；为了预防腰部损伤，除加强腰背肌训练外，还应加强腹肌力量训练，有助于防止脊柱过伸而造成腰部损伤；为预防股后肌群拉伤，要加强股后肌群的力量和伸展性练习等。

## 六、加强医务监督工作

### （一）加强训练中的医务监督工作，遵守训练原则

在训练中，若发现队员脸色苍白、动作迟缓无力，应观察其是否有运动性贫血或低血糖现象发生。如果队员无力继续进行训练，应及时安排队员休息或调整训练。在力量训练中，应检查力量训练器械的稳定性和安全性，避免发生意外。

### （二）加强运动中的保护与帮助

教练员保护与帮助的方法不当，如力量训练中缺乏保护导致运动损伤，或缺乏自我保护与帮助，都可能会引起外伤。对运动员而言，应学会摔倒时的各种自我保护方法，如落地时用适当的滚翻动作以缓冲外力等。另外，运动员还应学会各种支持带与保护带的使用方法及

注意事项，各种保护器材护具及场地也应合乎防伤的要求。例如，力量训练中，护手带的使用可减少手部的运动损伤；核心力量训练中，适当的保护可保证在不稳状态中进行力量训练时，因不稳状态下重量坠落伤。运动员训练之余进行篮球活动时，护膝和高帮篮球鞋的使用可减少膝关节和踝关节的损伤。

（三）加强对运动员的医务监督工作

对运动员的医务监督工作的主要内容包括以下几个方面。

（1）进行体格检查：除一般健康与功能检查外，还应根据运动损伤的发生规律，补充检查项目，如体操及举重需摄X线脊柱片，检查是否有椎板骨折，篮球、铁饼运动员应注意是否有髌骨软骨软化症等。应将检查结果通知教练或教员，以便根据情况采取措施并安排训练。

（2）加强对教学、教练与比赛时的卫生监督及急救工作。

（3）加强运动员的自我监督：特别是根据不同项目的运动特点及外伤发病规律，制订一些特殊的自我监督方法。例如，易患髌骨软骨软化症的运动项目，运动员在开始训练时应做"半蹲试验"，如有酸痛即应进一步就医检查；易肩袖伤的运动项目应做肩的"反弓试验"，出现疼痛即属阳性，应就医诊治。这些自我监督的方法都便于损伤的早期发现和早期治疗，或及时改进训练。

（4）建立保健员制度。在集训队，保健员由运动员担任，负责简单的场地急救、小伤处理、反映运动量的大小及伤后训练反应等。

（5）建立医师和教练、教员相互学习的制度。应经常举办体育理论和有关运动损伤知识的讲座和讨论，以便不断提高业务水平，加强彼此的了解和协作。

（6）坚持"三结合"的工作方法。当前世界运动技术水平发展速度快，难度、强度大，对机体的要求高，没有教练、医师及运动员三者的共同配合，要提高成绩是不可能的。

## 第四节 运动损伤的急救

### 一、现场急救的基本原则

急救是对意外或突然发生的伤病事故进行紧急的临时性处理。其目的是保护伤病员的生命安全、避免再度受伤害、减轻伤病员痛苦、预防并发症，并为伤病员的转运和进一步治疗创造条件。因此，无论何种急性损伤，做好现场急救都是十分重要的。

### 二、休克的现场处理

急救时必须抓住主要矛盾，救命在先，做好休克的防治。骨折、关节脱位、严重软组织损伤或合并其他器官损伤时，伤员常因出血、疼痛而发生休克。在现场急救时，要注意预防休克，若发生休克，必须首先使其摆脱休克状态。其次，急救必须分秒必争，力求迅速、准确、有效，做到快救、快送医院处理。

对于休克病人要尽早进行急救，迅速使病人平卧休息。对患者一般采取头和躯干部抬高10°，下肢抬高约20°的体位，这样可增加回心血量并改善脑部血流状况。松解衣物，保持呼吸道畅通，清除口中分泌物或异物，要给病人保暖，但不能过热，以免皮肤扩张，导致血管床容量增加，使回心血量减少，影响生命器官的血液灌注量和增加氧的消耗。在炎热的环境下则要注意防暑降温，同时尽量不要搬动病人；若伤员昏迷，其头应侧偏，并将舌头牵出口外，必要时要使其吸氧和进行人工呼吸，掐点人中并针刺百会穴、合谷穴、内关穴、涌泉穴、足三里穴等。与此同时，应积极去除病因。例如，由于大量出血引起的休克，应立即采取有效的方法止血；由于外伤，骨折等剧烈疼痛所引起的休克，应给予镇痛剂和镇静剂，以减少伤员的痛苦，防止加重休克；骨折者应就地上夹板固定伤肢。以上是一般的抗休克措施。由于休克是一种严重的、危及生命的病理状态，因此在急救的同时，应迅速请医生或及时送医院处理。对休克病人应尽量避免搬运。

### 三、人工呼吸法和胸外心脏按压法

（一）人工呼吸法

肺位于富有一定弹性的胸廓内，当胸廓扩大时，肺也随着扩张，于是肺的容积增大，外界空气进入肺内，即为吸气；当胸廓缩小时，肺也随之回缩，肺内气体排出体外，即为呼气。对呼吸停止的人，可根据以上原理用人工被动扩张与缩小胸廓的方法，使空气重新进出肺脏，以实现气体交换，称为人工呼吸法。人工呼吸方法较多，最有效的是口对口吹气法。

口对口吹气法是指伤员仰卧，头部置于极度后仰位，打开口腔并盖上一层纱布。救护者一只手托起患者下颌，掌根部轻压环状软骨，使其间接压迫食道，以防吹入的空气进入胃内；另一只手捏住患者的鼻孔，深吸一口气后，对准患者口部吹入。吹完气后，立即松开捏住鼻孔的手。如此反复进行，每分钟吹气16～18次。

（1）注意事项：实行人工呼吸前，应迅速消除患者口腔、鼻腔内的假牙、分泌物或呕吐物，松开衣领、裤带和胸腹部衣服。开始时，吹气的气量和压力宜稍大些，吹气10～20次后应逐渐减少，以维持上胸部轻度升起为度。牙关紧闭者，可采用口对鼻吹气法，救护者一只手捂住患者口部，以口对鼻进行吹气，其他操作与口对口吹气法相同。

（2）有效的表现：吹气时胸廓扩张上抬；在吹气过程中能听到肺泡呼吸音。

（二）胸外心脏按压法

心脏位于胸腔纵隔的前下部，前邻胸骨下半段，后为脊柱，其左右移动受到限制。胸廓具有一定的弹性，挤压胸骨体下半段，可间接压迫心脏，使心脏内的血液排出；放松挤压时，胸廓恢复原状，胸内压下降，静脉血则回流至心脏。因此，反复挤压和放松胸骨，即可恢复血液循环。

（1）操作方法：病人仰卧在木板或平地上，救护者双手手掌重叠，以掌根部放在病人胸骨体的下半段，肘关节伸直，借助于自身体重和肩臂肌的力量，均匀而有节律地向下施加压力，使胸骨体下半段和相连的肋软骨下陷3～4厘米，随后立即将手放松（掌根不离开病人皮肤），如此反复进行。成人每分钟挤压60～80次；儿童用单手掌根挤压，每分钟挤压100次左右。

（2）注意事项：救护者只能用掌根压迫病人胸骨体下半段，不可将手平放，手指要向上稍翘起与肋骨离开一定距离；挤压方向应垂直对准脊柱；挤压时应带有一定的冲击力；用力不可太轻或太大，太轻不能起到间接压迫心脏的作用，太猛会引起肋骨骨折。在就地进行抢救的同时，要迅速请医生来处理。

（3）有效的表现：摸到颈动脉或股动脉搏动，上肢收缩压在8千帕（60毫米汞柱）以上，口唇、指甲床的颜色比挤压前红润，有的病人呼吸逐渐恢复，原来已散大的瞳孔也随着缩小而趋恢复。若出现以上表现，说明挤压有效，应坚持做到病人出现自动心跳为止；如果没有出现上述表现，则说明挤压无效，应改进操作方法和寻找其他原因，但不可轻易放弃现场抢救。无论是呼吸骤停或心跳骤停，或呼吸与心跳均骤停，在进行现场急救的同时，都应迅速派人请医生来处理。

### 四、出血和止血

**（一）出血**

据研究，健康成人平均每千克体重约有血液 75 毫升，总血量可达 4000～5000 毫升。若出血量超过全身血量的 30% 时，可能危及生命。因此，对外出血的伤员，尤其是大动脉的出血，必须立即止血；对怀疑有内脏或颅内出血的伤员，应尽快送医院处理。

1. 根据损伤血管的种类划分

根据损伤血管的种类，出血可分为以下几种。

（1）动脉出血：血色鲜红，血液像喷泉一样流出不止，短时间内可大量出血，易引起休克，危险性大。

（2）静脉出血：血色暗红，出血方式为流水般不断流出，危险性小于动脉出血，但大静脉出血会引起致命的后果。

（3）毛细血管出血：血色红，多为渗出性出血，危险性小。

2. 根据受伤出血的流向划分

根据受伤出血的流向出血可分为以下几种。

（1）外出血：体表有伤口，血液从伤口流到身体外面，这种出血容易发现。

（2）内出血：体表没有伤口，血液不是流到体外，而是流向组织间隙（皮下肌肉组织），形成淤血或血肿；流向体腔（腹腔、胸腔、关节腔等）和管腔（胃肠道、呼吸道）形成积血。由于内出血不易被发现，容易发展成大出血，故危险性很大。

**（二）止血**

常用的外出血临时止血法有以下几种。

（1）冷敷法：常用于急性闭合性软组织损伤。

（2）加压包扎止血法：用生理盐水冲洗伤部后用厚敷料覆盖伤口，外加绷带增加血管外压，促进自然止血过程，达到止血目的，用于毛细血管和小静脉出血。

（3）抬高伤肢法：用于四肢小静脉和毛细血管出血。方法是，将患肢抬高，使出血部位高于心脏，降低出血部位血压，达到止血效果。此法在动脉或较大静脉出血时，仅作为一种辅助方法。

（4）屈肢加压止血法：前臂、手或小腿、足出血不能制止时，如未合并骨折和脱位，可在肘窝和腘窝处加垫，强力屈肘关节和膝关节，并以绷带"8"字形固定，可有效控制出血。

（5）指压止血法：这是现场动脉出血常用的最简捷的止血措施。指压止血法的要领是在出血部位的上方，在相应的压迫点上用拇指或其余四指把该动脉管压迫在邻近的骨面上，以阻断血液的来源而达到止血的效果。这是动脉出血时的一种临时止血法，所加压力必须持续到可以结扎血管或用止血钳夹住血管为止。常用的有以下几种方法。

1) 颞浅动脉压迫止血法：一只手扶伤员的头并将其固定，用另只一手拇指在耳屏前上方一指宽处摸到搏动后，将该动脉压迫在颞骨上。它适用于同侧前额部或颞部出血的止血。

2) 面动脉压迫止血法：在下颌角前约1.5厘米处，用拇指摸到搏动后将其压在下颌骨上，可止住同侧眼以下面部出血。

3) 锁骨下动脉压迫止血法：在锁骨上窝内1/3处摸到搏动后，用拇指把该血管压迫在第一肋骨上。它适用于肩部及上臂出血的止血。

4) 肱动脉压迫止血法：将伤臂稍外展、外旋，在肱二头肌内缘中点处摸到搏动后，用拇指或食指、中指、无名指三指将该动脉压迫在肱骨上。它适用于前臂及手部出血的止血。

5) 指动脉压迫止血法：手指出血时，用健侧手的拇指、食指两指压迫患指两侧指根部，并抬高患肢。

6) 股动脉压迫止血法：伤员仰卧，患腿稍外展、外旋。在腹股沟中点稍下方摸到搏动后，用双手拇指重叠（或掌根）把该动脉压迫在耻骨上。它适用于大腿和小腿出血的止血。

7) 胫前、胫后动脉压迫止血法：在踝关节背侧，于胫骨远端摸到搏动后，把该动脉压迫在胫骨上；在内踝后方，将胫后动脉压迫在胫骨上。它适用于足部出血的止血。

（6）止血带止血法。在四肢较大的动脉出血时，通常用止血带止血。目前常用的止血带有充气止血带、橡皮带止血带、橡皮管止血带。现场急救中常用携带方便的橡皮管止血带，缺点是施压面狭窄，易造成神经损伤。如果无橡皮管止血带，现场可用宽布带或撕下一条衣服以应急需。

止血带结扎的标准位置点是在上肢为上臂的上1/3部，下肢为大腿中、下1/3交界处。上臂中、上1/3处扎止血带易损伤桡神经，为禁区。

止血带的压力要适中，既要达到阻断动脉血流，又不会损伤局部组织。上止血带的时间要注明，如果长时间转运病人，途中上肢每半小时、下肢每1小时应放松2~5分钟，以使伤肢间断地恢复血循环。放松时应以手指在出血处近端压迫主要出血的血管，以免每放松一次丢失大量血液。

止血带使用不当可引起局部损伤、周围神经损伤甚至导致肢体坏疽。因此，一般只在其他止血方法不能奏效时再用止血带。

内出血中的体腔出血，如肝脾破裂或血胸多会发生严重的休克。此时应立即送医院处理。临床上常用查红细胞、血色素及血球容积的方法诊断。一旦发生严重休克，常常需要及时输血及手术治疗。

### 五、绷带包扎法

绷带包扎法是急救技术中不可缺少的重要组成部分，常用的绷带有卷带和三角巾。

（一）绷带包扎的作用

绷带包扎可固定敷料和夹板，也有保护伤口、压迫止血和支持伤肢的作用。

（二）绷带包扎的注意事项

（1）包扎动作应熟练柔和，尽可能不改变伤肢位置，以免增加伤员的痛苦。

（2）包扎松紧要合适，过紧会影响血液循环，过松将失去包扎的作用。一般在包扎四肢时，应露出手指或足趾，以便观察其包扎的松紧度。

（3）卷带包扎一般应从伤处远心端开始，近心端结束，末端用粘膏或别针固定，如需缚结固定，缚结处应避开伤口。

（三）绷带包扎法的种类

要根据包扎部位的形态特点，采用不同的包扎方法。

(1) 环形包扎法：用于包扎肢体粗细均匀的部位，如手腕、小腿下部和额部等，也是其他包扎法的开始或结束时使用的包扎法。包扎时，先张开绷带，把带头斜放在伤肢上并用拇指压住，将卷带绕肢体一圈后，再将带头的一个小角反折，然后继续绕圈包扎，每圈都盖住第一圈，包扎3～4圈即可。

(2) 螺旋形包扎法：用于包扎肢体粗细相差不大的部位，如上臂、大腿下部等。包扎时先做2～3圈环形包扎，然后将绷带向上斜形缠绕，每圈都盖住前一圈的1/2～1/3。

(3) 反折螺旋形包扎法：用于包扎肢体粗细相差较大的部位，如前臂、小腿、大腿等。包扎时，先做2～3圈环形包扎后，用左拇指压住绷带上缘，将绷带向下反折，向后绕并拉紧绷带，每圈反折一次，后一圈压住前一圈的1/3～1/2，反折处不要在创口或骨突上。

(4) "8"字形包扎法：多用于包扎肘、膝、踝等关节处。方法有两个：一是先在关节处做几圈环形包扎后，将绷带斜形环绕，一圈在关节上方缠绕，一圈在关节下方缠绕，两圈在关节凹面相交，反复进行，逐渐离开关节，每圈压住前一圈的1/3～1/2，最后在关节上方或下方做环形包扎结束；二是先在关节下方做几圈环形包扎后，将绷带由下而上再由上而下地来回做"8"字形缠绕，使相交处逐渐靠拢关节，最后做环形包扎结束。

（四）绷带包扎法中的三角巾包扎法

三角巾应用方便，适用于全身各部位的包扎，这里只介绍手部、足部和头部包扎法及前臂悬挂法。

(1) 手部包扎法：三角巾平铺，手指对向顶角，将手平放在三角巾的中央，底边横放于腕部。先将三角巾顶角向下反折，再将三角巾两底角向手腕背部交叉围绕一圈，在腕背打结。

(2) 足部包扎法：与手部包扎法基本相同。

(3) 头部包扎法：三角巾底边置于前额，顶角在后，将底边从前额绕至头后，压住顶角并打结。若底边较长，可在枕后交叉后再绕至前额打结。最后把顶角拉紧并向上翻转固定。

(4) 前臂悬挂法，分为大、小悬臂带两种。

1) 大悬臂带：常用于除锁骨和肱骨骨折以外的其他上肢损伤。将三角巾的顶角置于伤肢的肘后，一底角拉向健侧肩上，伤肢屈肘90°，前臂放在三角巾的中央，再将三角巾的另一底角向上翻折并包住前臂，两底角在颈后打结。最后拉直顶角并向前折回，用胶布粘贴固定。

2) 小悬臂带：常用于肱骨或锁骨骨折。先将三角巾折叠成约四横指宽的宽带，也可用宽绷带或软布带代替。将宽带的中间置于前臂的下1/3处，屈肘90°，宽带的两端在颈后打结。

## 六、关节脱位的临时急救

脱位或脱臼是指关节面失去正常的联系。关节脱位可分为损伤性脱位、先天性脱位、习惯性脱位、病理性脱位、开放性脱位和闭合性脱位，以及完全脱位与不完全脱位等。关节脱位可伴有关节囊、骨膜、关节软骨、韧带、肌腱等组织的损伤或撕裂,严重时还会伤及神经或伴有骨折。

(一)关节脱位的原因

关节脱位在运动中大多是由于间接外力所致。例如,摔倒后用手撑地,可引起肘关节或肩关节脱位,这在田径、球类、体操等项目中时有发生。关节脱位也有少数为直接暴力引起。

(二)关节脱位的急救方法

关节脱位后,关节内发生血肿,如果复位不及时,血肿会机化而发生关节粘连,使关节复位增加困难。因此,脱位后应尽早进行整复,不但容易成功,而且有利于关节功能的恢复。

若不能及时复位则应立即用夹板和绷带在关节脱位所形成的姿势下进行临时固定,使伤员保持安静,尽快送医院处理。

在运动损伤中以肩、肘关节脱位为常见,其临时固定方法如下。

肩关节脱位时,可用大悬臂带悬挂伤肢前臂于屈肘位。

肘关节脱位时,最好用铁丝夹板弯成合适的角度,置于肘后,用绷带固定后再用大悬臂带挂起前臂。如无铁丝夹板,可直接用大悬臂带固定伤肢。若现场无三角巾、绷带、夹板等,可就地取材,用毛巾、头巾、衣物、薄板、竹板、大本杂志等作为替代物。

### 七、骨折的临时固定或搬运

(一)上肢骨折的临时固定

锁骨骨折的,用两个棉垫分别置于双侧腋下,然后用环形包扎法或"8"字形包扎法包扎,最后以小悬臂带将伤肢挂起。

肱骨骨折时,用2～4块合适夹板固定上臂,肘屈90°,用悬臂带悬吊前臂于胸前,最后以叠成宽带的三角巾把伤肢绑在躯干上加以固定。如无夹板,可用布带将上臂包缠在胸部侧方,并将前臂悬吊于胸前。

前臂及腕部骨折时,用1～2块有垫夹板在掌背侧固定前臂,屈肘90°,前臂中立位用大悬臂带悬吊胸前。

手部骨折时,用手握纱布棉花团或绷带卷,然后用有垫夹板或木板置于前臂掌侧固定,用大悬臂带悬吊于胸前。

(二)下肢骨折的临时固定

股骨骨折时,用长短两块夹板分别置于伤肢外侧和内侧,外侧上自腋下,下达足跟,内侧自大腿根部至足部。夹板内面应垫软物,然后用布带进行包扎固定,在外侧做结。如无夹板,可将两腿并拢捆在一起。

髌骨骨折时,在腿后放一块夹板,自大腿至足跟,用布带在膝上、膝下和踝部将膝关节固定在伸直位,防止屈曲。

胫腓骨及踝部骨折时,用夹板1～2块,上自大腿中部,下达足跟部,或用一块长钢丝托板,上自大腿中部,下在足跟部转成直角,包扎固定。

(三)脊柱骨折的临时固定与搬运

搬运脊柱骨折病人时必须使脊柱保持在伸直位,不能前屈、后伸和旋转,严禁1人背运、2人抱抬或用软垫搬运，否则会加重脊髓的损害。

正确的搬运法：一般由3~4人搬运，分别于患者两侧，用双手托起患者的背部、腰部、臀部和大腿（若颈椎骨折可一人专管头部的牵引固定），几人托起的力和时间要保持一致，使脊柱保持水平位，缓慢地搬放于硬板单架上。也可用滚动法，即将担架置于病人体侧，一人稳住患者的头部，其余人将病人推滚到木板或担架上。胸、腰、腿骨折，可在患者的腰部垫一个薄垫；颈椎骨折，应将患者的头颈放在中立位，头颈两侧用沙袋或衣物固定，以防头部活动。

（1）腰椎骨折的临时固定与搬运：疑有腰椎骨折时，要尽量避免骨折处移动，更不能让伤员坐起或站起，以免引起或加重脊髓损伤。不论伤员是仰卧还是俯卧，尽可能不要变动原来的位置。用硬板担架或门板放在伤员身旁，由数人协力轻轻把伤员搬至木板上，取仰卧位，并用数条宽带把伤员缚扎在木板上。若腰部悬空时，应在腰下垫一个小枕或卷起的衣服。若使用帆布担架时，伤员要俯卧，使脊柱伸直，禁止屈伸。

（2）颈椎骨折的临时固定与搬运：若固定与搬动方法不当，有引起脊髓压迫的危险，可立即发生四肢与躯干的高位截瘫，甚至引起死亡。因此，务必使患者的头部固定于伤后位置，不屈、不伸、不旋转，数人协力把伤员搬至木板上，头部两侧用沙袋或卷起的衣服固定，用数条宽带把伤员缚扎在木板上，严禁头颈左右旋转与屈伸。

### 八、溺水的现场处理

溺水者被救出后应立即清除其口鼻中的泥沙、分泌物等异物，用两手的食指与中指向下扳颌骨，随后立即控水，一般采取单脚跪立法。

（一）溺水的自救

（1）溺水者应保持镇静，千万不要拼命挣扎，这样可减少水草缠绕，节省体力。只要不乱挣扎，不将手臂上举乱扑动，人在水中就不会失去平衡，这样身体就不会下沉得很快。

（2）除呼救外，溺水者落水后应立即屏住呼吸，踢掉双鞋，然后放松肢体，当感觉开始上浮时，尽可能地保持仰位，头部后仰，使鼻部可露出水面呼吸，呼吸时尽量用嘴吸气、用鼻呼气，以防呛水。呼气要浅，吸气要深。因为深吸气时，人体比重降到0.967，比水略轻，因为肺脏就像一个大气囊，屏气后人的比重比水轻，可浮出水面（呼气时人体比重为1.057，比水略重）。

（3）千万不要试图将整个头部伸出水面，这将是一个致命的错误，因为对于不会游泳的人来说将头伸出水面是不可能的，这种必然失败的做法将使落水者更加紧张和被动，从而使自救者功亏一篑。

（二）岸上复苏救护

1. 拨打120

急救的第一步就是拨打120，而伤者都必须以颈椎受伤者处理，以避免急救后伤者成为植物人。在国外文献报告中，有人反因不当急救造成脊椎受损。

2. 排除异物

救人出水面只是工作的一半，使溺水者复苏是另一半，而且对挽救生命来说是同等重要的。首先，清理溺水者口鼻内污泥、痰涕，若有假牙取下假牙，救护者单腿屈膝，将溺水者俯卧于救护者的大腿上，借体位使溺水者体内的水由气管口腔中排出，将溺水者头部转向侧面，以便让水从其口鼻中流出，保持上呼吸道的通畅，再将其头转回正面。有时急救者从后抱起溺水者的腰部，使其背向上、头向下，也可使溺水者控水。

3. 出水后的救护

如果救护者有资格并经过训练可以做心肺复苏，否则立即寻求援助。当救护者在等待时可试做口对口复苏术，这能拯救生命。如果溺水者的呼吸、心跳已停止，立即进行口对口人工呼吸，同时进行胸外心脏按摩。

（1）确定失去知觉的溺水者到底是否在呼吸，看看他或她的胸部，看是否可以见到呼吸的动作。

（2）使溺水者仰卧。

（3）为了采取通用安全措施，尽可能戴上乳胶手套，弄开他的嘴，用手指除掉溺水者咽部或气道里的阻塞物。

（4）为了避免艾滋病毒或其他致命病毒通过唾液传播，把一次性导气管袋放在自己的口上和他的口上（显然，如果此人是自己的家庭成员，可以不必这样做）。

（5）把一只手放在溺水者的下颌，另一只手放在他的前额。翘起他的头直至能使他的气道通畅，溺水者的口应该是张开的。

（6）捏鼻孔使鼻孔关闭。

（7）救护者做深呼吸。

（8）用自己的嘴完全把他的嘴罩住。

（9）用力吹气进入溺水者的嘴里，连续做4次。

（10）如果是给一个成年人做人工呼吸，此时停5秒，然后再重复做第（6）到第（9）步；如果给一个儿童或婴儿做人工呼吸，此时停止3秒，然后再重复第（6）到第（9）步。

4. 送往医院

当溺水者开始呼吸和气哽时，还没有脱离困境。实际上，溺水后的48小时是最危险的。因溺水而发生的并发症肺炎、心衰等都可能在这一时期发生，因此应尽早将溺水者送往医院。

## 第五节 运动损伤的一般处理方法

### 一、物理疗法

1. 冷疗法

（1）作用：通过降低组织温度，使周围血管收缩，减少局部血流量及伤部充血现象，减轻周围神经传导速度。因此冷疗法有止血、退热、镇痛和防肿的作用。

（2）方法：将毛巾用冷水浸透放在伤部，约2分钟换一次，或将冰块装入袋内进行外敷，每次20分钟左右，有条件的可用冷镇痛气雾剂喷射患部，常用的为烷类冷冻喷射剂。

（3）适应症：用于急性闭合性组织损伤的早期。

2. 热疗法

（1）作用：消肿、镇痛、散瘀、解痉、减少粘连和促进损伤愈合。

（2）方法：简单易行的是热敷法，也可用熏洗法。
（3）适应症：用于急性闭合性软组织损伤的中后期及慢性损伤。

3. 拔罐疗法

（1）操作方法：选穴，一般在伤部取附近的穴位，并选择合适的罐；点火，闪火法，用镊子夹着点燃的酒精棉球或纸片，伸入罐内壁一周迅速抽出，然后立即将罐罩在应拔部位即可。

（2）留罐时间：一般留罐10分钟，待局部出现皮肤充血，淤血呈紫红色时即可取罐，隔日一次，5～7天为一个疗程。

（3）适应症：用于陈旧性损伤、慢性劳损、风寒湿痹症等。

4. 电刺激疗法

（1）类别及功能：电疗、光疗、热电磁疗。
（2）常用仪器：电脉冲治疗仪、直流电药物离子导入治疗仪、音频治疗仪等。

### 二、药物治疗法

1. 常见损伤的中药治疗法

软组织损伤主要指闭合性肌肉、肌腱、韧带、关节囊的损伤。

急性损伤是指损伤后24～48小时，症状为肿胀、疼痛、功能障碍等。治疗原则是止血、凉血、止痛。外用处方：止血定痛散；黄柏25克，元胡15克，血竭3克，蒲黄20克，用冷水调敷患部，每日更换一次。内服药可选用三七片、元胡止痛片、云南白药等。

新伤是指损伤后超过48小时，治疗原则是活血化瘀、消肿止痛。

陈旧性损伤是指受伤时间在2～3周以上。

关节脱位是指脱位整复固定后1～2周，治疗易行气活血、消肿止痛，可外用一号新药，如川赤芍、川芎、泽兰等；脱位整复后2～3周后，治疗宜舒筋活络、通利关节，外用一号旧伤药外敷或一号熏洗药熏洗。

2. 骨折的西药治疗法

骨折常用西药为红药水、紫药水、碘酒、酒精、生理盐水、抗生素药膏等。注射用西药：1％～2％的盐酸普鲁卡因、肾上腺皮质激素类药物。内服西药：复方阿司匹林、优布芬、扑热息痛片、安乃近、去痛片等。

## 第六节　龙舟运动员运动损伤及防护

### 一、龙舟运动员损伤的特点及常见的运动损伤

随着龙舟运动的不断普及和发展，以及运动战术水平要求的不断提高，训练、比赛的强度和密度不断加大，龙舟竞争日益激烈，龙舟运动员损伤发生率日趋上升。由于龙舟运动技术多、强度大、重复性强、运动环境涉水，因此运动员容易在运动和训练中产生运动性疾病与损伤，这不仅影响运动员平时的运动训练，比赛中竞技水平的发挥，甚至会影响运动员的运动寿命。

因此，与专项技术相呼应，龙舟运动对运动员上下肢、腰部、背部、臂部肌肉力量的要

求都相当高,当这种特殊的技术要求和身体某些部位的生理解剖弱点不协调时,就容易发生运动损伤。运动损伤是影响运动成绩的最重要的因素之一,它不仅严重影响运动员的训练及比赛竞技水平的发挥,还会影响到运动员的正常生活。

（一）龙舟运动员损伤的特点

龙舟属于体能类项群运动项目,又属于典型的单一动作结构的周期性项群。研究结果表明,其运动损伤近86%集中于上肢、肩部、背部、腰部。除极个别是由急性损伤迁延而成外,绝大多数无明显受伤史,是在长期训练中逐渐积累产生的,属于劳损。

（二）龙舟运动员常见的运动损伤

龙舟运动员常见的运动损伤为腰肌劳损、肩背部筋膜炎、腕关节软组织损伤、肩峰上滑囊炎、前臂伸肌群损伤和肘关节损伤等。

从龙舟运动特点上分析,擦伤发生的部位主要集中于手掌、手指、大腿外侧、髌骨和臀部,主要原因是这些部位在训练或比赛中与船或桨直接接触。例如,采用坐姿划法时臀部与座位相互接触摩擦,大腿外侧与船缘之间摩擦;采用站立式划法时髌骨与船缘之间相互摩擦。肌肉拉伤的发生与训练方法和手段有直接关系。例如,为了使运动员在采用站立式划法时下肢的稳定性增强而针对性采用"鸭子走路"式训练方法,导致大腿根部、臀部、小腿腓肠肌肌肉等不同程度的拉伤。龙舟运动员在水上训练时,腰部处在一个收缩扭转—放松—收缩扭转的快节奏的周期性发力的动态中,随着训练强度的加大、桨频的提高、训练时间的延长,必定会导致腰部运动负荷加大,腰部肌肉及骨骼会发生不同程度的磨损,最终导致慢性腰肌劳损。扭伤通常发生于陆地上体能训练的过程中,发生的部位主要是踝关节,多数为意外所导致。

## 二、龙舟运动员运动损伤的基本原因和预防原则

（一）龙舟运动员运动损伤的基本原因

(1) 与专项技术的特殊要求有关。龙舟专项技术动作的特殊要求,导致身体某些部分容易受伤。例如,运动员在拉桨时,肩胛骨后缩（内收）,由斜方肌和菱形肌在抗阻力下完成,若常重复这个单一动作,导致肩部和背部肌肉筋膜慢性劳损,形成肩背部肌肉筋膜炎。

(2) 训练后缺乏必要的放松练习。大运动量训练后,运动员的肩部、背部和腰部肌肉均存在着不同程度的僵硬现象,运动员往往感到肌肉酸痛和僵硬。郭庆芳等认为,这种早期肌肉的酸痛、僵硬可能是由于疲劳提高了肌肉感受系统（肌梭）的兴奋性,从而使疲劳的肌肉处于较长时间的紧张性收缩中,即肌节缩短（痉挛）阻碍了局部的血液循环,在缺血情况下进行收缩便引起酸痛和僵硬。这种僵硬若不能及时消除,逐渐积累可发展成软组织损伤,导致劳损。因此,训练后放松肌肉很重要,应当将其看成训练的组成部分。有效的方法是牵拉肌肉（伸展练习）,而许多运动队没有做到这一点。当水上训练结束后,肌体处于极度疲劳状态,肌肉僵硬,特别是肩关节、腰部、脊椎等部位因高强度的训练导致这些部位轻度磨损。

(3) 技术动作不正确。龙舟训练中,动作不正确是导致损伤的又一种因素。技术动作出现错误常发生于运动员的训练初期阶段,此时对龙舟运动的动作特点尚未了解,缺乏实践经验。初学者的协调能力和控制能力相对低下,很难把握自己送桨和提桨的力度及方向,以及节奏的变化等都会导致运动员的技术动作失误,导致损伤的发生。

（4）训练和比赛活动安排不当。

1）准备活动有问题。如未做准备活动或准备活动不充分，就开始正式练习；准备活动量过大；与专项内容结合不好；准备活动违反循序渐进的原则，一开始速度过快、用力过猛等。

2）局部负担过大。运动量安排不当，尤其是运动量过于集中，使局部负担量过大，这是在运动训练中特别是专项训练中造成损伤的主要原因。

3）组织方法上有缺点。在组织、训练过程中，不遵守训练原则，不从实际出发，没有充分认识到不同年龄、性别者的解剖、生理、心理特点不同，即使年龄、性别相同，个体之间在身体发育、健康状况及身体素质、运动能力和技术水平之间存在很大的差异，而是千篇一律地对待；在运动安排上，不是从小到大、从简单到复杂、循序渐进、逐步提高。

（5）运动员的生理、心理状态不良，如睡眠或休息不好、患病受伤或伤病初愈、疲劳和身体机能下降等。实践证明，疲惫的机体，其力量、精确度和协调机能均显著下降，甚至技术熟练的运动员，在这种情况下，也可能发生运动技术上的错误，造成损伤。此外，随着生理机能的下降，运动员的警觉性和注意力减退，机体反应迟钝，也是造成损伤的因素。

运动员的心理状态与损伤的发生也有密切关系。例如，运动员心情不好、情绪不高、对训练和比赛缺乏自觉性和积极性，思想就不集中，也兴奋不起来，在这种情况下运动必然容易受伤；运动员情绪急躁、急于求成、信心不足、缺乏勇气、胆怯犹豫、自控能力差、赛前过于紧张、场上心慌意乱，损伤的发生率也是较高的。此外，喜欢表现自己，好胜心强，好奇心大，忘乎所以，不顾主客观条件的可能性，盲目或冒失地进行运动，也容易造成损伤。

（二）龙舟运动员运动损伤的预防原则

（1）积极开展预防运动损伤的宣传教育工作，使有关人员从思想上引起重视。

（2）加强身体全面训练、肌肉力量练习。这是预防损伤的一个十分重要的方面，在练习中要注意以下几点。

1）动力性练习和静力性练习相结合。大多数运动队对动力性力量练习（等张练习）比较重视，但往往忽视静力性力量练习（等长练习）。事实上，静力性练习同动力性练习一样重要。有学者根据大量观察，提出一次持续6秒的2/3以上最大强度负荷的等长收缩对肌肉力量增长最明显。又有学者提出等张和等长练习联合应用的肌力练习方法，其增强肌力的效果更佳，称为短暂等长最大负荷练习。具体方法为，每次负重时间以维护5～10秒为最适宜，每次增加0.5千克，重复5次左右，不断增加直到最大负荷，并维护5～10秒为止，每次间隔休息20秒。这种维持5～10秒等长抗阻练习的作用机理是，当肌肉进行收缩时，特别是在做等长收缩时，肌肉内血流暂时被阻断，但能量代谢仍在进行，并以无氧酵解为主，因此产生较多量的酸性产物；当肌肉松弛舒张时，由于局部酸性产物堆积的刺激，可扩张较多的微血管，从而使肌肉获得更多的能源，有利于肌力的恢复和增长。因此，在注意动力性练习的同时，要重视静力性练习，这对预防和治疗损伤都十分重要。

2）肌肉力量的训练要避免单打一。在肌肉力量练习中，不但要加强与运动技术直接有关的肌群（如斜方肌、菱形肌、肱二头肌、竖脊肌等）的大量练习，而且要注意协同肌（三角肌、背阔肌、臀大肌等）及拮抗肌（前锯肌、胸小肌、腹肌、大腿后群肌）的训练。例如，腹肌的训练对预防腰肌劳损十分重要。当腹肌收缩、腹内压增高时，会从脊柱前方给以支持力，此力能够吸收和分散腰骶部负荷，减轻竖脊肌的负担。

3）要特别注意练习动作的正确性。在做练习动作，如做蹬腿力量练习时，腰背部要有腰托，这样腰椎前凸接近直立位置负荷较小。做俯卧两头翘练习时，在腹部下放一个软垫以减少腰凸。做仰卧起坐练习时，采用"团身姿势"，即先使头颈保持屈位，然后腰段脊柱前屈使双肩稍离地面。这些既有利于减轻腰部负荷，又能有效地发展肌肉力量。

（3）训练后进行放松练习。教练员应将放松练习列入训练中，特别是要重视静力牵张练习。实验证明，牵拉具有提高肌肉工作能力的效应，能有效地使肌肉放松，减轻训练后的酸痛和僵硬。放松练习应依颈部、肩部、背部、腰部、臀部、大腿部顺序进行，每个部位牵张持续5～20秒，牵拉完后，队员相互间再做一些放松按摩。整个放松时间不应少于20分钟。

（4）合理安排训练和比赛。训练计划的制订和执行应合乎训练原则。要了解每次训练中易发生损伤的技术动作，事先做好准备及采取相应措施，施教时倍加注意。要认真做好准备活动，内容和量应根据所要进行活动的性质、运动员个别情况及气象条件而定。准备活动结束与正式运动的间隔时间以1～4分钟为宜，一般做到身体发热、微微出汗即可，冬天运动量可大些。要合理安排运动量，尤其要注意运动器官的局部负担和伤后的训练安排，防止局部负担过重。遵守比赛规程和规则，加强裁判工作。儿童少年不宜过多参加比赛。

（5）加强医务监督，建立和健全自我监督制度。严格实施场地、设备卫生监督，对场地、器械和防护用品要定期进行卫生安全检查，对已损坏的场地器械应及时维修，维修前一律禁止使用。禁止穿不合适的服装（包括鞋）进行活动。

# 第八章

# 疲劳与恢复训练

## 一、运动性疲劳的概念

运动性疲劳是指运动引起的肌肉最大收缩或者最大输出功率暂时性下降的生理现象。这一定义强调了两个方面，其一是由于工作和活动本身引起的生理性疲劳，与环境、疾病、营养等原因所致的病理性疲劳不同；其二是运动能力和身体功能的下降是暂时的，经过休息是可以恢复的，它与过度疲劳有区别。

## 二、运动疲劳产生的机制与原因

### 1. 运动疲劳产生的机制

龙舟运动员疲劳产生的机制及疲劳对机体的生理影响根据1982年第五届国际运动生物化学会议对疲劳概念的定义疲劳就是有机体的生理过程不能使其既能维持在一个特定的水平工作，各器官也不能再保持稳定的工作能力，主要体现在以下几个方面。一是机体代谢发生变化。疲劳产生后，直接影响到糖代谢和能源物质ATP的生成，引起血糖值降低，在缺氧状态下，使活动肌群和血液中乳酸量增加。二是内分泌失调。疲劳使机体内分泌系统处于非正常状态，在缺氧状态下，人体肾上腺素分泌减少，而皮质激素则分泌过多，导致人体机能失调，抵抗力下降。三是大脑中枢神经发生变化。大脑中枢神经中包括许多神经突触，它们具有传导神经冲动的作用，产生疲劳后，其内部具有传递作用的物质乙酰胆碱减少，使神经冲动的传导迟缓，导致人体动作失去准确性和协调性。

### 2. 运动疲劳产生的原因

龙舟运动员疲劳产生的主要原因有以下几方面。

（1）能量消耗。长时间进行大运动量训练后，机体内糖原、三磷酸腺苷、磷酸肌酸等能量物质大量消耗，在供能上失去平衡，不能及时补偿从而导致人体产生疲劳。

（2）代谢产物增多大脑的抑制性保护。运动时大量代谢产物，如乳酸等，在人体中大量积累导致疲劳。巴甫洛夫认为，人体疲劳主要是由于大脑皮层保护性抑制作用的结果。龙舟运动员的训练强度大，特别是水上长距离（24公里以上）75%～80%强度的训练课中，运动中大量神经冲动传至大脑皮层的相应神经中枢，使之处于长时间的兴奋状态，导致物质代谢的异化过程，当能源消耗到一定程度时便产生大脑皮层的保护性抑制，由于抑制过程的逐渐加深，导致疲劳产生。

（3）外界环境的因素。龙舟为户外运动，不同于室内项目，受天气、气候等影响，如受闷热、寒冷、风雨、水域等外界环境影响较大，对运动员的体力、心理、精神状态等产生负面作用，导致疲劳产生。如果疲劳不能在训练当天得到及时恢复，在持续一段时间的大强度训练后，疲劳状态就会延续并转化为慢性疲劳，引起人体机能变化，使训练无法正常进行。

龙舟运动是一项运动量大、竞争激烈的比赛项目，训练的强度较大，在训练中要求运动员机体能够承受尽可能大的运动负荷，使机体适应大强度的比赛要求。长时间高强度的训练必然带来运动员的生理疲劳，导致训练质量下降，从而影响运动成绩的提高。因此，龙舟运动员的疲劳恢复训练是教练员和运动员都十分关注的问题。

### 三、疲劳恢复训练的作用

（1）使学员在赛前精神镇定，防止内外因素的干扰（减轻赛前、赛中的过度兴奋），提高运动成绩。

（2）集中注意力，节省精力。

（3）对成功与失败有恰当体会，及时总结经验教训，对以后比赛有新的准备。

（4）改善恢复能力，加快恢复过程。

（5）在训练中能更快、更顺利地学习和巩固新动作、新技术。

（6）以生物反馈法对自己的比赛能力进行客观检查。

（7）加快体内二氧化碳的释放及氧的吸收。

（8）对肌肉、内脏器官及神经系统起到积极调剂作用。

### 四、疲劳恢复训练的方法

（1）热身运动。在训练或比赛开始之前先做几分钟的热身运动对身体和注意力都是很好的准备过程。热身运动最好从系统的拉伸活动开始。拉伸时要缓慢，避免突然用力，被拉伸的那部分肌肉一定不要用力。拉伸之后，应该做一些一般性的准备活动，如轻微的原地跑跳等，既调动了内脏器官，又让全身的关节得到了预热。

（2）错位恢复训练。在龙舟运动中高强度训练后，低强度的放松划中可以吸收大量氧将体内乳酸氧化，有利于缩短乳酸排除时间。例如，进行以下肢为主的运动，大脑皮层支配下肢的神经细胞就会在运动中长时间处于高度兴奋状态，如果在运动后适当交换活动部位，能使运动神经细胞轮流工作，通过负诱导的作用，就会使疲劳的神经细胞更快地恢复工作能力。

（3）放松整理活动。训练课后的放松整理是加速体内代谢物质的清除，加快体力恢复的重要举措。做一些较轻松的身体练习及拉伸伸展练习梳理运动肌肉，旨在加速机体恢复过程，使人体由紧张激烈的肌肉活动状态逐步过渡到安静状态，运动使机体产生一系列的生理变化，而不是随着运动的停止而立即消失。机体在激烈运动时，无论如何加强呼吸，也无法满足运动机体对氧的需要，肌肉往往是在缺氧状态下工作的，内脏器官在肌肉运动停止后，需要继续紧张工作一段时间来还清运动时所欠的氧债。如运动后不做整理活动，首先就妨碍了激烈的呼吸运动，而影响氧的补充，也影响静脉血的回流，使心脏血液输出量减少，血压降低，造成暂时脑贫血，产生一系列不良反应，甚至"重力休克"。

（4）课次交叉、负荷交叉恢复。合理安排训练负荷，如负荷量、负荷强度、负荷时间、主要练习和辅助练习，训练课之间、训练课与比赛之间的恢复。课与课之间安排不同强度、不同节奏、不同项目，达到既保证训练又恢复的目的。

（5）改善肌肉功能。肌肉恢复是训练过程中最简单的恢复，主要目的是使肌肉放松，改善肌肉血液循环，加速代谢产物排出及营养物质的补充。可以通过热水浴、蒸汽浴、桑拿浴、按摩等手段改善。

# 第九章

# 竞技龙舟的训练原则与训练计划

## 第一节 竞技龙舟的训练原则

原则是人们说话或行事所依据的法则或标准，是由人们根据其对客观事物运动内在规律的认识而制定的，科学的原则即是人们对客观规律正确认识的反映。

竞技龙舟的训练原则是依据龙舟运动训练活动的客观规律而确定的组织龙舟训练所必须遵循的行为准则，是龙舟运动训练活动客观规律的反映，对龙舟运动训练实践具有普遍的指导意义。

### 一、竞技需要原则

（一）竞技需要原则释义

竞技需要原则即指根据提高运动员竞技能力及运动成绩的需要，从实战出发，科学安排训练的阶段划分及训练的内容、方法、手段和负荷等因素的训练原则。贯彻这一原则可使训练更好地结合专项的特点和专项竞技比赛的需要，提高运动训练的专项针对性、实战性和实效性，争取获得满意的竞技比赛成绩。

（二）贯彻竞技需要原则的教学训练要点

1. 要围绕龙舟运动训练的基本目标，全面安排好训练和比赛

训练目标全面而集中地体现着专项竞技的需要，是组织好训练活动的重要依据。因此，在制订训练计划时，应对运动员的现实状态做出科学的诊断，对运动员的训练条件做出全面的分析，对运动员的发育潜力和训练潜力做出客观的评价，进而确定经过艰苦的努力有较大的概率可予实现的训练目标。然后据此全面安排该训练过程的训练和比赛工作。

2. 正确分析专项竞技能力的结构特点

运动项目由于其专项的特异性，决定了其竞技能力构成因素的差异性。因此，对所从事的运动项目的特点做出正确的分析，是选择适宜训练内容和手段不可缺少的重要前提。

3. 按照竞技的需要确定负荷内容和手段

依据竞技需要原则的要求，负荷内容和手段的选择是由龙舟运动的主要制胜因素与运动员自身的具体情况决定的。例如，对一名体能较好的龙舟运动员，要将其主要精力用于发展

技术、战术能力上。

4. 注意负荷内容的合理结构

龙舟运动员竞技能力的构成具有明显的规律性。龙舟是技术性体能类项目，龙舟运动员的训练负荷的内容是由发展体能的练习、发展技能和战术能力的练习、发展心理能力和智能的练习组合构成的。确定不同负荷内容的比例时，要考虑运动员的年龄、水平、训练过程中的不同阶段，以及龙舟的短距离、中距离、长距离项目等因素。

**二、动机激励原则**

（一）动机激励原则释义

动机激励原则是指通过多种方法和途径，激发运动员主动从事艰苦训练的动机和行为的训练原则。遵循这一原则可激发运动员的训练积极性和主动性，培养他们的独立思考能力、创造能力和自我调控能力，促使他们以最大的动力，高质量、高效率地完成训练任务。

（二）贯彻动机激励原则的教学训练要点

1. 加强训练的目的性教育和正确价值观教育

注意通过各种教育学及心理学的手段，进行训练的目标的性质教育，逐步树立起自觉训练的态度和动机。要使运动员认识到获得优秀运动成绩对国家、民族、家庭和个人的重要性及其巨大的社会价值，从而获得鼓舞和激励。

2. 满足运动员合理的需要

要关心运动员的生活，安排好他们的衣食住行，创造良好的人际环境，并尽可能使他们在安全和尊重上得到必要的保障，并引导运动员形成"自我实现"的更高层次需要，以产生积极从事训练和比赛的动机。

3. 激发运动员参与训练和比赛的兴趣

注意运用符合不同年龄的运动员个性心理特征的多样性手段，激发运动员参与运动训练和竞赛的兴趣。儿童少年初期训练时应多以游戏和玩耍的形式对其进行全面训练。

4. 发挥运动员在训练工作中的主题作用

应使运动员了解训练目的、任务、要求与安排，并使运动员在一定程度上参与训练计划的制订和运动训练的组织。只有这样，运动员才能使自己变被动式训练为主动式训练。同时要注意有意识地培养运动员独立思考的能力，提高运动员在各种复杂环境及社会条件下较好地控制自己的思想、行为和动作技术的自控能力及应变能力。

5. 注意教练员自身的榜样作用

教练员要特别注意自己的言行，善于说服教育，注意克服简单、粗暴的态度和做法，并以自己的知识、能力和表率作用及通过有效的训练取得优异运动成绩来建立权威，以取得运动员的信任，并以此激发运动员训练的积极性。

6. 注意正确地运用动力

正确运用精神、物质和信息这三种动力互相补充、扬长避短，取得理想的效果。要正确地认识和处理好个体动力和集体动力的关系，让个体动力在大方向基本一致的情况下得到充分的发展，以求得比较大的集体动力的总量。

### 三、有效控制原则

（一）有效控制原则的释义

有效控制原则是指要求对运动训练活动实施有效的训练原则。训练中应准确把握和控制运动训练活动的各个方面或运动训练过程的各个阶段，训练的内容、量度及实施，并对他们进行及时的和必要的调节，以使得运动训练活动能够按照预先设计的方式运行，保证训练目标的实现。

（二）贯彻有效控制原则的教学训练要点

1. 制订科学的训练计划

制订科学的训练计划是运动训练过程实施有效控制的重要前提。科学的训练计划应该紧紧围绕着实现预先确立的目标，有机地组织训练过程的实施。因此，要想使训练过程按照预定的方式顺利进行，就必须制订科学的训练计划。

2. 高度重视训练信息的采集和运用

为了在不断的动态变化中实施对运动训练过程的有效控制，就应高度重视训练信息的采集和运用。通过多种多样的诊断方式（其中包括生理学和心理学的、生物力学和生物化学及运动训练学的各种诊断方式），采集大量训练信息，从中了解运动员的竞技能力、训练效应及个方面影响因素的变化，从而及时做出决策，对训练过程的不同环节发出修正指令，使运动训练过程与运动员的现实状态相适应，取得理想的训练效果。

被采集到的训练信息必须要反馈给运动员，反馈给训练过程的各个环节，这样才能产生实际的效益。

所采集的训练信息，一部分比较及时地被予以利用，另一部分却需要妥善地储存起来。训练日记、教练日记、运动员训练档案等，都是训练信息的储存器。运用电脑储存训练信息容量大，加工与使用更为方便。

3. 及时对训练计划进行必要的修正和调整

尽管人们在制订训练计划时使计划具有更高的科学性和预见性，但同时，训练计划永远只是对未来训练实践的理论设计，它永远也不可能完全地与训练实践的要求相吻合。由于人类集体的复杂变化及主观多种因素的影响，预先制订的训练计划与运动员的状态不符的情况是时有发生的，这时需要对原定计划进行必要的调整和修正。严格来说，在训练实践中完全实现预定计划的事例几乎是没有的。

科学研究的成果和大量运动训练实践表明，尽管制订了非常详尽、非常严密的训练计划，也难免在具体实施中发生一些局部的甚至带有全局性的变更。认识这种变更的必然性和重要性，学会在训练中根据具体情况的变化，根据对训练实践情况所进行的及时、准确、客观的检查评定所获得的信息，将这些信息与预定的训练的目标状态所进行的对照分析，主动地对运动训练过程的进行和规划做出必要的、适宜的变更，以保证运动员顺利地实现状态的转移，完成预定的指标，正是对运动训练过程实施最佳控制的关键所在。

### 四、系统训练原则

（一）系统训练原则释义

系统训练原则是指持续地、循序渐进地组织运动训练过程的训练原则，这一原则的确立与运动训练过程的连续性和阶段性的基本特征密切相关。它一方面指出运动员只有长时间、持续地进行训练，才有可能攀登竞技运动的高峰；另一方面强调，在一般情况下，必须循序渐进地而不是突变式地增加训练负荷，才能取得理想的训练效果。

（二）贯彻系统训练原则的教学训练要点

1. 保持训练的系统性

（1）健全多级训练体制。运动员系统的多年训练活动，必须以健全的多年训练体制为保证。尽管龙舟运动的训练体制有自己的特点，但要达到更高的竞技水平，必须保证运动员多年系统训练的实施。

保证不同层次的训练组织完成各自的任务，使运动员得以保持多年训练的系统性，在最佳竞技年龄区间表现出最高的竞技水平，各层次必须紧密衔接，防止各级训练各行其是。具体要求：①制定运动员在不同年龄阶段系列训练大纲；②建立与多年训练各阶段基本任务相适应的竞赛制度；③建立相应的奖励制度，鼓励各级各类教练员认真完成基础训练和初级专项训练的任务。

（2）建立和强化正确的训练动机。动机是"人们经常以愿望、兴趣、理想为形式表现出来的激励个体发动和维持其行为，并导向某一目标的一种心理过程或主观因素。"（林秉贤，社会心理学［M］.北京：群众出版社，1985.）运动员只有具有强烈的训练动机，才能积极主动地坚持训练，从而攀登运动竞技水平的高峰。

像人们从事其他活动一样，参加运动训练的运动员的动机也常常是多元的和综合的。其中有为国家、为集体争得荣誉的动机，也有博取人民尊敬、亲友赞扬的动机，还有显示个人能力、渴望取得成就的动机。

（3）科学地制订训练计划。在现代竞技运动中，运动员只有接受长时间的系统训练，才有可能参与激烈的角逐，夺取胜利。但对这种长时间的训练活动，则必须科学地予以全面规划。训练计划正是组织实施训练活动的基本设计。科学地制订训练计划，是保证训练的连续性、取得理想训练效果不可缺少的重要因素。

（4）提供有力的社会保证。现代运动训练活动早已远远超出了训练队这一狭窄的范围，不再仅是教练员和运动员之间的双边活动，而是几乎涉及社会生活的各个领域，成为具有广泛联系的社会性活动。因此，有力的社会保证也就成为坚持系统训练必不可少的重要条件。运动员的学习、职业、经济收入、婚姻、家庭等各个方面的状况，都对他的训练有着不可忽视的重要影响，而这些问题的妥善解决，也必然会给训练活动以有力的支持。

2. 按阶段性特点组织训练过程

运动训练过程的组织实施，必须遵循其阶段性的特点，有步骤、有秩序地进行，而这一步骤则是按照固有的程序排列的。例如，全程性多年训练依次分为基础训练阶段、专项提高阶段、最佳竞技阶段及竞技保持阶段；一个持续4～12个月的训练大周期，依次分为准备时期、比赛时期及恢复时期；一次训练课也依次分为准备部分、基本部分和结束部分等。训练过程的程序性表现在训练的以下几个方面。

（1）龙舟运动员在竞技能力的发展中，应构成下列任务顺序和搭配。

1）发展一般竞技能力：心肺功能、一般力量、协调能力和运动技能（运动储备）、用于速度能力的神经肌肉调控程序、一般负荷承受性。

2）发展专项竞技能力：专项基础耐力（超远距离）、专项速度（超近距离）、专项力量、划行技术、专项负荷承受力。

3）发展整体比赛的成绩：将竞技条件和能力转化到比赛成绩、比赛专项耐力。

4）完成比赛成绩：将个体的竞技条件和能力转化到个体的比赛结构、比赛结构训练。

（2）训练负荷安排的计划性要遵循下列简单的规则。

1）从一般到专项。

2）从全面到深入。

3）从简单到复杂。

根据这个原则，训练开始须在它的时间结构中减少对专项（一般与非专项训练手段）刺激作用，通过补充或者替换更高刺激作用的训练手段来提高刺激作用。过早地使用专项训练手段导致过早的竞技最佳化，会阻碍以后阶段的训练刺激作用效果的提高。

（3）竞技能力发展秩序和搭配。

1）技能性的训练应放于任何其他方式的训练之前，因为此时神经—肌肉系统尚未疲劳。因而，在训练过程中，应首先进行技能训练，或者于一个小周期训练恢复一天后进行。

2）单纯的速度训练应放于其他体能训练之前。

3）无氧非乳酸供能系统训练应先于无氧乳酸供能系统训练。

4）无氧乳酸供能系统训练应先于有氧供能系统训练。

5）无氧非乳酸供能系统训练应先于有氧供能系统训练。

6）大强度有氧训练（如最大有氧量）应先于小强度训练（如慢速长跑）。

换句话说，应优先考虑训练质量，训练项目应选择在运动员最佳负荷期，也就是说，大多数情况下，当运动员休息充分或者是有充足的时间恢复后。

（4）不同训练方法的正确程序：稳定划船—在不同强度（强度1、2、3）下划船—法特莱克训练法（一种加速跑与慢跑交替进行的中长跑训练法）—间隔训练法—速度耐力训练—单纯速度训练。

（5）能量系统训练的优先原则。

1）有氧供能（耐力先于力量），无氧乳酸（力量先于耐力），同时，在重点训练此种供能系统时，有氧供能能力应该已经发展到一定程度。

2）无氧非乳酸供能（力量先于耐力），同时，在重点训练此种供能能力时，无氧乳酸能力应该已经发展到一定程度。

（6）力量训练的顺序。赛后专项训练期：发展专项力量、发展次最大力量、增大次最大力量—发展最大力量。一般准备期：增大最大力量、保持次最大力量。专项准备期：保持最大力量、发展力量耐力、发展专项力量、发展爆发力。竞赛期：保持次最大力量、保持力量耐力、保持专项力量、增加爆发力、保持爆发力。

**五、周期安排原则**

（一）周期安排原则释义

周期安排原则是指周期性地组织运动训练过程的训练原则。依运动员机体的生物节奏变化规律、竞技状态形成与发展的周期性规律及运动竞赛安排的周期性特点，按一定的动态节奏，循环往复、逐步提高地安排训练内容和负荷量度。

## (二)贯彻周期安排原则的教学训练要点

### 1. 掌握各种周期的序列结构

按照一个训练周期所包含的时间跨度的不同,可以把其区分为多年训练周期、年度训练周期、大训练周期、中训练周期、小训练周期及日训练周期几种。了解各种周期的时间构成及其应用范畴,对于教练员在训练实践中贯彻周期安排训练原则是一个必不可少的重要条件。不同类型的训练周期及其时间构成如表9-1所示。

表9-1　　　　　　　　不同类型的训练周期及其时间构成

| 周期类型 | 时间构成 |
| --- | --- |
| 多年训练周期 | 2~20年 |
| 年度训练周期 | 1~3个大周期 |
| 大训练周期 | 准备、比赛、恢复期各一个大周期,每个大周期10~30周 |
| 中训练周期 | 4~15周 |
| 小训练周期 | (7±3)天 |
| 日训练周期 | 4~20次课,1~3次训练课 |

### 2. 选择适宜的周期类型

贯彻周期安排时,要考虑到选择适宜的周期类型。例如,确定年度训练周期的安排是采用单周期、双周期还是多周期?第一个周的训练应该是加量周、加强度周还是赛前训练周?人们一般把小周期的训练作为组织训练的基本单位,这里也以周训练为例来说明选择适宜的周期类型问题。例如,根据训练任务及内容的不同,可把周的训练分为基本训练周、赛前训练周、比赛周及恢复周四种类型,如表9-2所示。为适应不同任务而制订的各种相应的周训练计划,表现出明显不同的负荷变化特点。

表9-2　　　　　　　　不同训练周类型及其主要任务

| 周类型 | 主要训练任务 |
| --- | --- |
| 基本训练周 | 通过负荷的改变引起新的生物适应现象,提高运动员的竞技能力 |
| 赛前训练周 | 使运动员的机体适应比赛的要求和条件,把各种竞技能力集中到专项上 |
| 比赛周 | 为运动员在各方面培养理想的竞技状态做直接的准备和最后的调整,并参加比赛,力求实现预期的目标 |
| 恢复周 | 消除运动员生理上和心理上的疲劳,促进超量恢复的出现,准备投入新的训练 |

### 3. 处理好决定训练周期时间的固定因素与变异因素的关系

周期安排原则的依据是人体竞技能力变化和适宜比赛条件出现的周期性特征,其中,后者是决定训练周期时间的固定因素,而前者则是变异因素。因为重要比赛日程的安排通常与某个项目最适宜的比赛条件的出现是一致的,而且通常在上一年度即已确定。在竞技体育界,人们普遍认为奥运会冠军的荣誉远比世界纪录保持者要高,因为创造世界纪录不受时间、地点的限制,大多数项目的优秀运动员在任何时间都有可能创造新的世界纪录。而每4年一次的奥运会,则要求运动员必须在特定的日期表现出最佳的竞技水平,在与世界各国优秀选手的同场竞技中取胜,显然这一要求的难度大大高于前者。这就要求教练员不仅能使运动员具有所有需要的竞技能力,而且能使之在预定的时间里把这种能力最充分地发挥出来。

因此可以说，优秀教练员的高超艺术更突出地表现在这一点。

尽管人体本身受着生物节律的影响，但它并非绝对不变，人们完全可以通过训练安排使其特定的时间里表现出最佳的竞技状态。竞技状态的发展过程是可以由人来控制的，教练员应该努力做到把握调节这一个变异因素，使之与特定的比赛日程安排相吻合。

4. 注意周期之间的衔接

把一个完整的训练过程划分成若干较小的周期之后，人们往往会忽略了连续性。整个训练过程中不同时间跨度的周期组成了一个连续发展的过程，因此在具体的训练过程中应特别注意周期之间的衔接。

### 六、适宜负荷原则

（一）适宜负荷原则释义

适宜负荷原则是指根据运动员的现实可能和人体机能的训练适应规律，以及提高运动员竞技能力的需要，在训练中给予相应量的负荷，以取得理想训练效果的训练原则。

运动员在训练中承受了一定的运动负荷后，必然会产生相应的训练效应。但并非只要施加了负荷，就一定会产生良好的训练效应。训练符合的安排对训练效应的好坏有重要的影响。机体对适宜的负荷产生适应，若负荷过小，不能引起机体必要的应激反应；而在过度负荷作用下则会出现劣变反应。

（二）贯彻适宜负荷原则的教学训练要点

1. 正确理解负荷的构成

运动训练过程中的任何一个负荷，都包含着负荷的量与强度两个方面。前者反映着负荷对集体刺激的量的大小，后者反映着负荷对集体刺激的深度。负荷的量和强度分别通过不同的侧面表现出来，人们也可以运用不同的指标反映负荷的量和强度的大小。

2. 渐进式地增加负荷的量度

在运动训练过程中，随着运动员生物年龄的增长和竞技能力与运动成绩的提高，通常需要相应地加大负荷的量度，但这一变化必须循序渐进地实施，才能得到理想的效果。循序渐进地增加负荷有四种基本形式，即直线式、阶梯式、波浪式和跳跃式。

3. 科学地探求负荷量度的临界值

负荷量度的增加会带来更好的训练效果，而且越接近运动员承受能力的极限，效果就越明显，于是许多教练员和科学家都在致力于寻找这一负荷量度的极限。运动员负荷量度临界值的大小既随其发育程度、竞技水平等较为稳定的状态的变化而变化，又受运动员的健康状况、日常休息、心理状态因素的影响，因此对它的测定和评价必须有充分的科学依据，用科学的诊断方法力求准确地掌握负荷量度的临界值。在当前，人们对负荷极限的认识还不具备完全把握的时候，通常应注意留有余地，以避免过度训练的出现。

4. 建立科学的诊断系统

为了在训练过程中及时把握不同时期运动员的竞技能力状况，以便准确地判断负荷的适宜度及恢复程度，从而决定训练中应采取的相应对策，就必须建立科学的诊断系统，选取可靠的指标，在恰当的时间用科学的方法客观地进行准确的诊断。

5. 正确处理负荷与恢复的关系

训练离不开负荷，没有负荷就不能称其为训练；训练也离不开恢复，没有恢复，负荷只会导致运动员机体能量物质的消耗、运动员机能的下降。为了使训练取得效果，提高运动员的竞技能力，就必须高度重视恢复。现代运动训练中，越来越重视负荷与恢复的协同效应，不是在负荷后运动员业已疲劳时才考虑恢复的问题，而是在计划负荷的同时，就考虑到负荷后的恢复问题。

### 七、区别对待原则

(一) 区别对待原则释义

区别对待原则是指对于不同的比赛项目、不同的运动员或不同的训练状态、不同的训练任务及不同的训练条件，都应有区别地组织安排各自相应的训练过程，选择相应的训练内容，给予相应的训练负荷的训练原则。针对不同运动员训练中的个体特异性实施区别对待，是运动训练应遵循的重要原则之一。运动训练的效应要通过对运动员集体的变化予以表现，而运动员的心理和生理状况、形态、发育特点、技术、战术能力及素质、智力水平都各不相同，要想使训练工作取得理想的效果，就必须认真处理好运动训练过程组织的集群性与个体性之间的关系，考虑到运动员的个人特点，区别对待，有针对性地组织运动训练过程。

(二) 贯彻区别对待原则的教学训练要点

1. 贯彻区别对待原则所需注意的因素

由于运动训练过程本身所具有的多样性和多变性特点，决定了在贯彻区别对待原则时需要考虑多方面的因素，其中，主要因素又集中在运动专项、训练对象和训练条件三个方面，如图9-1所示。

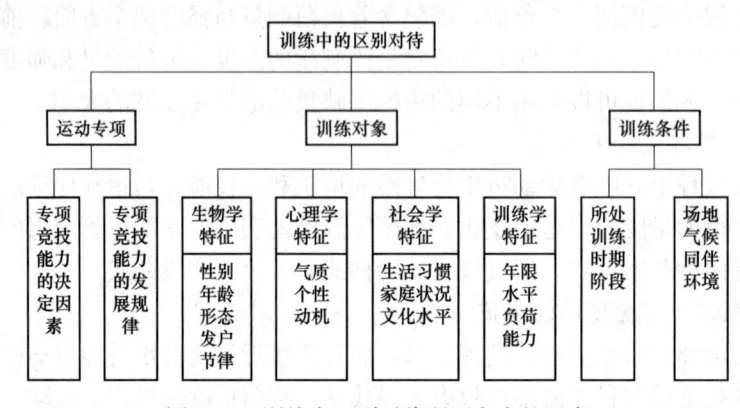

图9-1 训练中区别对待所要考虑的因素

2. 正确处理训练中共性与个性的关系

龙舟运动是集体项目，在这个集体中，所有队员都有一些共同点，但又各有自己不同的特点。通常龙舟教练员容易忽视运动员的个人特点和个体训练，因此一定要认识到根据个人特点进行个体训练是龙舟运动员集体训练的重要内容。

3. 教练员要及时准确地掌握运动员的具体情况

对于运动员的初始状态，教练员可围绕竞技能力的几个主要决定因素来了解具体情况。例如，在形态方面，可测定身高、体重等指标；在素质方面，需了解速度、力量、耐力等数据；在机能方面，应掌握脉搏、血压、发育水平及各器官系统的机能等基本情况。在运动训练过程中，教练员更要注意通过课上的观察、记录与运动员的成绩，批阅运动员的训练日记，以及专门组织的测试，及时、准确地掌握运动员的具体情况的变化，为科学地贯彻区别对待原则提供必要的依据。

### 八、直观教练原则

**（一）直观教练原则释义**

直观教练原则是指在运动训练中运用多种直观手段，通过运动员的视觉器官，激发活跃的形象思维，建立正确的动作表象，培养运动员的观察能力和思维能力，提高运动员竞技水平的训练原则。直观教练原则是从一般教育学和体育教学原则中引入的，对儿童少年运动员的早期训练尤为重要。

**（二）贯彻直观教练原则的教学训练要点**

（1）教练员应高度重视直观教练原则的运用。除运用多种多样的影响手段外，应尽可能地身体力行，为运动员，特别是儿童少年选手做直观的动作示范。

（2）注意应用科学技术的新成果。现代影像技术发展很快，不断地为人们提供新的手段和工具，应用多维摄影、快速摄影及录像等影视手段都会取得很好的直观效果。

（3）注意直观教练与积极思维的有机结合。

### 九、适时恢复原则

**（一）适时恢复原则释义**

适时恢复原则是指及时消除运动员在训练中所产生的疲劳，并通过生物适应过程产生超量恢复，提高机体能力的训练原则。在运动员的疲劳达到一定程度时，应依照训练的统一计划，适时安排必要的恢复性训练，采取有效的恢复措施，使运动员的机体迅速得到充分的恢复与提高。

**（二）贯彻适时恢复原则的教学训练要点**

1. 准确判别疲劳程度

准确判别疲劳程度是适时恢复的重要前提。运动员疲劳程度的判别，通常是根据自我感觉和外部观察来进行的，也常常采用一些比较客观的生理和心理测试方法。

（1）自我感觉。自我感觉是简单有效的判别方法。运动员在疲劳时，会感到肌肉僵硬、局部酸痛、四肢无力、呼吸急促、胸部发闷、力不从心。在恢复过程中，上述疲劳感逐渐减轻或消失，自我感觉新的活力又滋生，继续训练的愿望逐渐加强。

应当注意的是，相当一部分训练任务常常是在运动员自我感觉疲劳时进行的，没有这一过程就不能对集体产生足够深的刺激，因而也无从实现更高机能水平的适应。但恢复到什么程度进行下一次训练才不会导致过度疲劳，需要积累经验。

（2）外部观察。外部观察是教练员常用的判别运动员负荷情况的方法。运动员如果将自我感觉与自己某些外部表现结合起来进行分析判别，就能够更准确地掌握自己的疲劳程度与恢复状况。

在训练过程中，运动员如果出现面色苍白、眼神无光、连打哈欠、反应迟钝、精神不集中、动作无力、失调、失误增多、技术规格下降等现象，可初步判定疲劳已产生并加深到一定程度。当上述现象完全消失，特别是动作准确性、稳定性及平衡能力有了明显的改善与加强，就说明机体已经得到比较充分的恢复。

(3) 生理测试。大量研究表明，人在疲劳时，各器官系统机能水平都有所下降，下降程度与疲劳深度有关。对判别疲劳与恢复程度的生理指标进行测试时，具体方法可采用呼吸肌耐力测定、体位血压反射测定、皮肤空间阈测定、膝跳反射阈测定、肌张力测定、心电图测定、肌电测定、脑电测定和视觉闪光临界频率阈限测定等。

(4) 心理测试。用心理学的方法判别人体的疲劳及恢复程度有很多种，如采用自我疲劳感觉表（rating of perceived exertion，RPE）、自我恢复感觉表（rating of perceived recovery，RPR）等。

2. 积极采取加速机体恢复的适宜措施

(1) 训练学恢复手段，主要包括变换训练内容和训练环境，交替安排负荷，调整训练间歇的时间与方式，在训练课中穿插和采用一些轻松愉快、富于节奏性的练习等训练手段；在恢复过程中以轻微的肌肉活动帮助肌肉和血液中的乳酸更快消除；根据人体的"生物钟"节律，安排好每天的训练时间，使其成为一种习惯性的定型，节省神经能量，也有利于机体的恢复。

(2) 医学、生物学恢复手段，主要包括理疗恢复手段，如水浴、蒸汽浴、旋涡浴、氮水浴、苏打碳酸浴、盐浴、珍珠浴、含氧浴、腐植酸浴等，其他手段还有按摩、电兴奋、电睡眠、紫外线照射、红外线照射等。

(3) 营养学恢复手段。由于运动时运动员的能量消耗大，运动后的能力补充除了考虑补充物的数量外，还应注意各种营养素的适宜搭配。例如，运动后吃不同的糖，对身体不同部位糖贮存的恢复就有不同的影响。维生素及多种微量元素更是运动员营养中不可缺少的重要组成部分，它们与运动能力的恢复有着密切的关系。维生素及多种微量元素在体内不能合成或合成不足，必须从食物中摄取，所以要注意食品的种类和配比。

(4) 心理学恢复手段。主要利用自我暗示、放松训练、气功、生物反馈等手段促进恢复。

## 第二节　训　练　计　划

建立在训练原则基础上注重适应过程规律性的训练计划是实现有效训练的前提。

### 一、建立不同时间长短的训练周期应考虑的因素

不同时间长短的训练周期应考虑的因素如表 9-3 所示。

表 9-3　　　　　　　　不同时间长短的训练周期应考虑的因素

| 计划类型 | 周期 | 因素 |
| --- | --- | --- |
| 多年计划 | 长期的竞技准备 | 运动员竞技能力发展的阶段性特征与训练安排 |
| 年度计划 | 年度准备 | 不同作用方向负荷的有效排列 |
| 阶段计划 | 大周期 | 适应过程的规律性 |
|  | 中周期 | 重复或累积负荷的效果 |
|  | 小周期 | 负荷与恢复的调节 |
|  | 训练课 | 完成当前负荷任务 |

## 二、训练负荷的计划内容

（一）一般性竞技训练

一般性竞技训练包括的竞技条件，如速度、灵活性、协调性、一般耐力和一般性的力量能力。

对于竞技龙舟运动，下列已经在实践中普遍采用的训练手段足以发展龙舟运动员一般性的全面能力，而且对器材的要求不高。

（1）速度：30～60米的短跑、接力跑、小游戏、小场地的球类游戏。

（2）灵活性：伸展练习、牵拉。

（3）协调性：体操（障碍道）、所有运动项目（技术）和基本的形式（灵活性）。

（4）一般耐力：跑步、游泳、越野滑雪、骑自行车、大场地的球类运动。

（5）一般性的力量能力：通过力量训练进行。一般性力量训练分为用自身体重的力量训练、最大力量训练、力量耐力训练、快速力量训练与快速力量耐力训练。

（二）专项训练

专项训练包括在船上的训练，分为速度训练、速度耐力训练、专项速度力量训练/最大力量训练、有氧基础耐力训练、有氧-无氧基础耐力训练、短距离的无氧耐力训练、专项力量耐力、比赛专项耐力训练、超量恢复训练。

（三）专项训练负荷与手段

1. 耐力1

这个训练计划是以长时间及超常训练距离为标志的。特征是采用持续划方法和节奏变化划方法，船速保持在有氧阈至有氧/无氧转换区域。

（1）持续划，1×8千米～15千米不间断运动。

（2）节奏变化划，每1000米则做出节奏和桨频变化，共6～12千米。

（3）长时间间歇训练划，每种负荷超过10分钟，休息2～3分钟。例如，3×3千米，休息500米，或4×2000米，休息250米。

2. 耐力2

超长距离的领域，也就是比比赛距离长的训练计划。能量转换处于有氧/无氧过渡领域，在准备和衔接训练中，每个负荷处于1000～3000米。基础训练中的距离是750～2000米，休息要积极，船速要明显降下来，作为定向可以算双倍的负荷时间。此时的比赛负荷如下。

（1）2—4×750米。

（2）2—4×1000米。

（3）3×1500米。

（4）2×2000米。

（5）2×3000米。

3. 耐力3

这是比赛距离区域250～1000米的负荷。用这种负荷可以练习技术、桨频和划桨前驱等比赛专项形式。休息时间应是负荷的1倍。此时的比赛负荷如下。

（1）4—8×250米。

（2）2—4×500米。

(3) 1—2×750 米。
(4) 1—2×1000 米。

4. 比赛耐力

比赛耐力包括完整的 250~2000 米比赛专项训练,这时要保持个人确定的速度、前驱和桨频,当然所有的比赛负荷也归纳到这个领域。休息是为了完全彻底的休息。此时的比赛负荷如下。

(1) 4—6×250 米。
(2) 2—3×500 米。
(3) 1—2×1000 米。

5. 速度耐力

速度耐力的训练计划是以比比赛距离短、速度比比赛快为特征的,根据有强度的间歇方法进行。休息减少(有效的休息)。此时的比赛负荷如下。

(1) 6—10×150 米。
(2) 3—8×250 米。
(3) 3—4×350 米。

6. 速度

使用最大的力量和最大的运动频率,延续时间在 5~20 秒的所有负荷都属于速度的范畴。负荷之间的休息必须起到恢复的作用,即必须达到负荷时间的 4~6 倍。此时的比赛负荷如下。

(1) 所有从静止和慢划状态的起航练习。
(2) 10×50 米活动的。
(3) 8—10×20 桨/倍桨。
(4) 5—10×100 米原地或活动的。
(5) 阶梯式:3×10…15…20…15…10 倍桨。

7. 专项力量耐力

专项力量耐力训练是为了发展力量耐力,提高船体阻力(水制动器、橡皮筋)的负荷。训练计划同耐力 2 和耐力 3。

8. 专项最大力量训练

专项最大力量训练和专项力量耐力训练类似,通过水制动器或橡皮筋提高船体的阻力。内容上,专项最大力量训练符合速度训练。桨频几乎达到最大水平,这种训练形式适于 16~17 岁的运动员。

9. 补偿划

补偿划训练属于无计划的训练领域,主要为恢复服务,包括准备与热身划、所有的休息和训练后的放松划。在强度较大的训练负荷或比赛后,应进行超量补偿课,船速和桨频都处在耐力 1 的水平。

10. 技术

特别是在基础和准备训练中要练习划船技术因素。在学习和纠正训练中,应单独安排技术训练课,它能使运动员完全注意自己的运动过程。建议使用技术辅助手段(如录像)。为了形成准确的运动想象,传授理论知识也是基础条件(榜样),要重视专业词汇的解释和语言的纠正，要根据运动员的年龄相应地使用内容直观、易懂的语言。

（四）非专项训练负荷与手段

1. 一般耐力

在这种负荷范畴是那些为发展一般耐力的所有训练手段，包括跑步、越野滑雪、游泳、骑自行车。要注意的是，训练的强度与量要达到有效的耐力刺激。心率须大于或等于150次/分，负荷时间应长于30分钟。

2. 一般速度

一般速度训练包括单个动作运动速度和速度力量的所有训练手段。神经过程反应、做动作/动作速度属于这个领域。这时要注意年龄特点，可进行小游戏、运球练习、反应练习、带速度要求的练习，冲刺跑、跳跃和与臂有关动作的专门练习。

3. 协调性和运动技能

这是用于发展协调能力和一般运动经验的练习，包括反应、节奏、平衡和区分练习，要以很高的动作质量完成，完成这些练习要利用各种组合变化。

4. 最大力量训练

这是利用杠铃或其他力量器械进行的船外最大力量训练，其明确定向在于发展最大力量/速度力量。就是说，练习负荷要超过70%的最大可能重量。该训练以足的形式进行，为2～10组，休息要足够。

5. 力量耐力训练

这是在船外使用杠铃、额外重点和其他力量器械进行的力量耐力训练，如拉力器、每个练习做20～100组。通过广泛的练习形式可发展所有的肌群。应重视和使用不同的练习形式如圆圈训练、圆周训练或站训练。

6. 身体力量训练

这是船外用自身体重或部分身体重量的力量训练。利用多种练习形式可发展所有的肌群。

## 三、龙舟运动员年度、阶段、周、课时训练的计划与组织

年度训练计划是教练员和运动员组织运动训练过程的重要文件。由于适宜竞赛条件的出现具有明显的年度周期性特点，因此，人们通常以年度训练作为组织系统运动训练过程的基本单位。制订年度训练计划，是从事系统训练活动的教练员和运动员不可缺少的一项重要工作。

（一）制订全年训练计划的程序

全年训练计划是组织运动员系统训练的基本文件，是教练员的一项重要工作。制订全年训练计划的程序如下：

1. 确定全年计划的时间

首先根据来年的重大比赛日程确定。通常全年计划中最后的比赛是最重要的比赛。然后从最重要的比赛反向推算时间。我国或国际重大比赛大多在6～9月，训练计划可以从10月安排到来年的9月。

2. 设定目标

设定目标是训练计划的基础。没有目标，训练计划和运动员就没有专门的方向。设计

一个没有目标的训练计划就像建造一座没有蓝图的房子，教练员和运动员应共同参与目标的制定过程。目标是来年既定大赛中所要达到的成绩。目标必须是现实的和可达到的。可以建立两种目标，即长期目标和短期目标。长期目标是运动员在季节结束时的最终目标。短期目标是逐步地帮助他们达到长期目标的目标，它在合理的时间内（数周）是可以达到的。

新手要想取得非常快的进步，应设定适当的目标。如果有良好的训练方法，新手在第一年改善30％～40％的运动成绩是可能的。有经验的运动员可望每年提高2％～5％，一直到60岁。60岁以后，生理能力每年下降2％～3％。这意味着60岁以后要维持运动能力实际上必须提高2％～3％。这就是老年桨手的目标。如果在评估的时间里没有达到目标，不要害怕为了全年的进步而调整短期目标。这并不意味着失败，只是可能低估了达标的时间。

3. 制订一个系统的训练计划

一个系统的训练计划是根据计划的目标、全年训练的总周数（约48周）划分成几个大的周期，如图9-2所示。

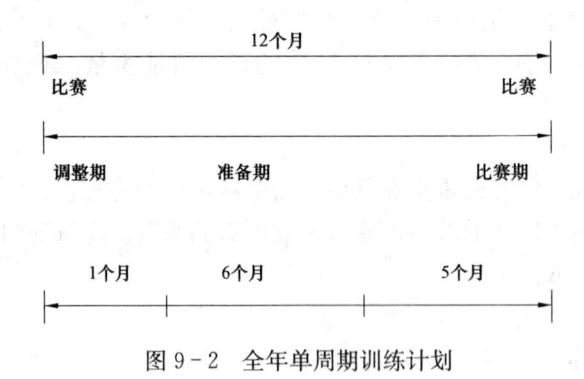

图9-2 全年单周期训练计划

在全年训练计划中可以是一个大周期，也可以是两个大周期。我国教练员、运动员结合春季比赛全年计划以双周期居多。一个大周期又可分成五个中周期。

（1）第一准备期（冬训期）：10～1月。
（2）第二准备期（训练期）：1～2月。
（3）第三准备期（比赛前期）：3～5月。
（4）比赛期（含赛前减量期）：6～8月。
（5）恢复期（调整期）：9月。

赛前减量期是在大赛前的最后7～21天。通常准备期要占一个大周期中一半时间，即以一年训练48周计算，准备期约为24周。

准备期、训练期、比赛期和恢复期的安排是为了运动员能够出现最佳竞技状态。

4. 贯彻计划

教练员和运动员必须自觉地执行训练计划，并成为训练过程的主动参与者。这将保证运动员在追求训练目标时保持动力，并能有规律地、自觉地参加训练。

5. 训练计划的监控和反馈

在全年训练中，训练计划涉及各种陆上、水上的测验，以及各种要求达到的标准。这些测验和标准在运动员发展能力时,为运动员是否正在有效地靠近训练目标提供了有用的信息。

同时,教练员和运动员应有一本观察和评述每堂训练课的日记。这对训练周期结束后或训练期间,检查、反馈训练计划的执行情况是非常有用的。这种训练计划的检查与反馈有利于对本周期计划或周期与周期间的训练计划进行修改,可以进一步增大挖掘运动员运动潜力的机会。

设计一个训练计划的过程应当是每个新的训练周期的重复和开始,又是一个训练计划改进的过程,因为要求运动员在新的周期有提高和进步。因此,监督检查训练计划的一些方法应列入计划。定期检查可确保达到预定的目标。这些检查可采取多种形式,检查训练日记、评定身体素质或比赛成绩都是常用的手段。它们会给运动员或教练员一些改变训练计划的具体数据。如果没有看到进步,那么就要更加周密地检查计划,看看需要在哪些方面做一些改进。

(二)阶段训练计划

每个训练周期可划分一个或几个为期4~8周的训练阶段,阶段训练计划提供给运动员陆上和水上活动的主要训练内容。它以该训练阶段中各种练习的形式、负荷的量和强度,以及每堂训练课详细计划的形式出现,每个阶段计划应考虑一周之内和整个训练阶段内的各种强度的负荷及间隙时间。

六周的训练计划如图9-3所示。

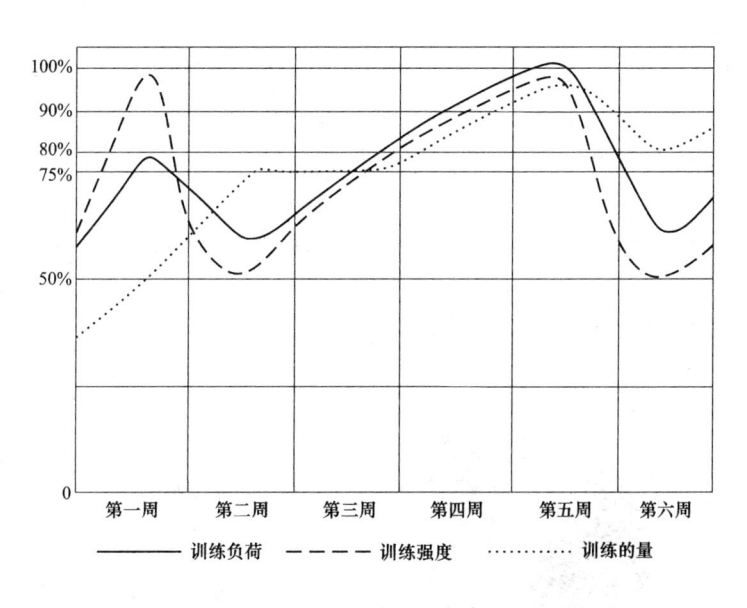

图9-3 六周的训练计划

赛前最后一周的训练计划如图9-4所示。

(三)周训练计划

周训练计划根据该周所处的不同训练阶段及面临的主要任务,可以分为基本训练周、技术训练周、身体训练周、赛前减量周、比赛周、恢复周等。

与大周期训练计划相比较,周计划的具体内容如下。

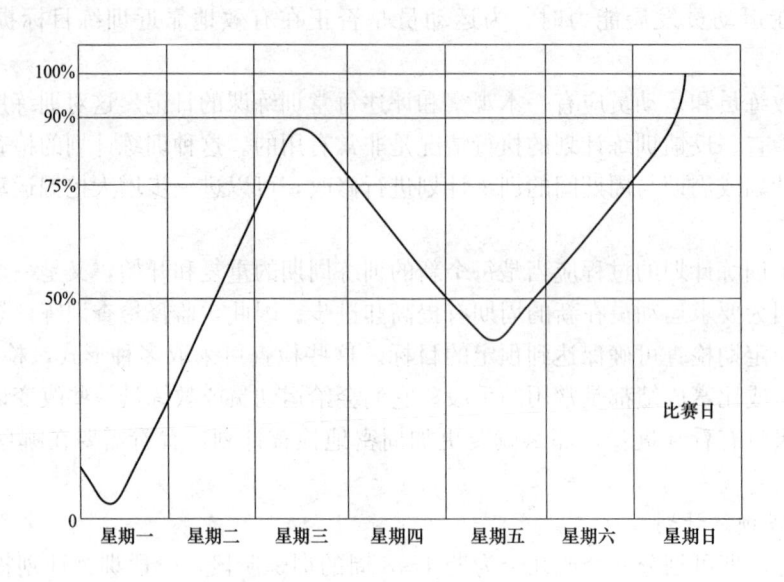

图 9-4 赛前最后一周的训练计划

(1) 本周的主要任务和周的负荷量。
(2) 训练课的次数、时间、地点和要求。
(3) 每次训练课的内容、练习方法、手段、练习的数量和强度。
(4) 恢复措施。

(四) 计划举例

1. 优秀龙舟运动员在不同阶段的训练节奏变化特征

(1) 竞技龙舟运动引导性周训练负荷安排的特点如下。竞技龙舟运动引导性周训练的特点：运动负荷小、训练内容不多、训练要求不大。该类周训练以引导运动员逐步适应日渐增大运动负荷的趋势为主要任务。教练员关注的主要问题是运动兴趣与机体适应能力。

竞技龙舟运动引导性周训练结构如图 9-5 所示。

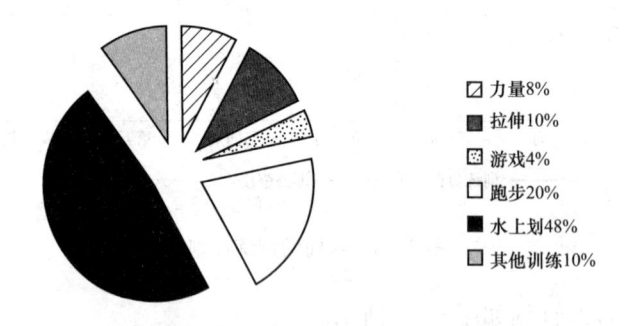

图 9-5 竞技龙舟运动引导性周训练结构

力量8%
拉伸10%
游戏4%
跑步20%
水上划48%
其他训练10%

竞技龙舟运动引导性周训练水上划距离柱状图如图 9-6 所示。
竞技龙舟运动引导性周训练强度分布如图 9-7 所示。

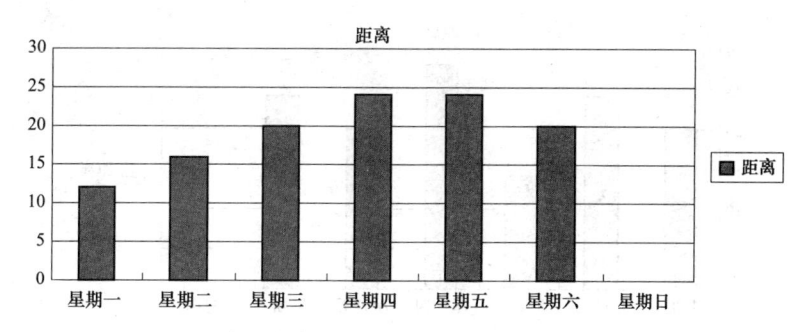

第九章　竞技龙舟的训练原则与训练计划

图 9-6　竞技龙舟运动引导性周训练水上划距离柱状图

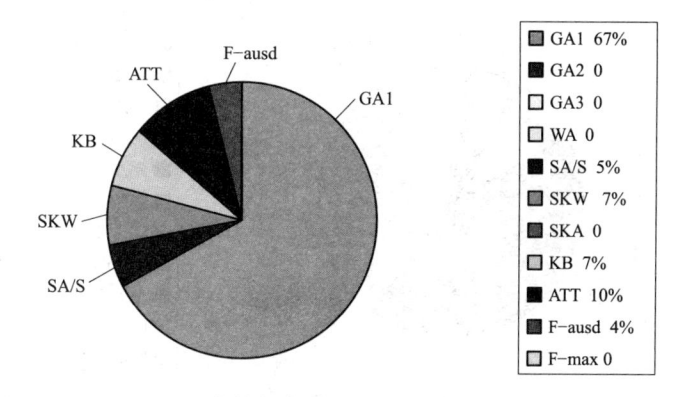

图 9-7　竞技龙舟运动引导性周训练强度分布

(2) 竞技龙舟运动适应性周训练负荷安排的特点如下。竞技龙舟运动适应性周训练的特点：具有相对较高而稳定的负荷特征，训练内容单一。主要是使运动员机体内环境的不平衡状态向适应性平衡状态变化，进而获得使其个人竞技能力因素在更高的基础上得以协调发展。

竞技龙舟运动适应性周训练结构如图 9-8 所示。

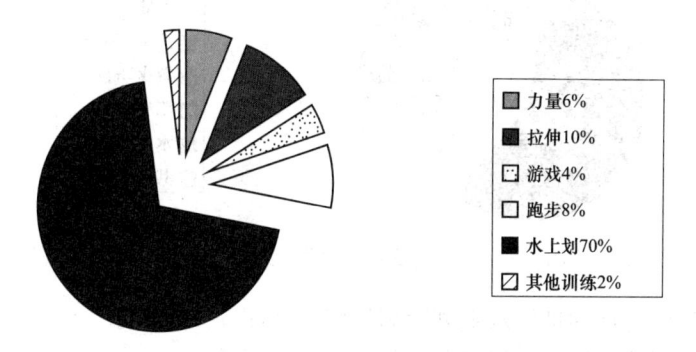

图 9-8　竞技龙舟运动适应性周训练结构

竞技龙舟运动适应性周训练水上划距离柱状图如图 9-9 所示。
竞技龙舟运动适应性周训练强度分布如图 9-10 所示。
(3) 竞技龙舟运动强化性周训练负荷安排的特点如下。竞技龙舟运动强化性周训练的特点：运动负荷较大、训练内容较多、训练任务较重。在该周训练中以提高龙舟运动技

189

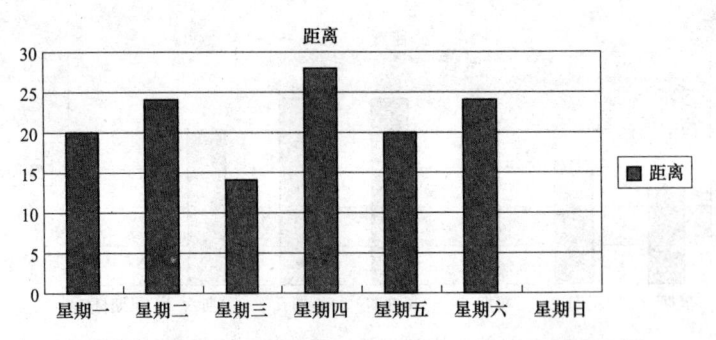

图 9-9　竞技龙舟运动适应性周训练水上划距离柱状图

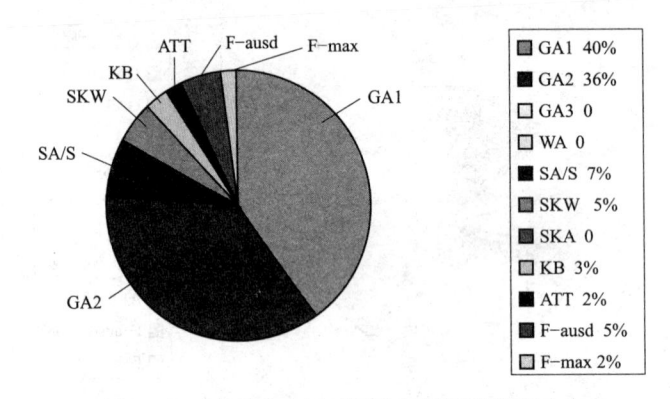

图 9-10　竞技龙舟运动适应性周训练强度分布

巧、增强专项体能、调高负荷能力为主。在高强度周训练中要注意保持体能与技能的均衡发展。

竞技龙舟运动强化性周训练结构如图 9-11 所示。

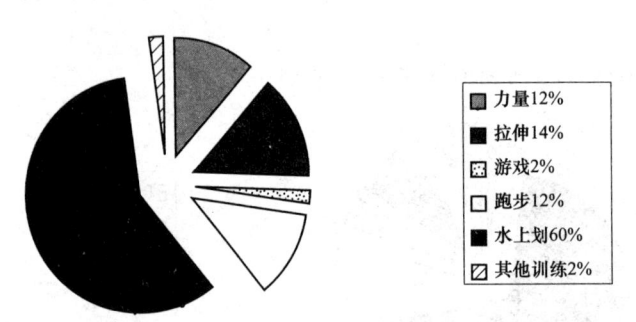

图 9-11　竞技龙舟运动强化性周训练结构

竞技龙舟运动强化性周训练水上划距离柱状图如图 9-12 所示。

竞技龙舟运动强化性周训练强度分布如图 9-13 所示。

(4) 竞技龙舟运动调整性周训练负荷安排的特点如下。竞技龙舟运动调整性周训练的特点：负荷总量较小、练习内容多样、练习手段有趣。该类周训练以机体获得超量恢复并加速恢复竞技状态为主要目标。它包括恢复运动员的体力和精神上的双重疲劳，此周一般放在 2~3 个强化周后，与强化周结合组成中周期过程。

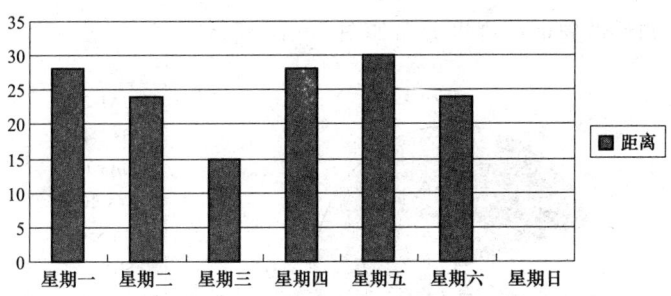

图 9-12 竞技龙舟运动强化性周训练水上划距离柱状图

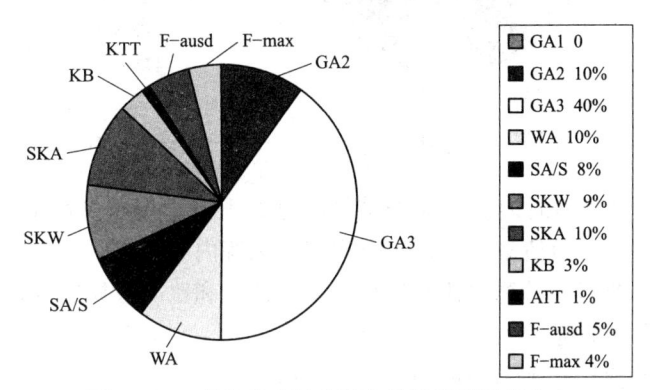

图 9-13 竞技龙舟运动强化性周训练强度分布

竞技龙舟运动调整性周训练结构如图 9-14 所示。

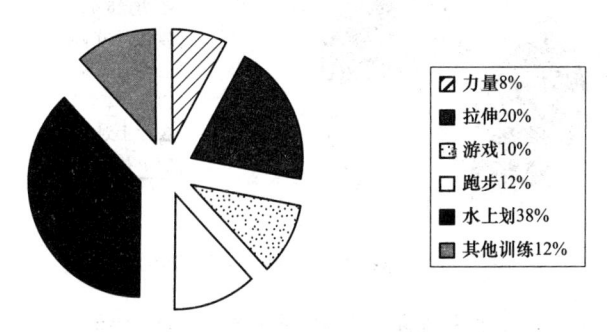

图 9-14 竞技龙舟运动调整性周训练结构

竞技龙舟运动调整性周训练水上划距离柱状图如图 9-15 所示。

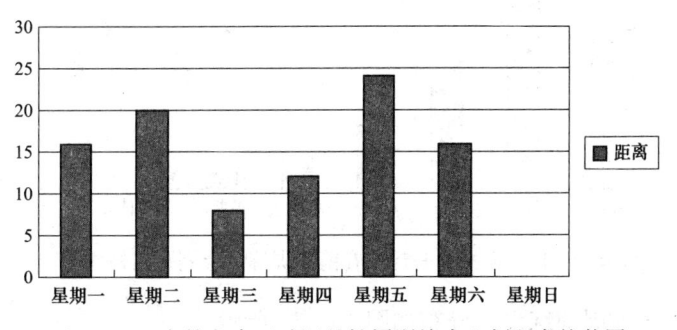

图 9-15 竞技龙舟运动调整性周训练水上划距离柱状图

竞技龙舟运动调整性周训练强度分布如图9-16所示。

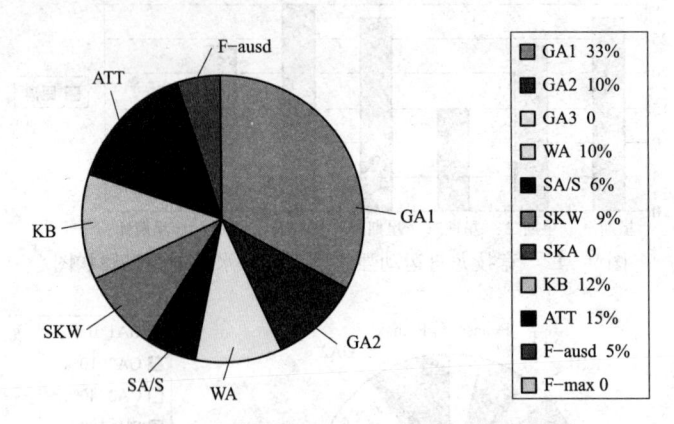

图9-16 竞技龙舟运动调整性周训练强度分布

（5）竞技龙舟运动赛前周训练负荷安排的特点如下。竞技龙舟运动赛前周训练的特点：训练周前端负荷强度高、负荷量大，训练课次多；训练内容紧密联系实战，赛前三天训练量急剧下降。此周的主要目的是根据比赛规程、参赛任务和比赛性质做好调整工作，使运动员在比赛中出现最佳竞技状态。

竞技龙舟运动赛前周训练结构如图9-17所示。

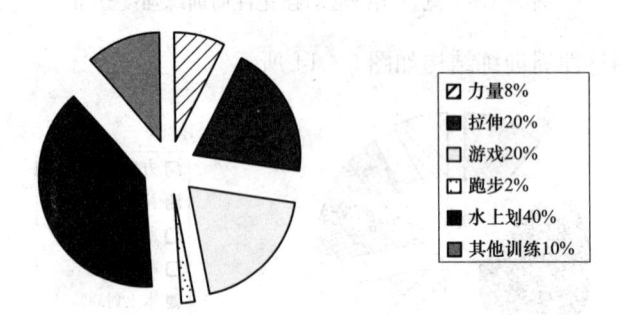

图9-17 竞技龙舟运动赛前周训练结构

竞技龙舟运动赛前周训练水上划距离柱状图如图9-18所示。

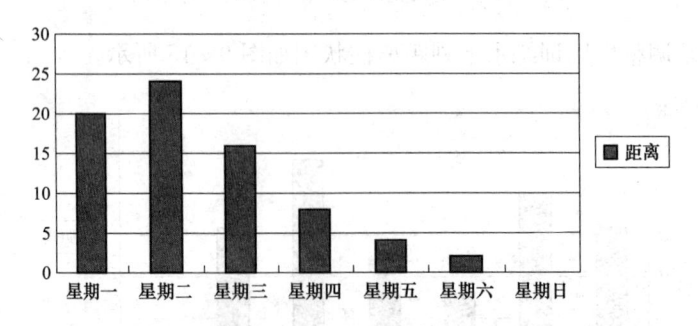

图9-18 竞技龙舟运动赛前周训练水上划距离柱状图

竞技龙舟运动赛前周训练强度分布如图19-19所示。

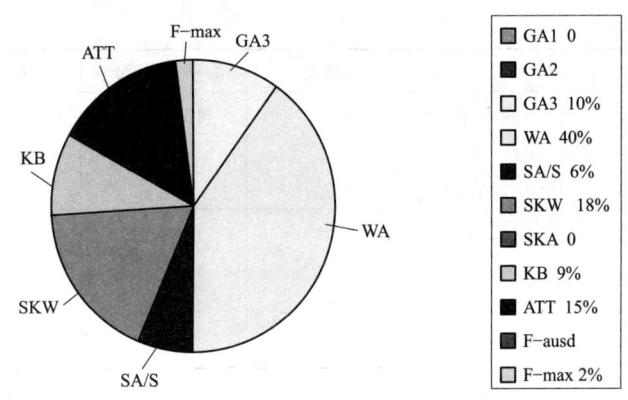

图 19-19 竞技龙舟运动赛前周训练强度分布

2. 龙舟俱乐部选手的训练计划

(1) 训练计划的主要目标：①提高最大吸氧量；②提高力量耐力；③提高最大力量；④提高划桨的效率；⑤提高配合与协调能力。

(2) 训练计划分成如下五个周期。

1) 第一准备期：10月～来年1月。10月计划：主要训练效果是最大力量，次要训练效果是一般耐力。11月计划：主要训练效果是最大力量和一般耐力。

2) 第二准备期：1～2月。主要训练效果是一般耐力和肌肉耐力。

3) 比赛前期：3～4月。主要训练效果是专项耐力和龙舟技术。

4) 比赛期：5～7月。主要训练效果是"超偿代谢"训练效果，为比赛做好准备，为锦标赛或重要龙舟比赛寻求"最佳竞技状态的训练计划"，为参加比赛寻求"最佳竞技状态"。

5) 恢复期：(8月) 9月。主要训练效果是积极主动进行恢复。

(3) 周训练计划如表9-4～表9-12所示。

表 9-4　　　　　　　　　　10月周训练计划

| 星期 | 计划 | 恢复（分） | 心率（次/分） | 桨频 | 距离（千米） |
|---|---|---|---|---|---|
| 一 | A：跑步-跑步/体操 30′<br>B：力量训练<br>C：协调性训练 |  | 130～150 |  |  |
| 二 | A：跑步-跑步/体操 30′<br>B：力量训练-(数量训练)<br>C：协调性训练-体操 |  | 130～150 |  |  |
| 三 | A：跑步——慢跑<br>B：协调性训练 |  | 130～150 |  | 10～12 |
| 四 | A：准备活动——水上/跑步/体操 30′<br>B：力量训练<br>C：协调性训练-体操 |  | 130～150 |  |  |
| 五 | A：跑步-准备活动<br>B：上坡跑——放松 5′, 3～5次<br>C：协调性训练 | 4～6 | 130～150<br>170～190 |  | 3～4<br>5～8 |

续表

| 星期 | 计划 | 恢复（分） | 心率（次/分） | 桨频 | 距离（千米） |
|---|---|---|---|---|---|
| 六 | A：准备活动——水上/跑步/体操 30′<br>B：力量训练-（数量训练）<br>C：协调性训练-体操 | | 130～150 | | |
| 日 | A：龙舟（或划桨池训练）<br>　　跑步<br>　　自行车<br>B：协调性练习 | | 130～150<br>130～160<br>130～160 | | 20<br>14～16<br>35～50 |

表 9-5　　　　　　　　　　11 月周训练计划

| 星期 | 计划 | 恢复（分） | 心率（次/分） | 桨频 | 距离（千米） |
|---|---|---|---|---|---|
| 一 | A：准备活动——水上/跑步/体操 30′<br>B：力量训练-（最大力量训练）<br>C：协调性训练-体操 | | 130～150 | | |
| 二 | A：跑步-跑步/体操 30′<br>B：力量训练-（数量训练）<br>C：协调性训练-体操 | | 130～150 | | |
| 三 | A：水上/跑步——慢跑<br>B：协调性训练 | | 130～150 | | 10～12 |
| 四 | A：准备活动——水上/跑步/体操 30′<br>B：力量训练-（数量训练）<br>C：协调性训练-体操 | | 130～150 | | |
| 五 | A：跑步-准备活动<br>B：上坡跑——放松 5′，3～5 次<br>C：协调性训练 | 4～6 | 130～150<br>170～190 | | 3～4<br>5～8 |
| 六 | A：准备活动——水上/跑步/体操 30′<br>B：力量训练-（数量训练）<br>C：协调性训练-体操 | | 130～150 | | |
| 日 | A：龙舟<br>　　跑步<br>　　自行车<br>B：协调性练习 | | 130～150<br>130～160<br>130～160 | | 20<br>14～16<br>35～50 |

表 9-6　　　　　　　　　　12 月周训练计划

| 星期 | 计划 | 恢复（分） | 心率（次/分） | 桨频 | 距离（千米） |
|---|---|---|---|---|---|
| 一 | A：准备活动-跑步/体操 30 分<br>B：力量训练-（最大力量训练）<br>C：协调性训练-体操 | | 130～150 | | |
| 二 | A：跑步-"LSD"长距离慢跑<br>B：协调性训练 | | 130～150 | | |

续表

| 星期 | 计划 | 恢复（分） | 心率（次/分） | 桨频 | 距离（千米） |
|---|---|---|---|---|---|
| 三 | A：准备活动-水上/跑步/体操30分<br>B：力量训练-(最大力量训练)<br>C：协调性训练-体操 |  | 130～150 |  | 10～12 |
| 四 | A：准备活动-跑步<br>B：上坡跑-放松5分，3～5次<br>C：协调性训练-体操 | 4～6 | 130～150<br>170～190 |  | 3～4<br>5～8 |
| 五 | A：准备活动-水上/跑步/体操30分<br>B：力量训练-(最大力量训练)<br>C：协调性训练-体操 |  | 130～150 |  |  |
| 六 | A：龙舟<br>跑步<br>自行车<br>B：协调性练习 |  | 130～150<br>130～160<br>130～160 |  | 20<br>14～16<br>35～50 |
| 日 | A：龙舟<br>跑步<br>自行车<br>B：协调性练习 |  | 130～150<br>130～160<br>130～160 |  | 20<br>14～16<br>35～50 |

表9-7　　　　　　　　　　1月周训练计划

| 星期 | 计划 | 恢复（分） | 心率（次/分） | 桨频 | 距离（千米） |
|---|---|---|---|---|---|
| 一 | A：准备活动-水上/跑步/体操30分<br>B：力量训练-(最大力量训练)<br>C：协调性训练-体操 |  | 130～150 |  |  |
| 二 | A：准备活动-跑步<br>B：跑步-短间歇训练<br>　　20/10×12分，2组<br>C：协调性训练 | 3～5 | 130～150<br>180～190 |  | 3～5<br>4～6 |
| 三 | A：准备活动-水上/跑步/体操30分<br>B：力量训练-(力量耐力训练)<br>C：协调性训练-体操 |  | 130～150 |  |  |
| 四 | A：准备活动-跑步<br>B：上坡跑-放松5分，5次<br>C：协调性训练-体操 | 4～6 | 130～150<br>170～190 |  | 3～4<br>5～8 |
| 五 | A：准备活动-水上/跑步/体操30分<br>B：力量训练-(力量耐力训练)<br>C：协调性训练-体操 |  | 130～150 |  |  |
| 六 | A：龙舟（或）水上<br>跑步<br>自行车<br>B：协调性练习 |  | 130～150<br>130～160<br>130～160 |  | 20<br>14～16<br>35～50 |

| 星期 | 计划 | 恢复（分） | 心率（次/分） | 桨频 | 距离（千米） |
|---|---|---|---|---|---|
| 日 | A：龙舟（或）水上<br>跑步<br>自行车<br>B：协调性练习 | | 130～150<br>130～160<br>130～160 | | 20<br>14～16<br>35～50 |

表9-8　　　　　　　　　　2月周训练计划

| 星期 | 计划 | 恢复（分） | 心率（次/分） | 桨频 | 距离（千米） |
|---|---|---|---|---|---|
| 一 | A：准备活动-水上/跑步/体操30分<br>B：力量训练-（"金字塔"力量训练）<br>C：协调性训练-体操 | | 130～150 | | |
| 二 | A：水上-"LSD"长划<br>B：协调性训练 | | 130～150 | | 16～20 |
| 三 | A：准备活动-水上/技术训练<br>B：水上-4×8分<br>C：协调性训练-体操 | 3～4 | 130～150<br>140～160 | | 3～5<br>10～12 |
| 四 | A：水上-技术训练<br>B：上坡跑-放松5分，3次<br>C：协调性训练-体操 | 4～6 | 170～190 | | 6～8<br>5～8 |
| 五 | A：准备活动-水上/技术训练<br>B：水上－3×12分<br>C：协调性训练 | 3～4 | 130～150<br>140～160 | | 3～6<br>10～12 |
| 六 | A：水上-技术训练<br>B：水上-长划<br>C：协调性练习 | | 130～160 | | 3～6<br>12～16 |
| 日 | A：水上-技术训练<br>B：水上-"法特莱克"训练<br>C：协调性练习 | | 130～170 | | 3～6<br>12～16 |

表9-9　　　　　　　　　　3～4月周训练计划

| 星期 | 计划 | 恢复（分） | 心率（次/分） | 桨频 | 距离（千米） |
|---|---|---|---|---|---|
| 一 | A：准备活动-水上/跑步/体操30分<br>B：力量训练-（"金字塔"力量训练）<br>C：协调性训练-体操 | | 130～150 | | |
| 二 | A：水上-准备活动<br>B：水上-短间歇训练<br>30/20（桨）×10分，2组<br>C：协调性训练 | 3～4 | 130～150<br>160～170 | | 4～6<br>10～12 |
| 三 | A：水上-准备活动<br>B：水上-4×8分<br>C：协调性训练-体操 | 4～6 | 130～150<br>170～180 | | 4～6<br>10～12 |

续表

| 星期 | 计划 | 恢复（分） | 心率（次/分） | 桨频 | 距离（千米） |
|---|---|---|---|---|---|
| 四 | A：水上-准备活动<br>B：水上－3×12分<br>C：协调性训练-体操 | 4～6 | 130～150<br>160～170 |  | 4～6<br>12～14 |
| 五 | A：水上-准备活动<br>B：水上－4－3－2－1×3<br>　　（23－25－27－29）<br>C：协调性训练 | 3～4 | 130～150<br>130～170 |  | 4～6<br>12～14 |
| 六 | 1　A：水上-准备活动<br>　　B：水上-短间歇训练<br>　　　40/20（桨）×8，2组<br>　　C：协调性练习<br>2　A：水上-长划"LSD"<br>　　B：协调性 | 4～6 | 130～150<br>170～180<br>140～160 |  | 4～6<br>12～14<br>16～20 |
| 日 | A：水上-准备活动<br>B：水上－2×8分（2000米）<br>C：协调性练习 | 10～12 | 130～150<br>170～180 |  | 4～6<br>12～14 |

表9-10　　　　　　　5～7月周训练计划（比赛前几周）

| 星期 | 计划 | 恢复（分） | 心率（次/分） | 桨频 | 距离（千米） |
|---|---|---|---|---|---|
| 六 | 1　A：水上-准备活动<br>　　B：水上－4－6×500米<br>　　C：协调性练习<br>2　A：水上-准备活动<br>　　B：水上－2－3×1000米<br>　　C：协调性练习 | 1～2<br><br>6～8 | 130～150<br>最大<br>130～150<br>最大 |  | 4～6<br>8～10<br>4～6<br>10～12 |
| 日 | A：水上-准备活动<br>B：水上－2－3×1000米<br>C：协调性练习 | 6～8 | 130～150<br>最大 |  | 4～6<br>10～12 |
| 一 | A：水上－65%～70%<br>B：协调性训练-体操 |  | 140～150 |  | 20 |
| 二 | 1　A：水上-准备活动<br>　　B：水上－2－3×1000米<br>　　C：协调性练习<br>2　A：水上－65%～70%<br>　　B：协调性训练-体操 | 4～6 | 130～150<br>170～180<br>130～140 |  | 4～6<br>10～12<br>12 |
| 三 | A：水上-准备活动<br>B：水上－1×1000米＋1×500米<br>C：协调性训练-体操 | 8～10 | 130～150<br>最大 |  | 4～6<br>8 |
| 四 | 1　A：水上-"法特莱克"<br>　　B：协调性训练<br>2　A：水上-"法特莱克"<br>　　B：协调性训练 |  | 130～180<br>130～180 |  | 12～16<br>12～16 |

续表

| 星期 | 计划 | 恢复（分） | 心率（次/分） | 桨频 | 距离（千米） |
|---|---|---|---|---|---|
| 五 | 1　A：水上-"法特莱克"<br>　　B：协调性训练<br>2　A：水上-"法特莱克"<br>　　B：协调性训练 | | 130～180<br><br>130～180 | | 12～16<br><br>12～16 |
| 六 | 龙舟比赛 | | | | |
| 日 | 龙舟比赛 | | | | |

表 9-11　　　　　　　　　　5～7 月周训练计划（非比赛周）

| 星期 | 计划 | 恢复（分） | 心率（次/分） | 桨频 | 距离（千米） |
|---|---|---|---|---|---|
| 一 | A：水上－65%～70%<br>B：协调性训练-体操 | | 140～150 | | 20 |
| 二 | 1　A：水上-准备活动<br>　　B：水上-4-3-2-1×3<br>　　C：协调性练习<br>2　A：水上－65%～70%<br>　　B：协调性训练 | 10～12 | 130～150<br>140～180<br><br>140～150 | | 4～6<br>12～14<br><br>12～16 |
| 三 | 1　A：水上-准备活动<br>　　B：水上-短间歇训练<br>　　　30/20（桨）×10（60/20 秒），<br>　　　2 组<br>2　C：协调性训练-体操<br>　　A：水上－65%～70%<br>　　B：协调性训练 | 6～8 | 130～150<br><br>170～180<br><br><br>140～150 | | 4～6<br><br>12～14<br><br><br>12～16 |
| 四 | A：水上-准备活动<br>B：水上-长间歇训练 3-4×5 分<br>C：协调性训练 | 4～6 | 130～150<br>170～180 | | 4～6<br>12～14 |
| 五 | 1　A：水上-准备活动<br>　　B：水上-3×12 分<br>　　C：协调性训练<br>2　A：水上－60%～65%<br>　　B：协调性训练 | 8～10 | 130～150<br>160～170<br><br><br>130～140 | | 4～6<br>12～14<br><br><br>12～16 |
| 六 | 1　A：水上-准备活动<br>　　B：水上-短间歇训练<br>　　　17/5（桨）×20（30/15 秒），2 组<br>　　C：协调性训练<br>2　A：水上－60%～65%<br>　　B：协调性训练 | 6～8 | 130～150<br><br>170～180<br><br><br>130～140 | | 4～6<br><br>12～14<br><br><br>12～16 |
| 日 | A：水上-准备活动<br>B：水上－2-3×2000 米（1250/500/<br>　　250）<br>　　或 7 分（4-2-1）(30-32/32-34/38)<br>C：协调性练习 | 15～20 | 130～150<br>180～190 | | 4～6<br>12～16 |

表 9-12　　　　　　　"形成最佳竞技状态"（比赛前几周）训练计划

| 星期 | 计划 | 恢复（分） | 心率（次/分） | 桨频 | 距离（千米） |
|---|---|---|---|---|---|
| 一 | A：水上-长距离<br>B：协调性训练 |  | 130～150 |  | 16～20 |
| 二 | A：水上-准备活动<br>B：水上－3×4 分<br>C：协调性练习 | 4～6 | 130～150<br>170～180 |  | 4～6<br>8～10 |
| 三 | A：水上-准备活动<br>B：水上-短间歇训练<br>　30/10（桨）×6，3 组<br>C：协调性训练 | 4～6 | 130～150<br>170～180 |  | 4～6<br>10～12 |
| 四 | A：水上-长距离训练<br>B：协调性训练 |  | 130～180 |  | 16～20 |
| 五 | A：水上-准备活动<br>B：水上－3－2－1×3（28－30－34）<br>C：协调性训练 | 5～7 | 130～150<br>160～190 |  | 4～6<br>10～12 |
| 六 | 1　A：水上-准备活动<br>　　B：水上－20/10 桨×6，3 组<br>　　C：协调性训练<br>2　A：水上-长距离训练<br>　　B：协调性训练 | 8～10 | 130～150<br>180～190<br><br>130～150 |  | 4～6<br>10～12<br><br>12～16 |
| 日 | A：水上-准备活动<br>B：水上－2×2000 米（1250 米/500 米/250 米）<br>　或 7 分（4－2－1）（30/32－32/34－34/38）<br>C：协调性训练 | 15～20 | 130～150<br>180～190 |  | 4～6<br>12～14 |

（五）制订和执行课时计划的具体要求

（1）应当仔细地向运动员解释训练周期、训练阶段的目的，每堂训练课的目标。每堂训练课开始时做好充分准备活动。

（2）在水上做完准备活动之后，如有技术训练任务，应先安排技术练习。

（3）技术训练完成后，训练课的主要部分应针对训练周期和阶段训练的主要目标设计练习，训练课的最后部分是放松、整理活动。

（4）在训练课上，教练员应有效运用语言法，使运动员的注意力集中在重要的技术环节，向运动员提出简洁、明了的训练任务和要求。

（5）在每次训练课结束时，教练员应同运动员交换意见，并且对训练课进行评价。这个过程有助于对整个训练计划进行监督和控制，而以后的训练课也将从中受益。

（六）制订和执行训练计划中应注意的问题

1. 强度

（1）心率。强度用训练"目标区域"的心率来表示，即用最大心率的百分比来表示训练强度的范围，最大心率＝220－年龄。在本书的训练计划中通常将 200 次/分作为最大心率，当然 180 次/分的最大心率运动员也常常出现。

所有的训练模式中用心率表明希望达到的训练效果，如表 9-13 所示。

表 9-13　　　　　　　　　　　　心　　率

| 目标区域 | 最大心率百分比 | 训练效果 |
| --- | --- | --- |
| 130~150 | 有效强度—75% | 氧利用 1 |
| 140~160 | 80% | 氧利用 2 |
| 150~170 | 85% | 无氧阈 |
| 170~190 | 95% | 氧运输 |
| 最大 | 100% | 无氧 |

（2）桨频。桨频与心率密切相关，但也有其自己的训练效果，接近比赛阶段或在比赛阶段内，在假设的"比赛桨频区域"内训练非常重要。

单人划龙舟和多人划龙舟的"桨频区域"是不一样的。在训练计划中低桨频表示船速较慢，高桨频表示船速较快，天气情况也要考虑在内，大风和有水流时要考虑用低桨频。

2. 青少年运动员

青少年运动员正在经历"青春期"，身体正在定型，增加肌纤维数量、增强力量的最佳时间是 18~23 岁。对青少年运动员而言，利用自身体重的训练、循环训练、耐力训练是最佳选择。

3. 女子运动员

女子运动员可以和男子运动员一样遵循同样的训练原则，她们的最大力量稍低、肌纤维数量稍少，但女子对耐力的适应能力比男子强，一些科学家坚持认为女子在经历高强度耐力负荷后的恢复比男子强。力量训练时要注意，多花费一点时间学好举重技术。

4. 时间和距离

从 10 月到来年的 8 月要完成年度训练计划，需要大约 650 个小时的有效训练，水上距离大约是 4000 千米。

5. 计划的灵活性

学校学习和工作问题可能会减少下列计划中的部分内容，一旦遇到这种问题，尽可能保留耐力训练和水上训练的内容。

**四、龙舟运动教学计划、组织及检查和评定**

（一）龙舟运动教学计划

在调查研究和总结经验的基础上制订教学工作计划，可以使教学工作得到科学合理的安排，做到既有长期的奋斗目标，又有阶段与当前的具体安排，并能在全部工作过程中系统而均匀地分配各项工作，既有重点，又有一般，从实际出发，逐步提高要求。如果计划能做到有目标、有内容、有要求、有步骤、有措施、有方法，那么能使教师在工作时心中有数，有助于发挥学生的主动性和不断提高教学质量。

龙舟运动教学计划是以教育计划作为总的根据而制订的，而教育计划中所规定的目的任务和培养目标要通过每一门课程的教学及其他措施来实现。所以教育计划中的所有课程都有相应的教学大纲。

1. 龙舟课教学大纲

上课前由教师制定教学大纲。它是根据教育计划和学生具体情况来制定的。教学大纲是教学工作的法定性文件，一定要很好地贯彻落实大纲所规定的内容和要求。当然在教学工作中，还可不断地总结和提高。龙舟课教学大纲规定了以下内容与要求。

（1）前言（或说明）：主要说明制定大纲的依据。

（2）教学任务和要求：包括思想、理论、技术和技能方面的内容。

（3）教学内容与时数分配：包括理论部分、实践部分、技能部分的内容及时数分配、教学方式、考核安排等，还包括各部分的总学时数和占课总学时数的百分比。

（4）内容纲要：主要提出各部分内容的教学要点与要求。

（5）考核：包括考核的要求、内容、办法、方式、评分标准和安排等。

（6）完成大纲的措施。

2. 龙舟课教学进度

上课前由教师制定教学进度。它是根据教学大纲进一步制定的。教学进度是把教学大纲中规定的教学内容（包括理论部分、实践部分、考核等）根据一定的要求，落实到每次教学课中去（理论课、技术课、教学比赛、技评达标、理论考试、机动等）。它是教师编写教案的直接依据。教学进度安排的好坏，在很大程度上关系着教学效果。

教学进度表的内容：标明什么课、学年度、第几学期、周次、课次、教学内容。

3. 龙舟课教案

任课教师每次上课前编写教案。它是根据教学进度进一步编写的。教学进度确定每次课的教学内容。但如何把这些内容有效地教给学生，而且全面地实现课的任务，就必须有更具体的内容安排，练习分量与组织教法。所以教师还需根据教学进度，拟定每次课的具体执行计划（教案）。编写教案是在充分了解学生情况及钻研教学大纲、教学内容的基础上进行的。

教学过程是连续不断又逐步提高的，所以教案之间应有联系。制定一个新教案时，需要参考以前的有关教案。为使教学质量不断提高，每次课后教师应把上课过程中的经验教训记入教案的有关栏内。

龙舟课教案的内容主要包括课的任务、开始部分、准备部分、基本部分和结束部分的练习内容、分量、时间、组织教法和课的小结等。

以上各教学工作计划，是正确组织教学过程所必需的。制订计划应有明确的目的，要结合当时、当地的具体情况，并深入进行调查研究。

4. 教学安排与学时分配表、教学进度表、龙舟课教案示例

这里列举的表格（见表9-14和表9-15）、教案示例（见表9-16）仅供制订计划时参考。教师在制订计划时，还应从实际出发，灵活地运用。

表9-14　　　　　　　　教学安排与学时分配

| 教学基本内容 | 教学安排 理论 | 实践 | 小计 |
|---|---|---|---|
| 龙舟运动概述 | 3 |  | 3 |
| 龙舟运动竞赛规则及比赛组织办法 | 3 |  | 3 |
| 龙舟运动员的选拔及技术、战术训练 | 3 |  | 3 |

续表

| 教学基本内容 \ 教学安排 | 理论 | 实践 | 小计 |
|---|---|---|---|
| 体能训练（力量、机能、协调等） |  | 6 | 6 |
| 基本划桨技术 |  | 10 | 10 |
| 舵手、鼓手、锣手在比赛中的作用及练习方法 |  | 3 | 3 |
| 启航练习 |  | 1 | 1 |
| 途中练习 |  | 1 | 1 |
| 冲刺练习 |  | 1 | 1 |
| 龙舟活动及比赛的组织 |  | 6 | 6 |
| 龙舟比赛裁判方法的实际操作 |  | 6 | 6 |
| 考试 |  | 2 | 2 |
| 机动 |  |  | 3 |
| 合计（学时数） | 9 | 39 | 48 |

表 9－15　　　　　　　　进度表举例

2012～2013 学年度第一学期　　　　　　　　　　　　　　　2012 年 3 月 1 日

| 周次 | 课次 | 教学内容 |
|---|---|---|
| 1 | 1 | 理论课：龙舟运动概述 |
| 2 | 2 | 实践课：划桨技术——陆地模仿，桨的持握、预备姿势 |
| 3 | 3 | 实践课：划桨技术——陆地模仿，桨的入水、拉水、出水和回桨 |
| 4 | 4 | 实践课：划桨技术——水上练习，桨的入水、拉水、出水和回桨 |
| 5 | 5 | 实践课：划桨技术——水上练习、划桨的完整技术练习 |
| 6 | 6 | 实践课：划桨技术——水上练习、划桨的完整技术练习 |
| 7 | 7 | 实践课：划桨技术——水上练习、划桨的完整技术练习 |
| 8 | 8 | 理论课：龙舟运动的教学与训练 |
| 9 | 9 | 实践课：划桨技术——水上练习、起航和冲刺练习 |
| 10 | 10 | 实践课：划桨技术——水上练习、起航和冲刺练习 |
| 11 | 11 | 实践课：划桨技术——水上练习、全程技术练习、有氧耐力练习 |
| 12 | 12 | 实践课：划桨技术——水上练习、全程技术练习、有氧耐力练习 |
| 13 | 13 | 实践课：划桨技术——水上练习、全程技术练习、教学比赛 |
| 14 | 14 | 实践课：划桨技术——水上练习、全程技术练习、教学比赛 |
| 15 | 15 | 理论课：龙舟运动竞赛，组织、编排、裁判等 |
| 16 | 16 | 实践课：划桨技术——水上练习、教学比赛 |
| 17 | 17 | 实践课：划桨技术——水上练习、教学比赛 |
| 18 | 18 | 实践课：技评考试 |

表 9-16　　　　　　　　　　　　　龙舟课教案

管理学院 体育休闲专业 2010 级 3 班　　　　　　　　　　　年　月　日

| 课程任务 | 1. 进行爱国主义教育，培养团结协作的集体主义精神。<br>2. 巩固启航和冲刺技术。<br>3. 发展速度素质。 ||
|---|---|---|
| 准备部分<br>（15 分钟） | 1. 课堂内容说明和具体要求。<br>2. 伸展练习。<br>3. 慢跑 1000 米和 100 米快 100 米慢变速跑×10。 ||
|  | 教学内容 | 课程组织过程与教学方法 |
| 基本部分<br>（65 分钟） | 1. 启航和冲刺技术练习<br>　1.1.1　第 1 桨×30 次<br>　1.1.2　第 1～5 桨×20 组<br>　1.1.3　第 1～10 桨×10 组<br>　1.1.4　第 1～20 桨×5 组<br>2. 冲刺速度练习<br>　2.1　50 米速度划<br>　2.2　100 米行进加速划<br>　2.3　整理动作和放松划 1000 米 | 1. 水上准备活动。<br>2. 一桨划每次 30 秒间歇，教师在船头指导。<br>3. 5 桨、10 桨练习前、后仓桨手交替做。<br>4. 20 桨全体启航练习 5 组，组间休息 3 分钟。<br>5. 冲刺速度练习时要求学生调动起来，50 米短冲划 5 组，每组 3 分钟休息，桨频在 90 桨/分。<br>6. 100 米加速划 4 组，每组 4 分钟休息，桨频 80～100 桨/分，强调桨频逐步加到最高并保持技术动作的规范和整齐度。<br>7. 放松划 10 分钟，要求动作协调放松 |
| 结束部分<br>（10 分钟） | 1. 整理和安放器材。<br>2. 陆上放松活动。<br>3. 集合总结 | 1. 整理船、桨、鼓和舵等器材。<br>2. 换好服装和鞋，由教师带领做放松操。<br>3. 全队集合，教师小结 |

下面是龙舟课教学大纲示例，以供参考。

# 龙舟课教学大纲示例

一、说明

（一）课程定义

龙舟运动是一项集众多划桨选手依靠单片桨叶划水作为推进方式，推进龙舟行驶的运动，在中国已有两千多年的历史，具有广泛的群众基础和悠久的历史文化传统，具有激烈的竞技性、独特的观赏性和鲜明的团结精神。"龙舟竞渡"作为中华民族传统体育文化的代表之一，正在从民族传统文化向保持民族特点、满足世界各民族需求的方向改良，成为世界性现代体育与区域性民族传统体育并存的具有涵盖中国体育文化特征和世界体育文化功能的复合型文化，成为现代体育、竞技体育与传统体育融合与发展的典范。

龙舟运动也是未来社会人们休闲、娱乐的最佳生活方式之一。该课程的开设为学生掌握和了解这一休闲方式，提高生活品味，传播古老的中国文化提供知识，为未来学生从事体育教师、体育社会指导员等职业提供一项工作技能。

（二）编写依据

本教学大纲依据 2009 年版《运动训练专业本科人才培养方案》编写。

（三）目的任务

本课程旨在向学生系统地介绍龙舟文化的悠久历史、文化内涵、从事龙舟活动的基础理论与方法、专业理论与方法。具体任务如下：

（1）培养学生团结协作、吃苦耐劳、乐观向上、意志坚强的品质，亲近自然、爱护自然、享受自然的乐趣。

（2）培养学生掌握从事龙舟活动的管理、教学、训练、竞赛等方面工作的能力。

（3）培养学生掌握龙舟活动的基础理论与方法、专业理论与方法。

（四）课程编号

课程编号：040202D08。

（五）学时数与学分

学时数与学分：48学时；2学分。

二、教学内容与知识点

（一）理论课教学内容

第一章　龙舟运动概述

知识点：龙舟运动概述、历史文化背景、各地开展龙舟运动的情况。

第一节　划船运动起源

第二节　龙舟运动的历史文化背景

第三节　世界各地开展龙舟运动的情况

第二章　龙舟运动竞赛规则及比赛组织办法

知识点：主要规则内容、各裁判点如何应用、竞赛组织工作的办法。

第一节　比赛的组织

第二节　比赛的编排方法

第三节　比赛的执行办法

第四节　龙舟比赛的宣传及扩大影响力的方法

第三章　龙舟运动员的选拔及技术、战术训练

知识点：形态、机能、身体素质、合作精神、划桨的轨迹、动作要领、动作的关键，领先划战术、相持划战术，舵手、鼓手、锣手的训练。

第一节　龙舟运动员的选拔

第二节　龙舟技术

第三节　主要比赛战术

第四节　舵手、鼓手、锣手的训练及在比赛中的作用

（二）技术课教学内容

第一章　陆上体能训练

技术点：力量训练、耐力、速度、灵敏、协调等与龙舟相关的素质体能训练。

第二章　龙舟技术训练

技术点：单桨陆上技术、水上技术、5桨技术、多桨持续划技术。

第三章　舵手、鼓手、锣手的训练

技术点：舵手的技术，鼓手、锣手的敲击方法，与全艇的配合。

第四章　龙舟比赛的组织办法、裁判工作办法

技术点：比赛的组织办法、编排、各裁判点的工作方法。

三、考核方法与要求

（一）考核的形式

(1) 理论考试与评分说明。理论课采用小论文、专业理论考试相结合的方法。
(2) 技术考试。采用陆上单桨技术考试。
(二) 成绩计算
平时成绩占 30%，理论课成绩占总成绩的 20%，技术课成绩占总成绩的 50%。
四、基本教材与主要参考书目
主要参考书目为徐菊生自编的 2008 年版《龙舟运动》。

(二) 龙舟运动教学组织
1. 龙舟教学的组织形式
龙舟教学的组织形式是根据教学的具体任务、内容和对象的特点而决定的，一般包括理论作业和实际作业两类。理论作业中有理论课、自学辅导、电化教学（电影、幻灯、录像等）、座谈讨论、课外作业等形式；实际作业中有技术课、教法作业、教学实习、教学比赛、课外作业等形式。其中理论课和技术课是龙舟教学的基本形式。

2. 课的结构
龙舟技术教学课的结构是指在一堂课中合理地安排和进行教学、训练及教育工作的顺序。它是由教学、训练的目的与任务、教材内容、教学方法及学生的特点所决定的。一堂课的组织结构对于教学、训练和教育的效果有着很大的影响。

根据体育教学过程的客观规律，龙舟课的组织结构基本有四个部分：开始部分、准备部分、基本部分和结束部分。课的部分的具体安排，根据课的任务、内容、组织教法及学生特点而有所不同。

(1) 开始部分：主要任务是组织学生，使学生明确课的任务和要求，内容主要有组织工作和教育工作，如集合报告、下达课的任务、检查人数、检查服装、处理见习生和思想动员等。开始部分的时间一般较短，在 100 分钟的课中，开始部分以 5 分钟左右为宜。

(2) 准备部分：主要任务是使身体各器官系统迅速进入工作状态，为基本部分的学习做好充分准备。同时，还要解决一部分一般身体发展的问题。准备部分一般包括如下内容。

1) 集中注意力的练习或建立适宜兴奋性的练习。这项内容应根据对象的具体情况而选择适当的练习，每堂课不能走形式地都照例安排这项内容。

2) 做准备活动。准备活动按性质和任务可分为一般准备活动和专项准备活动。一般准备活动主要是促进身体的全面发展，应尽量使全身的各主要关节、韧带肌肉群都得到活动。同时，还应特别注意那些主要参与用力的肌群（腰、背伸肌，手臂屈肌，大腿伸肌等）要活动开，避免在练习时肌肉和韧带在急剧收缩时拉伤。专项准备活动要在基本部分之前进行，使之与基本部分内容有关的机体的器官做好充分的准备，其动作性质要与基本部分的内容相适应，如做一些模仿练习和发展专项素质的练习。准备活动的内容和组织方法是多种多样的，但在一堂课上必须根据课的任务、项目特点和学生特点，正确地组织和安排，防止形式主义。在安排时应有一定的系统，并注意逐渐增加运动量。准备部分的时间，根据课的性质和任务、学生的特点、教材内容、气候因素而定。在 100 分钟的课中，准备部分一般约占 15 分钟。

(3) 基本部分：一堂课的任务主要在基本部分来完成。它的主要任务是使学生掌握和提高龙舟运动的基本知识、技术和技能，提高身体素质，特别是力量耐力素质，改善身体器官的机能，增强体质，提高学生的身体训练水平，培养道德品质和集体主义精神。基本部分的练习主要包括技术练习和力量耐力练习，以及有关的理论知识和技能。基本部分的组织方法最主要的是合理地安排教学内容及其排列顺序，它对教学效果有较大的影响。一般情况下安排 3～5 组练习，其中 1～2 组重点练习。要全面安排练习内容：技术练习安排在前，力量耐力练习安排在后；动力练习安排在前，静力练习安排在后；发展大肌群的练习安排在前，发展小肌群的练习安排在后；不同作用的练习穿插进行；提高身体素质的练习安排在最后。运动量的安排要逐渐增大。组织教法一般是示范、讲解、再示范，然后分组练习。在 100 分钟的课中，基本部分一般占 75 分钟左右。其中各部分练习所占用的时间，应根据课的任务和要求、学生的情况，以及练习内容的性质、难度等做出适当安排，不要机械地平均划分，执行时也不应过于死板。

（4）结束部分：主要任务是有组织地结束一堂课，使人体参与用力的肌肉拉长和放松，并转入相对安静的状态和进行课的总结。结束部分的内容一般采用放松慢跑、轻快的体操、简单的舞蹈动作、放松练习、悬吊练习、按摩、做较平静的活动性游戏。同时，还要做课的总结和布置课外作业，最后整理场地器材。结束部分的组织方法多为集体形式，但也可以分散进行。确定内容和方法时，应根据学生的特点、基本部分的内容和课后即将进行的工作及学习的性质而定。在 100 分钟的课中，结束部分约占 5 分钟。在实际教学工作中不能忽视这部分内容，更不能因为其他原因挤掉它的时间，以致影响课的结束。

课的四个部分是互相联系的，是一个统一的教学、训练和教育的过程。这种有机联系体现在四个部分都是为完成课的总任务而服务的。四个部分中都包括教学、训练和教育的因素，而各部分的教学、训练和教育因素之间又是有机联系着的，但每一部分中都有其突出的主要任务。因此我们在教学工作中既要看到四个部分的区别，又要看到四个部分的联系。这样，才能使一堂课的安排形成一个统一的有机的教学、训练和教育的过程。

总之，课的结构是根据教学的目的任务、教学内容、教学方法及学生的特点而决定的，并随着这些因素的改变而改变，因此课的结构是生动的、多样的和不断发展变化的。在我们的工作中，绝不能硬套公式，而应从实际出发，灵活地运用，以便更有效地完成教学、训练的目的和任务。

3. 课的密度

课的密度是指课的各项活动合理运用的时间和课的总时间的比例，以及各项活动安排之间的比例关系。

龙舟选修课的教学由于时间短、人数多、器材少，因此对于提高课的密度、完成教学任务、提高教学质量，具有重要的意义。

一堂课合理运用的时间包括合理的指导（讲解、示范、纠正错误等）、做练习、互相观察与帮助、必要的休息和组织措施等。课上合理运用的时间要多，各部分内容占用的时间比例要恰当。其中做练习的时间一般应占较大比例，但也不能忽视其他方面，特别是教师指导所需的时间。课上应想尽一切办法，避免时间的浪费。

课的密度的大小，应根据课的任务、练习内容、对象特点及气候条件等而定。脱离课的任务、不分对象和项目特点、盲目地安排密度也是错误的。课的密度安排是否合理，与教师课前的准备、课上的组织教法，以及学生的自觉性、积极性等有密切的关系。在安排和调节课的密度时应从以下方面入手。

（1）教师应在课前认真备课。根据课的任务、项目及对象的特点，确定和安排各项工作的时间和分量，并进行周密的计划和准备（如讲解示范、组织教法、场地器材布置、培养骨干等）以保证课的顺利进行。

(2) 分班分组和练习方法要合理。技术性动作，需要深入细致的讲解和示范，互相看动作、互相分析动作、互相纠正动作、采用分组练习为宜；完整技术和力量耐力练习，采用循环练习为宜。

(3) 课上的组织工作应尽可能减少一切不合理措施，如频繁的整队、集合和调动队伍，以及场地器材的布置等。

(4) 从教法措施上来调整密度。例如，练习的密度太大时，可通过讲解示范、纠正动作的方法进行调节。反之，还可以改变练习的组织方法、增加辅助练习、加强竞赛因素，以及贯彻精讲多练等方法，以增大做练习的密度。

(5) 充分调动学生的自觉性和积极性。发挥小组长的作用，启发学生互相观察、分析、纠正动作和互相保护、帮助等。

4．课的运动量

课的运动量是指一堂课中学生所承受的生理负担量。在教学过程中，只有学生的身体获得必要的、适宜的运动量的时候，才能完成增强体质、发展力量耐力和提高运动技术水平的任务。因此，合理安排课的运动量，对提高教学工作的质量有很大的意义。教师在课前安排运动量时，应全面地考虑以下几点。

(1) 根据完成课的任务的需要来安排。例如，教学的三个阶段，运动量的安排是有所不同的。

(2) 运动量应符合学生的身体发展和训练水平。龙舟运动属于集体项目，一个身体素质好的学生所能承受的运动量，对于一个身体素质较差的学生来说就可能过大了；同样的运动量，对某些人来说可能是适宜的，甚至是小的，而对另一部分人来说，可能是不适应的、大的。因此，安排运动量时，应周密考虑学生的年龄、性别、项目、身体发展情况和训练水平。

(3) 安排运动量时应认真考虑教学内容的强度、性质，以及与学生身体发展特点之间的关系。例如，高频桨和起步桨强度很大，途中耐力划的强度就相对较小。

(4) 考虑与安排运动量有关的其他因素。例如，学生的生活制度、学习训练安排、其他体力活动的负担量、气候情况和卫生条件等，对于安排课的运动量有很大意义。

龙舟选修课的教学由于时间短、人数多、器材少，因此，只有提高课的密度，运动量才能增加。教学课的主要任务是掌握和提高技术，因此，强度不能太大，一般用85%的力量练习，组数和次数可适当多些。

教师在课前安排运动量时，应以学生的一般负担能力为标准，但对体弱和体强的学生，还应分别提出不同的要求。

教师不仅在课前要周密地考虑运动量的安排，而且在课上还要善于观察运动量的大小和及时采取积极的措施调节课的运动量。

总之，课的密度和运动量是根据课的任务、对象的特点和教材的性质来安排的，是为了更有效地运用课的时间和合理地安排课的生理负荷量，以便更好地提高教学质量。所以，片面追求课的密度和运动量也是不对的。

5．课前准备工作

龙舟课是一个教学、训练和教育的过程。在这个过程中，不仅要增强学生体质和使学生掌握知识、技术、技能，而且要进行思想和道德品质教育。要达到上述目的，教师必须在课前进行周密准备和计划，认真地考虑课的任务，钻研教材，了解和分析学生的共同点、个别差异及场地器材情况。在上课过程中要使教师和学生两个方面的活动协调配合，就必须在课前进行严密的计划和组织。所以，充分做好课前的备课工作，是提高教学质量的重要环节。

备课不仅对提高课的质量有重要意义，也是提高教师水平的一项重要措施。备课不仅应得到年轻教师的重视，富有经验的教师也不应有丝毫的放松。因为每一堂课都有不同的任务和要求，都会有新的情况和新的问题，需要认真、细致地去考虑安排，同时对于有经验的教师来说，对备课应有更高的要求。不仅对新课、新教材要认真准备，而且对复习课、复习教材也要周密细致地准备。

备课的内容和要求：教师的备课活动首先应从钻研教学大纲和教材开始，同时，应在深入调查研究、总结经验的基础上，制定教学进度，使每一堂课与整体联系起来。

对于每一堂课来说，准备工作一般包括以下方面。

（1）明确课的任务和要求。

（2）了解情况。充分了解学生情况是做好备课工作的前提，只有充分掌握学生的情况，才能使教学工作切合学生工作的实际，从而更完满地完成课的任务。在新教的班级中，一般应了解学生的人数、年龄、性别、项目、健康情况和训练程度，还要了解思想情况和组织纪律性，以及对过去学过教材的掌握程度，并应分析其中的一般问题和个别问题，以便确定课的任务、内容和组织方法，正确贯彻一般要求与个别对待相结合的原则。

（3）深入钻研一堂课的教学内容和教法。钻研教学内容首先要明确教学内容的目的性及其特点（难度、活动部位、运动量大小、对素质的影响等）、难点和关键，前后课内容之间和同一课的不同内容之间的联系。根据课的任务、学生情况、教学内容的特点、场地器材的条件等，研究教学内容的安排和组织教法，教师应认真考虑不同教学内容之间的联系，预计可能产生的错误动作及预防和纠正的办法，运动量和密度的掌握，课的部分如何组织，以及如何加强思想教育工作等。每堂课的组织教法的运用，应以能充分调动学生的主观能动性、更好地完成课的任务为依据。教师对于不熟悉的内容，更应在课前深入钻研、反复练习，这样才能体会教材内容的特点和确定相应的教法。

（4）编写教案。编写教案一般由确定课的任务开始，课的任务一般包括掌握和提高知识、技术、技能，提高身体素质，培养学生的思想道德品质等。这几个方面的任务是有机联系的，不能片面地强调其中一方面，而忽略另一方面。任务要提得清楚、简明，要抓住关键，文字要确切。

根据课的任务和学生的具体情况，要合理安排课的内容及各项练习的组数、次数和时间，使之符合任务的要求和保证任务的实现。准备部分和结束部分应围绕基本部分的教学内容进行安排，以便密切配合、共同完成课的任务。

6. 课的进行

在课的进行中，对教师来说是一个严肃的劳动过程，是以系统的知识、技术、技能武装学生的过程，也是以自己的模范作用影响学生、教育学生的过程。因此，教师必须认真地对待课的进行。

上课前教师应预先到达场地等待学生，并布置、检查场地器材。上课开始教师要简明地报告课的任务和要求，启发学生的自觉积极性，共同来完成预定的计划和要求。但在执行课时计划时也应根据当时的具体情况（如天气、学生掌握教学内容的程度、体力情况等因素）

有一定的灵活性。但是，不深入研究和分析情况，而随意地改变课时计划和要求也是不正确的。

在课的各个环节中，教师必须充分发挥学生的自觉积极性。不仅在课的开始应使学生明确本课的任务和要求，而且对各部分的主要内容，特别是基本部分的教学内容，都应通过生动的讲解示范使学生了解动作的正确概念、要点等，并通过预定的教法措施使学生充满信心地从事练习，以逐步掌握动作、提高能力。在练习过程中，教师要善于发挥积极分子的作用，要注意把全面观察与重点帮助结合起来，特别是对身体训练水平较差的、完成动作有困难的学生更要多加帮助，并根据练习的情况，及时地调节课的密度和运动量。

在课的整个过程中，正确地运用表扬与批评，严格地要求学生，培养学生的顽强拼搏和集体主义精神，组织性和纪律性等优良品质也是重要方面。课后教师应将上课的一般情况、计划完成情况和存在的问题记录下来，以作为下次课进行教学的参考。

7. 课的分析

为了提高教学质量，除了要抓好备课和上课这两个环节外，还要重视课后的检查和分析，以便找出教学过程中的优缺点，总结经验、教训，提出改进意见，不断提高教学工作的质量。

一堂课的质量应从完成课的任务的情况来衡量。而任务完成的好坏和教师课前的准备及上课的一系列工作是分不开的。因此，分析课的质量时应从以下方面来考虑。

首先，要分析教师课前的准备工作，其中包括是否掌握了学生的情况，任务是否定得正确，课的内容是否课的任务，课的时间分配、课的组织与教学方法的运用及教案的质量如何，场地器材的准备情况等。

其次，要分析教师在课上的组织教法和教育工作的质量。例如，教师对教学内容的掌握是否正确、熟练，组织教法是否符合任务、内容和学生的特点，教育工作的质量，教学原则和教学方法的运用，密度和运动量的掌握，学生的自觉性、积极性的发挥，积极分子的使用，师生关系等。此外，还要分析教师的领导能力，教学和教育的技巧，教师的仪表、教态，以及语言的修养等。

在分析上述问题时，不应紧紧地围绕课的任务，而应从实际出发。根据上述各方面的分析，最后评定课的任务完成情况，教学、训练和教育的质量，课的优缺点，以及改进的意见。

分析时，可根据不同的情况，采用不同的方法。根据解决问题的广度和深度的不同，分析课的方法可分为一般分析和专题分析两种。一般分析是围绕课的中心任务，对课上有关的问题进行全面的分析。在具体运用这种方法时，又可分成按问题分析和按课的部分分析的方法。专题分析往往是在一系列的课中针对其中共同问题进行观察、分析和归纳整理，并按所研究的专题提出总的意见。但在实际运用时也可以在一次课中采用专题分析的方法。

分析课的形式通常采用自我分析、互相提意见，以及组织公开课、召开评议会等。

（三）龙舟运动教学检查和评定

教学的检查和评定是整个教学工作的一个重要环节。通过对各个方面检查材料的比较、分析，能经常地了解到学生的知识、技术、技能、素质、身体等方面的变化情况，以及他们对作业的态度等，因而能较全面地、客观地反映教学工作的实际效果，使教学工作建立在客观实际的基础上，并能帮助教师经常检查和评定自己的工作，及时发现问题，总结经验，调整教学计划,以不断改进工作。所以,教学的检查和评定对提高教学工作的质量具有很大的意义。

教学过程中检查和评定的材料,只有和教学前的各有关方面的材料对比分析时,才能更好地检查教学工作的质量和存在的问题。所以,教学前调查研究的材料,不仅是制订计划和组织作业的实际依据,而且是做好检查评定工作的重要依据。

为了全面地反映教学工作的质量,检查工作应包括教学工作的各个主要方面,如教学工作进行的情况、学生的健康情况、运动创伤的情况、运动成绩及身体素质的情况及学生成绩评定等。

1. 教学工作情况的检查

教学工作情况的检查是在整个教学过程中进行的,是检查工作的一个重要部分。它不仅包括教师对学生课内情况的检查,而且包括对教师工作质量的检查。教师对学生课内情况的检查,一般包括学生的出席情况、课上的学习态度、学习成绩和完成计划的情况。对教师工作质量的检查,一般是通过填写教学日志、组织检查课和互相看课等形式来进行。教学日志应着重登记教学内容及完成情况和教师、学生对课的意见,以便检查大纲的完成情况和教学质量。检查课和互相看课可通过课后的评议会来全面地分析教师教学、训练和教育工作的质量,也可以着重分析教学过程中一个方面的情况和问题,它是提高教学质量和检查教师业务水平的重要方法之一。

2. 身体检查

体育运动的根本任务是为了增强体质,所以,身体检查的材料是科学地安排教学工作的重要依据,也是衡量教学效果的一个重要方面。增强体质、增进健康的因素是多方面的,而正确合理的教学训练过程是其中主要的积极因素之一。

根据龙舟运动的特点,身体检查的内容可包括身高、体重、体围、脉搏、血压、肺活量、握力、透视、心电图等。

身体检查,通常是由医生或教师对学生身体进行定期的普通检查和不定期的个别检查,并把检查结果用专门的身体检查卡片进行登记。教师应和医生共同研究与分析身体检查材料,以便合理地安排教学内容和掌握运动量,以及明确教学中应注意的问题。同时,身体检查的结果与前后进行身体检查的材料相比较,还可以了解教学训练工作对学生身体发展和健康的影响,以供教师对教学工作和科学研究工作的参考。

龙舟选修课由于课时少、时间短,因此,一般不进行身体检查。

3. 运动创伤登记

运动创伤是和教学任务相矛盾的,会严重影响教学工作的顺利进行。为了预防伤害事故,教学中对于伤害事故的发生应进行认真的分析和总结。

运动创伤登记对于检查和分析受伤原因,教育教师和学生,改进教学工作,防止运动受伤事故,以及进行科学研究工作,均具有积极意义。

运动创伤的登记一般包括下列内容:受伤者姓名、年龄、性别,受伤的时间、地点、性质(如挫伤、拉伤、扭伤、劳损等)和部位;受伤时活动的内容及受伤的原因;当场处理的方法及效果;急救者姓名、任课教师姓名、治疗方法和恢复情况等。

4. 运动成绩及身体素质的检查

运动成绩及身体素质的检查,对检查教学工作效果,以及研究和分析教学工作中存在的问题具有重大的意义。

在教学工作中，运动成绩及身体素质的测验，是教师根据教学任务和内容有目的、有计划地安排的。

龙舟选修课一般都是在上课开始和结束时各安排一次运动成绩及身体素质的测验。通常登记在点名册成绩登记表内。

5. 龙舟选修课的考核方法

考核是整个教学过程的一个重要环节。它是为了帮助学生更好地复习、巩固、提高所学的知识、技术、技能，提高分析问题和解决问题的能力，检查学生知识、技术、技能的掌握情况，也是检查教师教学质量的一种方法。因此，要重视龙舟选修课的考核工作。考核内容和方法如下。

（1）平时成绩：以学习态度、课堂提问、课外作业、成绩提高等方面来评定，占20%。

（2）技评：划桨技术、整体配合能力等，占60%。

（3）理论考试：理论课的内容，进行闭卷考试，占20%。

考核成绩由以上三个部分内容综合评定。计分方法采用百分制。

## 第十章

# 优秀龙舟运动员赛前竞技状态的调控

竞技状态是指运动员创造优异运动成绩时所处的最适宜的准备状态。所谓"优异运动成绩",是对运动员本人最佳运动成绩而言的;所谓"最适宜的准备状态",是对运动员本人赛前训练的准备程度而言的。也就是说,准备得越充分、训练程度越高,参赛时创造本人最佳运动成绩的可能性就越大。

### 一、竞技状态的形成

竞技状态的形成与发展是一个连续的发展变化过程,主要包括以下几个阶段,如图 10-1 所示。

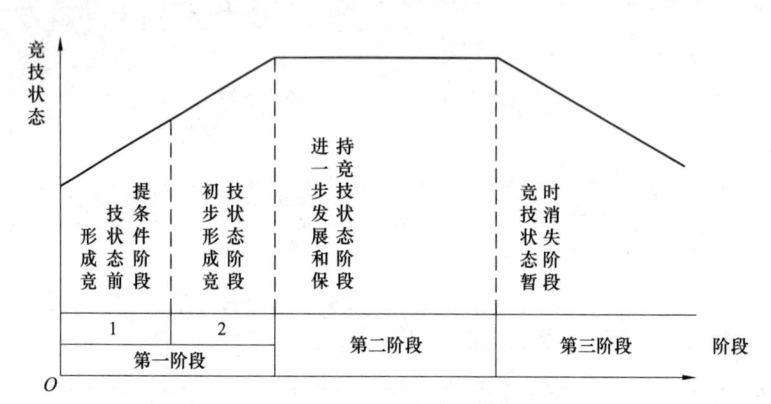

图 10-1 竞技状态的形成和发展阶段划分

第一阶段:形成竞技状态前提条件阶段和初步形成竞技状态阶段。

第二阶段:进一步发展和保持竞技状态阶段(相对稳定阶段)。这一阶段的主要任务是进一步发展和保持竞技状态,并使运动员在参加重大比赛前通过赛前调控和热身赛等手段,达到最佳竞技状态,在比赛中创造最优异的运动成绩。从总体看,在这个队已形成的竞技状态保持相对的稳定。但实际上,围绕着参加一些重大的比赛往往形成几个竞技状态的波峰,而最佳竞技状态会出现在此阶段中最重大的比赛时。

第三阶段:竞技状态暂时消失阶段。此阶段中,竞技状态暂时消失,运动员进入调整和休息阶段,并为进入下一次竞技状态周期做好准备。

(一)竞技状态的构成因素

竞技状态由承受最大负荷的体能潜力及其恢复速度、神经肌肉的协调能力所决定的技能、心理、智能和神经控制能力等因素构成。这些因素又分为稳定和不稳定两类因素。

1. 稳定类因素

稳定类因素主要指运动员机体在形态、生理、生化和心理方面的状态。由于这些指标都是通过较长时间形成的训练适应，因而相对说较为稳定，不易消失，即便几天甚至几周不训练，也不会有明显的、大幅度的下降。这些因素主要为形成最佳的体能和心理能力，以及神经、肌肉能力所决定的动作技能打下良好的基础。

2. 不稳定类因素

不稳定类因素主要指中枢神经系统的工作能力。这种能力主要表现为中枢神经系统能高度兴奋、集中和紧张，以及兴奋与抑制能有效地转换，并很容易受外界因素的影响而发生迅速的变化，甚至一天内也会发生变化。这类因素对临赛前竞技状态的形成及短期和瞬时竞技状态的形成与调控影响极大。

这两类因素虽有不同，但却紧密相关，人的运动器官和各内脏器官的工作主要是由中枢神经系统支配的，中枢神经系统的高度兴奋和紧张将促使运动员更有效地表现出自己的力量、速度和意志品质。因而，只有当这两个方面因素都处于较高水平时，运动员才有可能形成良好的竞技状态。由于对高水平运动员来说第一方面因素通常是较为稳定的，因而赛前几天竞技状态的好坏，往往要由训练水平的第二方面因素，即中枢神经系统的工作能力所决定。

由于长时间（如数周内）保持高度的神经兴奋与紧张会导致神经活动受挫和神经系统的功能衰竭，因而在一般性比赛前，只需保持神经系统良好的工作能力即可。而只有在重大比赛时，才有必要和可能达到神经系统的最高工作能力，从而形成最佳的竞技状态。

(二)竞技状态的表现方式

从不同的角度分析，竞技状态有各种不同的表现方式。

1. 长期、中期、短期和瞬时竞技状态

根据竞技状态表现的时域特点可分为长期竞技状态、中期竞技状态、短期竞技状态和瞬时竞技状态。

(1)"长期竞技状态"是指在多年和年训练中竞技状态表现的平均水平或最高水平。"多年训练竞技状态"主要指多年训练周期中，每个年度训练的竞技状态的发展变化状况，"年训练竞技状态"是指年训练周期三个主要训练期（准备期、竞赛期和休整期）里竞技状态的发展变化情况。多年训练的最佳竞技状态，一般是重大比赛所在的年；而年训练中的最佳竞技状态，则在全年训练周期中的比赛期。

(2)"中期竞技状态"是指年训练中的每个训练的时期和训练阶段（中周期）时表现的竞技状态。各时期竞技状态的最佳竞技状态往往表现在比赛期里最重大比赛所处的训练阶段，如比赛期里的比赛中周期训练阶段。

(3)"短期竞技状态"是指各阶段中周期训练里的各小周期训练中和小周期里各日训练中表现的竞技状态。短期训练中的最佳竞技状态，往往表现在比赛中周期里的比赛小周期和比赛小周期的比赛日中。

(4)"瞬时竞技状态"是指日训练中的训练课和临赛前及比赛进行中所表现的竞技状态。

日训练中的最佳竞技状态往往表现在每日上午 9~11 时、下午 3~5 时和晚上 7~9 时，尤其是下午 3~5 时。而训练课中的最佳竞技状态多表现在一次训练课基本部分的中间和后半部。

越是长期的竞技状态越稳定，越是短期的竞技状态越不稳定，可变性和可调性也越强。

2. 个体竞技状态与集体竞技状态

根据竞技状态表现的对象可分为个体竞技状态和集体竞技状态。

(1)"个体竞技状态"是指一个运动员个体所表现出的竞技状态。传统的竞技状态主要是指个体竞技状态。

(2)"集体竞技状态"是指在集体运动项目中，由若干运动员个体组成的一个运动员群体，由于相互间的联系而表现出的整体群落系统的竞技状态。这种竞技状态不仅取决于群体中的每个个体的竞技状态，而且取决于该群体每个个体之间竞技能力及其表现方式之间的最佳联系。例如，在多人艇比赛中，运动成绩不仅取决于每个运动员的竞技状态的好坏，还取决于他们之间通过技术与心理及精神上的相互配合和激励所形成的一种集体竞技状态的好坏。

3. 一般竞技状态与专项竞技状态

根据与专项的关系可分为一般竞技状态和专项竞技状态。

(1)"一般竞技状态"是指运动员一般训练水平的高低所表现出的竞技状态。

(2)"专项竞技状态"是指运动员专项训练水平的高低所表现出的竞技状态。

专项竞技状态直接影响到专项成绩的好坏，但它又是以一般竞技状态为基础的。最佳竞技状态实际上是运动员在一般竞技状态与专项竞技状态上所表现出的最佳状态的综合。

4. 局部竞技状态与整体竞技状态

从竞技状态的构成因素的数量可分为局部竞技状态和整体竞技状态。

(1)"局部竞技状态"是指机体中某一局部构成因素上的竞技状态表现。

(2)"整体竞技状态是指各构成因素在实现相互联系后所表现出的总体竞技状态。

整体竞技状态常用专项成绩或各局部指标的综合参数来表示，而局部竞技状态则用反映该局部因素的指标的参数来表示。

5. 体能竞技状态、技能竞技状态、智能竞技状态与思想、心理和精神竞技状态

根据竞技能力和竞技状态的构成因素类别可分为体能竞技状态、技能竞技状态、智能竞技状态与思想、心理和精神竞技状态。每种竞技能力的状态都有不同的表现，都从某一方面去影响整体竞技状态的形成和表现水平。

(1)"体能竞技状态"是指运动员机体的生理机能、体力、素质和健康等身体能力所表现出的竞技状态。具体表现为运动员承受各种负荷的能力和承受负荷后的恢复速度。常用各生理和生化素质等指标的参数来表示。

(2)"技能竞技状态"是指运动员的智力能力所表现出来的竞技状态。主要表现为掌握动作的速度，对教练员各种指令和讲解的理解及接受能力，自我分析、自我调控和应变能力等方面的竞技状态。

(3)"思想、心理和精神竞技状态"是指运动员在训练和比赛中的思想、心理、作风、意志品质和精神面貌等方面所表现出来的竞技状态。往往表现为稳定的心理状态、强烈的自我实现需要、顽强的意志品质、强烈的比赛欲望、兴奋性与紧张性和必胜的信心等方面的竞技状态。

6. 运动员竞技状态和教练员竞技状态

运动训练控制系统是由运动员和教练员两个方面构成的。因而不但存在运动员的竞技状态，而且存在教练员的竞技状态，同时还存在教练员与运动员共同组成的小群体竞技状态。

"教练员竞技状态"主要指教练员自身在心理、精神、智力（知识与智能）和自我调节能力，以及健康、体力等方面所表现出的竞技状态。教练员的精神面貌、情绪、心理，以及思考能力、分析能力、应变能力和行为等都会从不同的角度影响运动员的竞技状态。如果这种影响是良性的，那么就会促使教练员-运动员小群体最佳竞技状态的形成。

## 二、赛前最佳竞技状态的调控

龙舟比赛的赛前训练调控与比赛成绩呈高度相关。赛前调控的任务是施行强化的训练手段，提高专项训练水平，提高完整竞赛动作的技术，同时改善和加强营养，促进体力恢复，以提高运动员的身体机能水平，并注意培养顽强的拼搏精神，使运动员的身体机能、技术、战术的训练水平和心理状态都达到最佳状态，以达到参赛获胜之目的。

"最佳竞技状态"是指为参加重大比赛所需要的最高水平区段的竞技状态，是运动员在赛前各项训练活动的直接结果。图德·博姆帕把这个区段界定在达到去年最高成绩的98%以上，这一状态可在整个比赛期保持1.5~2.5个月。

"最佳竞技状态的最高水平"是指在最佳竞技状态区段中的最高水平，也就是该年赛季的最高水平的成绩。这一成绩只能保持7~10天。

（一）竞技状态的最优化调控原则

"竞技状态的最优化调控原则"是指在重大比赛前的训练中，为适时地把最佳竞技状态在重大比赛中调控出来而必须遵循的准则。

"竞技状态的最优化调控原则"由以下几个具体的原则构成。

1. 大负荷高强度强化的训练原则

在赛前必须给予运动员机体以强化应激训练的刺激，打破机体原有的平衡状态，产生对强化应激负荷刺激的训练适应性。

2. 适时的恢复与训练原则

在大负荷强化训练之后，必须紧接着给予运动员充分的综合性的恢复，以产生最佳的超量恢复效果，为形成最佳竞技状态打下良好的基础。

3. 跳跃式训练原则

赛前训练必须突出负荷恢复的节奏性，要有明显的跳跃性，要敢于冲负荷，也要敢于调负荷，这是产生最佳超量恢复和最佳竞技状态的必要条件，也是取代传统的无节制的拼搏式训练的最佳方式。

4. 全方位综合调控原则

现代体育竞技的日趋激烈，使任何一个小小的因素都会影响比赛的胜负。现代体育竞技往往取决于在某些微小因素上争取的微小优势，单靠大负荷拼搏式训练已无法取得优势。赛前训练必须在心理、营养、管理，乃至时差和比赛环境等多方面进行全方位的综合调控。

5. 心理调控优先原则

由于竞技状态的构成因素中稳定因素（如体能和技能等）在赛前训练的几周或几天中是

不易改变的，而不稳定类因素（如心理状态、思想和精神状态等）是变化无常的，因而各国优秀运动员赛前调控中都贯彻"心理调控优先"的原则，即越临近比赛，越将心理、精神和思想状态的调控作为赛前训练调控的重点。

6. 实践训练调控原则

训练是为了比赛，因而赛前训练就更要一切围绕比赛的需要进行适应性训练，在负荷上要加强比赛负荷（参加热身赛，增加训练中的比赛性因素或比赛性和对抗性训练内容）。由于比赛主要是比"强度"，因而越临近比赛越要突出强度，选择强度类的训练内容方法和手段。尤其是要多采用模拟训练法、变换训练法、比赛心理训练法和比赛法等训练方法。

（二）竞技状态的调控模式

竞技状态的调控总模式如图 10-2 所示。

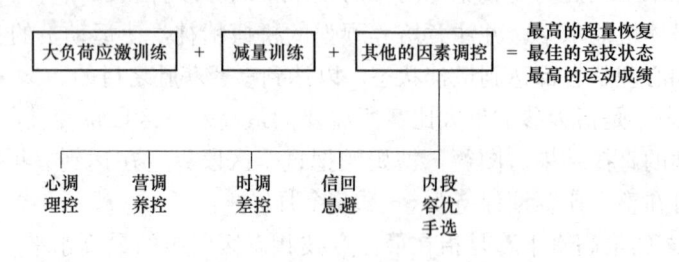

大负荷应激训练 + 减量训练 + 其他的因素调控 = 最高的超量恢复 / 最佳的竞技状态 / 最高的运动成绩

心理调控　营养调控　时差调控　信息回避　内段容优手选

图 10-2　调控总模式

竞技状态的负荷模式如图 10-3 所示。

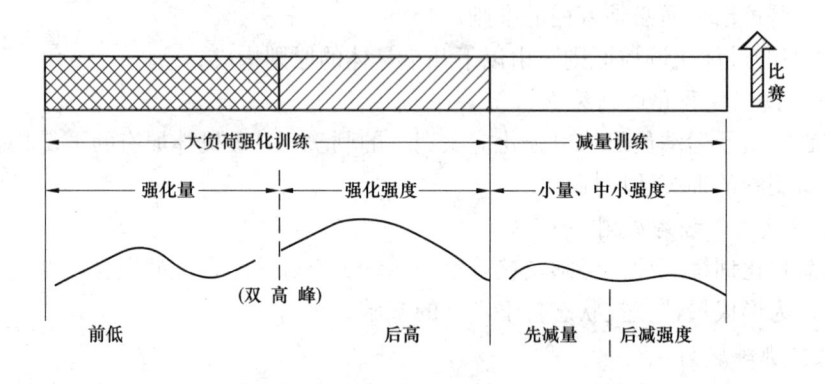

大负荷强化训练（强化量 / 强化强度，双高峰，前低 / 后高）　减量训练（小量、中小强度，先减量 / 后减强度）→比赛

图 10-3　负荷模式

竞技状态的训练内容模式如图 10-4 所示。

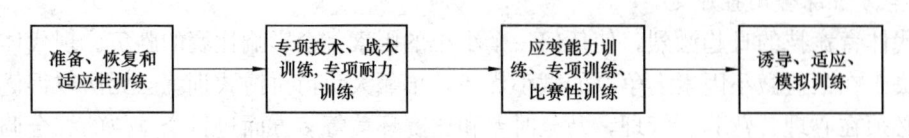

准备、恢复和适应性训练 → 专项技术、战术训练、专项耐力训练 → 应变能力训练、专项训练、比赛性训练 → 诱导、适应、模拟训练

图 10-4　训练内容模式

竞技状态的心理调控模式如图10-5所示。

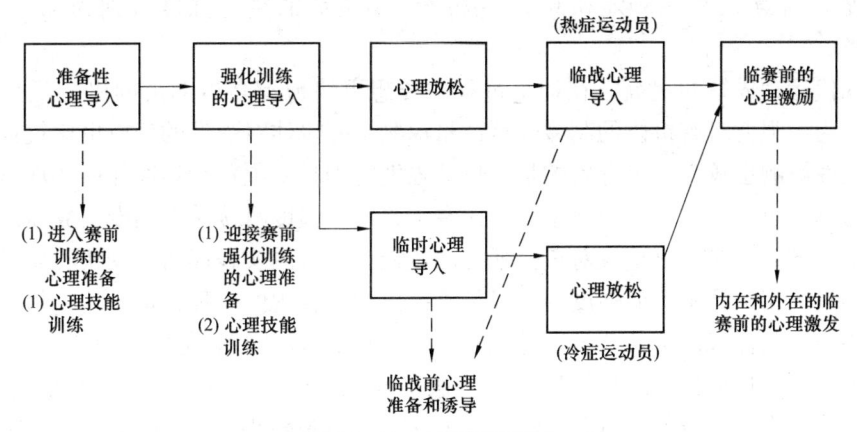

图10-5　心理调控模式

（三）龙舟运动员赛前训练的安排

龙舟赛前训练的安排应围绕运动员最佳竞技状态的调控进行，具体做法的内容大致包括赛前训练阶段的时间、赛前训练的负荷、赛前训练的内容和赛前训练的方法与手段等。

1. 赛前训练阶段的时间安排

赛前训练阶段时间的长短对赛前阶段训练任务的完成有着很大的影响。从第11届亚运会我国皮划艇项目赛前训练阶段的时间安排来看，赛前训练时间在40~50天。这个时间长度与普拉托诺夫的研究结果5~8周，极为相近。赛前训练阶段划分为两个阶段，即以8周为一个赛前训练大周期，以4周为一个中周期，由两个中周期组成一个大周期。其具体安排如下。

第一中周期（基础中周期）带有打基础的性质，主要提高耐力和超有氧代谢强度，检查中长距离的训练效果。

第二中期（赛前中周期）带有专门化训练的性质，负荷量减少，负荷强度增加，主要提高无氧速度和无氧耐力，检查中短距离的训练效果。

第一周，运动员处于调节状态，负荷的量和强度都有一定的提高。

第二周，保持一般训练水平或稍降一点。

第三周，由于超量恢复，训练水平回升。

第四周，达到高水平。

赛前训练阶段的第一周为准备周，消除前段训练带来的疲劳，为大负荷训练做准备。整个周期采用大负荷训练，力图把运动员的身体机能提高到最高水平，获得最佳竞技状态。

2. 赛前训练阶段的负荷安排

赛前负荷安排的主要特征是强度和量有明确的要求。过家兴等（1992）认为，大负荷较多，但高峰出现次数仅为1~5次，最高一次负荷高峰距正式比赛最少不少于5天，以利于比赛日达到超量恢复。赛前调整最少在临赛前12天开始，使运动员以最佳竞技状态投入比赛。但陈兴庚（1992）认为，赛前6周为赛前训练周期，前4周中度较高，而第一、二周强度最高，然后下降，最后一周再出现一个小高峰。

从广州亚运会我国龙舟项目的赛前负荷安排的特征来看，极限负荷的量与强度分别为

25%~65%和87%~94%，大负荷的量与强度分别为61%~85%和77%~86%，中等负荷的量与强度分别为70%~80%和67%~76%，小负荷的量与强度分别为63%~69%和43%~66%。

随着现代运动成绩的提高，在训练过程中要想更快地提高运动员的机能，必须突出强度。这是因为，强度对有机体的刺激较负荷量深刻，有机体对强度的反应也比较强烈，所以产生的适应性影响也较大。更重要的是，负荷强度特别是专项负荷强度往往体现出专项能力的强弱，而且从负荷角度看，比赛主要是比专项强度，强度直接关系到专项成绩。因此，在训练过程中，教练员应十分重视对负荷强度的监控。大量的实践证明，反映心血量系统机能变化的脉搏指标用来评定负荷强度的等级是最简单和最直观的生理指标。从广州亚运会我国龙舟队运用心率指标来确定负荷强度等级来看，极限心率为194次/分以上，大强度心率为176~194次/分，中等强度心率为152~176次/分，小强度心率为113~152次/分。

赛前负荷强度是以赛前大负荷高峰出现的次数及其持续时间体现的。第11届亚运会我国皮划艇队在赛前进行大负荷安排时，采用大负荷高峰出现1~3次、大负荷训练的时间10天左右、最后一次大负荷高峰距比赛时间11天左右的模式。换句话说，赛前12天为最佳调整时间。

3. 赛前训练阶段的训练内容安排

据过家兴等（1995）认为，赛前训练内容的安排具有专项练习在赛前训练中占有重要地位、专项训练的比例一般平均在60%以上和辅助练习的比例大于一般练习的比例等特点。第11届亚运会我国皮划艇赛前训练中，一般性练习、专项练习和辅助性练习的比例分别为6%~8%、63%~78%和8%~16%。与此同时，在赛前训练内容安排比例上还呈现了力量训练占11%~25%、速度训练占6%~15%、耐力训练占11%~20%、柔韧训练占0%~5%、技术训练占11%~25%、战术训练占10%~20%和心理训练占6%~10%的特征。从训练内容的排序上看，其排序为力量、技术、耐力、战术、速度、心理和柔韧。

4. 赛前训练阶段的训练手段与方法安排

赛前训练手段与方法的采用必须与这一个阶段的目的和任务（最佳竞技状态的调出）相适应。过家兴（1995）认为，确定训练手段与方法的主要因素是提高机能、适应比赛环境和达到预定强度，其中最重要的因素是达到预定强度。赛前训练的主要手段与方法大致有模拟比赛训练、测验比赛、高原训练和热身赛。模拟比赛训练和测验比赛在安排上应尽量与竞赛日程近似。

5. 赛前训练阶段训练计划的制订

制订赛前训练计划，是有目的地和系统地实施赛前训练的重要保证。下面用实例来说明。

（1）第一中期训练计划。

星期一，全天休息。

星期二，上午速度训练，下午身体训练和水上训练。

星期三，上午有氧训练，下午水上有氧力量训练、跑步。

星期四，上午有氧强度训练，下午休息。

星期五，上午速度训练，下午有氧训练和陆上训练。

星期六，上午中长距离比赛训练，下午比赛训练和陆上训练。

星期日，上午中距离计时训练。

（2）比赛训练安排。

星期一，上午无氧速度训练，下午有氧训练和身体训练。

星期二，上午一般有氧强度训练和技术训练，下午休息。

星期三，上午无氧速度训练，下午有氧训练和身体训练。

星期四，上午一般有氧强度训练和技术训练，下午休息。

星期五，上午比赛，下午比赛。

星期六，上午比赛，下午比赛。

星期日，上午比赛，下午比赛。

6. 赛前减量训练

在重大比赛的最后准备阶段，运动员需要感觉放松、反应迅速和充满力量。通常采用减量训练可以达到这个目的。减量训练是在一年的重大比赛之前所进行的训练量急剧递减的时期，往往持续7～20天。但目前还没有关于划船运动减量训练的研究。部分原因是风力和水上条件的不断变化，使对桨手进行精确的前期和后期减量训练的难度加大。因此，划船教练或做此方面研究的科学家采用的信息主要来自游泳、赛车和赛跑运动项目。

赛前训练的目的是减少运动员心理和身体的变化，从而提高他们的发挥水平。在桨手进行高强度训练期间，他们的适应性往往会被由于身体没有完全恢复而产生的疲劳所掩盖。

赛前减量训练示意如图10-6所示。

（1）减量训练计划的考虑因素。在一般情况下，各俱乐部的桨手都不采用和国际桨手相同的运动量，同时他们也承受着来自家庭和工作的压力，这些都不利于身体的恢复。进行减量训练的主要目的就是使运动员的心理系统能彻底恢复以适应比赛。若要安排减量训练计划，运动量、训练频率、训练强度和训练持续时间都在考虑之列。

1）运动量。运动量是指每周总共进行的训练小时数。有些人喜欢用距离来衡量运动量，但时间更能准确地衡量训练所带来的生理压力。运动量的递减是减量运动的主要特征，通常以70%～90%的速度递减。如果训练相对比较舒缓，每周为4～8小时，那么运动量以70%递减；如果运动量为每周8小时以上，那么以90%的速度递减更为合适。

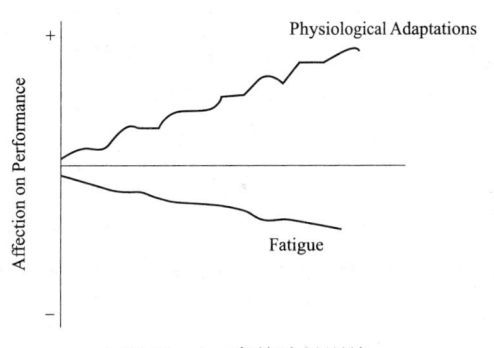

图10-6 赛前减量训练

减量训练可以是渐进的，在整个减量训练期间运动量是一个逐渐减少的过程。它也可以是一步完成，也就是训练期间运动量只有一次减少。采用前者的减量训练方法似乎比采用后者的对发挥的影响更大。可能是因为后者运动量的急剧降低所产生的不良效果能在训练后的一段时间内起作用。因此应该选择渐进型的减量训练来准备重要的年赛，而对于资格比赛和其他非重要的赛事则可以采用持续时间较短的一步型的减量训练方法。

2）训练频率。训练频率是指每周进行的训练次数。在减量训练中，训练量不能随着训练次数的急剧改变而减少。关于提高成绩的减量训练研究表明：训练频率一般都是以20%～50%递减。有些研究者建议频率递减不应高于20%。换句话说，如果在减量期间每周要进行5小时的长时间训练,你可能愿意逐渐降到每周进行4次20分钟的训练课。

也许每次为了这20分钟的训练,都必须备好船,换好衣服,把船拖入水中。看起来有些浪费时间,但这确实是进行训练最有效的方法。频率的减少影响竞技水平发挥的原因不清楚,但也许与技术水平的降低有关。由于技术上的训练相应减少了,因此技术水平的降低最终会影响竞技水平的发挥。

3)训练强度。训练强度在减量训练中通常需要保持或增强,训练中的大部分内容成为专项比赛所需要的各种间歇类型。在龙舟运动中,这意味着训练的强度类型3和类型2会不断增加,间隔的时间足够充分以保证训练的强度。有一项研究对高强度训练和低强度训练做了一番比较,结果显示接受训练的运动员其心理反应相似,而接受高强度训练的运动员在比赛中发挥得更好。强度在吸氧量70%的运动员表现一般或欠佳,而强度在吸氧量90%的运动员发挥有提高。减量训练期间高强度训练的运动员能适应更快的划桨频率,提高他们运用技术和战术的能力,并在心理上感受到速度和力量。

4)训练持续时间。运动员在减量训练期间的刺激会不断地降低,因此减量训练持续的时间对水平的发挥有极大的影响。对于经过高强度训练的运动员来说,1~4周的停止训练会使他们的体能下降,一组日本研究人员对3组分别接受21天、28天和42天的训练者的水平发挥进行了研究,他们发现接受21天和28天减量训练的训练者有了明显的提高,而接受42天减量训练的训练者并未提高。

减量训练的持续时间会受到运动量、运动强度和运动员身体素质水平的影响,国际上的优秀运动员需要21~28天从高强度的训练中彻底恢复。有事实表明运动员的体能在奥林匹克运动会后的12周时间内还能继续提高。如果每周训练量少于8小时,那么就应该持续7~14天;如果每周多于8小时,则需要持续10~21天的减量训练时间。

(2)减量训练中需要特别注意的问题。减量训练过程中运动员和教练员都承受着很大的心理压力,教练员往往会担心在一场重大比赛之前减量训练的持续时间及其他可能遇到的许多问题。在这个时候教练员对赛季中所做的准备和减量训练应充满信心。如果教练员显得对运动员的准备很担心或要把计划好的赛前训练进行改变,那么,运动员就可能会对自己的准备及能否赢得比赛产生怀疑。

运动员对逐渐减少的运动量会有不同的反应。很多运动员会享受速度、力量和充沛的精力所带来的快感。而有一些运动员则对此有些担心,他们不知道减量以后多余的时间应该做什么。教练员应该了解每个运动员的反应,及时处理这些担心。

对体重轻的桨手在训练中应注意他们的体重。一种适宜的办法是增加肌糖原的储存。储存1克肌糖原的同时也储存了3克的水分,这样就可以在较短时间内迅速增加体重。如果运动员想要在减量训练后能够看到自己提高的效果,那么增加一定的体重也是必要的。

在减量训练时增加肝醣的储存,不仅供给肌肉需要,也是一种其他方面所要采用的能量来源。

对体重轻的桨手要注意高级补充物肝糖原的量的平衡,他们能够用增加体重来提高运动成绩。

(3)14天减量训练实例。开始减量训练后应该停止力量训练。在减量训练中运动员会不断接受高强度的训练,因而力量是可以得到保证的。如果只是为了准备非重要比赛而进行减量训练,那么训练结束几天后就应恢复力量训练。

### （四）竞技状态保持和发展的注意事项

龙舟比赛通常进行3天左右，需要经过预赛、半决赛、决赛2～3轮比赛，有的运动员还要兼不同的距离和项目。在这种情况下要求运动员保持最佳竞技状态是需要细致考虑和认真安排的，以保证运动员在比赛中一场好于一场，在最后决赛时能划出最佳成绩。

在具体安排计划时要注意以下事项。

（1）充分估计训练基地到赛区的距离与路程。明确需要提前多少天到赛区，才能使运动员恢复赛前竞技状态。一般国内比赛提前2～3天，运动员最兴奋并能划出较好成绩。但国外比赛路程远，特别是有时差时需要一定时间恢复。一般为时差1小时要用一天恢复，如我国运动员去巴塞罗那比赛时差为7小时，就需要7天来恢复。

（2）龙舟运动是体能类项目，必须充分注意运动员体能的保护，防止无谓的消耗。例如，运动员住地到赛场的路程不宜太远，宁可设法住在赛场附近设备差些的地方也不要住在条件虽好却路程较远的宾馆里。此外，临赛前的准备活动也不宜全力做，即速度要有、数量要少、活动后要注意保暖。

（3）要充分估计到赛区的住宿、饮食、气候、海拔高度、风向、水深、交通和器材等各种困难条件。一般来说，我国运动员在这些方面的适应和应变能力较差，教练员在平时训练中应注意培养和锻炼运动员的应变能力。可以采用多种形式的多地训练，在赛区则应采取各种措施改善条件。

（4）龙舟比赛通常为2～3天，运动员如中间间歇一天，则应安排其减量训练。赛前的休息也不宜过长，一般不超过一天。

（5）赛后应充分恢复和调理，每天睡眠时间必须达8～12小时，晚上10时以后必须就寝，严禁运动员饮酒和吸烟，以保证良好的精神面貌和比赛状态。

（6）注意饮食。赛前2～3天，少吃蛋白质，多吃碳水化合物。每天食物中应有约15%～20%蛋白质、20%的脂肪、50%～55%的碳水化合物。在比赛中不吃或尽量少吃脂肪多的、刺激性的（如辣椒）、难以消化的、胀腹的和特甜的食品。赛前2～4小时不应进食。

## 三、赛前心理训练与心理咨询

龙舟运动员赛前心理训练与心理咨询的主要目的在于形成龙舟运动员赛前最佳的心理状态，以便在即将开始的重大的比赛中，能充分发挥出自己的体力和技术、战术水平，从而取得优异的竞赛成绩。

### （一）龙舟运动员赛前心理训练

1. 赛前心理训练的主要内容

（1）确定适宜的比赛目标。适宜的比赛目标能够最大限度地调动运动员的参赛动机，最充分地发挥运动员的运动潜力。可以通过目标设置技能，帮助运动员确立具体的、符合实际的且具备挑战性的比赛目标。

（2）形成最佳的心理状态。龙舟运动员最佳心理状态的主要特征：精神与身体非常协调的感觉；思想高度集中，无抑制感；动作自然、放松、无费力感；无焦虑感和恐惧感；有创造感与表现欲。为了使运动员在比赛中出现最佳竞技状态，除了进行长期和系统的心理技能训练外，还要适应比赛的需要进行赛前心理暗示的训练和赛前的模拟训练，制定切实可行的和稍低于训练水平的比赛操作目标，并使其成为运动员自觉的内在目标，树立正确和积极的

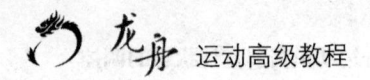

心理定势，形成最佳的心理状态。

（3）适应比赛环境。对于皮划艇运动员来说，能否适应比赛环境对于运动水平的发挥影响极大。赛前进行适应环境的训练，就是让运动员在接近比赛的规模、气候、水质、对手、器材和饮食等条件下进行训练，使运动员对此进行预感知，逐步达到或尽可能对新的比赛环境产生习惯化的反应，从而提高对比赛条件的适应水平，提高运动员在比赛中的心理稳定性。

2. 龙舟运动员赛前心理训练的阶段、任务与措施

赛前心理训练的阶段、任务与措施，如表10-1所示。

表10-1　　　　　　　　龙舟运动员赛前心理训练的阶段、任务和措施

| 阶段 | 相应的时期 | 任务 | 心理训练 |
| --- | --- | --- | --- |
| 长期的准备 | 从参加运动训练开始到准备重大比赛 | （1）教练员要学习心理学的理论及提高应用理论知识的素养<br>（2）教练员了解运动员参加训练和比赛的目的、动机、情绪、个性、专项心理能力等全部心理素质，以及运动之外的情况，防止负担过重和干扰<br>（3）对运动员进行心理测试获得各种信息<br>（4）加强集中注意力能力的训练 | 说明疏导、想象训练、放松训练、智力的训练，形成良好的生活制度和规律 |
| 训练期的准备 | 重大比赛前一年左右，运动员正值高水平的运动成绩阶段 | 主要任务是心理调整或心理矫正，把心理素质稳定在一个相当高的水平上，培养积极的态度、强烈的动机，以及肯于拼搏的精神<br>排除对一定对手或情势的害怕心理、情绪压抑和神经过敏，树立信心，培养运动员独立作战和高水平的竞技能力、心理调整和控制能力 | 心理调整、心理矫正，稳定技术，想象训练，建立赛前程序化习惯行为 |
| 比赛期的准备 | 从临赛阶段开始直到重大比赛结束 | 创造适宜的激活水平和情绪状态，确定比赛目标，在临赛和比赛中对运动员进行心理指导，向运动员提供完成任务所需的信息，解决各种心理障碍和情绪干扰 | 进一步激发动机和情绪，面谈、诱导、鼓励、自我暗示，赛前行为程序化 |

如表10-1所示，在比赛期的准备过程中，龙舟运动员心理训练的一项重要工作是赛前心理活动程序化训练。赛前心理活动程序化训练是指按照赛前准备活动的内容与时间安排，以及比赛中对运动员的技术、战术要求与心理控制要求等制定出参赛程序，并要求运动员在此基础上进行赛前的模拟训练。赛前模拟训练分为实战模拟和语言形象模拟两种。实战模拟如模拟主要对手的战术划法，按照比赛的日程安排训练，到与正式比赛场地、气候相似的环境进行训练，以及组织与比赛要求相同的测验性比赛等。语言形象模拟主要是利用语言和表象在头脑中描绘未来比赛的情景，还可以配合技术图片、电影和录像等以加深表象活动。教练员在安排模拟训练时应注意，明确模拟条件与比赛目标的关系，完整的实战模拟的次数不宜过多，避免引起运动员过重的心理负荷和反感情绪。因此，离比赛的时间越近，语言形象模拟越可适当增加，实战模拟则应逐渐减少。

关于女子运动员赛前心理活动程序和比赛时的心理活动程序如表10-2和表10-3所

示，教练员可以根据运动员与自身特殊情况制定出更为详细的心理活动程序。

表 10-2　　　　　　　　　　　赛前心理活动程序

| 比赛倒计时 | 时间（分钟） | 技术、战术准备 | 心理准备 |
| --- | --- | --- | --- |
| 80~55 | 25 | 肌肉和神经系统的协调放松，利用负重或阻力计划体会划桨动作的用力感 | 平静、放松、愉快 |
| 55~40 | 15 | 采用跟划并冲上去的战术要点，顺、漂、加速后抛、节奏感的体会 | 5分钟自然放松，在大脑过1~2遍全程，体会最佳动作感觉 |
| 40~30 | 10 | 各自全面检查艇桨及各自的设备 | 目空一切，对对手不屑一顾 |
| 30~10 | 20 | 体会和感觉划桨动作节奏及合力，感觉艇速的变化及体验艇的稳漂 | 注意力集中在肌肉及桨下的水感上 |
| 10~5 | 5 | 出发把握一称、二巧、三快、四猛、五满、六顺 | 注意力集中在启动加速环节的速度合力上 |
| 5~0 | 5 | 神经、肌肉的放松协调，注意桨下的水感、升力感 | 调节呼吸，排除干扰，充满自信 |

表 10-3　　　　　　　　　　　比赛心理活动程序

| 赛程 | 技术战术要点 | 心理控制 | 语言提示 |
| --- | --- | --- | --- |
| 启航 0~25 米 | 敏捷果断，动作稳定短促发力，齐跟领桨 | 划桨合力是关键 | 稳、跟 |
| 加速 25~125 米 | 蹬、转、抛、加频率 保持与对手齐头并进 | 同步加力是关键 动作协调是保证 | 上、加 |
| 转换 125~150 米 | 稳桨频，保持力度和幅度以我为主 | 动作自如，出神入化 | 动作打开 注意幅度和力度 |
| 途中划 150~300 米 | 稳桨频，保持动作节奏 | 顺艇速，控桨频，保力度，跟对手 | 转、顺、转 |
| 途中向冲刺转换 300~400 米 | 顺船速，逐渐加大速度，由长桨转为短桨 | 注意每桨效果 加快动作节奏 | 蹬腿，准备加力 |
| 冲刺 400~500 米 | 桨力、桨速、桨频同时达到极限，最后1米蹬脚冲线 | 猛虎下山 一触即发 势不可当 猛冲到底 | 冲！拼！加！加！加！ |

（二）优秀龙舟运动员赛前心理咨询

1. 优秀运动员赛前心理咨询的原则

心理咨询是为了帮助优秀龙舟运动员克服比赛、训练及生活中的各种心理障碍，引导他们形成良好的心理准备，取得成绩成功。优秀皮划艇运动员心理咨询应该遵循的原则是服务性原则、交友性原则、教育性原则、理论联系实际的原则、整体性原则、循序渐进的原则、个别对待的原则、预防性原则、保密性原则和实事求是的原则。

2. 优秀运动员赛前心理障碍与咨询

现将优秀龙舟运动员赛前常见的心理障碍的表现、产生的原因及解决的方法举例简述于后。

（1）对大运动量训练的排斥和恐惧的心理。

1）产生原因：对身体超负荷的运动量产生的不适感和劳累感；因有伤病或者害怕伤病会严重影响个人的身体健康、运动寿命、奖牌、待遇和个人的前途命运。由此产生与自己的身体健康、前途命运相关联的心理障碍。

2）解决办法：加强医务监督；进行心理诱导；及时反馈与强化训练；考虑运动训练方法，适当调整训练内容与要求，让运动员在逐渐增加身体负担量的过程中逐渐适应高强度和高密度的训练，增强信心；注意训练后的身体、心理和生活调整，加快恢复过程。

（2）厌烦训练的心理。

1）产生原因：生理上的原因如长期伤痛或多次受伤，身体和生理方面不能适应，产生害怕或厌烦训练的心理；心理上的原因如参加训练与比赛的价值观有改变，参加比赛与训练对自己无利或者有害，训练动机减弱或消失，对训练失去兴趣，甚至产生厌烦心理；训练与竞赛上的原因如长期训练进展不大或无效果，对训练计划、内容和方法长期不适应，训练任务长期脱离实际等；社会因素方面的原因如家庭亲友的影响、对专业产生动摇、人际关系紧张、训练中失去心理动力与心理平衡。

2）解决办法：加强伤病治疗和积极恢复；进行心理诱导和思想工作，坚定信心和目标；形成良好的氛围。

（3）技术动作发生变形。

1）产生原因：运动技术本身具有不稳定性，在训练和比赛中技术动作并非在任何时间都有千篇一律的发现，运动员完成动作时受客观与主观条件的影响，如环境、身体、技术及心理状态上的变化与差异，其中特别是心理上的自控能力，对完成技术动作时的稳定性尤为重要。

2）解决办法：进行技术动作瞬时走样的心理诊断，找出具体原因；加强心理训练，特别是自控能力的训练；加强念动训练，在做每套动作时首先在头脑中"过电影"，特别是对难、新动作多次反复地"过电影"；增强完成新动作的信心，培养战胜困难的意志；加强情绪的自我调节，运用自我暗示，加强训练与竞赛过程的自我调节，强化更新动作的训练。

（4）配合不好，与队友难以默契。

1）产生原因：队员对战术意图没有理解，导致难以默契配合，或因队员身体反应不佳，技术动作多次失误；产生情绪波动时相互埋怨，互不信任，难与同伴默契；队内人际关系紧张，缺乏相应的集体战术的心理训练与调整。

2）解决办法：加强相互间的心理沟通，彻底理解战术意图及个人的职能；改善人际关系，增强队员间的心理平衡，缩小队员间的心理距离，队员间能够做到心理换位，从而达到相互默契的目的；队员之间在训练、竞赛和生活中要相互尊重、深切理解，在行动上能做到同步，增强队内的亲和力和凝聚力；科学地组织训练，不断改进训练内容与训练方法，使运动员对每一次训练都产生直接兴趣。

（5）缺乏信心的心理。

1）产生原因：运动员对自己完成比赛任务缺乏信心，但对比赛成功的期望值较高；过多考虑竞赛结果与个人利益相关的各种后果；训练型运动员经受不了竞赛超强刺激；来自社会、家庭和队内外的影响与压力。

2）解决办法：进行心理诊断，找出产生心理压力和包袱的主要原因；对运动员进行赛前心理控制训练，编订参加赛前心理训练的程序，把想象和思考参加比赛的过程作为心理训练的重点，超脱对比赛胜负影响的过多考虑。

（6）害怕比赛失败的心理。

1）产生原因：这是竞技运动固有的争名次和分输赢的特点在运动员头脑中的反映，比赛结果涉及个人功利，是个人的运动成就及精神和物质需要能否得到满足的反映，是运动员的社会责任感、归属感和荣誉感等高级社会需要能否得到满足的反映。

2）解决办法：进行认知心理训练，使运动员树立正确的胜负观；从实际出发，把全部精力集中于竞赛过程，充分调动自己的身心潜能，不断调整或减弱集中于竞赛结果的动机；对集体进行胜负观的正面教育，认真客观地对竞赛失败的结果进行科学的总结，以减轻由失利而造成的心理压力；进行注意与情境转移的训练，培养正确对待输赢的优良心理素质；领队、教练员应正确对待运动员比赛的胜负，掌握和了解运动员参加比赛全过程的心理活动，及时进行诱导和调整，对运动员不论胜负都要一视同仁、热情和关心。

（7）害怕同强手交锋。

1）产生原因：与对手多次交锋的失利中形成恐惧与害怕心理，舆论与心理上的"从众"社会心理，对"强手"缺乏分析。

2）解决办法：在加强身体训练和技术、战术训练的同时，进行不畏强手的强化心理训练；搜集强手训练、比赛、队风及个人心理特点的情报信息，进行针对性的模拟训练，克服"从众"心理，增强取胜的信心；加强信心训练，针对运动员气质、性格特征的消极表现进行心理训练。

（8）不适应比赛场地、环境和气候。

1）产生原因：赛前训练缺乏针对性，运动适应性差或适应过程与时间较长。

2）解决办法：进行观察与诊断，找出运动员对赛场环境与气候不能适应的具体表现与原因。进行赛场适应性的训练，避免由于赛场生疏产生的新异刺激干扰运动员参加比赛。对气候的适应，一是要进行模拟实战训练，提前到达赛区进行训练；二是对运动员进行意志训练，增强运动员克服由于气候不适带来的种种困难的信心。

（9）赛前失眠。

1）产生原因：赛前身心紧张带来的过度疲劳引起失眠；过度训练或伤病引起生物节律紊乱导致失眠；赛前加强的心理压力及对比赛过高的期望值，社会、家庭和个人各种社会性干扰因素。

2）解决办法：注意科学合理地进行赛前训练和合理地安排作息时间；采用自我暗示放松催眠、气功催眠、超觉静坐和音乐催眠等消除失眠现象的赛前心理调整训练方法，进行认知调节；教练员可以举一些世界著名运动员的实例来安慰运动员。

（10）对某件服装、器材或比赛日期迷信的心理。

1）产生原因：运动员在比赛胜负的经历中曾与某件服装、器材或比赛日期联系起来，在头脑中形成情绪记忆。比赛胜负归因的偏差：把某次比赛的胜负与某件衣物、日期的偶然巧合视为必然联系，从而形成某种比赛胜负的心理定势，未能科学总结与概括胜负的真正原因。

2）解决办法：进行认知训练，具体分析胜负的真正原因，使运动员明白比赛胜负与某件衣服及比赛日期的偶然巧合并非必然联系；培养赛前最佳的心理定势；使运动员在自我实践中逐步淡化已经形成的心理定势，转变原有的不正确的比赛胜负的心理定势。

# 第十一章

# 龙舟运动的安全指南

## 第一节 龙舟运动的特点与安全风险

龙舟运动是一项集众多桨手依靠单片桨叶的划桨作为推进方式，以竞技、健身、娱乐、祭祀为目的，通过鼓手、舵手、桨手、旗手等成员同心协力，驾驶特殊舟艇在规定的水域行进的水上运动。龙舟运动是一项多人的集体项目，一条龙舟上的运动员比参加足球赛的场上队员还要多，所以在水上训练和比赛时会存在不可避免的安全问题。

由于龙舟的尺寸大小和结构设计，而且比赛地点是在平静的水面，本质上来说龙舟比赛是安全的，除非船员自身出了问题，发生倾覆的可能极小。

任何水上运动，由于水面特有的环境，总会有危险的因素，加上人类自身的特性，最终可能造成事故发生，龙舟运动不无例外地卷入此条规律。所有从事此项运动的人——竞赛者、竞赛组织者、教练员和官员都要意识到此运动中固有的潜在危险；要有安全意识——不可能绝对安全——确保龙舟赛事在一种负责的态度下进行。

环境危险和伤害。这包括很多因素，如闪电和暴雨。在夏季，比较普遍的是恶劣的天气和寒冷的水上条件，或者当比赛正在进行时突然变化的天气和风向。在这样的状况下，龙舟可能被风浪淹没，严重时可能被倾覆。因此，在入水以前，参与者应该考虑到这些潜在的危险，保证得到了详细的指示并完全理解龙舟运动员使用的"兄弟系统"，在龙舟被淹没和倾覆时能互相帮助。

在不利的天气条件且有强风，特别是这种情况下转弯时，龙舟可能被水淹没并发生倾覆。在这种情况下，赛手缺乏经验是造成龙舟倾覆的主要原因。

在所有的无论好坏的水面条件状况下，安全的关键在于具有从事这项运动的优良的传统意识。即使在温暖的阳光灿烂的日子里，在龙舟上玩耍并故意颠覆它，不论对队员还是其他的水上运动员都是危险的。在特定情况下，这种危险也许是致命的。一只以一定速度在水上前进的龙舟，不可能轻易停下来，因为因龙舟倾覆而落入水中的赛手很不容易被发现。

## 第二节 龙舟运动环境的安全评估

龙舟运动环境包括训练比赛用水域、码头、船库、训练场及外在的自然环境因素。对训练与比赛环境的安全评估是确保龙舟运动参与人员安全的重要前提。

### 一、对比赛组委会的要求

比赛组委会应为龙舟竞赛的参加者提供当地的详细情况，必须包括以下内容。
（1）当地水域使用计划及船只航行。
（2）潜在的危险水域及因素。
（3）当地气候、水位及潮汐、风力等情况。

### 二、对赛事组织者的要求

（1）赛事组织者必须确保计划内容的合理性，并确保运动场地达到以下安全要求。
1）比赛场地得到批准使用。
2）所有的使用设备得到同意并有公众的支持。
3）有足够大的停车场。
4）为当地警察提供有关信息。
5）得到适当权威机构所有必要的批准或许可，包括吃、喝、住。
6）对大量人员（运动员与观众构成）的计划、安排和控制。
7）比赛控制和资格审查。
8）配备适量合格的急救人员。
9）临时机构遵循所有的健康和安全规则。
10）所有的临时电子设施和服务遵照现行政府的规定。
11）清楚急救车通行路线。
12）配备有适合比赛规模的通信系统。
（2）赛事组织者应确保参赛人员不管在岸上还是在水中都可获得急救，并做好以下防范工作。
1）有适当的公众和参与者的保险义务。
2）有执行的安全政策条款。
3）有令人满意的组织计划和相应的紧急应付计划。
4）有清晰的水上安全海报展示。

### 三、对个人助浮器具的要求

个人助浮器具应正确装配并由指导员检查，衣服也必须合适，应考虑以下因素。
（1）水温、气温、风的寒气因素。
（2）团队能力。
（3）赛事类型、赛程距离、地点。
（4）支持物的获得，如救援船只。
（5）航道的类型和宽度。

**四、龙舟运动水域分类与其安全人员的配置**

1. 非常安全的水面与安全保障人员的配置

非常安全的水面包括容易到达河岸和出口的平静的运河；公园湖泊，这种水面容易靠岸，并且即使情况突变，也不会有太大的问题；还有缓流的河流的特定地方。

在温和的夏季气温条件下，不大可能引发安全问题。但当水温下降或由强风导致恶劣的大浪时要特别小心，这种情况在冬季可能出现。

在凉爽的水面和温暖的气候条件下（舒适的夏季），每只龙舟配备一名管理协会的合格的舵手。在寒冷的水面和不利的气候条件下（适宜的冬季），每只龙舟配备一名管理协会的合格的指导员进行监督。

2. 安全水面与安全保障人员的配置

安全水面包括封闭的码头、小型湖和人造湖、已注册的水上运动中心、平静的河流、水流较快的河流但不包括冲击坝或急流。

在温和的夏季天气条件，必须注意水温的下降，必须注意龙舟远离海滨或着陆点 50 米以外的情况。在凉爽的水面，每只龙舟配备一名管理协会的合格的舵手；在寒冷的水面，每只龙舟配备一名管理协会的合格的指导员。

3. 安全的起潮水面与安全保障人员的配置

安全的起潮水面一般指小型的封闭式海湾，这是近海岸不太可能使人疲劳的地方，还指封闭式港口和一些入海口的上层河流。在所有的这些情况下，风向和气温必须是有利的。

靠岸时，每只龙舟配备一名管理协会的合格的舵手负责总体的行动。离岸后，由一名指导员监督。

4. 开放式水面与安全保障人员的配置

开放式水面包括大的或者非常大的内陆湖和人工湖、涨潮的入海口、开阔的码头或海面。

海面与内陆水面差别很大，气温和水温都应考虑。例如，在北半球，海面温度普遍较低，尤其在 11 月和 5 月。虽然海面看上去很平静，但由于放松警惕、准备不足或粗心大意，海面能使龙舟轻易陷入。

每只龙舟配备一名管理协会的合格的舵手和一名指导员，并增加 1~3 人的能胜利的划手（在任何情况下）。在任何水面和气温条件下，新手在大型湖泊和开阔的海面上行动时应当由一名指导员陪同。

龙舟运动的训练和比赛前都必须对运动环境进行正确的评估，在确保参与人员的安全下进行龙舟训练和比赛。

## 第三节 龙舟运动设备的维护与使用的安全常识

龙舟运动参与人数众多，设备的安全使用是确保参与人员人身生命安全的必要条件，龙舟运动的设备主要包括机动船、救生艇、龙舟、支援船只等。必须对所有龙舟训练和比赛中使用的设备进行定期和正确的维修，以确保安全。为使设备处于可用的状态，要求组织者建立设备的故障检测报告程序并在再次使用时进行维修。

## 一、机动船的安全使用与维护

机动船是在龙舟赛中特意为教练员、营救员和裁判员准备的。如果使用得当,将为赛手提供特别的安全。

所有机动船只的驾驶员必须经过正确和有效的培训。机动船只上挂有提供培训和资格认证的职业国际组织。建议龙舟赛中的驾驶员都应接受这样的培训,得到必要的认证。

所有龙舟赛的机动船都需经过适当有效的维修,并配有发动机及切断引擎的装置。机动船一般配备"救命索",并带有如下装备:水斗和一个用于抛投的囊状物、展开的囊状物毯子、急救装置、尖刀、一叶桨。

机动船只在作为龙舟赛中的救生艇时,必须适应救生任务,装备优良,并且由训练有素的、有救生技巧的人员操作。机动船只必须满足数量上的要求,同时救援运动要能迅速展开,以便在事故发生时,援助和恢复能得到及时的保证。

## 二、救生艇的安全使用与维护

赛事组织者提供的救生艇的数量随参赛队伍的多少而发生变化。在一次比赛中,一般安排一艘救生艇。由于两只龙舟同时发生倾覆或被淹没是极其少见的,因此,天气极端恶劣时,一次比赛中才会安排4艘救生艇。

每艘救生艇应该至少能容纳8人,最多不超过2个赛队的成员。每次比赛至少要有一艘救生艇在水面上。救生艇上应有轻木板和抓手绳,这样有利于救助在水中无助的人,此外还建议带上一根抛绳。

另外要利用经验丰富的划独舟的救生员,他们可提供许多海豹皮船,可以进入倾覆的赛队里,而不必担心会由船只的螺旋桨给赛手带来伤害。当在寒冷的水面(冬天)上训练,没有穿个人助浮器具或某赛队离开河岸线50米之外时,应该由一艘救生艇跟随他们。救生艇应带上舀水器具以备用。

## 三、龙舟装备的使用与安全检测

(一)龙舟的安全检查

在每次比赛前,船长必须检查他的船只是否运行正常,这些检查应当包括以下方面。
(1)舟头、舟尾、鼓、鼓手的位置及划桨已安全装配。
(2)没有松散的绳索——尤其是鼓手的位置。
(3)龙舟不漏水,有备用的舀水工具。
(4)船头、船尾的系泊之绳已安全系紧。
(5)中央位置的覆盖物到位。
(6)浮力舱将起预留的作用。

龙舟在开放式水面运行时需携带拖船索和一根20米长的抛绳。舵手应当携带能听得见的警报系统——哨子或号角——以引起支援船只和其他人的注意。特别是暗示需要帮助或紧急靠岸时,应当与他们建立一个信号系统。

(二)龙舟装备的配置

在开放式水面上进行龙舟运动时,所有龙舟应当明确地标有电话号码和操纵者的名字,以便当龙舟在开放式水面或海面上漂流时，所有者容易联系到，并且利于搜索及援救。

在非常大的湖泊和开放式海面上时，龙舟应当配有额外的浮标，并且全体成员应当带上个人救生装置。除此以外，指导员需携带一根抛绳，预备两个多余的桨。

支援船只在陪同龙舟时应配有急救装置和救生囊或者任何方式的推进器。另外还有锚、绳索、木桶、水斗、工具装备（包括多余的螺栓、扳手等）。

## 第四节 安全登船、停船与龙舟倾覆的应对

### 一、安全登船与保持龙舟平稳行驶的措施

离开出发区前，船长（通常是舵手）应确保龙舟平衡。也就是说，两边赛手的重量和高度相近，一般来说，较重的赛手安排在龙舟中央。准备出发时，船长必须清点船上的人数。

从船头开始，所有成员都是"编号"的，并且他们相互负有责任，如果船只被淹没或发生颠覆，首要的责任是确保他们的同伴安全。这就叫做"兄弟系统"（见图11-1），使每一位成员对另一个人负有明确的责任。

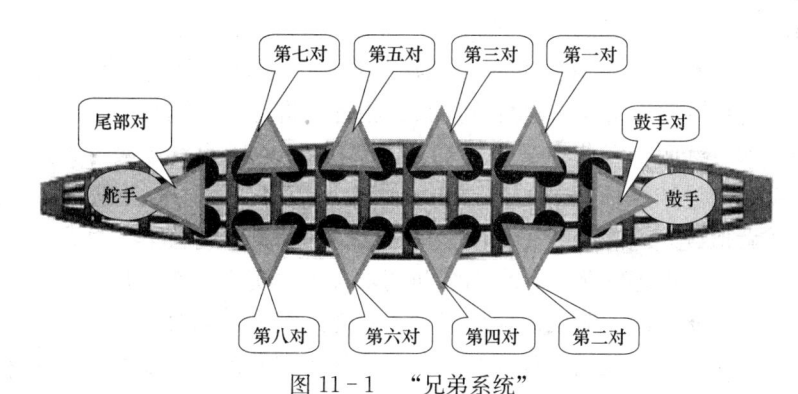

图11-1 "兄弟系统"

龙舟可能会"倾斜"，特别是当赛手失去平衡或行进的步调不协调时。在这种情况下（可能还是风浪天气），舵手应该指挥赛手身体稍向外倾，并且以手臂力量使桨叶在水中放平，以稳定龙舟。所有的划桨以这种方式（每边10片）放入水中后，龙舟将会有效地稳定下来。这叫做划桨支撑，而舵手的指挥就是"固舟"。

### 二、安全停船

当行驶、转向或在比赛中，为了避免与另一艘船相撞，可能需要突然停船。全体成员应安全迅速地行动，赛手不平衡的过多的行动可能使自己的船只发生倾覆。

最快的停船方式是赛手做相反的划桨动作。也就是说，每一个人都是向后划船，而不是向前划船。

如果龙舟不稳定且没有即刻的相撞危险，那么首先的指挥是"停桨"，然后马上应是"固舟"。如果有相撞的危险，应立即指挥"停船"，赛手在舵手的指挥下向后划船。

当比赛条件下有即刻的相撞危险时，舵手应立刻指挥赛手"停船"。在这样的情况下发生停船失误，舵手将被取消比赛资格。

## 三、龙舟倾覆

如果龙舟发生倾覆，每队划手首先应注意他们的队友。船长应立即通过报告号码确保所有的队员在场，并注意他们的回应。如果这样做不太可能，就直接清点人头。全体成员首先必须依靠龙舟离开倾覆地。如果发生了翻船，不要在船下游泳。在这种情况下，龙舟可以当做一个漂浮的平台，围绕龙舟，为每个成员提供空间。或者在船长的指挥下，把龙舟翻回到正常位置，从而为赛手提供支撑物。

在所有情况下，船长必须控制全体成员；在比赛条件下，等待救生艇的到来。如果划桨容易得到，划手应该试图重新得到。

救生艇到了以后，全体成员应在驾驶员的指挥下移动，船长须停留在水中直到所有的队员获救（如果没有足够的船只一次性地援救所有赛手，并且水面情况良好，或者比较狭窄，那么一共6名选手可以在龙舟的帮助下，游向最近的岸边。但这必须在船长的指挥下进行，并且赛手游泳能力强）。当全体赛手获救以后，救生艇可能要去拉回龙舟（在寒冷的水面情况下，在等待援救的过程中，赛手应把双腿卷曲到胸部，尽可能地保持平静和静止，以保持身体热量）。

如果没有救生艇，在平静的水面条件下，全体成员可以在船长的指挥下，把龙舟"游到"最近的安全着陆点。如果情况不适合"游"龙舟，作为最后的对策，全体成员须遵守"兄弟系统"，成对地游向岸边，这也要在船长的指挥下进行。无论采取什么方式，任何时候队员都要互相照顾。然而，在训练条件下，除非赛手穿了个人助浮器具，否则不建议他们游向岸边。如果没有其他选择而只能游向岸边，那么，任何没有穿个人助浮器具的，应组成"兄弟系统"，或者形成3人队伍，在游泳时互相支持和帮助。

建议对经常在一起训练的队员，在训练初期，应至少实施一次龙舟倾覆，训练没有救援的自救技能，以后每年一次。应谨慎地培养这种技能，充分考虑时间、天气和水面情况等因素。在这种训练当中，不管他们的竞赛经历、身体状况和游泳技术如何，都应穿上个人助浮器具，同时应有救生艇保护。

## 第五节 龙舟运动员的水上救护

水上救护工作是保障水上运动中生命安全的一项重要措施，水上救护工作应贯彻"以防为主、以救为辅、防救结合、有备无患"的救生原则。因此除了要求龙舟运动员学会游泳外，还应在码头附近备有一些必要的救生器材，如救生衣、救生圈、救生竹竿、救生绳等。

由于训练水域不同，出现事故的情况也不同，因此采取的措施也不尽相同。例如，翻船地点如果离岸边较近，运动员可自行游回；如果离岸边较远，救生艇则应携带救生器材立刻驶往事故地点进行救援。

### 一、间接救护技术

间接救护技术是救护者利用救生器材，对较清醒的溺水者施救的一种技术。下面介绍几种常用的救生器材和救生方法。

1. 救生圈

最好在救生圈上系一条救生绳，直到救生艇不便接近溺水者的地方，便于溺水者得到喘息机会，进而将其拖近救生艇。救生圈救生方法演示如图11-2所示。

2. 救生竹竿

在较高的岸边，溺水者离岸边不远，可以用救生竹竿使溺水者抓住，拖其到岸上。救生竹竿救生方法演示如图11-3所示。

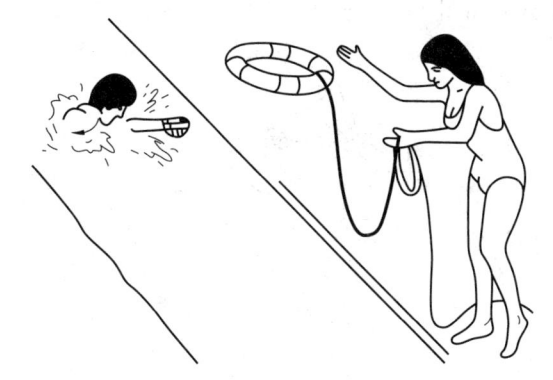

图11-2　救生圈救生方法演示 　　　　图11-3　救生竹竿救生方法演示

3. 救生绳

在救生绳的一端系上漂浮物，将绳子盘成圆形，然后掷给溺水者，使溺水者抓住绳子或是漂浮物，拖其上岸。救生绳救生方法演示如图11-4所示。

## 二、直接救护技术

直接救护技术是救护者徒手对溺水者施救的一种技术，可分为入水前的观察、入水、靠近溺水者、拖运和上岸等方法。适用于当时没有救生艇或救生艇不便驶入的徒手救护者。

1. 入水前的观察

入水前先要对环境简单而迅速地观察一下，辨别水流的方向、水面宽窄、入水点和上岸点。入水观察演示如图11-5所示。

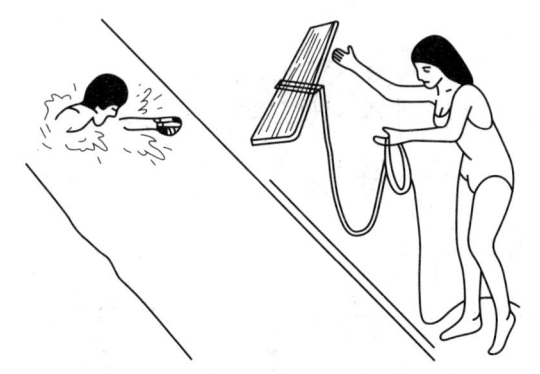

图11-4　救生绳救生方法演示 　　　　图11-5　入水观察演示

2. 入水

选择能尽快游近溺水者的入水点，用最快速度和能保护自身安全的方法入水，并一直注意目标向其游近。

3. 靠近溺水者

一般采用速度较快的抬头爬泳或头不埋入水中的蛙泳，便于观察溺水者。当游到离溺水者1~2米处，深吸气后再接近溺水者，以保证自身的体力。然后，从溺水者前后用两手将其颈部托起，使其脸部露出水面。靠近溺水者演示如图11-6所示。

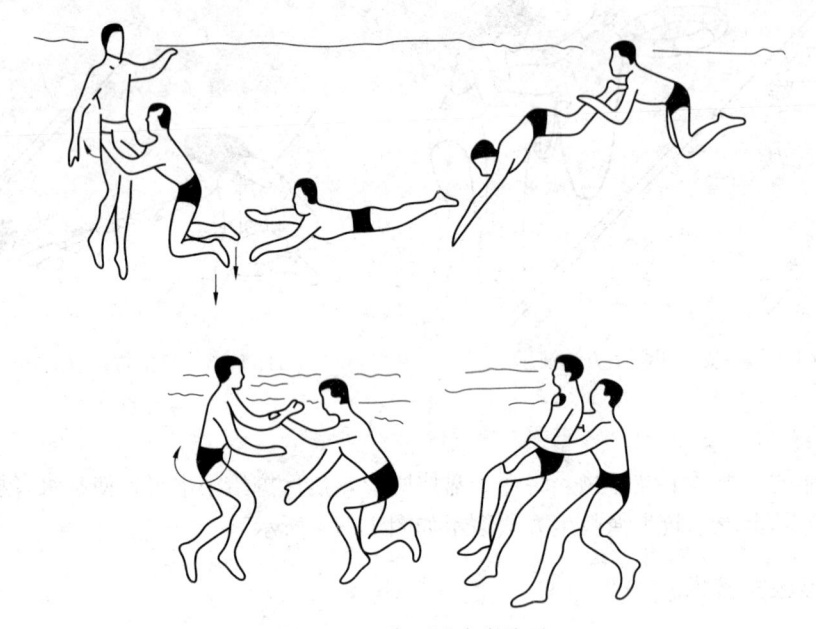

图11-6 靠近溺水者演示

4. 托运

拖运一般采用手不出水的侧泳或反蛙泳。

（1）侧泳拖运：救护者侧卧水中，用上面手臂拖住溺水者的颈后部，下面的手臂做蛙泳划水，两腿做镫剪动作，将溺水者拖至岸边，如图11-7所示。

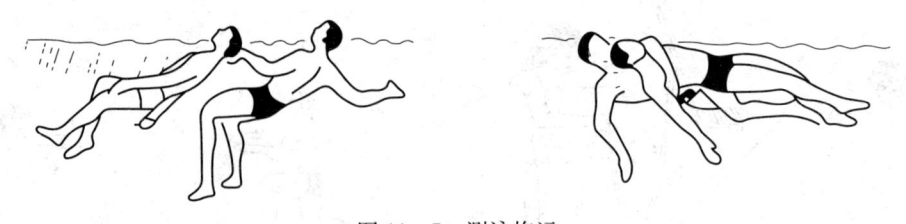

图11-7 测泳拖运

（2）反蛙泳拖运：救护者仰卧水中用单臂拖住溺水者两颊或肋部，两腿做反蛙泳蹬水将溺水者拖着岸边，如图11-8所示。

5. 上岸

将溺水者拖运至岸边后，要抬至平坦通风处。遇到处于昏迷的溺水者要先检查一下其脉

图 11-8　反蛙泳拖运

搏与呼吸，如发现昏迷、呼吸微弱，急救者可采取单跪式，将落水者腹部置于大腿上，背向上，头足下垂，不时颠颤或压背抬胸，以倾出其呼吸道积水，恢复其自主呼吸和心跳，如图 11-9 所示。对有心跳无呼吸者应立即撬开其嘴，清除里面的泥沙等污物，采取俯卧压背法利于肺内积液排出。急救者双下肢跨跪在溺水者大腿两侧，把手掌放其背下部，四指向外贴着肋骨，手臂始终保持垂直。开始时，将整个身子向前压下约 2 秒，立即解除压力。一两秒后，重复操作，每分钟 15 次左右。如落水者心跳已停止，应进行口对口人工呼吸，如图 11-10 所示。若呼吸心跳均已停止，应在口对口人工呼吸的同时做胸外心脏按压，如图 11-11 所示。胸外按压心脏 15 次，口对口吹气 2 次，每次吹气一秒至一秒半，简称 15∶2。同时要边急救边擦干身体保暖，及时送往医院抢救。

图 11-9　伏膝倒水法 　　图 11-10　人工呼吸 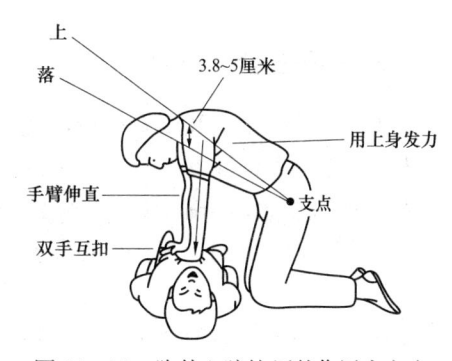　　图 11-11　胸外心脏按压的作用力方向

### 三、自我救护技术

自我救护一般是指自身在水中发生意外时所采取的自救方法。当撞船事故发生在寒冷的水中时，运动员身体各部分肌肉在水中就极易发生抽筋现象，抽筋的原因多是在水中用劲不对、身体疲劳、水温过低或是突然遇到寒冷的刺激等因素造成的。遇到此类情况时，首先要保持沉着冷静，按一定的方法进行自救，也可发出求救信号，以便及时得到他人的帮助与救护。在水中自我解救抽筋部位的方法，主要是拉长抽筋的肌肉，使收缩的肌肉放松和伸展。自救的方法如下。

(1) 手指抽筋：手用力握拳，然后用力张开，反复做几次即可消除，如图 11-12 所示。

(2) 小脚或趾抽筋：先吸一口气浮在水面上，用抽筋脚的对侧手握住抽筋腿的脚趾，用力向身体方向拉，同时用同侧手压在抽筋腿的膝盖上，使抽筋腿伸直即可解除，如图 11-13 所示。大腿抽筋解救方法与此相同。

图 11-12　手指抽筋自救方法演示　　图 11-13　小脚或趾抽筋自救方法演示

## 第六节　龙舟运动参与人员的责任

### 一、赛事组织者的责任

岸上的急救，更改房间、厕所和温水淋浴及处理这些事情的所有与规则相符的临时的机构，都是赛事组织者的责任。赛事组织者应当确保所有参赛者已上交和竞赛有关的安全信息。

### 二、赛事安全官员的责任

在竞赛过程中，赛事安全官员确保所有的救生艇到位；确保在任何条件下，不足 12 岁的选手携带个人助浮器具；在不利的水面情况下，不善于游泳的选手穿上个人助浮器具；确定新手和年轻选手；确保在任何情况下都遵守国际龙舟联合会的安全程序。

赛事安全官员的责任在于确保赛事职员和领队意识到，并向他们详细介绍"当天竞赛"的有关"水上安全"和任何须通告的疾病，如威尔疾病。赛事安全官员要确保龙舟总执行官注意到任何不善游泳的选手或体格检查有问题（可能会影响他们的竞赛能力）的赛手。赛事安全官员负责为比赛制订安全计划，包括为选手提供比赛或热身的水流系统状况。

### 三、领队的责任

领队要确保所有的成员游泳水平达到要求的标准；确保任何不善于游泳的选手携带个人助浮器具；确保填写赛手名单表并交至比赛秘书处；确保选手熟悉竞赛制度和"水上安全"，任何时候他们都"适合竞赛"。这意味着领队的责任是确保"交际"不会影响队员水上成绩的发挥。

### 四、选手的责任

选手的责任在于当他们在水面比赛时，保证穿戴适合天气状况，并且遵守所有指示。龙舟运动也是一项社会体育运动，所以不要饮酒、鲁莽行事或做过分的恶作剧，这样会使整个赛队的安全问题受到威胁。应当穿上适当的足部保护物，以免遭受陆地或水上的伤害事故，如受到玻璃、贝壳、硬物或者船上相关物的伤害。

所有队成员应该至少能游 200 米，当着轻便服装，即比赛服（运动衫）加上防水帽、防水裤和轻便鞋（训练服或相似的鞋子）时，他们必须有在寒水和流水中的水上能力。"水上能力"意味着在冷水或缓流里,在没有助力的条件下,一个人通过踩水并保持漂浮的能力,踩水时间不能少于 3 分钟(如果可能,在训练时应测定和证实个人的游泳能力)。

选手的游泳能力(或游泳认证)应在指定的情况下测验,并作为入会龙舟俱乐部或赛事的训练计划的一个组成部分。如果任何选手这样的水上能力都值得怀疑,那么他们必须穿上被认证了的个人助浮器具。

### 五、舵手的责任

舵手一般情况下就是船长,他的责任是做最后的检查,以确保龙舟可以下水竞赛;确保赛手接受了船只操作技术和倾覆技术的指导。船长也应当检查成员的穿戴是否适合天气情况,没有佩带任何可能妨碍他们弃船能力和游泳能力(当龙舟被淹没或倾覆时)的装饰品。因为一旦在水里没有救援或在颠覆的舟里,这些物品会妨碍船员逃生的能力,如臂力。

当在水面上竞赛时,船长应确保避免与其他龙舟相撞。在龙舟淹没或倾覆时,船长应确保实施正确的倾覆技能并保证所有的选手获救。舵手还应留意船员的身体状况,如耳膜穿孔、癫痫症、心脏病、糖尿病或气喘,这些状况应由赛队或俱乐部记载在案。

### 六、龙舟总执行官的责任

龙舟总执行官决定选手是否"适合比赛",并且记录每场比赛登船的选手人数。总执行官将确保所有的龙舟和装配在第一场比赛及整个比赛过程中都处于良好的比赛状态。

### 七、基地、学校和俱乐部领导的责任

(1) 制定水上案例条例制度,经常对全体人员进行案例教育,定期召开案例工作会议,检查安全措施和制度的落实情况。

(2) 训练的水域应有详细的图纸。对水域内各种障碍物,特别是水下的暗滩、沉船、木桩、树根等必须清理或用红旗标出。

(3) 如有龙舟或其他船艇在同一水域训练,应标明各自的训练航行图,并有明显的标志物标明转弯区域。

(4) 水域如允许游泳,应标明深水区、浅水区和非游泳区。游泳区应水底平坦,远离污水排出孔。

### 八、工作人员的责任

(1) 船库应保持明亮、干燥、宽敞,船库附近应有救生器材,并掌握使用方法。

(2) 船库应有使用器材的规章制度。不准夜间训练,对运动员上报破损的器材应做出标记。

(3) 经常检查码头。码头平台应防滑,码头四周无尖锐的外露铁钉、铁丝。

(4) 经常检查器材,负责维修,并与教练员密切配合。

### 九、教练员的责任

(1) 了解和掌握运动员的游泳能力,如有可能,最好掌握正确的游泳教学方法和救生方法。

（2）应掌握当地气象特点，对可能发生的气象变化应提前告知运动员，并采取防范措施。

（3）冬季水上训练或远航时，教练员应使用救护艇跟随，并携带救生器材。水温在4℃左右时，即使训练游泳，也只能进行15分钟左右。

（4）教练员应严格执行上、下水时对器材的检查和清洁制度。

### 十、运动员的责任

（1）必须学会着装游泳200米，掌握正确的游泳呼吸技术，学会在水中脱衣、鞋，学会在水中的自救方法。

（2）要在教练员的指导下，在规定的时间和地点练习游泳。严禁私自下水和夜间游泳。

（3）学会正确处理翻船事故。如不慎翻船，应迅速将船翻正，把桨插入船舱内以防进入更多的水。如遇风浪太大而船舱积水，应主动提前下水，利用艇的浮力推至岸边。

（4）爱护器材。以正确的方法搬运器材和倒出水艇内积水，特别要注意沉船后的倒水技术。

# 第十二章

# 龙舟运动队的管理特点与方法

运动队是我国竞技体育组织体系中最基本的单元，是运动训练活动中最基层的组织形式。龙舟运动队的根本任务就是培养优秀龙舟运动人才，创造优异的比赛成绩，因此，龙舟运动队训练水平的高低，直接影响到我国龙舟运动项目竞技目标的实现，关系到我国民族传统体育事业的发展和龙舟文化的传播与传承。管理出成绩、出效益，提高龙舟运动队训练水平的一个重要方法就是对运动队实施科学的管理。

## 第一节 我国运动队的管理体系与特点

我国运动员的选拔、培养、输送的组织体系，与其他竞技体育发达国家一样，也是分层次、按不同水平进行组合的，根据我国的实际，我国实行三级（层次）训练组织体系（简称"三级训练网"）。同时，随着由计划经济体制向市场经济体制转变，我国从只有政府一家办运动队，逐步走向多元化，出现由政府与社会各种力量共同举办的多种类型的运动队。因此，运动队的组织管理体系，既包括纵向分层次的组织管理体系，又包括横向分类型的组织管理体系。

目前，我国运动队伍的管理同样实行的三级训练组织体系，由国家队、省市地方龙舟队、行业协会龙舟队、学校龙舟队等形式组成。

### 一、优秀运动队的组织管理

优秀运动队在我国是指按国家统一布局和各地区、各单位需要设置运动项目，由国家统一拨款，积极为国家培养和输送运动人才的运动队。目前我国龙舟优秀运动队包括国家龙舟集训队，省、直辖市、自治区龙舟集训队；部分高校龙舟运动队、部分行业体协和省市级俱乐部的龙舟运动队等。它们是"三级训练网"的高级形式，是我国竞技龙舟训练工作的重点，是我国攀登世界竞技龙舟运动高峰的主力军。

管理优秀龙舟运动队的最高职能机构是国家体育总局社会体育指导中心、中国龙舟协会。目前龙舟运动队还没有国家队建制，代表国家参加国际龙舟比赛的运动队是赛前临时集训组成的。省市级优秀龙舟运动队主要由省市体育局社会体育指导中心、群众体育处和龙舟运动协会管理。高校、行业体协和省市级俱乐部优秀龙舟运动队主要由有关部门管理。

## 二、我国各类运动队的组织与管理

我国目前高水平运动队除了体育部门办的优秀运动队以外，还有行业体育协会办的运动队、企业联办的职业俱乐部运动队、体育院校的高水平运动队、高校的高水平运动队等。

### （一）行业高水平运动队的组织管理

行业高水平运动队一般由各行业体协进行管理。例如，火车头、银鹰、前卫、邮电、林业等体协地均建立了有关运动项目的高水平运动队，参加全国运动会等大型比赛。

### （二）职业龙舟俱乐部运动队的组织管理

改革开放以来，随着市场经济体制的建立，职业体育俱乐部也在我国悄然兴起，开始是足球，然后是篮球、乒乓球、排球等。但是龙舟项目在发展职业俱乐部方面相对落后，组织举办职业龙舟联赛是发展龙舟运动的有力措施。

### （三）体育院校高水平运动队的组织管理

体育院校的高水平龙舟运动队包括北京体育大学、原国家体育总局直属体育学院，以及南京、山东、吉林、广州、天津等地方体育学院的高水平运动队。各院校都建立若干有较高水平的运动队，参加全运会甚至世界重大赛事，有的取得了优异的运动成绩。其中，武汉体育学院龙舟队具有很高的竞技水平。体育院校高水平龙舟运动队的具体管理工作由各院校负责管理，但设有国家队的院校还要接受国家体育总局有关职能司局和运动项目管理中心管理；设有省、自治区、直辖市优秀运动队的学院，还要接受有关省、自治区、直辖市体育局的有关职能处室和中心（训练基地）管理。

### （四）普通高校运动队的组织管理

自1986年原国家教委和国家体委联合在山东省掖县召开"全国学校体育业余体育训练工作座谈会"以来，国家教委从1000余所条件好、领导重视的高校中选拔审批59所，作为培养高水平运动员的试点院校，其目标是培养具有大学生文化水平的高水平人才，促进学校体育发展，扩大国际大学生体育交流，参加世界大学生运动会。目前，我国高校龙舟队的组织管理都由各高校相关部门负责管理，龙舟运动在高校发展较快。

## 三、我国运动队管理的基本特点和主要经验

运动队是一个特殊的社会群体，是运动训练活动的主体，其管理工作具综合性、集成性、持久性和唯一性的特征。管理出成绩、出人才已成为共识。

我国运动队管理的基本特点和经验如下。

### （一）严格管理是优秀运动队成功的法宝之一

"严格"就是对运动员严格训练、严格要求。运动训练过程的实质是生物学的改造过程，它通过不断增加运动负荷，使运动员经过适应—不适应—再适应这样周而复始的过程，进而使机体得到改善与提高，不断提高运动能力。在这个过程中需要运动员不断与机体的惰性作斗争，不断去承受大负荷甚至是极限负荷。假如没有严格的要求、严格的管理是难以达到训练目的的，因此，严格就成为运动队管理中的必然要求。

针对运动队的严格管理，全能型国家体操队教练黄玉斌的治军之策同样是严格。但是作为教练员应该意识到运动员是有思想、有感情的，要达到严格要求、严格训练的目的，必须遵从"以人为本"的原则，"有效的严格是在情感的基础上论理"。否则就难以调动运动员的积极性，影响运动员潜力和创造性的发挥，也不能达到预期效果。我国许多教练员为我们做出了表率，他们在管理工作中从"爱"出发，在训练场上是教练员，在思想上是辅导员，在生活上是管理员，把自己执着的事业心化为满腔的爱倾注在运动员的心田里，与运动员建立起真挚的感情，使运动员切身感受到关心与爱护，自觉地接受严格的要求、严格的管理，为理想和目标努力拼搏。管理中严格和感情的和谐与匹配是互动的、相对的，对于不同年龄、性别，不同运动技术水平，不同训练阶段的运动员，严格与感情的内涵不尽相同，在具体工作中，根据具体情况、对象的不同，做出具体分析，运用更恰当的处理方式。

（二）思想、作风教育是运动队管理工作的重要内容

思想、作风教育是队伍管理教育工作的灵魂和生命线，是一项长期的、持之以恒的工作。在当今竞技体育竞争日趋激烈的形势下，一支运动队要取得高质量的训练效果，创造出优异的运动成绩，就需要有过硬的思想、作风做保障。

"传道、授业、解惑也"。教练是训练场、竞赛场上的教师，在传授技术的同时，用科学发展观、人生观、价值观教育和引导运动员，关心运动员的全面发展，把运动员培育成为优秀、合格的体育人才，是教练员的基本职责和崇高使命。在训练和竞赛中，由于教练需要与运动员长时间地接触、交往，使得训练场、比赛场是思想、作风教育的重要阵地。思想、作风教育要充分利用这块阵地，寓思想、作风教育于训练、比赛之中。此外日常生活也要注重思想、作风教育，创造思想、作风教育的最佳意境，找好切入点，在不同时期侧重不同的教育内容，并时常组织必要的理论学习，不断提高运动员的理论水平和思想境界。教练员先进的管理手段和教育特点，能使运动员在技术上有一套过硬的本领，在训练中能吃苦，在比赛中能勇于拼搏，在道德品质上有一定修养，在生活中有健全的人格，这不仅是培养合格体育后备人才、提高运动技术水平、攀登竞技体育高峰的需要，更是培养适应社会的、全面发展的人才的需要。

（三）队委会制度是运动队管理的新模式

队委会制度是排球运动管理中心在2000年针对中国女排当时的现状所提出的管理体制。在中国女排组队之时，排球中心就确立了中国女排管理模式和管理体制为队委会领导下的分工负责制，队委会制度包括三种具体模式：队委会领导下的分工负责制、队委会领导下的总教练负责制、队委会领导下的领队负责制。

经过实践证明，队委会制度是中国女排传承优良传统和重塑辉煌的法宝。队委会制度体现了集体领导的智慧，队委会由一名中心领导、一名训练业务主管部门的负责人、队伍的主教练和领队组成，由中心领导兼任队委会主任。中心主任在队委会中发挥的主要作用可以概括为煽情（鼓动）、讲理（教育）、服务（协调）、把关（监督检查）。其核心思想就是把中心领导、球队领队、主教练的力量凝聚在一起，群策群力，发挥最大的效能。当前，国家体操队队委会领导的总教练负责制、国家射击队成立运动员委员会都是队委会制度的成功借鉴，既保留了该制度的共性优势，又反映出各个运动队的个性特征，使运动队伍管理工作又有了新的进展。

管理凝聚人心——中国女排管理模式创新。总结中国女排的成功经验，国家体育总局排球运动管理中心主任徐利认为，其中重要的一条就是实行队委会领导下的分工负责制。在国家体育总局人事工作会议上，徐利向与会者畅谈了中国女排实施队委会制度几年来的心得体会，他讲到，这种管理模式更重视充分发挥集体的智慧和作用，调动起方方面面的积极性，最大限度地整合资源，进一步增强了国家队这个特殊群体的管理，又较好地体现了党的优良传统和组织。实践证明，这种管理模式为中国女排的健康发展，并在较短时间内取得骄人成绩，提供了强有力的组织保证。

（四）运动队管理工作面对的新情况、新问题

如何处理鲜花与掌声、金钱与名誉、辉煌与滑落、光荣与失落、赞扬与责难、拼搏与松懈等关系是运动队管理工作要面对的新情况、新问题。

在市场经济改革过程中，尽管运动队的"硬件"诸如训练比赛资金、训练条件、住宿和文化生活条件、待遇等得到了极大的改善，但与此同时也带来了一些新问题。其中最为突出的是在奖励机制的作用下，一些运动员、教练员不能正确处理国家、集体、个人三者之间的关系，片面强调市场经济中个人的功劳和作用，使国家培养意识淡漠，拜金思想、功利思想、实用主义、极端个人主义有所抬头。诚然，运动员、教练员作为社会的成员，是现实社会的产物，他们的思想意识、价值观念的形成和发展，必然受到现实社会各种意识形态的制约。经济发展必然带来物质生活的改善和提高，更何况运动员、教练员大都通过自己努力奋斗才换来优异的成绩，对他们所做贡献及国家和社会对他们的奖励，人民群众是充分理解的，但是，如果自己不能正确看待它，超过了该事务发展应有的"度"，就会使自己走向反面。把物质利益看作自己追求的唯一，而且不顾他人利益、集体利益、国家利益，其后果是十分危险的。如果不施以正确的引导，任凭这种思想在队伍中蔓延，就可能导致优秀运动队发生"质变"。

（五）树立整体观念，实现"全方位管理"是运动队管理的客观要求

运动员的培养是由人、财、物、时间、信息等子系统组成的一个复杂的大系统，系统要素之间若没有相互配合、相互协作，就难以实现培养高水平运动员的目标。因此，运动队管理工作必须树立整体的观念，用整体的观念去整合、协调运动训练过程管理、思想工作管理、业余生活管理、文化学习管理等各个环节，才能实现运动队管理工作的终极目标。当前人们提倡与实施的"全方位管理"正是将运动队管理视为一个系统，这是符合唯物辩证法的，也是符合运动队管理工作实际的。雅典奥运会上，中国的男子双人皮划艇、网球女双实现的零突破，正是运动队系统化管理有力保障的结果。

（六）教练员的科学管理水平与艺术是运动队实现有效管理的关键

教练的管理艺术是一门没有教科书的学问。不懂管理艺术的教练，对运动员的管理、培养必然是无源之水。作为21世纪的教练员，在管理运动队（员）的过程中，必须掌握各种管理的艺术、技巧，并能以身作则。

一方面，重视行为、语言的艺术性。"身教重于言传"，在日常训练工作中，教练员如何严格要求规范自己的行为，运用巧妙的、生动的语言艺术，利用多种形式激发运动员训练的积极性，应作为一门学问和技能加以研究和掌握。"话不在多而在精"，运动员在攀登运动高峰的艰苦训练和激烈竞争中，困难、矛盾和挫折无处不在，需要教练员及时给予多方面的关

怀和帮助，包括在不同时期针对不同性格特点的运动员实施激励、信任、批评、鞭策和督促等不同措施。另一方面，教练员严谨的教学态度、灵活的行为方法、幽默的语言艺术，也会赢得运动员的尊敬和信赖，更利于运动员的管理。

## 第二节 运动队的管理原则、方法和内容

### 一、运动队的管理原则

管理原则是对现代管理活动的实质及运动规律的概括和总结。正确认识与运用管理原则，有助于指导管理行为，强化管理职能，提高管理工作的效率与效益。它具有客观性、概括性、稳定性等特征。

对运动队实施科学管理，主要涉及相对封闭原则、人本原则、弹性原则、效益原则、动力原则、反馈控制原则、抓关键环节原则等。

（一）相对封闭原则

实践证明，运动队内部管理的好坏，主要看它是否根据系统原理，对龙舟队进行封闭管理。也就是说，运动队要形成有效的管理运动，必须使运动队内部的管理手段、措施等构成一个连续的封闭回路，这就像电线一定要形成回路，电子才能得以运动而产生电流一样。不封闭的管理，不能形成管理系统，将会到处开口，漏洞百出，难以获得理想的整体功效。例如，优秀龙舟运动队的大队长要通过各职能科室指挥领队（主教练），领队（主教练）又指挥教练员，教练员指挥、训练运动员，最后通过一定的职工代表大会制度制约大队长，各级之间则以信息反馈相互沟通。

封闭组织体系。这里所说的封闭，是针对运动队伍系统内部的管理而言的，但是，系统的封闭是相对的，这种相对性主要表现在系统总是要与外部系统发生联系，对于系统外部呈开放状态。因此，对内与对外、封闭与开放，都是相对的。管理将遵循封闭—开口—再封闭—再开口的规律发展，而每一次开口、封闭的循环，就形成一个螺旋级，社会也就在这个不断循环、不断螺旋式上升的过程中，由低层次向高层次发展。

在运动队的管理活动过程中应在以下几个方面进行封闭。

1. 运动队管理的组织机构要形成有效的封闭

运动队要形成有效的管理活动，管理的组织机构必须具有决策机构、执行机构、监督机构和反馈机构四个基本部分。决策机构是管理的起点，由此发出指令，其指令一方面发向执行机构，另一方面发向监督机构。执行机构的主要任务是贯彻指令；而监督机构的任务则是根据指令去检查与监督执行机构的工作情况，以保证决策机构的指令能够正确贯彻执行；反馈机构的任务是检查执行结果的情况，并对执行结果进行加工处理，然后反馈回决策机构。决策机构通过对反馈信息进行分析，采取新的措施与对策加以封闭，在此基础上发出新的指令，使管理活动不断逼近管理目标。

2. 运动队管理的法规、制度也必须封闭

法不封闭，漏洞百出，等于无法。不仅要有执行法，而且要有监督法和反馈法，还要有在执行过程中解决矛盾的仲裁法和处理法。有了立法，没有司法，出现违法事件，无人审

理,这就是不封闭的表现。从系统内部来看,一切规章制度也要形成封闭回路,如实行责任制,要以奖惩进行封闭,而晋升制要以考核进行封闭。

3. 运动队管理中的人也必须是封闭的

管理中人的封闭,集中体现在一层管理一层,一层对一层负责,层层负责,责、权、利相一致,各个层次之间要形成相互制约机制。此外,其他资源如资金、信息等在管理系统内要有效运转,同样需要形成封闭的管理。

(二)人本原则

人本原则是指一切管理活动均应以调动人的积极性、做好人的工作为根本的规律的概括。这是由于在管理系统中,管理的最终目的就是不断地满足人们的物质需要和精神需要,实现人的全面发展。人不仅是管理的主体,同时也是管理客体中最主要的因素,各项管理措施和管理手段的运用,首先作用于人,再通过人来发挥其能动作用,最终协调与其他管理要素的关系。龙舟运动队管理的人本原则应用中应注意以下几个方面。

1. 选人用人应做到能级对应

"能级"是现代物理学的一个概念,表示做功的大小。在现代管理中,机构、法和人都存在不同的能量。能量有大小,能量大,表示做功本领强。能量可以分级,分级就是建立一定的秩序、一定的规范和一定的标准。龙舟运动队伍的科学管理就必须建立一个合理的能级,使不同才能的人处于相应的能级中,使其能量与级别相对应,做到人尽其才、物尽其用。

队伍管理中要做到能级对应应遵从以下要求。

(1)要按能级层次进行龙舟队伍管理。管理系统是分层次的,不同的层次之间具有不同的能量。层次越高,能量就越大,对能力的要求也越高。现代管理要求按能分级、按层管理。正常、稳定的管理机构应当呈正三角形,一般可分为决策层、管理层、执行层和操作层。

(2)不同的能级应体现出不同的权力、物质利益和精神荣誉。也就是我们所说的责、权、利三者必须相互统一。如果在龙舟队伍中责任重大,而没有相应的权力和利益,就不能发挥队伍管理者的积极性;如果权力重大,而缺乏相应的责任和利益,必然导致龙舟队伍管理者滥用权力,瞎指挥;如果权力和责任都很大,但利益却很小,就容易导致以权谋私、权钱交易等腐败行为。所以说,责、权、利三者应有机地结合起来。

(3)各类能级必须动态地对应。用人必须用其所长、量才用人,才能做到人尽其才、各尽所能。一名奥运金牌获得者,不一定就是一名好的教练员。龙舟队伍的管理者必须做到知人善用,用人之长、避人之短。同时人的能力也处在不断变化之中,岗位的能级要求也不断变化的,因此,应当允许人们在不同的能级中进行合理的流动,实现能级的动态对应。

2. 要善于综合运用各种动力

在队伍的管理过程中必须要有强大的动力,才能推动队伍管理活动持续、有效地进行。因此,在管理过程中必须建立有效的激励机制,以调动人的积极性、主动性和创造性。这里所说的动力,不仅是管理的能源,也是一种制约因素。一般来说,管理活动的进行主要依靠三种基本的动力。

(1) 物质动力：就是以适量的物质刺激来调动人的积极性。它是最基本的动力，包括工资、奖金、福利等。要有效地发挥物质动力，就要把工作成果与物质利益有机结合起来，按劳分配。

(2) 精神动力：指用精神的力量来激发人的积极性。它包括诸如建立远大的理想、宗教信仰、爱国主义、受到尊重、组织关心等。

(3) 信息动力：指通过信息的交流而产生的动力。它包括知识性动力、激发性动力和反馈性动力。

各种动力的运用时，一要把三种动力进行综合运用。对任何管理系统来说，三种动力都同时存在，但其比例有所差异。在具体运用过程中，可根据实际情况有所侧重，即以某种动力为主，结合运用其他动力，以达到优势互补，扬长避短。二要正确认识和处理个体动力与集体动力之间的关系。个体动力与集体动力在一定程度上是对立的，个体动力得到最大发展，往往集体动力就要受到损失；集体动力得到最大发展，个体动力就要受到抑制。较为理想的是让个体动力与集体动力在方向基本一致的前提下，得到充分发展，以求获得较大的集体动力。三要掌握好适宜的动力"刺激量"。刺激量的制定应以能调动人们的积极性为标准。刺激量过大，没有必要，对以后的管理工作也不利；刺激量过小，起不到作用，还不如不刺激。一般来说，刺激量要随着管理环境和管理对象的变化而变化，以不断地调动人们的积极性。

（三）弹性原则

由于队伍管理环境的不确定性，在队伍管理过程中必须留有余地，保持一定的弹性，以适应队伍可能出现的变化，这就是队伍管理的弹性原则。在管理中如果弹性较大，其适应能力就较强，就可能较快地适应环境，但相应的原则性就较差；如果弹性较小，其原则性就较强，但适应能力相对较弱。在管理活动中，我们应注意把握队伍成员的变化情况，不断调节各个环节，以实现整体的目标。

由于在队伍的管理过程中，人、财、物、时间、信息等管理对象处于不断变化、发展过程之中，相应的计划、组织、控制、协调等各个环节也必须随着管理对象的变化而变化，动态地适应管理对象的变化，这样才能保证管理目标的实现。同样在训练实践中，运动队管理所碰到的问题，也往往带有很大的不确定性，并且都会引起相应的后果。所以，运动训练活动管理必须留有余地，保持充分的弹性，以适应训练实践活动中突发的各种可能变化，既要注意局部弹性，又要注意整体弹性。要采取遇事"多一手"的积极弹性，避免遇事"留一事"的消极弹性。

（四）效益原则

效益原则就是指管理的各项工作都要紧紧围绕提高效益这个中心，科学有效地使用人、财、物、时间和信息等资源，以创造出最大的社会经济效益的规律的概括。

龙舟训练管理的效益是所获得的成绩与其投入之间的比例关系，可以从社会和经济这两个不同的角度去考察。社会效益和经济效益，两者既有联系，又有区别。经济效益是讲求社会效益的基础，而讲求社会效益又是促进经济效益提高的重要条件。两者的区别在于经济效益较社会效益直接、显见，经济效益可以运用若干个经济指标来计算和考核，而社会效益却难以计量，必须借助于其他形式的方法来间接考核。因此，我们在龙舟运动队伍的管理过程中，应把讲求经济效益和社会效益有机地结合起来。

（五）动力原则

运动队管理与物质运动一样，必须要有动力，有了动力才能推动队伍管理活动的进行，这就是运动管理的动力原则。

1. 动力的种类

贯彻动力原则，必须掌握三种动力，即物质动力、精神动力、信息动力。这三种动力，各有特点，应正确配合使用，使其发挥整体效应。

（1）物质动力。物质是第一性的，物质的存在决定人们的意识。物质是人类赖以生存的基础，所以物质动力是根本动力。物质动力就是以适量的物质鼓励和良好的经济效益来调动人的积极性。物质鼓励既包括奖金，也包括提级、晋职、加薪及创造优越的工作条件等。

（2）精神动力。物质动力不是万能的，使用不当，也会产生一定副作用，因此，使用物质动力往往需要结合使用其他动力，正如竞技比赛设立运动队精神文明奖所起到的激励作用。精神动力就是运用精神的力量激发人的积极性。正确运用精神动力，可以弥补物质动力的不足，而且精神动力本身就有巨大的威力。精神动力包括共产主义理想、爱国主义、受到尊重、同志友谊、组织关怀、精神鼓励和思想政治工作等。精神动力是调动人的积极性的一种重要动力，如果把它与物质动力等结合运用，可以取得更好的效果。

（3）信息动力。在人类物质生产过程中，信息不仅是一种无形的资源，而且是一种有效的动力，它具有超越物质和精神的相对独立性。社会生产力的发展，把人类从自然经济推向商品经济，从封闭状态推向全面开放，使信息传递的重要性越来越明显地显示出来。信息作为一种动力，来源于信息差。信息动力就是指通过增长知识、交流信息所产生的动力。

2. 运动队管理中动力的运用

首先，在队伍管理中三种动力要综合运用，互相补充，扬长避短，以取得最佳效果。在具体运用中，可以根据实际情况有所侧重，即以某种动力为主，结合运用其他动力。

其次，要正确认识和处理个体动力与集体动力的关系。较为理想的是让个体动力在大方向基本一致的前提下，得到充分发展，以求获得比较大的集体矢量。

最后，运用动力时，要掌握好适宜的"刺激量"。刺激量过大，没有必要；刺激量过小，起不到作用。必须掌握好这个量的"度"。一般来说，刺激量要逐步提高；要制定刺激量的标准，标准要分档次，档次差距要拉开；刺激量的标准要群众公认，并公开施行。

（六）反馈控制原则

反馈是指一个系统把信息输送出去，又将其作用结果送回来，并对信息的再输出起调节控制作用。运动队伍管理中的反馈控制原则，就是通过各类信息的反馈，对未来行动进行控制，使队伍及各部分的行动符合队伍管理目标的要求，促使目标达成。管理如没有反馈，就没有效能，不断反馈，才能提高效能，达到目标。

在管理中应用反馈方法进行控制，一般产生两种不同的效果：一是正反馈，二是负反馈。正反馈是指使系统的输入对输出的影响增大，造成系统偏离目标的运动加剧；负反馈是指使系统的输入对输出的影响减小，使系统偏离目标的运动收敛，导致趋于稳定状态的反馈。

在龙舟队伍的管理中，大量的工作是要缩小和消灭行动与队伍所确定目标的差距，因而负反馈起着更为重要的作用。从龙舟队伍管理实践看，运用较多的也是负反馈，如竞技成绩、输送率等的管理。

反馈与控制密不可分，反馈是控制的前提，控制是实现管理目标的手段。反馈与控制，又都离不开信息，控制的基础是信息，一切信息传递都为了控制。利用信息反馈，进行管理控制，有简单控制、程序控制、跟踪控制、自适应控制、最佳控制等多种形式。

在龙舟队伍管理中运用反馈，达到有效控制，关键在于是否有灵敏、准确、有力的反馈。同时，要不厌其烦地寻找队伍所出现的问题，及时解决问题。最终取决于在队伍管理中能否正确运用反馈控制原则。

（七）抓关键环节原则

如果关键环节抓不住，问题往往会朝多方向或以各种不同的速度加速恶化，而且一旦错过机会，再要拨正航向，往往需要付出极大的代价，甚至不能成功，造成"一失足成千古恨"。

龙舟队伍管理中抓关键环节，即抓队伍管理的重点，抓住队伍中矛盾的主要方面。抓住运动队管理中的关键环节，如及时发现个别队员思想波动的影响、伙食质量问题等，及时解决往往问题会迎刃而解。

## 二、运动队的管理方法

运动队管理方法是指在运动队管理活动中，为实现其目标所采取的各种手段和措施。运动队管理方法与其管理原则是相互联系、相互作用的。

龙舟运动队管理方法是由不同层次、结构所组成的内容体系，正确地把握队伍管理方法的内容体系，有助于完整、准确地理解龙舟队伍管理方法的实质，并在管理实践中加以正确地运用。龙舟运动队管理方法可以分为哲学方法、基本方法、技术方法及技巧与技术。它们是紧密联系而又互有区别的管理手段，它们在管理中都有各自独特的、不可替代的作用，它们相辅相成、互为补充，共同组成体育管理方法的结构体系。龙舟队伍管理的基本方法主要有行政方法、法律方法、经济方法和宣传教育方法。

（一）行政方法

行政方法是指依靠行政组织的权威，运用行政手段，按照行政系统的规范进行管理的方法。

龙舟运动队管理的行政方法实质上是通过行政组织中的职务和职位来进行管理，它特别强调职责、职权和职位。它由行政管理系统采用命令、指示、规定、决议等行政手段来进行管理。由于它以上级发布命令、下级贯彻执行为基点，所以行政方法的程序通常表现为发布命令、贯彻实施、检查督促、调节处理四个步骤，并按行政管理层次进行。

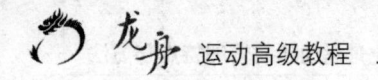

龙舟运动队管理的行政方法与其他管理方法相比较，具有以下特点。

1. 权威性

行政方法所依托的基础是管理机关和管理者的权威。管理者的权威越高，他所发出的指令接受率就越高。提高各级领导的权威，是运用行政方法进行管理的前提，也是提高行政方法有效性的基础。但是，这种权威必须建立在民主管理的基础之上，因此，管理者必须以自己良好的领导素质和才能去增强管理的权威，而不能只依靠职位带来的权力来强化权威。

2. 强制性

行政方法是通过各种行政指令来对管理对象进行指挥和控制的。这些指令是上级组织行使权力的标志，下级机关必须无条件地贯彻执行。因而行政方法具有强制性。这种强制并不等于官僚主义的强迫命令，而是指非执行不可，它要求人们在思想和行动上服从统一意志，强调原则上的高度统一。行政方法的强制性一般只对特定的下级机关和所属对象才会生效。

3. 垂直性

行政方法是通过行政系统、行政层次来实施管理活动的，因此基本上属于"条条"的纵向垂直管理。行政指令一般都是自上而下、通过纵向直线下达的。下级组织和领导人只接受一个行政上级的领导和指挥，对横向传来的指令基本上不予理睬。因此，行政方法的运用，必须坚持纵向的自上而下，切忌通过横向传达指令。

4. 具体性

具体性又称针对性。其表现为从行政发布对象到命令的内容都是具体的，而且在实施过程中的具体方法上也因对象、目的和时间的变化而变化。所以，任何行政指令往往是在某一特定的时间内对某一特定对象起作用，具有明确的指向性和一定的时效性。

由于行政方法具有以上特点，正确运用就会产生一些独特的作用。它有利于组织内部统一目标、统一意志、统一行动、能够有效地贯彻上级的方针、政策，对全局活动实行有效的控制；有利于强化管理作用，便于发挥管理的职能，使各个部门之间密切配合、前后衔接，并不断调整它们之间的关系；有利于灵活地处理管理中的特殊问题；能及时对具体问题发布命令和批示，较好地处理管理中的特殊问题和管理中出现的新情况。过分强调使用行政方法也会产生某些弊端，所以在运动队管理中，要注意结合经济方法、法律方法和宣传教育方法，以达到更好的效果。要充分发挥作用，必须经由行政系统的中介才能具体地组织与贯彻实施。

（二）法律方法

运动队伍管理的法律方法，就是以法律、法令、条例、制度等体育法规为手段，调节与运动队伍相关的各种体育关系，以保证和促进龙舟队伍发展的管理方法。法律方法的内容，不仅包括建立和健全各种法规，而且包括相应的司法和仲裁工作。这两个环节是相辅相成、缺一不可的。只有法规而缺乏司法和仲裁，就会使法规流于形式，无法发挥效力；法规不健全，司法和仲裁工作则无所依从。

运动队伍管理的法律方法与其他管理方法相比较，具有以下特点。

1. 规范性

法律是拥有立法权的国家机关依照法定程序，制定和颁布的规范性文件。这些规范性文件，从国家统治阶级的意志和利益出发，用准确、严密、简洁的法律语言，明确规定什么是应该做的、什么是不应该做的。法律就为组织和人规定了行为准则，并要求人们遵守。龙舟队伍管理中的法律方法就是利用这些法律规范来约束龙舟运动参与者的行为，从而达到管理的目的。由此可见，规范性是法律方法的主要特点。

2. 强制性

国家法律一经颁布，就要用军队、警察、法庭等国家机器作为实施的保证，违法犯罪就要受到应有的制裁。龙舟队伍管理中的法律方法，既然是以法律为手段，必然也要有同样的强制性。这种强制性一方面表现为对于违法者要给予一定制裁，另一方面表现为对于人们行为的强制约束。法律方法的强制性与行政方法的强制性是有所区别的：法律方法的强制性是通过国家机器和司法机构来执行的，只允许人们可以做什么和不可以做什么；而行政方法的强制性是要求人们在行动的目标上服从统一的意志，它在行动的原则上高度统一，但允许人们在方法上灵活多样。

3. 预防性

国家制定法律规范的目的，不仅在于对事后违法者进行应有的惩罚，更重要的在于事前对人们起到指导和教育作用，使人们自觉守法从而达到预防犯罪行为的发生。龙舟队伍管理的法律方法的主要作用表现：建立和保障正常的龙舟运动管理秩序；调节各类龙舟运动队伍管理因素之间的关系；使其管理活动纳入规范化、制度化轨道；有助于使符合客观规律的、行之有效的管理制度和管理方法，用法律的形式规范化、条文化、固定化，使人们有章可循。

龙舟运动队伍管理的法律方法从本质上来讲就是通过上层建筑的力量来影响和改变社会活动的方法。这里它具有双重作用，既可以起到促进作用，也可起到阻碍作用。如果各项法律及法规的制定和颁布符合客观规律的要求，就会促进龙舟事业的发展，反之，也可能成为龙舟事业发展的障碍。法律方法由于缺少灵活性和弹性，易使管理僵化，而且有时不利于基层组织发挥其主动性和创造性。所以，法律方法应与其他管理方法综合使用，才能达到较好的效果。

（三）经济方法

运动队伍管理中的经济方法是指按照客观经济规律的要求，运用经济手段，调节各种不同经济主体利益之间的关系，以实现管理目标和方法。这里所说的经济手段主要包括工资、奖金、罚款、经济合同等微观经济手段。

经济方法与其他管理方法相比较，具有以下特点。

1. 调节对象的利益性

经济方法是通过利益机制引导被管理者去追求某种利益，间接影响被管理者行为的一种管理方法。因此，只有涉及经济利益时，才能发挥作用。否则，这种方法就会失效。所以，经济方法的运用既有一定的广泛性，又有局限性。其广泛性是指经济利益是人们普遍关心的，而在社会生活中，涉及经济利益的领域非常广泛，因而经济方法可以在管理中广泛运用；其局限性是指经济方法在那些不涉及经济利益，或不以经济利益为主的范围，就不能充分发挥作用。

2. 调节作用的间接性

经济方法的间接性主要表现在两个方面：首先，它不直接干预和控制管理客体的行为，不直接干预人们应当怎么做，而是通过调节经济利益来引导人们的行为，以达到管理的目标；其次，经济方法的运用要以市场为媒介，借助于市场机制来实现。经济方法这种调节作用的间接性在宏观管理中的表现尤为明显。例如，对体育竞赛市场的开发，政府通过制定一些经济政策，通过各种利益关系来调节各竞赛主办者的行为。

3. 调节手段的灵活性

经济方法调节的灵活性，主要表现在它有多种多样的调节手段，这些手段可以在不同的条件下发挥同样的作用，因而可以根据不同的情况灵活选择。

4. 调节效果的平等性

经济方法承认被管理的组织或个人在获取经济利益上是平等的。按照统一的价值尺度来计算和分配经济效果，各种经济手段的运用对于相同情况的被管理者起同样的效力，不允许特殊。经济方法的主要作用表现：有利于提高经济效益；有利于强化管理职能；有利于适当分权；有利于客观地检查管理效果。

经济方法的运用中，既要注意经济方法应用的范围和限度，又要注意经济方法与其他管理方法的综合运用。经济方法与行政方法结合使用有利于增强经济手段的权威性，经济方法与法律方法结合使用有利于增强经济方法的规范性和法律效力，经济方法与宣传教育方法结合使用则有利于增强经济方法的准确性和对运用时机的把握。

（四）宣传教育方法

运动队伍管理中的宣传教育方法是指通过宣传和教育等方式，使龙舟运动参与者围绕队伍的共同目标而采取行动的方法。宣传教育方法是以人们对思想活动的发展规律的正确认识作为其客观依据的。要认识到社会物质生活条件是思想形成和发展的基础；还应看到虽然客观外界条件对人们思想有重大影响，但由于人的主观因素的作用，能够有分析、有选择地对待客观环境的影响；更重要的是人的行为总是在一定的思想支配下进行。所以，宣传教育方法就是激发人们的良好动机，使之取向共同的目标的管理方法。

龙舟运动队伍管理中的宣传教育方法与其他管理方法相比较，具有以下特点。

1. 先行性

任何一种管理方法的实行、管理决策的制定，都必须通过宣传和教育。通过宣传教育一方面使被管理者对其有充分的了解，同时思考自己如何配合行动；另一方面，在管理过程中实施各项决策之前，通过宣传和教育，还可事先预测到人们可能产生的各种反应，并制定相应的宣传教育措施予以预防，从而强化其正面效应，抑制可能产生的不良效应。

2. 滞后性

滞后性这一特点在思想教育中表现尤为突出。由于人们的认识和思想是客观事物的反映，所以思想教育大量的工作是在事情发生之后或有些苗头的时候进行。滞后性特点要求管理者对已经发生的问题实事求是地、科学地、正确地进行分析，以理服人，这样才能使思想教育真正落到实处，从根本上激发人们的动机。

### 3. 疏导性

开展宣传教育，要动之以情、晓之以理，启发人们的自觉性。对思想问题采取回避或隐瞒的方式是不能奏效的，甚至会激化矛盾。只有固执利导，才能达到教育的实效。

### 4. 灵活性

人的思想是复杂多变的，引起人的思想变化的多种因素又往往交织在一起发生作用。不同的时期和不同的管理对象，其思想基础、性格类型、价值观念和需求等也不同，因此宣传教育工作必须根据不同的时期和不同的管理对象，确定宣传教育的内容和重点、形式和手段，保持灵活性和针对性。

## 三、运动队的管理内容

龙舟运动队管理的内容，涉及对龙舟运动训练过程管理、龙舟运动训练科技服务管理、教练员及运动员等方面的管理。

### （一）龙舟运动训练过程管理

龙舟运动训练过程管理是指对龙舟运动训练过程中各项训练工作的管理，它是龙舟运动队管理的一项极为重要的工作内容。它包括以下方面。

（1）训练主管部门制定训练管理制度，如训练科的工作职责。

（2）确立龙舟运动训练目标。它是运动训练活动的起点和归宿。运动训练目标的正确与否，关键取决于运动训练管理者的决策能力，取决于他们的决策科学化和民主化水平。运动训练目标主要表现为，未来主要比赛中要求达到的名次与成绩。

（3）做好龙舟运动员的选材工作。要组织专家研究确定运动员选材目标，要培训好选材测试与调查研究的人员，要周密制定运动员选材工作的日程，提前做好测试与调查的各项准备工作。组织好实施运动员选材的测试与调查工作，要审定运动员选材的结果。

（4）审查批准龙舟运动训练计划。主要审查计划的明确性、可行性和系统性。

（5）监督龙舟运动训练计划的实施。

（6）为龙舟运动训练提供必要的政策和物质保证。

（7）及时处理龙舟运动过程中的突发事件。

### （二）龙舟运动训练科技服务管理

竞技体育发展到今天，科技服务、科技攻关已经成为关键性的因素。国内外的重大比赛中，竞技实力的较量更多的是科技投入和科技含量的竞争。因此，龙舟运动训练中必须帮助教练员、运动员提高"科技意识"；理顺科技服务管理关系，建立健全科技服务的规章制度；提高教练员依靠科学技术的能力；为科技人员提供必要的政策、经费保证和科研条件。

### （三）教练员的管理

龙舟运动队由各种不同人员所组成，包括领队、教练员、运动员，还有队医、科研人员和后勤保障人员。其中，最重要、最基本的是教练员和运动员。教练员与运动员相比，教练员又是关键的关键。教练员是运动队运动训练工作的直接组织者和管理者。教练员在龙舟运动队管理中的角色定位：龙舟运动队管理工作中的决策者，龙舟运动队管理链中的信息沟通者，龙舟运动队人际关系中的协调者。

（四）运动员的管理

1. 思想教育

对龙舟运动员的思想教育，是龙舟运动队管理中一项经常性的重要工作。运动训练工作的各级管理者，都负有对运动员进行思想教育工作的责任。首先，要深入了解运动员的思想特点，提高思想教育的针对性和实效性；其次，帮助运动员树立正确的人生观和世界观；再次，运用有效的精神激励手段，充分调动运动员的积极性和创造性；最后，坚持文化教育与训练相结合。

2. 文化教育

龙舟运动员的文化教育是运动队管理的一项重要内容。运动队的各级管理者必须从思想上重视运动员的文化教育工作，处理好文化教育与运动训练的矛盾，建立健全文化教育的规章制度，明确规定教学的基本要求。

3. 生活管理

龙舟运动员的生活管理是一项不可忽视的重要方面，它与运动训练水平的提高有着直接的关系。必须建立健全严格的生活管理制度，认真做好运动训练后的运动员的恢复修整与营养安排等。

4. 运动员的注册与交流管理

龙舟运动员的注册与交流管理，是以加强龙舟运动员队伍的管理，保证训练竞赛的工作质量，促进运动人才资源合理配置，推动龙舟事业发展为最终目的的。

5. 龙舟运动员的参赛管理

龙舟运动员的参赛是龙舟运动训练的延续，是龙舟运动训练工作的重要组成部分。运动员参赛前后，思想活动较多，来自各方面的压力较大，这时更应该加强思想教育工作，及时帮助他们解除各种思想压力，轻装上阵，赛出好成绩，赛出好风格。

## 第三节　龙舟教练员的管理科学与艺术

如果把运动训练和比赛过程比作一部电影或一出戏剧，那么教练员既是编剧，又是导演，既要亲自挑选"演员"，又要加以悉心地训练与培养。

龙舟教练员的工作实际是从采购员开始的，挑选最适合龙舟运动的运动员参加训练；然后是设计员，设计运动员的发展方向；作为指导员，对运动员的训练和比赛进行指导；作为教师，向运动员传授新的知识和思想；作为导师，让队员学会积极高质量地处理问题；作为训导员，赏罚分明；作为领导，对运动队伍的统筹规划和系统进行控制；作为管理员，对运动员日常生活进行管理和组织；作为外交家，同新闻媒体、观众和外界保持接触；作为科研人员，对训练和比赛规律进行研究、分析、评估并做出结论；同时，教练员还是运动员的朋友，要与运动员建立良好关系；要甘当学生，倾听意见、反省自己、不断自我完善；最后要当推销员，推销运动员加入国内外更高水平的运动队伍，参加各类比赛，推荐运动员到新的就业岗位。由此可见，龙舟教练员承担着繁重的工作，要把工作做好，除了具有奉献精神、精通专项训练理论与方法之外，还必须了解人体科学、社会学、管理学等方面的知识，并能理论与实际结合，转化为执教能力，而执教能力的培养非一日之功，因为这里不仅有科学，还有艺术（技巧）。

教练员应成为七个方面的管理者的具体内容如表12-1所示。

表12-1　　　　　　　　　教练员应成为七个方面的管理者的具体内容

| 管理者类别 | 集训前职责 | 集训中职责 | 集训结束后职责 |
| --- | --- | --- | --- |
| 规章管理者 | 检查组织机构的规章制度，制定团队规章制度 | 应用和实施团队规章制度 | 对规章制度进行评价 |
| 信息管理者 | 建立信息体系，制定使用的规章制度 | 根据需要恰当地收集、贮藏和传播信息 | 记录更新，系统评估，安全贮藏 |
| 人事管理者 | 决定职员需求；筛选和培训职员；招募、挑选运动员，为比赛做准备 | 组织、控制职员和运动员的活动 | 认可、奖赏和评价职员和运动员 |
| 教学管理者 | 设置教学目标；选择主要内容；制定比赛和训练计划 | 组织指导；根据成绩调整计划 | 评估比赛计划 |
| 赛事管理者 | 计划活动和比赛日程 | 执行活动及赛前和赛后职责；比赛时执教 | 评估活动和日程；评估比赛执教水平 |
| 后勤管理者 | 计划工具、装备和服装、供应物和运输 | 监控卫生、可用性和安全；按照所需更换物品 | 评估每项后勤工作 |
| 财政管理者 | 获得资金；准备预算；了解支出批准过程 | 在预算范围内购买或批准购买必需品；进行记录 | 比较实际的和预算的收入、支出 |

## 一、龙舟运动队规则管理与制度管理

龙舟运动队在集训期前制定运动队规章制度，同时制定违反队规的惩罚措施；集训期中应用和执行队规；集训期后及时记录执行队规情况，并修改完善，为新的集训期准备。

1. 制定队规的要点

（1）最好的规则是针对具体行为、可遵照执行的。不可执行的规则是不会被运动员重视的。

（2）规则要能支配团队行为，要尽可能简明扼要。

（3）规则的陈述要用肯定的术语。明确指出运动员哪些不该做，不要只是讲哪些该避免。

（4）规则要既具体又清楚。设想这样的路标：以谨慎的速度行驶。含糊其辞的规则很容易被误解。另外，规则约束性不应太强以致触犯尊严或常识。

（5）规则和责任应服务于运动员，不应反过来，运动员难以去遵从他们认为愚蠢或严厉的规则。制定规则应有好的理由，而不是独断专行。

（6）制定违反规则的逻辑后果。

（7）将规则及其违反规则的后果作为运动员手册的一部分发给运动员（这就是队规）。

（8）定期向运动员提醒队规。

2. 运动队规章提纲

（1）有关诚实的原则，如偷盗、欺骗、撒谎。

（2）有关自重的原则，如说下流话，打架，使人窘迫，与教练员、同伴裁判员及对手互动、破坏财产、违抗、性骚扰、滥用财产。

（3）有关责任的原则，如参与准时，训练、比赛、旅行时衣着整齐，自律，学术成绩良好。

（4）有关公正的原则，如遵从项目规则责备他人、利用他人、奖赏准则。

（5）有关关心的规则，如友善、同情、帮助，运动员遵守安全、规章制度。

（6）有关做好公民的规则，如便于合作、遵守法律和规章制度、尊重当局。

## 二、龙舟运动队人事管理者与管理

龙舟运动队教练员在人事工作方面应做到以下几点。

（1）决定人员需求；筛选和培训人员；招募、挑选运动员，为比赛做准备。

（2）组织、控制人员和运动员的活动。

（3）认可、奖赏和评价人员和运动员。

龙舟运动队各类人员的结构与规模如下。

（1）支撑人员：领队、医生、科研人员等3～5名。

（2）运动员：26名左右。

（3）教练员：1∶10配备。

## 三、龙舟运动队教学训练管理者与教学管理

教学训练工作是教练员工作的重心，在龙舟队伍中教练员负责全体运动员的训练及教学工作，教练员应完成以下工作。

1. 在教学目标、训练内容及训练计划方面解决三个问题

（1）集训期的教学训练目标。

（2）训练内容的最佳方法。

（3）为实现目标而主要训练的内容。

2. 组织指导，根据成绩调整计划

（1）执行计划并据运动员情况调整计划。

（2）收集完成情况信息。

（3）完善下一次课的训练计划。

（4）及时存档。

3. 评估比赛计划

（1）评价计划执行效果。

（2）总结经验，吸取教训，修订新的集训期计划。

（3）归档、存储。

4. 教学训练管理原理

教学训练管理原理包括建立执教理念、确立执教目标、选择执教风格。

（1）建立执教理念。理念包括主要目标（教练员看重和希望获得的事物），有助于达到目标的信念和原则。

建立有益的理念包括两个主要任务：第一，建立较强的自我意识；第二，确立执教目标。

(2) 确立执教目标。教练员经常列出的目标通常可粗略地分为以下三个范畴：拥有一支胜利的团队；帮助年轻人享受快乐；帮助年轻人发展。具体如下。

① 身体上，通过运动技能的学习，增强体质，形成良好的健康习惯，避免受伤。

② 心理上，通过控制自己情绪的学习，发展自我价值观。

③ 社会性，通过竞争情景中合作的学习，建立恰当的行为标准。

(3) 选择执教风格。执教风格决定了教练员如何确定需要传授的技术和战术技能，如何组织练习和比赛，采用什么方法来训练运动员，最为重要的是，在做出决策时赋予运动员什么样的角色。

大多数教练员倾向于采用三种执教风格之一：命令型、顺从型和合作型。

1) 命令型（独裁型）。在这种风格的执教中，教练员制定所有的决策。运动员的角色是对教练员的命令做出反应。支持这种方式的前提条件：教练员拥有知识和经验；教练员的角色是告诉运动员做什么；运动员的角色是去听、去吸收、去服从。

2) 顺从型（保姆）。采用这种风格的教练员制定尽可能少的决策。这是一种把"球扔出去，好好玩吧"的教练方式。教练员很少提供指导，组织活动时也给予最少的引导，只在绝对必要时才解决训练问题。采用这种风格的教练员缺乏提供指导和引导的能力；过于懒惰，不能满足执教责任的要求；或者提供非常错误的执教信息。顺从型教练只不过是一名保姆，而且往往是差的保姆。

3) 合作型（教师）。选择这种风格的教练员与他们的运动员共同决策。尽管 合作型教练员知道他们的责任是提供领导方式，但他们还知道，如果不学习做决策，年轻人就难以变成负责任的年轻人。合作型风格的挑战在于，在指导运动员和让运动员自己指导自己之间提供恰当的平衡。

## 四、龙舟活动赛事管理者与运动员竞赛活动的管理

1. 龙舟运动队教练员关于竞赛管理的主要内容
(1) 制定和执行参赛计划与方案。
(2) 准备各种器材、装备。
(3) 安排交通、食宿等。
(4) 准备会的要点、指导要点。
(5) 如何面对媒体。

2. 龙舟运动队教练员主管运动员竞赛活动管理的主要工作内容
(1) 计划活动和比赛日程。
(2) 执行活动及赛前和赛后职责，比赛时执教。
(3) 评估活动和日程，评估比赛指导。

## 五、后勤管理者与后勤管理

龙舟运动队教练员主管队伍的后勤保障与管理，其主要工作如下。
(1) 计划工具、装备和服装、供应物和运输。
(2) 监控卫生、可用性和安全。
(3) 按照所需更换物品。

(4) 评估每项后勤工作。

## 六、财务管理者与财务管理

龙舟运动队教练员也是队伍财务的主要管理者。财务管理工作主要内容如下。

(1) 获得资金，准备预算。

(2) 了解支出批准过程，在预算范围内购买或批准购买必需品。

(3) 进行记录，比较实际的和预算的收入、支出等。

## 七、思想政治工作管理者与思想政治工作管理新途径

教练员作为龙舟队的领导与组织者，在思想教育工作上起到重要作用。新时期运动员思想政治工作包括以下几点。

(1) 思想政治工作的创新过程，是一个复杂的人生过程和实践过程。这个过程不可避免地要涉及一系列复杂的矛盾关系。在创新过程中，要以马克思主义为指导，运用辩证唯物主义的立场、观点和方法，正确认识和处理这些矛盾。把握运动员的特点和思想轨迹，运用心理学、管理学等学科理论，创新运动队思想政治工作的途径和方法。

(2) 以社会大环境为主渠道，以日常训练、比赛为主线，以党团组织为桥梁，以运动队文化建设为基础，以高科技信息手段为教育的途径，是目前运动队思想政治工作的有效渠道。

(3) 了解运动队训练、比赛的特点，把握运动员思想轨迹，是运动队思想政治工作的重要依据，根据运动队训练、比赛不同阶段运动员思想的特点，分层次、有针对性地做思想政治工作，以提高思想工作的实效性。

运动员在不同时期都会因机体情况的变化而表现出不同的特点和思想轨迹，在思想政治工作中，注意与运动员的当前任务和所处的客观环境相结合，及时准确发现问题，这是提高运动队思想政治工作针对性、实效性的保证。

## 八、龙舟运动员行为的管理原理与技巧

### (一) 教练员与运动员的沟通技巧

教练员的执教过程是彻头彻尾的交流过程。成功的教练员是能操纵一切的沟通者，而不成功的教练员不是因为缺乏体育知识而是因为缺乏沟通的技巧。

有效的沟通对于一个成功教练员的重要性就像其对于成功的婚姻、孩子的抚育、职业的重要性一样。

1. 沟通的三个维度

(1) 沟通不仅包括发出信息，还包括接收信息。通常，教练员更多的是以演说技巧出名而不是以倾听技巧出名。教练员不仅要发出清晰、易懂的信息，而且要善于倾听沟通过程中运动员的反馈信息。

(2) 沟通包括口头语言的沟通和非口头语言的沟通。

(3) 沟通包括两个部分：内容和情感。内容是指信息的实质，情感是对信息的感觉。通常，内容是口头语言的，情感是非口头语言的。

2. 沟通的六个步骤

沟通的目的是发出信息者和接收信息者双方的相互理解。向运动员传递信息的过程包括六个步骤，见图12-1。

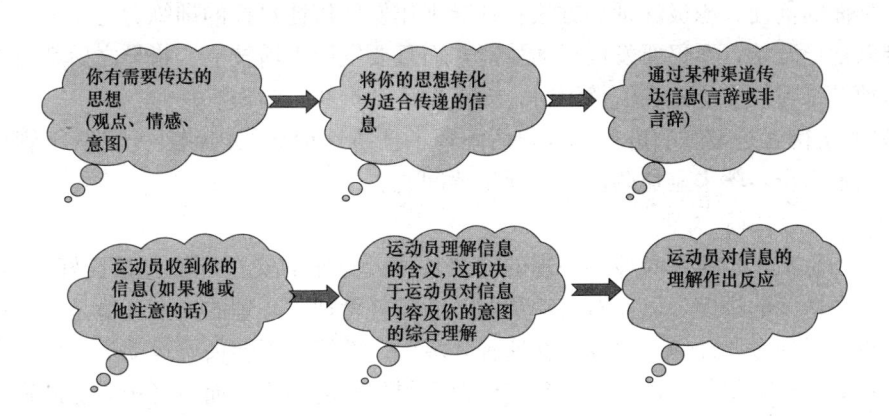

```
你有需要传达的思想          将你的思想转化            通过某种渠道传
(观点、情感、      →      为适合传递的信      →      达信息(言辞或非
意图)                     息                        言辞)
                                                      ↓
运动员收到你的            运动员理解信息             运动员对信息的
信息(如果她或      ←      的含义，这取决      ←      理解作出反应
他注意的话)               于运动员对信息
                          内容及你的意图
                          的综合理解
```

图12-1　向运动员传递信息的过程

3. 训练中提高教练员沟通技巧的方法

(1) 沟通时提高信任度。建立和维护教练员威信的方法有很多，下面列举一些最重要的方法。

成为一名合作型教练应具有广博的体育知识，或至少坦诚应对自己所了解的体育知识值得信赖，公正，始终如一，言行一致，热诚、友善、平易近人、共情、活泼、开朗、富有激情、应对压力沉着冷静、采用积极的方法。

(2) 用积极的方法沟通。绝大多数人宁愿被赞扬"毁灭"也不愿被批评"拯救"。教练员可以遵循下列原则来实践积极法。

1) 说话诚实、直接、富有建设性。
2) 乐于捕获运动员做得好或做得对的地方并告诉他们。
3) 避免讽刺和贬损，同时也不要不分青红皂白、一味地表扬。
4) 要重视能做到的，不要去重视做不到的；不要在问题上徘徊不前，要注重解决方法。

(3) 沟通要言行一致。尽量言行一致，尽量使身体语言与言语一致；许诺做什么事情，就一定去做；避免闲谈中使运动员气馁。说话要积极向上、言行一致，培养对运动员的信任感。

(4) 改进非口头语言沟通。非口头语言沟通，也叫身体语言，通常表现为以下方面。

1) 身体动作：手、头、足和整个身体的姿势和动作。摇头、皱眉、眨眼都能传达大量的信息。
2) 身体特征：体形、魅力、身高、体重、身体气味之类。例如，身体素质反映了对体适能的重视。不仅年轻人这样，不同年龄段的人也如此。

(二) 龙舟运动员的行为管理

执教过程中指导运动员的行为是一名成功教练员的重要组成部分，决定了管理者、同队教练、运动员父母、运动员和公众如何看待你，将影响教练员的执教质量及面临挑战性竞争时运动员的配合支持。

积极性训导：对大多数人来说训导（discipline）是一个贬义词，不过训导的词根是信徒（disciple），是一个褒义词。信徒是指遵循导师教诲的人。作为一名教练员，你就是导师，运动员就是你的信徒。积极性训导方法将训导视作发展信徒自控的训练。

训导以指导开始，不仅要发展运动技能，而且要发展生活技能。指导之后就要训练，训练提供运动员练习技能的机会。练习时，要帮助运动员纠正错误。

"最好的防御就是最好的进攻"这句话阐释了预防性训导的内涵，龙舟队伍管理中教练员可采用以下六个步骤来避免队伍中出现纪律问题。

1. 营造适宜的团队文化

适应的团队文化构筑了身体和心理的安全环境。身体的安全环境包括良好的器材设备、优良的指导和适度的进度，以及对运动员的不断监督管理。心理的安全环境是指运动员能感觉到自己在队里的必要性和重要性。在这种环境下，教练员不会侮辱运动员，而是增强他们的自尊心；运动员觉得他们可以冒险犯错误以取得更大的进步，而不必担心受谴责或难堪。

2. 举行团队会议

传统的队会常用来介绍进攻性和防御性战术团，以及观看以前的比赛录像，这些都是举行队会的价值所在。然而举行队会观看以前的比赛录像时，需要注意一点，那就是很容易侧重于错误，很容易使犯错误的人难堪和自卑。其结果难以使运动员表现得更好，而会使他们在今后的比赛中更加焦虑和谨慎。

召开队会的频率要根据情况而定，但对于龙舟项目而言，赛前每周举行30分钟的会议，赛中每周举行30分钟的会议处理团队值得讨论的问题就足够了。

3. 制定团队规则

（1）制定规则的指导方针。首先，要决定是独自制定规则还是与运动员共同制定。有些教练员认为，运动员应该协助制定队规，因为他们了解得更多，运动员在团队会议完善规则的过程中可以学到责任。如果真是那样，就再好不过了。然而通常的情况是，教练员认为很大程度上需要指导运动员去制定可接受的规则，这样，事实上由教练员制定了规则，运动员也自然认为应如此。

（2）违反规则的惩罚措施。如果违反规则没有任何惩罚，显然规则就起不到任何作用。运动员应该知道如果违反了队规，将受到相应的惩罚。例如，团队规则是不容运动员亵渎的，一旦运动员亵渎了规则，可以采纳下列惩罚措施。

1）第一次：警告。

2）第二次：罚运动员捡垃圾或搞卫生一小时。

3）第三次及多次：每违法一次，取消一次比赛机会。

（3）运动员行为规范。在赛季开始之际，教练员应该要求队员签署一份团队行为规范誓约，现在大多队伍采用这种方法。

（4）执行规则的一致性。一旦制定了队规及相应的惩罚措施，就必须前后一致公正地执行。例如，当最好的运动员违反了规则，如果不实施、不执行、忽视这些规则，就会丧失威信。执行规则前后不一致比完全没有这些规则更糟。当然也要记住，对教练员来说，执行队规最好的办法就是遵守它。实施那些反复灌输的规则，运动员也会这样做。虽然执行这些规则不是一件令人愉快的工作，但它表明了教练员对团队的重视和对优良品质培养的重视。

4. 建立团队常规

建立常规会让运动员明白在特定的情况下该做些什么能帮助他们建立团队精神，也能帮教练员减少指导和监督运动员的时间。当运动员不知道该做什么的时候，他们极有可能出现失误行为，队规和常规会给运动员指明正确方向。

常规发挥效用的场景是十分容易找到的。这些场景包括运动员们似乎并不知道怎样开始他的训练，或许他们需要大量的指导，也或许出现不当行为。以下这些常规可能对团队极有帮助。

（1）训练前衣物间常规。这些常规包括检查个人配备物、与教练员一道检查受伤情况、接受治疗、预防性包扎、储藏干衣物、称体重、核实布告牌上的任务，当然，还要穿着得体。

（2）准备训练。首先，在正式训练之前，教练员要求运动员准备好训练设备；其次，做适当的热身及特定的练习。

（3）开始训练。绝大多数教练员都有自己开始训练的常规，如口哨一吹，运动员必须马上集合，等候教练安排当天的训练计划。

（4）转换练习。如果教练员有指导运动员进行练习转换的常规，那么将能更充分利用训练时间，可以上一次指导课，在这次课里，每一位运动员都担任一个核实的角色，这样运动员就能更好地理解示范。或者让运动员从一个练习转换到另一个练习，有了训练常规，这一切都能更有效率地进行。

（5）训练后的衣物间常规。训练结束后这段时间，运动员很有可能发生失误行为，此时此刻，常规是很有用的。

（6）赛前常规。这些常规在测试前一天可能就已经开始了，而且可能持续到比赛当日，这些常规包括赛前衣物间常规、赛前热身常规及比赛期间的团队行为常规。

（7）赛后常规。这些常规包括让运动员如何招呼其他的运动员和教练员；运动员什么时候允许接受采访；采访中，运动员如何展示自己。

（8）旅行常规。这些常规包括关于衣物、行李托运、装备管理责任及运动员入住旅馆的言行。

注意对运动员的期望方面不要制定太多的具体常规。这些常规会使运动员感到厌烦并且剥夺了他们自我负责的机会。

5. 实施鼓舞人心的训练

最强有力的预防性训导方法——捕捉运动员做得好的地方。我们很容易陷入固定的思维：忽视好的表现和积极的行为，将注意力集中于纠正错误和不当行为。然而，注意并奖励合理的行为，可以强化这种行为，增加强化行为出现的概率。因此少挑错误、多发现表现好的地方和恰当的行为，让运动员知道教练员很欣赏这些行为。

6. 尽量用与比赛相似的训练取代平时的练习

感觉训练乏味的运动员会去寻找自己的快乐，如果过分地强调练习，特别是当这些练习与比赛中所需的真正技巧不相关时，它可能会使运动员灰心丧气。尽量用与比赛相似的训练取代平时的练习，这样更有趣、更接近实战。

## 第四节 龙舟运动队的建设与管理

### 一、确立"和谐"理念，变革运动队管理者的思维方式

加强优秀龙舟运动队管理的两个基本要点如下。
（1）必须对运动训练管理系统有一个全面的把握和系统的分析。
（2）强化"人本"观念，正确处理教练员"主导作用"与运动员"主体地位"的关系。

### 二、确立"和谐"理念，努力营造团队文化

1. 团队文化的概念
团队文化是运动队在长期的实践活动中形成的、为全体成员共同认可和遵守的、具有本团体人文特色的价值观念、道德标准、行为规范、规章制度及精神风貌的总称。团队文化属于"软文化"范畴，它主要是由运动队（团队）长期形成的"自我意识"（理念）所构成的一种精神文化体系。

2. 团队文化的一般特征
（1）团队文化的核心是价值观。
（2）团队文化的中心是以人为主体的人本文化。
（3）团队文化的管理方式以"软性管理"为主。
（4）团队文化的主要任务是增强群体的凝聚力。

3. 团队文化的基本功能
（1）自我内聚功能。
（2）自我改造功能。
（3）自我调控功能。
（4）自我完善功能。
（5）自我延续功能。

4. 塑造团队文化的主要途径
（1）挑选价值标准。
（2）强化成员认同。
（3）逐步精炼定格。
（4）不断巩固落实。

### 三、确立"和谐"理念，正视并妥善处理运动队各种人际关系

（一）运动队人际关系相关内容

1. 优秀运动队人际关系的基本特征
（1）创造优异运动成绩的共同目标是优秀运动队人际关系的核心。
（2）社会主义公德和体育道德规范是优秀运动队人际关系的基本准则。
（3）竞技运动激烈的竞争性，使优秀运动队人际关系的自主性明显增强、依赖性相应减弱。

(4) 优秀运动队人际关系是民主平等的多向性和集体倾向的差异性的统一。

2. 优秀运动队中良好人际关系的功能作用

(1) 合力作用。

(2) 互补作用（知识、经验、智力、能力，以及性格、心智等互补）。

(3) 调节感情作用。

(4) 信息交流作用。

3. 影响运动队人际关系的基本因素

(1) 空间因素（空间距离）。

(2) 相似因素（年龄、社会背景、成长历程、态度、信念、价值观等）。

(3) 需要的互补程度。

(4) 对等互利因素（物质和精神的对等、互利等）。

(二) 确立"和谐"理念的措施

1. 确立"和谐"理念，加强运动队管理

确立"和谐"理念，加强运动队管理，必须坚持以人为本，妥善处理以下五种关系，并具体分析这些关系中的交往心理、交往矛盾和矛盾的化解。

(1) 管理者（领队）与教练员的关系。

(2) 教练员之间的关系。

(3) 教练员（管理者）与运动员的关系。

(4) 运动员之间的关系：正式群体中运动员之间的关系；非正式群体中运动员之间的关系。

(5) 人的自我和谐。

2. 确立"和谐"理念，树立教练员的权威

(1) 教练员的权威是教练员指导运动员进行训练与比赛、实施管理的基础。它具体又分为以下两种类型。

1) 正式权威：由教练员法定的地位与权力所形成的权威。它具有合法性和权力性两大特点，运动员接受它时表现出明显的强制性。

2) 非正式权威：由教练员本人的专长、素质、技巧和威望等所形成的权威。它具有专长性和（人际）关系性两大特点，运动员接受它时表现出明显的自愿性。

一个精明的教练员往往十分重视和经常运用自己的非正式权威，而不轻易动用自己的正式权威，必要时善于将二者巧妙地结合起来，使之相辅相成，以达到最佳的指导训练与比赛和管理的效果。

(2) 对教练员自身的要求如下。

1) 教练员必须具有强烈的敬业精神。

2) 教练员要注重自身素质的提高，不断增强自己的"人格"力量。

3) 教练员不仅要对运动员进行业务指导，更要教会运动员如何"做人"（素质教育）。

4) 教练员的行动是无声的命令。

(3) 正确对待"尖子"运动员。

3. 确立"和谐"理念，妥善处理和化解运动队各种矛盾

(1) "和谐"并非事物内部矛盾的消失，而是矛盾双方对立统一的结果，对矛盾差异的

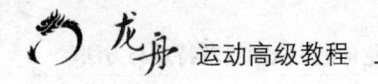

相对均衡和相对中和。讲和谐，就是通过调和的办法解决因事物的多样性和差异性而产生的矛盾，求得均衡。因此，讲和谐并不排斥"斗争"。

（2）化解矛盾，特别是人民内部的非对抗性矛盾更多的是采用协调的方式：①妥协性协调；②互补性协调；③斗争性协调。

4. 确立"和谐"理念，加强运动队规章制度的建立与实施

（1）规章制度的建立与实施主要包括三层含义：首先，制定规章制度要有前瞻性，尽可能考虑到各种后果，避免朝令夕改；其次，制定规章制度要有现实性，严格执行程序能保证规章制度的有效性；最后，执行规章制度要有威慑性，对违规者的惩处力度使群众对规章制度有足够的敬畏。

（2）严格要求，严格训练。

# 第十三章

# 龙舟运动科学研究工作

## 第一节 龙舟运动科学研究概述

科学研究是人们能动地认识客观世界、探索客观真理的实践过程。它的任务是揭示各种错综复杂现象内部隐藏的必然联系和规律,并探讨运用这些规律的途径。因此,科学研究是推动人类社会的发展动力。

体育科学是一个横跨自然、社会和思维三大科学领域的边缘性学科,体育科学研究的概念也随之具有较大的外延性。体育科学研究是研究体育领域中具有科学意义的现象、过程及其规律的一门综合性学科。它综合地吸收了哲学、数学、物理学、心理学等基本学科与体育运动学科的相关理论与方法论知识,因而是一门既有跨领域及跨学科的综合性理论特点,同时又具有与体育运动实践密切联系的应用性学科性质。

龙舟运动是一种兼传统体育、大众体育与竞技体育于一体的运动项目。龙舟运动的科学研究,就是在这些领域内,揭示龙舟运动中的各种现象,探索其本质及其发展规律,并利用这些规律为龙舟运动的发展服务的实践活动。体育科学技术是推动体育运动发展的动力,振兴体育必须依靠科学技术的进步。因此,加强龙舟运动科学研究,对于龙舟运动事业新一轮的发展具有极其重要的意义。

挖掘龙舟运动地域性传统文化,探讨龙舟运动教学与训练规律,更新龙舟器材的制作材料,规范与研究龙舟的规格标准,探讨龙舟竞赛的运作与管理,分析龙舟运动发展过程中对地方社会、政治与经济的影响,龙舟运动的规则规程的修改与创新等,是龙舟运动科学研究的目的。发展新的理论与方法服务于龙舟运动的实践活动,是龙舟运动科学研究的根本任务。

## 第二节 龙舟运动科学研究的基本程序

科学研究活动是人类能动地认识世界和改造世界的过程。对于一个具体的研究课题来说,从选题开始到研究工作结束,是一个不断深化的过程,在整个过程中,必须按照一定的程序来完成各项工作。龙舟运动科学研究大致由提出问题、建立假说、验证假说及导出结论四个基本环节构成。在实施过程中又进行一系列具体工作,见表13-1。

表 13-1　　　　　　　　科学研究基本程序的具体工作及其方法

| 具体工作 | 科研基本程序 | 方法手段 |
| --- | --- | --- |
| (1) 选题<br>(2) 制订课题计划<br>(3) 进行物质准备 | 问题的提出<br>↓ | 查阅资料，调查、访问，观察 |
| (1) 分析文献<br>(2) 形成假说 | 假说的建立<br>↓ | 类比、归纳、演绎 |
| (1) 设计实验、观察、调查方案<br>(2) 实施方案、搜集资料 | 假说的验证<br>↓ | 实验法、观察法、调查法、文献法等 |
| (1) 对所搜集的材料进行整理<br>(2) 对材料进行分析、推理 | 研究结果的逻辑处理<br>↓ | 数学方法<br>逻辑方法 |
| 组织材料、运用材料、撰写论文 | 科学论文的撰写 | 总结逻辑方法 |

## 一、选题

科学研究课题选择，就是研究人员有目的、有步骤地选择某一学科领域中尚未认识和解决的问题。科研选题是每项科研工作的起点，具有十分重要的战略意义。因此恰当地选择题目，明确解决研究方向中的"突破口"或"攻击点"，将对科研工作的成败和成果价值起决定作用。实践证明，课题选得准，可以事半功倍，迅速取得成果；反之，往往会使研究工作受阻，甚至半途而废。所以，课题选择得好坏，直接关系到研究成果的大小和研究工作的成败。

（一）研究课题的主要来源

在科学研究实践中，只有通过科研途径解决，并获得新发现、新观点的问题，才能作为科研课题。从体育科学研究的实践来看，研究者选题的方法因人而异，没有现成的模式。不过，从前人的经验中可以总结出一些基本的方法供我们借鉴。

1. 从龙舟教学、龙舟训练实践中直接碰到的实际问题中提出研究课题

在体育科学领域中，大量的、正确的科研课题来自于教学与训练实践。通过对教学与训练实践的长期观察与经验积累，就可发现很多值得探讨与解决的实际问题。再通过一系列的科学分析与筛选，即可从若干个问题中，获得具有学术价值的科研课题。我们在龙舟教学训练中、龙舟系列活动的开展中、龙舟竞赛过程中等，常常会遇到一些实际问题需要解决。例如，教科书中没有解决或不能解释的新问题，多年工作、教学、训练经验体会，需要科学总结和验证；技术、战术的发展变化，比赛规则的改变会对原有的训练带来影响与变化等。

2. 从龙舟项目改革与龙舟运动发展的趋势中及时发现问题

随着龙舟项目的广泛开展，龙舟运动呈现出国际化、竞技化、市场化、产业化的发展趋势。特别是龙舟运动项目成功地进入亚运会，使我国龙舟事业发生了一系列新的变化，龙舟项目赛事运作与创新、龙舟赛事的市场化、龙舟产业开发等，呈现出了前所未有的新形式，同时也产生了一系列新问题，需要研究解决。宏观方面的问题：中国龙舟项目改革的指导思想、基本模式、主要对策、改革与运行机制等。微观方面的问题：地域性龙舟文化的挖掘与整理、各类龙舟运动市场的开发、龙舟运动竞赛规则的修订、龙舟赛事运作与管理等。

研究者要善于从当前龙舟运动的发展与改革的趋势中了解新动态、新信息，并经过分析从中提出研究课题。

3. 从文献资料中搜寻课题

文献资料是前人创造积累的科学成果。从各种图书、期刊、论文汇编及各种资料中发现问题。查阅文献，可了解有关问题的历史、现状及前沿动态，开阔眼界，启发思路，学习别人的成功经验。可以从文献中发现问题，一是文献中已经提出，但还未解决的问题；二是对文献内容产生疑问，如广度和深度不够，或有关论据不充分等，从而寻找研究突破口，提出个人研究新课题。

4. 在学科交叉所产生的"空白区"与边缘地带发现课题

就科学进步而言，当今科学发展的一大趋势是各个学科的相互交叉和渗透。在各门科学的边缘地带或在同一门科学各个学科分支的相互交叉处，往往会形成科学知识的断层，即存在着大量的科研空白区。我们对这一现象做认真剖析就会发现，在这些空白区中往往存在着大量具有学术研究价值，而尚未被发现或解决的科研课题。当代科学发展的趋势是学科不断分化又不断综合，大量相互交叉与渗透。例如，与社会科学、经济学结合，探讨龙舟运动开展过程中，对地方经济、政治及社会等方面的影响；利用生物力学的知识，分析龙舟运动训练的技术与战术；利用生理学、生物化学及运动训练学的原理，探索龙舟运动训练的负荷的监控、疲劳与恢复等方面的问题；利用材料学知识，探索与创新龙舟器材的新型材料等。

科学发展史告诉我们，现实生活中常常出现旧理论与新事物之间的矛盾，以及不同学科之间的矛盾，从而为我们提出了新的研究课题，开辟了新的研究方向。在科研中，我们应随时用批判的眼光看待已有的科学理论和传统观点，寻找它们的缺陷和矛盾，然后设法加以研究证明，这样科学才会真正进步。

5. 从新的角度选题

课题并不是新课题，但可以从新角度去研究它，即从新的侧面，应用新的材料，采用新的工艺和方法，进而会得到新的实验结果、新的解释、新的规律，如改变选题的组合因素、编制新的题目。研究课题通常包括研究对象、施加因素（处理手段）、效果反应（实验指标、结果）三个组成部分，有意识、有目的地改变三部分中任何一个，并在理论认识上或实践的指导作用上"创新"，就可以成为一个新的课题。

对于同一对象、现象或过程，学术界往往会存在不同的观点、见解或不同的学派之间的学术争论。在选择课题中，要注意不同观点的学术争论及所争论的问题，这是发现研究课题的一个重要途径。以下是龙舟运动科学研究方向的例子。

（1）龙舟运动理论的研究：主要是指对龙舟运动训练理论、原则的研究，如龙舟运动的风格、龙舟运动的教学训练原则、龙舟运动赛事的运作与管理等。

（2）龙舟运动史学的研究：主要是指对龙舟运动的历史与发展状况的研究，如龙舟运动的起源与发展、龙舟运动地域性传统风俗、龙舟规则的演变与发展、龙舟运动的现状调查等。

（3）群众性龙舟运动开展的策略研究：主要是指对开展和普及群众性龙舟运动的研究，如群众性龙舟运动的发展规律、组织管理、训练和竞赛等问题的研究。

（4）青少年龙舟运动的研究：围绕青少年龙舟运动员的培养而开展的多方面研究，如青少年龙舟多年系统训练，青少年龙舟运动员的身体、技术、战术训练，青少年龙舟运动员学习和训练的协调关系等。

（5）龙舟运动技术、战术的研究：龙舟起航技术动作分析、龙舟个人战术分析、最后冲刺的战术运用情况、快桨技术的训练方法、鼓手技术的训练方法等。

（6）龙舟运动训练运动负荷生物学监控与疲劳恢复的研究：运用运动解剖、生理、生化等知识研究运动量的控制、身体素质的发展及选材等方面的问题；运用生物力学知识分析研究技术动作；运用运动心理学知识分析研究运动员在训练和比赛中的心理状态和调节方法；运用运动医学、营养学知识进行医务监督和恢复疲劳方面的研究；运用测量和评价知识研究身体素质，技术、战术水平的测定方法等。

（7）龙舟教学训练方法的研究：研究教学及训练方法与手段是提高教学训练质量的重要一环，也是龙舟科研的重要内容之一。加强教材建设，重视教学方法与训练手段研究的，如教学训练方面的经验总结、改革和创新、先进教学训练方法的试用等。

（8）龙舟运动员的选材研究：其根本任务在于探索科学的选材指标和方法，如选拔龙舟鼓手、舵手的标准，骨龄与运动员选材，青少年龙舟运动员的选材指标与方法等。

（9）龙舟运动队管理与后备人才培养的研究：主要是指龙舟运动管理的一般原理，学校体育、运动训练、运动队组织的管理规律和方法等方面的研究，如我国龙舟运动管理体系的研究、龙舟运动员的业余生活管理、龙舟运动员的管理规律、龙舟教学质量评价方法的研究等。

（10）龙舟运动仪器、器材的开发与研制的研究：主要包括比赛器材的研制、辅助训练器材的研制、测试仪器的研制、场地设施的研制，如龙舟制作材料与工艺的更新、龙舟运动技术影像资料的制作与分析等。

（二）选题的原则

从科学原则及科学研究的基本过程来看，各门学科为了避免盲目重复，为了选择有典型性、代表性的课题，促进学科的建设与发展，一般在选择研究课题的这个重要环节上，都由其学科领域的研究机构、科研基金会、科学学会与协会，组织有权威的专家定期发布选题指南。目的就是避免人力、物力及财力的浪费，利于研究工作的高效益及专门问题的解决。同一个研究方向的学科范围里，待研究的问题很多。众多的选题中，要选择一个既具有学术价值又适合自己的课题，就需要做理性的分析。科学的准则即是人们对客观规律正确认识的反映。研究课题的确定应遵循以下几个重要原则。

1. 需要性原则

社会需求是科学发展的根本动力，要使选题具有研究价值就必须从社会的需求出发。实践需要性是指应根据龙舟项目的发展、龙舟运动训练与龙舟赛事活动的组织与实施等实践过程的客观需要选择课题。

2. 可行性原则

可行性是指目标与条件的差异性，两者的差异越小，则成功的可能性就越大。选择的课题必须以研究者能胜任为前提，从研究者主、客观条件出发。任何研究工作都会受到各种条件制约和限制，如大多数人不能到太空、月球、海底进行实验。研究者的主观条件是指研究人员掌握本课题有关的科学理论知识的程度，有关研究方法与手段，科研能力、经验、科学思维、创新意识、文字表达能力。客观条件是指研究活动必须具备的物质手段和物质条件，包括仪器、设备、观测机会、地点远近、研究对象的状况等。只有具备了一定的主、客观条件，科研工作才有成功的可能性。

3. 科学性原则

科学性是指选题必须有一定科学理论依据，才能保证研究课题的科学价值。科学性从三个方面考虑：① 研究题目基本上能纳入某一具体学科的范畴，能为学科发展完善提供参考；② 题目有已形成的科学理论与方法做指导，并以此为依据提出研究假设；③ 有些新问题、新事实的科学理论依据不足，现有理论又不能完全说明和解释它，从发展方向看可能是潜在的科学领域，有很大的价值。

4. 创造性原则

创造性是指课题在借鉴前人成果的基础上，对所研究的问题能提出新的见解、新的结论，有所发现、有所前进、有所突破。龙舟运动科学研究选题的创新将成为衡量科技成果质量与水平的主要评价标准。随着知识经济的出现，持续创新将成为习惯，知识创新将成为知识经济发展的生命。课题的选择力求创新，富有新意，选择他人没有研究过的或没有解决的问题，才能有所发现，得出新的结论，体现科学研究的价值。只有大胆地设定科学知识系统所应当具有的期望状态，提出和建立新的科学概念、假说和理论，并确切地分析科学认识系统的现实状态与期望状态之间的差距，才能提出有意义并正确表述的科学问题。创造是科学研究的灵魂，如新观点、新理论、新编技术与战术、新方法、新训练器材与设备等。

## 二、建立、验证假说和制订研究计划

（一）建立、验证假说

1. 建立假说

在科学研究中，为了便于探索客观真理，往往对未知的事物提出假定的设想与推测，这就是假说。科学研究常以假说为基点来设计实验或观察，再通过实验结果来验证假设。所以，假说是发现新事物、形成新理论的桥梁。一个假说从酝酿到形成一般要经过三个步骤：第一，科学研究中发现新事实、新关系；第二，对上述新事实、新关系产生的原因及其发展规律进行初步假定；第三，运用科学方法对初步假定进行逻辑推理，从而形成完整的科学假说。建立假说一般采用类比、归纳、演绎等逻辑方法。

（1）类比法：根据事物中存在的共同点，用已知的事物去推测未知事物的方法，它是理论思维的一种逻辑形式。

（2）归纳法：这是一种由特殊到一般的推论方法，运用归纳法可以把大量经验材料经过分析整理，提高到理性认识阶段，把若干特殊的理性认识变为一般的理性认识。

（3）演绎推理：这是一种由一般到特殊的推理方法，推理的客观基础是一般与个别的关系。

2. 验证假说

假说只是一种猜测，它正确与否必须经过检验。检验的标准是实践，即科学事实。通过严格的科学实验、观测、调查等方法获取科学事实来验证假说，只有通过实践证明是正确的假说，才能成为科学理论。

（二）制订研究计划

研究计划是对研究工作经过谋划而形成的实施方案，也称为研究方案。有了周密详细的研究计划，才能有步骤、高效率地完成研究任务。研究计划的内容如下：

1. 研究设计方案

研究设计方案是研究者根据已有的知识，在查阅大量文献资料、调查访问、预备实验、理论思维之后而形成的研究设计的文字表达形式，一般包括以下内容。

（1）课题名称：用最少的文字表达研究任务、目的等内容，包括研究领域、研究对象、研究目的与研究方法等。例如，"亚运会龙舟比赛战术模式研究"这个题目中，研究领域是龙舟比赛，研究对象是亚运会参赛队伍，研究目的是分析战术模式，研究方法是实地观测。

（2）选题依据：包括国内外对某一问题的研究状况、本课题研究的理论依据和实践意义、形成科学假说的依据等。

（3）题目的范围：包括研究对象和具体的研究任务。

（4）研究方法：包括该研究应采用的各种方法、手段。

（5）资料的来源和资料处理：包括该研究需要什么资料、资料从何来、采用什么方法处理资料。

（6）预期结果：通过研究可能会出现的结果，包括所建立的假说。

（7）仪器用品与经费预算：包括研究方法所涉及的科研仪器、设备型号、数量及完成该项研究所需的经费。

2. 具体的工作计划

根据研究设计方案的内容，还要按科研进行的不同程序划分几个阶段，这就是具体的工作计划（或工作进度）。这部分内容会使研究者增强工作责任心和树立紧迫感，经常想到什么时间应做什么工作、完成什么任务，确保整个研究工作扎扎实实地进行。

### 三、收集与整理研究资料

（一）收集研究资料

研究资料是验证假说、论证问题、形成科学理论所需要的科学事实，是研究工作所要完成的重要内容。研究资料包括文献（情报）资料和科学事实两大类。

文献资料是前人积累的科学理论与研究成果的记录（间接经验）。研究人员只有紧紧围绕研究课题，尽可能多地收集文献，才能充分了解本课题的学术背景与前沿动态，才能为验证假说、论证观点提供有力依据。

科学事实是直接来自社会实践、来自龙舟运动实践活动和具体事实，它为研究课题提供直接的研究材料，是科学研究中验证假说，提出新发现、新理论的先决条件。科学事实的表现形式多样，可以是各类实验中获取的原始数据、事例反映的记录，也可以是观察、调查获得的第一手情况记录、数字、问卷材料、录音、录像、图片等。

（二）整理研究资料

对通过实验观察、调查访问、实验测量、查阅文献资料所收集到的大量原始、零乱的研究材料，必须经过数据统计与逻辑处理，才能为验证假说、形成科学理论提供有效可靠的依据。

对于文献资料和（定性类）经验事实，主要采用系统方法和各种逻辑方法进行加工整理。首先，对资料进行汇总、分类、检验、筛选，然后结合研究任务，运用比较、类比、归纳、演绎、分析、综合等方法进行加工整理，揭示事物可能存在的联系与规律，得出研究问题的观点与结论。

对于各种实验、测量、观察中直接获取的数据应进行统计处理。运用各类指标数据的处理结果，对研究假设中的某些问题进行抽象判断与检验、验证假说，提出结论，揭示规律。

### 四、撰写科学论文

学术论文是科学研究的总结，是研究成果的反应。不同学科的论文，其格式与结构不尽相同，但大体上都由以下几个部分组成。

（一）选题依据

选题依据部分是论文的引言。首先，要扼要地叙述为什么研究这个课题，这个课题的意义何在。其次，要综合研究问题的历史和现状，前人研究了哪些问题，还有哪些问题没有解决。最后，要阐述研究的范围与研究的任务，前人文献中已有的不必细写，主要写好研究的理由、目的、方法和预期结果，意思要明确，语言要简练。

（二）研究对象与研究方法

要详细、完整地说明研究所采用的方法与研究对象。采用实验法要有实验方案，包括理论依据、施加因素、实验对象、效应观察指标和操作步骤等。采用观察法、统计法、调查访问方法时要署名并讲述清楚对象、内容、时间及具体方法等。

（三）结果分析

结果分析部分是论文的主体，包括通过实验、观察、调查研究的结果和运用基础理论与专业理论对研究结果进行分析与讨论。进行阐释和判断时层次要清晰，立论要严谨。

（四）结论与建议

结论是理论分析和实验结果的逻辑发展，是整篇论文的归宿。结论必须准确、鲜明、完整，必须与研究的课题内容相结合，必须在理论分析的基础上经过归纳、推理形成总的观点。

（五）致谢

在研究工作中得到的帮助，应在论文结束处表示感谢，用词要恰如其分。

（六）参考文献

科学论文列举参考文献是科研工作者严肃的科学态度及研究工作具有广泛充分依据的反应。凡引用其他作者的观点和研究成果的，都应在参考文献中说明出处。应按照顺序列出论文中所参考或引证的文献资料，注明编号、作者姓名、文献名称、有关章节和页次等。

## 第三节 龙舟运动科学研究的一般方法

科学研究方法是人们发现新现象、提出新理论的手段，是在科学活动中运用科学实践与理论思维的技巧。随着现代科学技术对体育科学技术的渗透，以及体育运动的不断发展和人们对体育认识的日益深化，促使体育科学研究向深度和广度两个方面迅速发展，并逐步形成了适合体育自身要求的研究方法。目前，观察法、调查法、实验法、逻辑方法、数学方法和系统科学方法（"三论"方法）等均已在体育科学领域中被广泛运用，同样，也在龙舟运动科学研究中成为探索龙舟运动发展规律的有力工具。

### 一、观察法

观察法是在自然条件下，通过人的感官或科学仪器，根据预定的目的，有计划地对研究对象进行系统考察，从而获得科学事实和资料，并运用有关方法加以整理，从现象到本质，从感性上升到理性，最后获得规律性认识的一种研究方法。龙舟运动科学研究中通常采用的对运动员划桨技术进行统计，就是通过一些测量工具（目前常用的有计算机）对龙舟运动训练和比赛进行定量描述的方法。摄像法则是利用照相机、摄像机、电影摄影来记录所观察到的事物和现象，而后深入观察分析的一种研究方法。观察的种类很多，就其目的而言，可分为质的观察和量的观察两种。运用观察法的基本要求如下。

（1）观察应具针对性。观察应有明确的观察目的，使观察具有针对性。观察的针对性来源于理论思想的指导作用，为提高观察的实效，应充分发挥理论思维对观察的能动作用。

（2）观察应具客观性。为保证观察过程客观和准确，应坚持实事求是的科学态度。观察时不择己所好，忌主观片面。

（3）观察应具系统性。由于事物总是发展变化的，因此要客观地认识事物的发展全过程，就必须进行系统观察。

（4）观察应具准确性。为防止在观察过程中由于主、客观原因而带来误差，要求观察者在观察前做好仪器的校检，选择好观察的位置，印制好观察记录表。正式观察前先进行实习，以便修改、完善和熟悉观察指标，保证观察的准确性。

**二、调查法**

调查法是研究者通过直接观察或间接了解研究对象的各种方式去搜集反映研究对象的材料，是当前龙舟运动科学研究常用的一种方法。根据调查对象的数量与范围的大小，可分为普通调查、典型调查、抽样调查等类型；根据调查的性质和内容，又可分为现状调查、前瞻调查、回顾调查等。调查方式有访问调查法、问卷调查法、德尔菲（专家调查）法等。

（一）访问调查法

访问调查法也称研究性谈话调查法，是通过有目的的谈话，寻求研究资料的方法。访问调查法分为四个步骤。第一，取样。根据被访问者的总体特征和研究目的，决定抽样方法、访问的样本。第二，制订访问时的提问提纲。第三，进行访问。访问者要先表明身份、单位和访问目的等。第四，记录答案，及时整理。

（二）问卷调查法

问卷调查是一种书面形式的调查，它是以卷面形式提出若干问题来询问被调查对象，然后对所得材料进行分析的研究方法。问卷调查法的步骤：第一步，问卷的设计；第二步问卷的信度和效度检验。

1. 问卷的设计

调查问卷的内容应包括三部分，即问卷的标题部分、问卷的说明部分和调查问题项目部分。调查问题项目部分，结构形式大体上有问题罗列式（陈述式）和表格式两种，也可将这两种形式结合运用。

2. 问卷的信度和效度检验

问卷的信度即问卷的可靠性，效度是问卷的有效性，问卷的信度是效度的前提。调查结果的信度与效度对结论推导的真实性有至关重要的作用，因此，保证问卷的信度与效度是研究者必须掌握的技巧。

## （三）德尔菲法

德尔菲法是调查者以书面形式对研究的问题向有关专家进行咨询调查，并背对背地反复多次汇总征询意见，从而进行预测与判断的一种调查形式。

德尔菲法的运用程序如下。

（1）确定调查主题，拟定调查纲要和调查表格。

（2）确定被调查专家。应选择在本研究领域内连续工作10年以上有造诣的专业人员。专家人数一般以10～25人为宜。

（3）调查过程如下。

1）向专家发函，提出要求，提供有关背景材料，明确预测目标，征求意见。

2）发调查表给专家。调查表只提出要求预测的问题。

3）调查者对专家寄回的调查表进行汇总整理，并将统计归纳后的结果反馈给各位专家，为专家修改自己的意见做参考。

4）调查者回收第二轮问卷后进行统计归纳，再反馈给各位专家。如此反复3～4轮即可得出较准确的预测结果。

## 三、实验法

实验法是研究者利用一定的物质手段，人为地控制、模拟自然现象，排除非实验因素的干扰，突出主要因素，在特定的条件下通过实践探索自然规律的一种研究方法。实验的类型很多，主要有定性实验、定量实验、对照实验、模拟实验等。

（一）科学实验的构成因素

任何科学实验都包括三个基本因素，即施加因素、实验对象和实验效应。

（1）施加因素又称处理因素，即在实验中为揭示实验对象可能发生某种变化而设置的突出因素，如提高桨频实验中的某种训练手段与方法等。施加因素必须使之成为规范稳定的、可操作实施的一些内容、方法、手段等。

（2）实验对象泛指实验课题所涉及的全部对象，即实验研究的总体。从实验对象总体中抽出实验个体就称之为实验样本，它是实施实验的受试者。

（3）实验效应是指通过实验后施加因素对受试者的作用。为了解释施加因素对受试样本产生的效应，就必须通过一定的指标来进行观测，以便确定实验的效应程度。选择指标必须遵循指标的有效性、客观性、代表性及指标的标准化等原则，才能保证观测结果的正确性和可靠性。

（二）设计实验的原则

（1）重复性原则。必须使所设计的实验方案能重复进行，并能产生同样的结果。

（2）可控性原则。尽量控制各种实验条件，采用均衡或对称安排的方法来达到控制实验的目的。

（3）随机性原则。实验对象必须随机抽样，不能人为地挑选。

（4）对照性原则。"有比较才能有鉴别"，实验分组设计常有自身的比较设计、组间比较设计和配对比较设计。

（三）实验的实施

实验的实施是科学实验的中心环节。在此阶段，实验人员要完成以下几项任务：实验仪

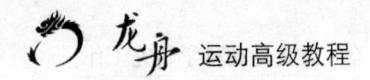

器设备的安装；预备性实验；实验过程中的操作、观察与记录；对实验结果进行处理与评价。

### 四、逻辑方法

科学研究必须通过观察、实验、设计等方法对搜集的资料与事实运用理论思维的方法进行整理，使认识从经验层次上升到理论层次。资料事实的整理过程是多种方法辩证统一的运用过程，包括比较、分类、类比、归纳与演绎、分析与综合等逻辑思维方法。类比、归纳与演绎已在建立假说的方法中介绍，在此仅介绍比较法、分类法、分析法与综合法。

#### （一）比较法

在龙舟科学研究中，广泛地运用比较法。无论是对比赛统计资料的分析或对实验结果的论证及新观点、新方法的提出，无不运用比较法。在对龙舟运动领域中各种现状分析时常用纵向比较，以揭示龙舟运动发展的规律；在提出新观点、新论证、新方法时，又常采用与世界先进国家的横向比较。

#### （二）分类法

分类可以把纷繁复杂的事物加以条件化、系统化，从而深化人的认识。通过分类可以揭示同类的共性和本质，从而为进一步研究奠定基础。

#### （三）分析法

分析，就是把研究对象分解为各个组成部分或对简单要素加以研究，以达到认识其本质的一种思维方法。例如，直道竞速的桨频问题可分解为启航、途中、冲刺等部分来分别加以研究。

分析法有四种。一是定性分析，是为了确定研究对象是否具有某种性质的分析。二是定量分析，是为了确定客观对象各个部分数量的分析。三是因素分析，是为了确定引起某一现象变化原因的分析。四是系统分析，是一种动态分析，它将客观对象看成一个发展变化的系统。运用分析法时，必须首先了解研究对象各个组成部分的特征，才能把整体加以解剖，把各个部分从整体中分离出来，加以深入的分析。分析法一般多与综合法结合运用，以便更好地全面把握研究对象的发展过程。

#### （四）综合法

综合法就是把研究对象的各个部分、各个方面和各种因素联系起来加以考虑，从而在整体上把握事物本质和规律的一种思维方法。例如，对直道竞速的启航、途中、冲刺等环节，分别分析后把各环节联系起来，考察它们相互间的联系及各环节与龙舟划桨技术的联系，从而得出对龙舟划桨技术的完整认识。

### 五、数学方法

数学方法是运用数学所提供的概念、理论和方法对研究的对象进行定量的分析、描述、推导和计算，以便从量的关系上认识事物发展的规律性的方法。数学方法为龙舟运动科学研究提供了简洁精确的形式化语言，提供了定量分析和计算的方法手段。在龙舟科学研究中常用的数学方法有数理统计法和运筹学方法。

#### （一）数理统计法

数理统计是运用概率论定量地研究和剖析实践中所遇到的具体随机现象内部规律的数学

方法。在龙舟运动科学研究中得出的各种观测、实验数据都属随机变量，随机变量在数值上是随机波动的，但又具有某种分布。我们经常用它们分布相联系的数来反映其变化规律。

数理统计中还有一部分定量研究事物各因素之间相互关系的方法，其中相关分析与回归分析是常用的方法，用相关系数定量地描述两个变量（因素）间的密切程度。如果两个变量存在相关关系，则可用回归分析的方法研究这种关系。

（二）运筹学方法

运筹学方法是运用数学方法，把所要研究的问题做出综合性的统筹安排和对策，以达到最经济地使用人力、物力和最优地收到总体效果的方法。运筹学方法包括的内容很多，常用的是决策论方法。决策是对未来行为确定目标、方向，并为选择一个能实现预期目标最优的可行方案做出决定的过程。

## 六、系统科学方法

系统科学方法是指控制论、信息论、系统论等系统科学方法和理论在体育科研中的应用。它们的共同特征：一是系统性，二是整体性，三是定量性，四是都为解决多因素的、动态的复杂系统提供了方法，五是量优化。

# 第十四章

# 龙舟赛事的组织与管理

## 第一节 龙舟赛事的界定与分类

体育竞赛作为人类社会的一种独特的人类社会现象，伴随人类社会的发展而发展。

### 一、龙舟赛事的界定

《体育赛事管理》理论认为：体育赛事管理是事件管理和特殊事件管理中很重要的组成部分，也可说体育赛事是事件和特殊事件的子集，它们之间存在着密切关系并有许多共同之处。随着龙舟项目成功进入亚运会，龙舟赛事的举办规模与规范已经提上议事日程。因此，有必要对龙舟赛事有一个明确的界定。

（一）龙舟赛事的基本属性

依据《体育赛事管理》理论，结合龙舟项目的特殊性，龙舟赛事的基本属性如下。

（1）以龙舟竞赛为核心要素，提供竞赛产品和相关服务产品。

（2）受龙舟竞赛规则、地域传统习俗和多种因素的影响。

（3）不同参与者存在目的和目标的多样性。

（4）能够对外界环境产生冲击和影响。

（5）具有一次性项目特征。

（6）具有独特的组织文化背景。

（7）往往和节庆联系在一起。

（8）具有潜在的市场运作前景。

（二）龙舟赛事的定义

龙舟赛事是一种提供龙舟竞赛产品和相关服务产品的特殊事件，其规模和形式受竞赛规则、传统习俗和多种因素的制约，具有项目管理特征、组织文化背景和市场潜力，能够迎合不同参与体分享经历的需求，达到多种目的与目标，对社会和文化、自然和环境、政治和经济、旅游等多个领域发生冲击，能够产生显著的社会效益、经济效益和综合效益。

### 二、龙舟赛事的分类

选择体育赛事的目的作为分类标准，并根据龙舟赛事的规模、水平与目标三者的关系，将龙舟赛事分为大型综合性运动会龙舟赛事、龙舟品牌赛事、单项顶级龙舟赛事、节庆龙舟赛事、特殊龙舟赛事，如表14-1所示。

表14-1　　　　　　　　龙舟赛事不同类别的典型案例与主要特征

| 赛事类型 | 典型案例 | 主要特征 |
| --- | --- | --- |
| 大型综合性运动会龙舟赛事 | 亚运会、亚洲沙滩运动会、农民运动会、水上运动会、体育大会、少数民族运动会 | 规模大、水平高、影响大、周期性明显 |
| 龙舟品牌赛事 | 中华龙舟大赛、中国龙舟公开赛 | 规模大、站数多、水平较高、影响最大、周期性明显 |
| 单项顶级龙舟赛事 | 世界龙舟锦标赛、亚洲龙舟锦标赛、欧洲龙舟锦标赛、全国龙舟锦标赛 | 水平最高、规模大、影响大、周期性明显 |
| 节庆龙舟赛事 | 山水文化节龙舟赛、旅游节龙舟赛、地方端午节龙舟赛、国庆节龙舟赛、各类邀请赛 | 水平一般、规模一般、影响较大、周期性不明显 |
| 特殊龙舟赛事 | 冰上龙舟、沅陵传统龙舟横渡、长江三峡龙舟拉力赛、龙舟拔河、龙舟往返赛、五人龙舟赛 | 赛事特点鲜明、地域性强、参加人数多、周期性不明显 |

（一）大型综合性运动会龙舟赛事

大型综合性运动会龙舟赛事是指那些周期性明显，并影响举办城市和举办地区的整个经济，在全球范围内和广大媒体中产生巨大回响的综合性运动会龙舟赛事，如亚运会、亚洲沙滩运动会、农民运动会、水上运动会、体育大会、少数民族运动会等。表现为赛事的规模大、水平高，参与和出席的人数多，媒体覆盖面大，公共财经参与度高，市场目标大，对举办城市和地区产生显著的社会效益、经济效益和综合效益，对社会政治、经济、文化、旅游和城市建设等诸多方面产生深远影响。

（二）龙舟品牌赛事

龙舟品牌赛事是2011年创新的大型赛事，包括中国龙舟公开赛和中华龙舟大赛等，是我国龙舟赛事社会化、市场化的产物。表现为每个赛事由多个站点组成，影响最大，参与人数多，CCTV体育频道等媒体直接参与赛事的宣传策划，举办城市和举办地区投入较大，市场吸引力大，对举办城市的社会经济、文化等方面产生较大的影响。

（三）单项顶级龙舟赛事

单项顶级龙舟赛事是指周期性明显的世界龙舟锦标赛、亚洲龙舟锦标赛、欧洲龙舟锦标赛、全国龙舟锦标赛等。表现为赛事水平高、规模大，媒体关注度高，市场吸引力大，重视程度高，对举办城市的社会经济、文化多方面的影响较大。

（四）节庆龙舟赛事

节庆龙舟赛事是指各地区、各城市根据自己的目的，利用端午节、国庆节、山水文化节、旅游节等节庆，把龙舟赛事作为节庆的一个子项目。表现为赛事水平一般、规模一般、媒体关注度一般，举办城市利用龙舟赛事平台，在丰富广大群众的业余生活的同时，大力发展经济、文化、贸易等活动。

（五）特殊龙舟赛事

特殊龙舟赛事是指地区根据自身的气候、传统文化、群众需求自行开发的具有鲜明地方特色的龙舟赛事，如北方的冰上龙舟、湖南沅陵的传统龙舟横渡、长江三峡龙舟拉力赛、京杭大运河龙舟邀请赛、广东的五人龙舟，还有龙舟拔河、龙舟往返赛等。表现为赛事特点鲜明，群众参与性强，赛事水平一般，媒体关注度一般，对于举办城市和地区的政治、文化影响较大，对于地方经济影响一般。

## 第二节 赛事的申办与筹备

### 一、赛事申请与报批

**（一）申请承办龙舟赛事的资格主体**

申请承办龙舟赛事的主体必须是具备独立法人资格的机构或团体（企业、部门）、县级以上人民政府及其职能部门。

**（二）申请承办龙舟赛事的程序**

申请承办省级龙舟赛事，必须由省级体育部门或体育部门的授权机构同意，并报中国龙舟协会秘书处备案。

申请承办全国龙舟赛事的报告必须经省级体育部门签署意见后，方可向中国龙舟协会秘书处申报，再由中国龙舟协会向国家体育总局提交审批，在得到国家体育总局同意批复后才获准承办比赛资格。随着改革的深入，赛事申请程序将进一步简化。

**（三）申请承办龙舟赛事报告的内容**

一般于比赛前一年的8月之前报中国龙舟协会申请承办龙舟赛事，申请报告包含下列详细信息：①竞赛目的；②竞赛名称及规模；③竞赛时间、地点；④竞赛组别、项目；⑤水域情况及航道说明；⑥所用龙舟种类；⑦经费来源简介；⑧联系人姓名、地址、电话、传真、电子邮箱。

**（四）对申请承办龙舟竞赛单位的考察和评估**

有关部门在接获申请报告后，将派出一名协会官员和技术代表对赛区进行实地考察。中国龙舟协会官员和技术代表对赛区的考察程序一般为听取汇报，了解情况，考察场地，看器材，抽查一两家宾馆，交换意见。时间为两天。

为此，申请单位应做好充分的准备。汇报材料的内容包括筹备机构的组成人员情况、对赛场修建和布置的意见、器材准备的情况、运动队及官员的住宿安排、交通运输的设想、安全保卫工作的方案等，并提供赛场平面图并准备回答有关其他工作的问题（宣传、接待、开闭幕式、大型活动、食品卫生等）。

如赛区要求，赛前两个月，有关部门可再次派出一名技术代表具体指导赛区筹备工作，以保证比赛完全符合规程和规则的要求。

### 二、竞赛筹备与组织

**（一）筹备与组织工作的内容**

从接获有关部门的批复后，赛区即刻成立筹备委员会。筹备委员会一般下设办公室、竞赛部、交通部、接待部、安全保卫部、宣传部，以及根据活动需要另外设立大型活动部等相关机构，并配备相应人员，制订工作计划和工作流程。而作为比赛的重要部门竞赛部的工作则要围绕如何保证比赛顺利进行来实施。除制订详细的计划和工作流程外，最主要的工作有以下几项。

（1）尽快请示批准比赛的机构，下发竞赛规程，对比赛的时间、地点、项目、参加办法、竞赛办法、奖励标准、参赛人员及报名报到、离会、经费和其他规定，尽快确定，除发给有关有意参加比赛的队伍外，还可在相关网站上公布，在报名日期截止前，再次确认参赛队伍。

（2）订制器材，除非另有规定，一般龙舟赛事需要到中国龙舟协会认定的厂家订制，以保证比赛器材的质量和标准。

（3）与交通、安保、接待及其他部门协调，就有关运动队的食宿、交通和安保等工作做好预案，并确定专人负责。

（4）落实奖牌和奖品，奖牌和奖品的式样没有严格规定，但需体现本次比赛的要求。

（5）做好场地及航道的布置，按规则要求严格把好场地布置关。

（6）除上级指派的裁判员外，还需做好本地裁判员的选调和培训工作。一般来讲，赛前在技术代表考察场地时，最好能给本地裁判做一次短暂的培训，时间为一天或一天半。

（7）如有开幕式，还需安排运动队的入场和入场后的比赛等协调工作，指定专人负责，反复论证运动队登舟码头和参加开幕式的地点距离、开幕式需要的时间、路途需要的时间、运动队的准备活动时间、抽签及登舟再到起点中间需要的时间，对开幕式后的比赛是否会造成影响。

（8）根据规则（附录）的要求，计算出比赛所需要的各种裁判器材和表格，提前购置和制作，并分各裁判组工作需要分别装袋，待所有裁判报到后，一并交裁判组使用。

（9）制定颁奖方案，除非另有规定，一般安排在每次决赛后当场颁奖。

（10）从竞赛筹备工作一开始，就需安排一名专人负责接听电话、收发传真，负责答复有关竞赛队伍和新闻单位的信息回复，对所有的资料进行收集和整理。一般情况下不外借，若需借用要履行手续，用后归还，赛后一般归档。

（11）准备好有关会议的场地、布置、资料，参加人员的通知、报到，以及有关领导的讲话稿。

（二）筹备与组织工作的程序

（1）中国龙舟协会根据承办方申请报告的竞赛规模、参赛队伍数量及赛事性质，提供办赛计划书。

（2）申请办赛单位在取得中国龙舟协会同意举办比赛后，需与中国龙舟协会或指定单位签署办赛协议。在协议中确定比赛的时间、地点、性质、捐款数目，同时明确比赛中双方的责、权、利关系。

（3）中国龙舟协会赛前三个月确定参赛队伍、人员数量及区域，并制作竞赛通知或邀请函及竞赛规程（一般时间安排为报到一天、训练一天、比赛两天、离会一天）下发到各省市体育部门及相关组织。

（4）承办方赛前两个月开始成立筹备委员会及相关办事机构，确定工作任务、方案及时间安排。

（5）赛前一至两个月视筹备情况，中国龙舟协会可派人前往赛区检查筹备情况。

（6）赛前一个月主承办双方商定比赛组委会名单。

（7）承办方需在赛前十五天将开幕式、闭幕式方案及颁奖方案报中国龙舟协会审核。

(8) 承办方负责制定和实施安全保卫措施，比赛开始前一周制作秩序册、奖杯、奖牌及相关证件。

(9) 赛前一至两天总裁判长抵达赛区，指导布置赛场、检查比赛器材等相关事宜。赛前一天组织裁判员及辅助裁判员开始实习。

(10) 比赛结束后，赛区还需写出竞赛工作总结报上级有关部门，并向中国龙舟协会秘书处寄出20套秩序册和成绩册，向省级龙舟主管部门寄出5套秩序册和成绩册，向市级龙舟主管部门寄出3套秩序册和成绩册。

## 第三节 龙舟竞赛组织与管理

龙舟竞赛是龙舟赛事的核心，竞赛的方式由主办单位根据地方水域的特点或民俗风情，按照龙舟竞赛规则的要求，有组织有目的地选择项目、距离及比赛规模。

### 一、竞赛规程

竞赛规程是竞赛活动的指南，它包括比赛时间、主办单位、承办单位、邀请对象、竞赛项目、竞赛办法、运动员资格、参加办法、录取名次与奖励、确认和报名、经费等要素。下面列举"2011年中国龙舟公开赛竞赛规程"。

## 2011年中国龙舟公开赛（江阴·月城站）竞赛规程

**一、主办单位**
国家体育总局社会体育指导中心
中国龙舟协会
江苏省体育局
江阴市人民政府

**二、承办单位**
江苏省社会体育管理中心
江苏省龙舟协会
江阴市月城镇人民政府
江阴市体育局
江阴市园林旅游管理局

**三、协办单位**
扬子江船业（控股）有限公司
双泾生态园

**四、比赛时间、地点**
时间：2011年6月3日至6日
地点：江苏省江阴市月城镇

**五、参赛单位**

以省、自治区、直辖市、计划单列市、新疆生产建设兵团体育主管部门，解放军，行业体协以及承办地为单位组队，除承办地队伍外，共接受11支队伍报名（原则上各单位限报一支参赛队伍），报满即止。

**六、竞赛项目**

公开组22人龙舟200米、500米直道赛和3000米环绕赛。

**七、竞赛办法**

（一）比赛执行中国龙舟协会审订的最新版《龙舟竞赛规则》。

（二）参赛队人数：各队限报26人，其中领队1人、教练1人、鼓手1人、舵手1人、划手20人、替补队员2人。

（三）比赛龙舟由大会提供。各队可自带桨，划桨规格须符合中国龙舟协会竞赛规则要求，颜色一致；舵采用固定式舵。

（四）比赛只能采用坐姿。

（五）要求各队运动员比赛服装颜色、式样一致。

（六）各参赛队需提供2张/人免冠小二寸照片及电子版，队伍第二次报名时以电子邮件发送中国龙舟协会和公开赛组委会，制作运动员证及检录卡。

（七）确定比赛的方法和抽签。

1. 比赛采取预赛、半决赛、名次赛、决赛的方式进行（比赛设4条航道）。

2. 预赛分组抽签在领队、教练、裁判长联席会上进行；比赛的航道、舟号均于赛前30分钟在检录处抽签决定。

**八、运动员资格**

（一）参赛人员须提供正规医院当年身体检查的证明，身体健康，并具备穿衣游泳200米以上游泳技术。

（二）参赛运动员应自行办理户外人身意外保险，运动员须穿救生衣参加比赛（亦可由领队向大会提出书面申请不穿救生衣参加比赛）。

（三）为加强各运动队的管理，使其按照规范化发展，请参加相关赛事的运动员赛前按照备案通知要求进行备案登记。具体规定请查看中国龙舟协会网站（http：//dragonboat.sports.org.cn）。

**九、录取名次与奖励（奖金总额40万元）**

（一）总成绩排列按照中国龙舟协会关于中国龙舟公开赛总积分要求执行（中国龙舟协会网站 http：//dragonboat.sports.org.cn）。

（二）单项赛前六名队伍获优胜奖，颁发奖杯（冠、亚、季）和证书。

（三）三项赛总成绩前六名队伍获优胜奖（将200米、500米直道赛和3000米环绕赛成绩相加，如三项积分相等，500米成绩优胜的队伍列前），颁发奖金、奖杯和证书。奖励金额见下表：

| 奖励＼名次 | 冠军 | 亚军 | 季军 | 第四名 | 第五名 | 第六名 |
| --- | --- | --- | --- | --- | --- | --- |
| 22人龙舟 | 11万元 | 8万元 | 6万元 | 5万元 | 4万元 | 3万元 |

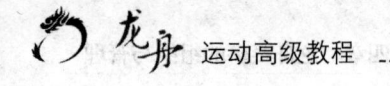

（四）三项赛成绩其余名次队伍（须参加所有规定比赛）均获鼓励奖。奖励金额：各0.5万元。

十、报名和报到

（一）报名。

1. 请参赛单位登录中国龙舟协会网下载确认函及报名表。

2. 请将确认函和报名表分别于2011年4月25日、5月6日前，经省、自治区、直辖市、计划单列市、新疆生产建设兵团体育主管部门，解放军，行业体协盖章后通过传真、电子邮件报中国龙舟协会和赛事组委会，同时将原件寄至：

（1）中国龙舟协会

地　　　址：北京市东城体育馆路9号

邮　　编：100763

联 系 人：辛毅、王瑜、杨静

联系电话：010—6712××××

传　　真：010—6713××××

电子邮箱：cdbadragon@126.com

（2）赛事组委会

地　　　址：江苏省江阴市月城镇政府

邮政编码：214404

联 系 人：刘志刚

联系电话：0510-8658××××

传　　真：0510-6628××××

手机号码：1377125××××

电子邮箱：67484××××@qq.com

（二）报到。

请各参赛队于2011年6月3日到赛区指定宾馆报到（见附件）。

十一、经费

（一）组委会免费提供并统一安排自6月3日至6日每队26人在当地的食宿和比赛车辆（每队预算支出2万元左右）。

（二）组委会提供队伍报到和离会在无锡、常州火车站、机场的免费接送服务各1次（分批抵达的队伍只提供免费接送1次，其他人员自行解决交通）。

十二、日程安排

（一）6月3日下午：报到。

（二）6月4日上午：参观华西村。下午：参赛队伍适应场地，召开领队、教练联席会议。

（三）6月5日全天：200米、500米直道赛预赛、半决赛、名次赛；500米决赛。

（四）6月6日上午：开幕式（点睛仪式）；200米决赛；3000米环绕赛；闭幕式（总成绩颁奖仪式）。中午：欢送酒会。下午：3点前队伍返回。

十三、裁判员

指定裁判员由中国龙舟协会选调，辅助裁判员由承办地选派。

**十四、其他**

未尽事项另行通知，本规程解释权归中国龙舟协会。

附件：1. 2011年中国龙舟公开赛（江阴·月城站）确认函；

2. 2011年中国龙舟公开赛（江阴·月城站）报名表；

3. 队伍简介。

## 二、赛前组织与管理

由于龙舟赛事组织具有临时性的特点，并由举办城市政府、国家体育总局社会体育指导中心、中国龙舟协会及选调的来自全国各地的国际级、国家级裁判员组成，因此，赛前有以下具体工作要做。

（1）检查场地器材：包括龙舟、航道的布置、登舟码头、途中用艇、启航平台、起点发令台、发令装置、检录与起点音像、对讲机、运动员休息区、终点塔及各岗位需要的器材等。

（2）辅助裁判员与自愿者培训：裁判长赛前组织辅助裁判员与自愿者学习《龙舟竞赛规则》与裁判法，熟悉龙舟竞赛流程。除了理论学习以外，还按照岗位进行分工，并进行裁判实习。

（3）裁判实习：根据竞赛规则的要求，严格按照竞赛流程进行裁判员的实习，加强各岗位之间的衔接与合作，特别是检录与器材，起点、终点与途中裁判员的沟通，确保比赛的流畅进行。并且根据场地器材的情况，对于可能发生的突发事件做好预案。

（4）裁判员、教练员与领队联席会议：会议上由主办单位介绍赛事筹备情况及当地的民俗风情，由总裁判长介绍龙舟场地的水域、航道、规则的尺度、开幕式的要求、申诉、比赛办法、编排方法等。最后，由裁判长组织各项目的分组抽签。

（5）组织龙舟代表队赛前训练：赛前训练的目的是让各运动队通过训练来适应场地、熟悉水域情况，减少比赛过程中的风险。

下面列举竞赛场地器材的检查情况。

竞赛场地（摘自《龙舟运动技术手册》）

（1）比赛/训练场地：赛区提供至少长度1200米、宽度110米的竞赛场地和训练场地（包括1000米、500米、250米直道竞速赛道，100米缓冲区，100米起点区，13.5米宽×6条航道，20米的附航道，9米的安全警界水域），水面必须是在静水水域，每条航道都是同样的宽度，航道线必须与起航线和终点线垂直，起航线和终点线必须平行，禁止使用固定的木桩、竹竿和类似的东西标注航道，航道内不能有障碍物（含水草、暗礁等）。赛场底部应基本平坦，水深至少要达到3.5米。

（2）航道应设置浮标。航道浮标间距不得大于20米，使用黄色浮球。直道项目每200米处使用红色浮球，并在航道两侧设置静止的分段标志。距终点100米距离使用红色浮球，浮标间距不得大于10米。最后一个浮标设在终点线内1米处。浮球的直径不少于0.40米，球的表面应较柔软。

起点线和终点线延长线上（6米以外），发令台和终点台的对面，必须设有高出水面3米清晰可见的标志杆（瞄准牌），其规格为高3米、宽0.5米（中间0.1米为黑色，两边各0.2米为黄色）。

起点、终点处必须标明每一航道的编号。其规格为高 1 米、底长 0.6 米的三角标（白底黑字）。起点编号牌放置在起航平台每一航道的中央；终点编号牌放置在终点线外 2 米航道线的延长线上（终点裁判远侧）。在起、终点线后至少要各留 100 米以上的准备和缓冲区域。

注：追逐赛、拉力赛的场地布置参阅特别规则。

（3）码头：登舟码头应有利于运动员登舟和靠岸，有利于保护比赛器材，并保证安全。

标准码头（E 型）：设 3 个登舟码头，每个码头向水面前伸 20 米，宽 5 米，高出水面 0.3 米，码头之间的间距为 10 米。

（4）发令台、终点塔：在起点线的延长线上，航道外侧 6 米处，设置 6 米×6 米高出水平面 3 米的发令台，配备扩音设备和遮雨设施，起航平台必须要用浮桥式，长度与航道一致，宽不少于 2.5 米，高出水面 0.30 米，安置在起航线后，距离起航线 18.5 米，并且坚固稳定。

（5）终点计时塔（四层高、每层 30 平方米），第一层电子计时、第二层人工计时、第三层仲裁和体育展示、第四层电视转播。终点裁判台应为阶梯式，设在终点计时塔内并不受外界干扰。

### 三、赛中组织与管理

（一）龙舟竞赛的裁判岗位

龙舟竞赛的裁判岗位包括编排、检录、器材、起点、途中、终点六个岗位。只有各岗位密切配合，才能使整个比赛顺利、流畅地进行。

1. 编排

编排的任务是根据分组抽签表填写比赛秩序单，根据收到终点报过来的成绩，编入复赛、半决赛、小决赛、决赛，同时填写比赛秩序单，如果规程上规定按成绩进入航道，在填写每一个赛事的比赛秩序单时，按照上一轮的比赛成绩编入航道。同时，填写成绩报告单，并在成绩栏上公布。

2. 检录

检录的基本任务是进行预赛航道抽签，复赛、半决赛、小决赛、决赛时，根据龙舟竞赛规程的要求，可以进行航道抽签或按成绩编入航道两种方式进行。提前 30～40 分钟检录，核对参赛人数，审查运动员资格。确认无误后，按照一定的规律，有秩序地组织运动员到登舟码头。

3. 器材

比赛前将龙舟比赛所需要的备用桨、水漂、鼓槌等安放在相应的位置。根据码头的状况，按照一定的规律排列多组龙舟；接到由检录带来的参赛队伍后，按照引导牌所显示的数字，登上相应航道牌数字的龙舟；等全部队伍登舟完毕后，按照一定的顺序离开登舟码头，驶向起点。

4. 起点

起点于赛前 5 分钟（或 3 分钟）组织各队进入航道，赛前 3 分钟（或 2 分钟）开始点名，确认队伍和航道是否一致，赛前 2 分钟（或 1 分钟）开始取齐。取齐后进入发令程序"各队注意、预备、划"或"×××队注意，5、4、3、2、1、划"。运动队出发后与终点联系是否收到信号，如果没有收到信号，要组织第二次发令，口令为"5、4、3、2、1、划"。

起点还要根据情况对抢航犯规的运动队，给予黄牌警告或者取消资格的处罚。协助途中进行水面安全及运动队的管理。

5. 途中

途中负责整个水上的管理工作，包括比赛期间航道与水上设备器材等的管理；配合器材、起点与终点等岗位进行裁判工作；对参加比赛的各个队伍的一个赛次的整个过程进行监管；出现抢航时负责途中拦截；负责水上各点裁判员的接送；负责监管水上安全事故，协助救生艇处理水上安全事故；发生串道或龙舟相撞，根据龙舟竞赛规则，填写途中报告单。

6. 终点

终点负责比赛成绩记录与名次判定，填写成绩报告单，确认比赛成绩与名次无误后，将成绩报告单交给编排；与起点沟通，注意接收起点的发令信号；通告起点是否接收信号，如果没有收到信号，组织第二次发令或由途中送表；协助途中进行终点附近水域的管理。

（二）开幕式与颁奖仪式

由组委会成立专门的机构，组织实施开幕式与颁奖仪式。下面列举"2011年中华龙舟大赛开幕式"。

# 2011年中华龙舟大赛开幕式议程

（直播）

第一节　开　幕　式　时　间
第二节　开　幕　式　地　点
第三节　议　　　程

08：50　司仪介绍出席开幕式的领导和嘉宾与主持人

09：00　（开始现场直播）主持人出场，开幕式开始。请全体起立，升中华人民共和国国旗，唱中华人民共和国国歌

09：01　请无锡市委常委、江阴市委书记×××致欢迎词

09：04　请运动员代表宣誓

09：05　请裁判员代表宣誓

09：06　请×××　×××领导为龙舟点睛（点睛内容）

09：09　请国家体育总局领导副局长×××宣布龙舟赛开幕（全称）

09：10　开幕式结束

**情景描述：**

1. 07：30，实行交通管制，电视录播车、通讯应急车、消防车、救护车、救生船到达指定地点；其他一切全部就位。

2. 08：00，开始播放暖场音乐，播放安全告示；安保人员到位；观众有序入场；司仪

介绍此次中华龙舟大赛简介和月城发展变化概况。所有节目在主持人的介绍下开始表演。组委会将点睛须知放在点睛领导桌上。

3. 08：10，开始检录。检录顺序为决赛、小决赛、名次赛（航道牌顺序）。

4. 08：30，水上表演。

5. 08：40，检录完毕，队伍驶离登舟码头，沿附航道入场划向主席台。离开顺序为决赛、小决赛、名次赛（航道牌顺序）。

6. 08：50，参加点睛龙舟（12只），划龙舟到观礼台前按顺序排列。岸上12名运动员拿队旗按水中船号顺序对应排列。

7. 08：59，司仪请出开幕式的主持人（会场掌声、击鼓声、龙舟队员举桨"嗨嗨嗨"三声），主持人在礼仪的引领下走到观礼台前主持开幕式。（1分钟）

8. 09：00，主持人请全体起立奏中华人民共和国国歌，同时升中国龙舟会旗。（3分钟）

9. 09：01，主持人请×××领导致欢迎词（本地领导20秒步行至话筒）。

10. 09：04，运动员代表宣誓。

11. 09：05，裁判员代表宣誓。

12. 09：06，主持人请×××、×××等12位领导点睛（礼仪引领）。（1分钟）

礼仪引领12位领导到点睛平台（2分钟），12位领导点睛。12位最高领导进行，由12名（男性）身着运动装的青年志愿者用统一的动作扶住龙头，12名训练有素着青花瓷礼仪旗袍装的礼仪端着点睛用的颜料（朱砂）和毛笔、托盘，在指定位子等待领导为龙头点睛。在音乐声中，主持人宣读点睛词同时领导跟着主持人的朗诵为12支龙舟点睛。被点睛的龙舟队同时击鼓欢呼。（2分钟）

13. 09：09，主持人请最高领导宣布2011年中华龙舟大赛（江苏·月城站）开幕。（30秒）

14. 09：10，全场锣鼓声、掌声、音乐声、欢呼声同起；礼炮、彩烟、冷烟花齐放。（1分钟）开幕式结束。

备注：《龙的传人》音乐贯穿全场始终，填补空场时间。

15. 09：10～09：20，电视录播5日下午200米预赛。

16. 09：20，公开组200米直道竞速9～12名开赛。（5分钟）

17. 09：24，公开组200米直道竞速5～8名小决赛。（5分钟）

18. 09：28，公开组200米直道竞速1～4名决赛。（5分钟）

19. 09：30～09：59运动员休息，电视录播5日上午500米预赛。

20. 10：00～10：25，3000米环绕赛。

21. 10：25～10：30，播放集锦。

22. 10：30～10：40，颁奖。

颁奖流程：

主持人：江阴市委常委、常务副市长，××。（30秒）

1. 请总裁判长宣布单项比赛成绩。（1分钟）

2. 请×××领导为获得第四至六名的队伍颁奖。（1分钟）

3. 请×××领导为获得第三名的颁奖颁奖。（1分钟）

4. 请×××领导为获得第二名的颁奖颁奖。（1分钟）

5. 请×××领导为获得第一名的队伍颁奖。（1分钟）

6. 获奖运动员合影。（30秒）

（三）抗议和申诉

仲裁委员会与总裁判长负责接受运动队的抗议和申诉。按照规则要求执行具体要求如下。

对裁判员的组成或对其他参赛队运动员参赛资格的抗议，必须在领队、教练、裁判长联系会议上或赛前12小时前由领队以书面形式向仲裁委员会提出，同时交500元人民币抗议金。

对比赛中发生的情况，对裁判员的裁决有异，必须在事后30分钟内由领队以书面形式向仲裁委员会提出申诉，同时交2000元人民币仲裁金。

仲裁委员会将在调查后做出仲裁。仲裁委员会的裁决为最终裁决。

### 四、竞赛保障与服务

（一）交通

1. 抵离交通服务

比赛期间，为运动员及随队官员提供抵离口岸至居住地班车服务。

2. 比赛交通服务

按照竞赛日程，为参加比赛的运动员及随队官员提供酒店至相应比赛场地的班车服务。

3. 训练交通服务

按照训练日程，为参加训练的运动员及随队官员提供酒店至训练场地的班车服务。

4. 开幕式、闭幕式交通服务

在开幕式、闭幕式当天，为参加开幕式、闭幕式运动员及随队官员提供酒店至开幕式、闭幕式场地的班车服务。

5. 随行行李运输服务

运动员及随队官员的随行行李原则上通过所乘车辆的空间（空余座位、行李仓）随车运输；如所乘车辆空间不足，则安排行李车运输。

6. 总局领导、技术代表、总裁判长等交通服务

提供中国龙舟协会领导、技术官员、总裁判长、副总裁判长、裁判员（大约12人）往返赛区交通（机票等）费用。比赛期间为中国龙舟协会领导、技术官员、总裁判长、副总裁判长、裁判员配备专用的小轿车和中巴服务。

龙舟比赛期间所使用的车辆应保持内、外饰整洁，空调等功能良好。

（二）住宿

比赛期间必须提供各省、市运动员和随队官员三星级以上酒店。为中国龙舟协会领导、技术代表、总裁判长、副总裁判长、裁判长提供四星级以上酒店。为中国龙舟协会领导、技术代表、总裁判长安排单间，其余安排双人标间。

（三）工作补贴

比赛期间根据赛程安排和有关规定发放工作补贴。

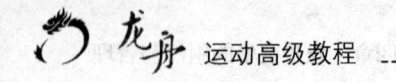

## （四）媒体采访和混合区

比赛场地设立混合区，以方便运动员和各类媒体之间的接触。运动员在比赛结束后必须经过混合区，但没有义务必须回答媒体记者的提问。每位记者将在1分钟内完成采访。龙舟比赛组委会和竞赛部门将提供必要的配合和帮助，保证运动员在比赛结束后顺畅地通过混合区。

## （五）新闻发布会

原则上每场决赛结束后，组织赛后新闻发布会，获奖前三名运动队的教练和领队出席新闻发布会，运动员可视情况参加。参加新闻发布会的人员将由组委会组织引导入场。

## （六）医疗服务

竞赛场地和酒店设置运动员医疗站，由专职医护人员组成服务团队，并配有急救车现场待命，在竞赛场和训练场地正式开放期间为所有呼救人员提供现场医疗急救服务。对急诊病人提供24小时急救服务，现场急救车将提供急救转运支持，任何需要进一步明确治疗的人员将被转运至龙舟赛事承办方定点医院。

## （七）气象服务

举办方提供比赛期间的气象信息。

## 五、赛事风险管理

### （一）注册制证

注册制证是安全和信息沟通运作任务结合的一个领域。制证在赛事中的地位非常重要，有提供出入指定区域的许可、提供省份证明、提供准入标记、协助赛事交通的作用，没有证件就无法控制人群和进行有效的沟通。

通行证件包括持证人姓名、相片、签名、代码字母（如新闻、VIP、志愿者、运动员、教练员、技术官员、医疗工作人员、行政官员）、代码数字和赛事通行范围记号（VIP礼遇区、运动员村、媒体中心、竞赛区）、使用期或专门使用的期限等。

### （二）交通运输

交通运输是运动员及时到达赛场、工作人员准时到达工作地点和观众准确、方便地到达赛场观看比赛的重要保证。运输系统包括专用运输系统和公共运输系统。

### （三）安全保卫

安全保卫分为针对龙舟赛事参与体的保卫，VIP保卫，场地器材保卫，防火、交通和人群控制。水上安全主要由救生员执行。

### （四）医疗卫生

医疗卫生是对参加赛事的所有参与者的风险管理，比赛场地的医务是运动员比赛的保证，一些简单的受伤情况可以得到护理，从而保证比赛的顺利进行和赛事的进程流畅。医务人员往往与竞赛兴奋剂检测联系在一起。

此外，对所有工作人员几个代表团全体成员的饮食卫生的管理也是龙舟赛事正常举办的重要保证。

### （五）合同、保险管理

保险不但能够承受安全问题，而且是赛事财政不受损失的保障。即使是最完美的风险管理计划也无法保证没有事故和伤害的发生，此外，设立保险是一个转移事故财政风险给第三方的有效方法。

（六）应急程序与措施

在龙舟赛事举办的过程中可能会遇到一系列突发事件，如蓄意破坏、人员变动、恐怖活动、疾病传染和自然灾害，以及水上的翻船、沉船、运动员落水等。赛事组办单位必须对一切可能发生的突发事件做出预测，并针对每一项突发事件安排相应的人员监控，在发生后能在最短的时间内做出反应，并对其进行处理，使其所造成的损失减到最小。

（七）龙舟竞赛期间的安全

参见《龙舟竞赛规则》第六章水上安全相关内容。

# 参 考 文 献

[1] 国家体育总局. 全民健身计划纲要 [Z]. 1995.
[2] 教育部. 体育与健康课程标准 [M]. 北京：北京师范大学出版社，2001.
[3] 钟启泉，张华. 课程与教学论 [M]. 上海：上海教育出版社，2000.
[4] 扈中平，李方，张俊洪. 现代教育学 [M]. 2版. 北京：高等教育出版社，2005.
[5] 中国大百科总编辑委员会. 中国大百科全书：教育 [M]. 北京：中国大百科全书出版社，1985.
[6] 袁振国. 当代教育学 [M]. 北京：教育科学出版社，2006.
[7] 布鲁贝克. 高等教育哲学 [M]. 郑继伟，等，译. 杭州：浙江教育出版社，1987.
[8] 辞海编辑委员会. 辞海（上）[K]. 上海：上海辞书出版社，1979.
[9] 黄汉升，梅雪雄，陈俊钦，等. 我国普通高校体育教育专业课程体系改革研究 [J]. 体育科学研究，1999，18（3）：1-4.
[10] 周华. 我国21世纪高等体育教育专业人才培养的社会化透视 [J]，中国软科学，2003，4：156-158.
[11] 泰勒. 课程与教学的基本原理 [M]. 施良方，译. 北京：人民教育出版社，1994.
[12] 张建世. 中国的龙舟与竞渡 [M]. 北京：华夏出版社，1988.
[13] 李瑞岐，等. 中华龙舟文化研究 [M]. 贵阳：贵州民族出版社，1991.
[14] 刘秉果. 民族传统体育的未来——龙舟运动发展的启示 [J]. 体育与科学，1991，6：37-40.
[15] 霍丽明. 初探龙舟竞渡的文化内涵与时代价值 [J]. 广州体育学院学报，1992，4：67-69.
[16] 杨罗生. 龙舟竞渡研究状况与文献整理 [J]. 零陵学院学报，2004.7：16-21.
[17] 白月桥. 素质教育课程构建研究 [M]. 北京：教育科学出版社，2001.
[18] 国际21世纪教育委员会报告. 教育——财富蕴藏其中 [M]. 北京：教育科学出版社，1996.
[19] 史绍蓉，尹国臣，余汉桥，等. 舞龙运动的生理特征初探 [J]. 北京体育大学学报，2001，24（1）：36-44.
[20] 顾城. 中国舞狮的社会特性和功能 [J]. 体育文化导刊，2002（6）：50-51.
[21] 马行风，葛国政. 中国舞狮的社会特性和功能——兼论体育院校开设舞狮课的可行性 [J]. 南京体育学院学报，2002，16（6）：67-69.
[22] 吕韶钧，彭芳. 舞龙运动的文化内涵与中华民族的精神纽带 [J]. 北京体育大学学报，2004，27（9）：1178-1195.
[23] 段全伟，王辉. 现代中国舞龙运动的社会文化学研究 [J]. 北京体育大学学报，2005，28（4）：463-465.
[24] 王红梅，等. 对高校课程体系的理性思考 [J]. 长春工业大学学报（高教研究版），2005，12（26）：4.
[25] 韦迪，刘爱杰，等. 赛艇青少年训练教学大纲 [Z]. 北京：中国赛艇协会，2007.
[26] 韦晓康. 龙舟竞渡运动的起源 [J]. 体育文化导刊，2002，1.
[27] 林萍仙. 试论高校校园体育文化及其构建 [J]. 体育文化导刊，2003，3：50.
[28] 王革，等. 高校校园体育文化的特征及其功能 [J]. 韩山师范学院报，2002，4：134-137.
[29] 张华，沈勇进，费涛. 浅谈龙舟运动发展及其社会化 [J]. 湖北体育科技，2004，23（4）：535-538.
[30] 万建中. 龙舟竞渡活动的历史渊源 [J]. 体育文史，1995，3：44-46.
[31] 江立中. 论龙舟文化的三个发展阶段 [J]. 云梦学刊，1995，2：13-17.
[32] 庞进. 呼风唤雨八千年——中国龙文化探密 [M]. 成都：四川教育出版社，1998.

# 参考文献

[33] 李吉荣,魏奕雄. 乐山龙舟文化风采 [M]. 成都:西南交通大学出版社,1993.

[34] 夏书宇,巫兰英,刘薇. 中国体育通史简编 [M]. 郑州:河南人民出版社,2007.

[35] 刘爱杰,袁守龙,曹景伟,等. 我国皮划艇科学训练的探索 [J]. 北京体育大学学报,2002,25(6):831-833,840.

[36] 崔大林. 皮划艇项目训练科学化探索 [J]. 北京体育大学学报,2004,27 (12):1585-1591.

[37] 田麦久. 论运动训练计划 [M]. 北京:北京体育大学出版社,1999.

[38] 王卫星. 2004年中国皮划艇运动员的体能训练特点与实践 [J]. 山东体育学院学报,2005,21(2):5-8.

[39] 吴昊,徐菊生,等. 中国优秀皮划艇运动员身体形态特征的研究 [J]. 武汉体育学院学报,2004,38(1):73-79.

[40] 尚文元,常芸,刘爱杰. 中国优秀皮划艇运动员有氧能力测试分析 [J]. 中国运动医学杂志,2006,25(4):443-446.